长三角一体化战略下
外贸企业数字化转型研究

基于"访万企，读中国"专项调查报告

刘永辉　吴开尧　李佩瑾　邵宏华／主编

中国商务出版社

CHINA COMMERCE AND TRADE PRESS

图书在版编目（CIP）数据

长三角一体化战略下外贸企业数字化转型研究：基于"访万企，读中国"专项调查报告/刘永辉等主编
. —北京：中国商务出版社，2022.1

ISBN 978－7－5103－4148－9

Ⅰ.①长…　Ⅱ.①刘…　Ⅲ.①长江三角洲-外贸企业-数字化-研究　Ⅳ.①F279.275

中国版本图书馆 CIP 数据核字（2021）第 241511 号

长三角一体化战略下外贸企业数字化转型研究
——基于"访万企，读中国"专项调查报告
CHANGSANJIAO YITIHUA ZHANLÜEXIA WAIMAOQIYE SHUZIHUA ZHUANXING YANJIU
——JIYU "FANGWANQI, DUZHONGGUO" ZHUANXIANG DIAOCHA BAOGAO

刘永辉　吴开尧　李佩瑾　邵宏华　主编

出　　版	中国商务出版社	
社　　址	北京市东城区安定门外大街东后巷 28 号　　邮　编：100710	
网　　址	http://www.cctpress.com	
电　　话	010－64212247（总编室）　　010－64218072（事业部）	
	010－64208388（发行部）　　010－64515210（事业部）	
排　　版	北京嘉年华文图文制作有限责任公司	
印　　刷	北京印匠彩色印刷有限公司	
开　　本	787 毫米×1092 毫米　1/16	
印　　张	29.25	
版　　次	2022 年 6 月第 1 版　　印　次　2022 年 6 月第 1 次印刷	
字　　数	568 千字　　定　价　58.00 元	

序

通过"行走大地课堂"培育新时代国际经贸人才的实践探索

当今世界正面临百年未有之大变局,中华民族伟大复兴正处于关键时期,"两个大局"同步交织。同时,企业参与国际经济合作和竞争方式正发生深刻变革,产业技术革命带动经贸领域新技术、新业态、新模式、新产业不断涌现,国际经贸环境发生重大改变。此外,贸易摩擦和新冠肺炎疫情带来的全球贸易紧张局势,使全球经济治理体系面临严峻挑战,国际贸易数字化转型迫在眉睫。国内国际形势的深刻变化,要求高校深化人才培养供给侧结构性改革,通过深化产教融合、校企合作促进人才培养链与产业链、创新链有机衔接,着力培养担当民族复兴大任的时代新人。

作为"中国对外经贸人才的摇篮"之一,上海对外经贸大学对国际经贸人才培养模式不断进行升级改造,打造了沙盘推演及对抗训练、沉浸式企业调研实践和国际化高水平创业实战"三位一体"的实践育人模式,"访万企,读中国"大型社会调研实践活动是其中不可或缺的组成部分。该调研活动已经连续开展三年,通过深入企业一线的追踪调查,全面推动学校"小课堂"与社会"大课堂"深度融合、"阅"与"历"相互支撑、理论知识与生动实践高度同构,不断提高学生认知和实践水平,使学生把"小我"融入"大我",开辟对外经贸问题导向的"政产学研"协同育人新路径,在提升人才培养质量、科学研究水平和服务社会能力等方面产生了积极影响,受到媒体的广泛关注。

本书是上海对外经贸大学、中国对外经济贸易统计学会和环球慧思(北京)信息技术有限公司三家单位的合作成果之一,是2021年第三季"访万企,读中国"的专项调查报告。2021年的"访万企,读中国"专项调研,顺应数字化、网络化和智能化发展趋势,聚焦"长三角一体化战略下外贸企业数字化转型",以企业数字化转型为切入点,对外贸企业的生产、货代、仓储、通关、物流、保险、融资、结算和缴税等全流程开展深入调研，形成 18 份调研报告。作为上海对外经贸大学广大师生汗水和智慧的结晶，这些调研报告聚焦长三角地区企业贸易数字化转型问题，力求通过数字赋能和数字化转型打造企业贸易竞争新优势，实现贸易企业降本增效，是推进贸易数字化进程和推动长三角企业国际化发展的有益探索。同时，它还是学校扎根中国大地办大学、把论文写在祖国大地上的生动诠释。

国务院学位委员会统计学科评议组成员

教育部统计学类专业教学指导委员会副主任委员

上海对外经贸大学校长、教授、博士生导师

2022 年 4 月 26 日

前言

当下，顺应数字化、网络化、智能化的发展趋势，大力推进贸易数字化进程渐成举国共识。通过数字化赋能跨境贸易，提升贸易全流程的效率，促进"高进高出"。贸易数字化转型并不是一个加分项，而是一个必选项，是企业获得未来生存和发展的"入场券"。中共中央、国务院高度重视贸易数字化、贸易高质量，并在"十四五"规划专拟章节予以强调。

自 2019 年起，上海对外经贸大学、中国对外经济贸易统计学会和环球慧思（北京）信息技术有限公司三家单位联合开展"访万企，读中国"企业调研实践活动，已成功举办 3 届。2019 年"万企调查"聚焦"优化营商环境，助推外贸企业转型升级"，组织了 49 支调研分队，走访了 12 个自贸试验区和长三角地区的外贸企业，涵盖上海、江苏、浙江、山东、广东、天津、福建、辽宁、河南、湖北、重庆、四川、陕西、海南等省市，收到了 43 份各地调研总结报告、18 份专家建议、427 份调查问卷，活动获得了海南卫视、《国际商报》、教育在线等近 30 个媒体的跟踪报道。2020 年"万企调查"聚焦"新冠肺炎疫情下外贸企业的数字化转型"，通过线上会议采访了 220 余家企业，收到了有效问卷 204 份，撰写了 24 份调查报告，赢得了新华社、人民网等主流媒体的报道，社会反响热烈。

为了使调研精力更加集中、主题更加明确、问题更有深度、政策建议更有针对性和有效性，2021 年"万企调查"聚焦"长三角一体化战略下外贸企业数字化转型"开展专项调研。2021 年"万企调查"项目于 2021 年 7 月启动，来自上海对外经贸大学 8 个学院的 114 名学生组建了 20 支调研队伍。在 41 名指导教师的带领下，调研队伍采用线上访谈和线下走访相结合的形式，对全国 200 余家企业展开调研，编写出《2021 年度长三角一体化战略下外贸企业数字化转型》总报告和《数字化引领长三角机电制造业高质量发展研究》等富有特色的专题调研报告，取得了丰硕成果。我们精选了其中 18 份调研报告汇编成本书。

一、指导思想

坚持"求真务实"的市场调研精神。坚持问题导向，扎实开始市场调查，察实情、听真话、接地气，客观详细了解长三角进出口企业数字化发展情况，深入进行研究分析，研究破解难题的办法和路径。

坚持与时俱进的拼搏精神。与国家重大发展战略相对接，与经济社会发展实践相对接，与国际前沿研究领域相对接，适应新时代，反映新情况，满足新需求。顺应数字化、网络化、智能化发展趋势，助力推进贸易数字化进程，通过数字化赋能跨境贸易，提升贸易全流程的效率，促进"高进高出"，更好地发挥学校和学会作用，更好地沟通政府与企业，更好地联系国内外市场，推动长三角企业的国际化发展。

坚持社会主义办学方向，扎根中国大地办教育。牢牢把握立德树人的根本任务，以实践育人为主线，立足学科专业特点和人才培养工作实际，增强师生服务国家和人民的社会责任感、勇于探索的创新精神、善于解决问题的实践能力。

二、工作目标

（1）评估长三角一体化战略下贸易数字化发展情况，发现数字化发展痛点、难点、瓶颈，提出切实有效的对策建议。

（2）以"国内重要的全国性、大型、持续跟踪型抽样调查"为目标，完善外贸数字化调查数据库，力争成为国内外各界了解和研究中国外贸企业数字化转型的重要微观数据来源、政府统计国际贸易数据的有效补充。

（3）以调查数据库、调查企业库、专家库、模型库为基础，构建专业特色调查平台，衍生学术论文、专著、决策报告等相关研究成果。

（4）引导师生深入广大外贸企业，开展接力式追踪调查，促成人才培养、社会实践与科学研究紧密融合，形成一条集国情教育、科研训练、创新实践于一体的人才培养路径。

三、主承办单位

主办单位：
上海对外经贸大学
中国对外经济贸易统计学会
环球慧思（北京）信息技术有限公司

承办单位：

上海对外经贸大学统计与信息学院

四、活动时间

2021 年 6 月—9 月

五、调研对象

上海、宁波、杭州、南京、合肥口岸及企业：

（1）上海口岸，侧重了解外贸服务型企业，如从事报关报检的外贸公司、物流公司、海运空运的港口作业公司。

（2）浙江宁波口岸，侧重大宗商品类的外贸服务型企业。

（3）江苏、浙江杭州、安徽口岸，侧重生产型外贸企业。

六、组织形式

（1）设立 2021 年度"访万企，读中国"活动指导委员会，由海关领导、学校教授、企业专家组成，负责总体思想、选题、整体方案、资源协调、成果审核等指导性工作。

（2）成立 2021 年度"访万企，读中国"活动执行总部，负责调研方案策划、人员培训与协调、调查执行、质量审核、信息系统建设与维护、财务支持、后勤安全保障等工作。

表 1　执行总部组织说明

序号	工作组名称	职责
1	策划	调研方案策划、调研指南编写、问卷设计、访谈提纲设计、总报告撰写
2	协调	人员协调、工作文件整理与发放、调研成果收集与整理、会务相关事宜
3	数据	调研问卷的复核、数据整理与分析
4	信息管理	调研信息管理平台建设与维护
5	财务	相关财务制度与费用报销支持
6	后勤	物资采购与发放、会务后勤保障
7	学生工作	学生宣传、组织与协调
8	新闻宣传	相关宣传报道、活动网站信息更新与维护
9	成果汇编	调研成果的审核、整理、汇编、出版等相关事宜

七、调研人员组成

组织 20 支调研小组，每组由 2 名督导和 5 名左右调研员组成。其中，督导由高校教师、海关工作人员等担任，负责每组调研的选题、策划、执行指导、质量审核和组内外协调；调研员大约包括 2 名研究生、3 名本科生，负责标准动作和自选动作的具体执行。

八、调研方式

采取规范动作（一个大型全国性调查）＋自选动作（众多小型专项调查）的结合，说明见表2。

表2　调研形式说明

类型	规范动作	自选动作
形式	一个大型全国性跟踪调查	众多小型专项调查
承担人	全体调研人员	各个调查小组
问卷和访谈提纲	统一设计	各个小组自行设计（提供模板供参考）
调查执行	参照调研总部执行指南	参照小组调研计划
数据处理	统一处理	各小组自行处理
报告撰写	统一报告	各小组负责完成

九、调研成果汇总

（一）各调查小组上交材料清单

（1）项目计划书：标准动作的具体执行计划以及自选动作的策划、执行和总结计划。

（2）调查记录单：10 家以上企业的完整填写和经复核的"新冠肺炎疫情下外贸企业数字化转型调查问卷"调研情况记录。

（3）调研报告（不少于5000 字）。

（4）政策建议专报（指导老师撰写或学生撰写，2000 字以上）。

（5）每家调研企业的基本情况介绍、访谈纪要和案例报告，以及相关支撑材料，如照片、录音和录像等。

（6）已录入和处理好的调研数据文件或文字记录。

（二）汇总调研成果

（1）项目总报告一份：《2021 年度长三角一体化战略下外贸企业数字化转型报告》。

（2）专著一本：《长三角一体化战略下外贸企业数字化转型研究——基于"访万企，读中国"专项调查报告》。

（3）政策建议专报若干。

目录

2021 年度长三角一体化战略下外贸企业数字化转型报告

.... 吴开尧　宋文华等／01

第一部分　数字化转型进程与困难

上海市松江区企业数字化转型的政策环境现状、困境及建议

.... 李思如　张钊也　许子航　崔宁杰　马　畅　张雪茜／37

后疫情时期上海市物流企业数字化转型之经验及困难

.... 贾名阳　刘欢逸　杨雪琪　井越　邢思蕊　张瑞一／65

平台数字化的发展路径研究

——以 2021 年"访万企"受访外贸综合服务平台为例

.... 崔昊天　何　天　宋文华　徐浩博　张　仪／83

长三角外贸生产及物流企业数字化转型现状调研

.... 屈子熙　秦嘉蔚　温焕健　赵鹤程　孙艺轩　张　康　卢昌谦／100

长三角外贸企业数字化转型发展研究

.... 任　洁　陈秋蕾　孙若男　左国娇／125

第二部分　数字化转型影响因素

长三角一体化战略下安徽省外贸企业贸易数字化研究

——以汽车制造业为例

.... 张君鸿　吴政振　何　磊　庞伟良　林毅楠　潘傲然　周鹤凡／143

外部不确定性下企业内外贸转换的现状及原因

.... 於欣澄　许歆怡　唐汝佳　戴传辉　王鹤婷　郑思睿／167

大数据时代下长三角制造业企业数字化转型现状分析

.... 陈志鹏　陈　皓　王梦云　俞新月／185

数字战略驱动航运企业转型升级研究
⋯⋯⋯⋯⋯⋯ 顾　君　胡　庆　杜景潮　敬雅涵　李诗怡　尹智妍 / 208
外贸企业数字化转型影响因素研究
⋯⋯⋯⋯⋯⋯⋯ 章小燕　浮怡岚　郭晓雪　解欣宇　咸小凤 / 232

第三部分　数字化转型对企业经营的影响

长三角地区制造业企业数字化投入影响经营绩效的调研
⋯⋯⋯⋯⋯⋯ 朱妍妍　吕阳阳　贾　堃　祝艺真　沈容轩　陈鸣翀 / 255
长三角地区制造业数字化转型进程与成长瓶颈探究
⋯⋯⋯⋯⋯⋯ 张元华　李祈萱　范佳敏　吴　旻　付馨宁　田孟非 / 275
企业数字化的人才需求
　　——以制造业为例
⋯⋯⋯⋯⋯⋯ 刘华岳　沈昭天　李商羽　封冰悦　张冰倩　陈淑玲 / 299
数字化转型之于现代企业发展的运用与启发
⋯⋯⋯⋯⋯⋯⋯⋯⋯⋯⋯⋯⋯⋯⋯⋯ 叶韩辉　郑皓文　朱辰天 / 322

第四部分　数字化转型对长三角一体化高质量发展的影响

制造业数字化能力与高质量发展驱动路径研究
⋯⋯⋯⋯⋯⋯ 吴菁菁　谢漾波　吴雪菲　李欣怡　张僖围　龚芝华 / 345
供应链视角下航运业数字化水平测度及其对长三角交通一体化的辐射带动作用
⋯⋯⋯⋯⋯⋯ 王俊丹　陈弘扬　聂如微　孙佳园　王丹丹　刘轶琳 / 372
数字化引领长三角机电制造业高质量发展研究
⋯⋯⋯⋯⋯⋯ 王　京　王子萌　孙天堃　顾祎央　孙世豪　乐鐟维 / 395
长三角地区制造业企业数字化转型升级研究
⋯⋯⋯⋯⋯⋯ 裴旭春　裴　楠　王亚楠　王　迪　潘钱逸辰 / 431

后　　记 ⋯⋯⋯⋯⋯⋯⋯⋯⋯⋯⋯⋯⋯⋯⋯⋯⋯⋯⋯⋯⋯ 453

2021 年度长三角一体化战略下外贸企业数字化转型报告

吴开尧　宋文华　等①

引　言

当前世界范围内的数字化潮流正在深刻地改变着人类社会。我国高度重视数字化转型问题，"加快数字化发展，建设数字中国"作为《中华人民共和国国民经济和社会发展第十四个五年规划和 2035 年远景目标纲要》（简称"十四五"规划）的第五篇，分别对打造数字经济新优势、加快数字社会建设步伐、提高数字政府建设水平、营造良好数字生态四个问题展开专章阐述。同时，在"十四五"规划中出现的词汇还包括：数字生活、数字丝绸之路、数字孪生城市、数字乡村、数字消费、数字技术、数字创意、数字娱乐等。

改革开放以来，对外贸易在我国经济发展中一直处于重要地位。当前，我国正在加快构建以国内大循环为主体、国内国际双循环相互促进的新发展格局。《"十四五"商务发展规划》提出，强化贸易领域科技创新、制度创新、模式和业态创新，推动进口与出口、货物贸易与服务贸易、贸易与双向投资、贸易与产业协调发展，增强对外贸易综合竞争力。同时，加快数字技术与贸易发展深度融合，促进贸易新业态发展，拓展贸易发展新空间；提升贸易数字化水平，加快贸易全链条数字化赋能，推进服务贸易数字化进程；推动贸易主体数字化转型，营造贸易数字化良好政策环境，推动"数字强贸"。

---

① 本报告是集体工作的结晶。吴开尧撰写了引言、第一部分，并做了数据处理、分析和报告模块的分工安排；周秋华、杨鑫、吴诗雅、何晓海分别对分工模块的数据进行处理以及图表展现；宋文华、周祉圻、严跃跃、杨鑫根据数据分析结果进行第二、三、四部分的报告文本撰写；周秋华统一图表形式；周祉圻进行格式修改；宋文华统稿和校对。

2018年11月5日，习近平总书记在首届中国国际进口博览会上宣布，支持长江三角洲区域一体化发展并将其上升为国家战略，着力落实新发展理念，构建现代化经济体系，推进更高起点的深化改革和更高层次的对外开放。长三角地区是我国经济发展最活跃、开放程度最高、创新能力最强的区域之一，在国家现代化建设大局和全方位开放格局中具有举足轻重的战略地位。推动长三角一体化发展，增强长三角地区的创新能力和竞争能力，提高经济集聚度、区域连接性和政策协同效率，对引领全国高质量发展、建设现代化经济体系意义重大。

在多项国家战略叠加之下，长三角地区在外贸数字化方面需要发挥示范引领作用。政产学研各界正在不断地跟踪、监测、回顾、评估、研究长三角地区外贸数字化的发展变化，从而确保长三角地区外贸数字化示范引领作用的发挥。上海对外经贸大学外贸数字化研究团队深入研究外贸数字化评估理论和测度方法，利用每年一度的"访万企，读中国"暑假调研活动开展大规模的问卷调查和深入访谈，综合使用多样化的定性研究和定量研究方法，从多个角度撰写研究报告，积极参与对长三角地区外贸企业的数字化发展评估。

本调查报告是2021年度"访万企，读中国"暑假调研的成果之一，主要内容包括四个方面：一是介绍该活动中调查问卷和访谈提纲所使用的外贸数字化评估理论和测度方法；二是基于2021年调查问卷数据，介绍外贸业务中不同企业的数字化转型现状，包括数字化的外部环境、内部条件、基础、能力、运营、绩效以及对产业生态、区域一体化的影响等；三是结合与企业深入访谈后得到的信息，开展长三角地区外贸企业的数字化转型问题分析；四是基于研究结论，提出相对应的建议。

一、如何评估外贸数字化

（一）理解对外贸易的边界模型

对外贸易相对国内贸易的显著区别体现在跨越国境边界上。传统的货物贸易一般跨越有形的边界，比如进出口口岸；现代对外服务贸易虽然没有有形的边界，但是其以无形的边界来构成对外贸易。在一定程度上，全球经济的融合发展可以以边界这个交汇点来区分内、外循环。在边界的一边是国内经济的内循环，在另一边是世界经济的外循环。

一方面，国内提供的商品和服务依赖内循环到达边境出口；另一方面，国外提供的商品和服务在进口后离开边境并参与内循环。内循环的生产、交易、金融和物流的部分目标是实现向国外供应，同时，这些经济内容吸收着国外的要素。作为全球的生产制造基地，国内生产企业具有显著的外向型特征，多数大中型生产企业具有外贸份额。即使没有直接的外贸业务，中国大多数的生产型企业也会间接参与全球供应链、价值链、创新链的大循环。对外贸易的交易可能直接由生产企业发起，或者被委托给专业的对外贸易商贸企业，商品和服务的贸易还离不开物流的运转，金融则起到"催化剂""融合剂"的作用，从而促进了内外经济循环。

在边界这个交汇点上，不同经济主体协调配合使对外贸易得以实现，从而融通国内、国际两个循环。以货物贸易的有形边界——口岸为例，其中活跃着的经济主体可以分为三类：口岸应用、口岸服务和口岸管理。口岸应用类的经济主体为进出口、货代、仓储、物流、报关等企业，口岸服务类的经济主体为银行、保险、港务、海事、场站等单位，口岸管理类的经济主体为海关、商检、动植物检疫、税务、外汇管理局等政府部门。

由于边界处于内外交汇的枢纽位置，各类国际组织、各国政府都可能参与其中，各种国际规则、国际协议也可能隐含其间，世界各国之间的政治、经济、文化、环境等合作、竞争的博弈现象随时发生。

同时，我们也应该看到，边界属于主权管辖之内，容易受到国家软硬实力的影响，也常常是国家软硬实力的展示窗口。硬实力体现在新老基建方面，新基建如5G、人工智能、大数据中心、工业互联网等，老基建如机场、铁路、公路、港口、水利设施等；软实力则体现在国家的政治、经济、文化、营商环境和国际认同等方面，也包括国家战略、愿景和规划。

（二）从企业着手评估外贸数字化

上述对外贸易的边界模型以边界为枢纽，揭示了对外贸易领域复杂多样的经济主体和丰富的内涵。如果要讨论外贸数字化，就意味着要讨论包括边界内外、上下的全局、全方位、全领域、全链条的数字化。对外贸数字化评估的难题包括从何处采集，以及如何采集全局、全方位、全领域、全链条的外贸数字化信息，特别是对一个存在资金、人力和资源限制的小型调查机构来说，如何设置一个巧妙的抓手来窥一斑而知全豹就显得非常重要。

在对外贸易领域，虽然有着政府、企业、非营利组织、居民等经济主体，但是企业仍是对外贸易主要的承担者和实现者。上述对外贸易边界模型中的各个部分均活跃着各类企业的身影，企业本身就包含着外贸领域丰富全面的信息。那么，能否从外贸企业的数字化来折射外贸全领域的数字化？

这不失为一个有吸引力的方向。从不同性质的主体到一种性质的主体，这已经将复杂的问题进行了简化。如果两者具有相似的规律，那么外贸企业数字化的信息就足以反映外贸领域数字化的全貌。挑战来自将具有复杂异质性的企业进行必要的分类，使每一类别能够覆盖外贸的一个领域，类别的组合又能完成对外贸易全领域的拼图。基于上述思考，结合对外贸易的边界模型，我们根据企业在外贸领域中扮演的不同角色，将企业分为以下几个类别：外贸生产企业、外贸流通企业、外贸物流企业、外贸配套服务企业、外贸综合服务平台企业、非外贸直接相关企业。这就相当于我们对外贸全领域的数字化进行了模块化的拼装，并且不同模块又具有相同的构成基因，不同模块的差异源于基因序列的不同组合。接下来我们的任务就是研究如何去表达这些构成基因以及它们不同的组合方式。

　　外贸生产企业：具有生产单元，自己组织设计、制造和提供服务或产品的企业，包括农林牧渔业、矿业、制造业、建筑业，也包括第三产业的生产型企业。

　　外贸流通企业：指不从事生产，专门从事外贸业务撮合的贸易型企业。

　　外贸物流企业：将货物或服务载体在国际运输、配送的各类物流企业，包括水运、陆运和空运等各种类型。

　　外贸配套服务企业：为上述几类主要的国际贸易从业企业提供专业的配套服务，提供报关、检测、检疫、金融、保险、咨询、培训、信息化等服务。

　　外贸综合服务平台企业：为了实现国际贸易而提供各类专业配套服务的综合集成平台，如提供包含各类专业服务的"一站式"服务。

　　非外贸直接相关企业：虽然没有直接的对外贸易业务，但是在开放的经济活动中，此类企业也间接地参与全球供应链和全球价值链。

（三）外贸企业的数字化评估

1. 动态的整体观

　　影响企业数字化转型的重要因素及其逻辑关系，如图1所示。企业的数字化转型服务于企业整体的发展，离不开特定的外在环境、内在条件和数字化基础。在分析了外在的机会和威胁、内在的优点和弱点之后，拟定合适的数字化战略，通过相关的数字化投入和数字化运营来提高企业相应的数字化能力，并与其他企业一起，在变化的环境中取得企业自身发展效益的同时，对外产生产业生态效应和区域影响效应。从整体来看，对企业数字化转型的评估应该包含这个动态的过程，即通过合适的指标来描述其中的各个环节，并通过模型来拟合各个环节间的紧密联系。

2. 从概念到可操作测度

　　图1中所包括的企业数字化转型诸要素为可操作的测度提供了概念性的基础。由于在"访万企，读中国"暑期调研活动中，我们所能依赖的方式是问卷调查和小

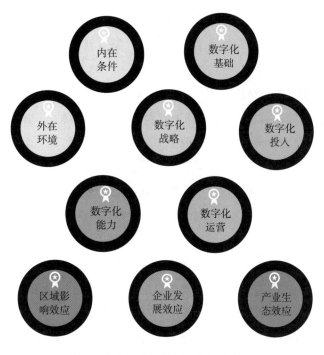

图 1　企业数字化转型评估概念模型

组访谈，这两个方式具备规模化和标准化的特征。问卷调查相对于小组访谈而言则更具这两个特征，以下的论述多数是针对问卷调查结果展开的。

可操作化的努力是将复杂抽象概念的定义（一级指标）转换为可操作化定义（二级指标），这些可操作化定义体现为问卷和访谈提纲中的各个问题，然后根据专业理解将定义分解为各个维度，即对应各个问题的选项，选项是基于事实理解的一种分类。这个演绎的过程应该具有语义逻辑和形式逻辑。问卷通常是高度结构化的，选项是相对固定的，因此我们会在选项最后附加其他项，以接受其他开放性的回答（但是我们在对这些数据进行事后处理时发现：结构化的选项足以包含大多数情况）。访谈提纲是开放的，但是诸要素可能的选项在编码后还是具有规律性的，访谈得到信息的灵活性和异质性在于各种因素间发生联系的过程和模式，各个企业都提供了富有个性的答案。

囿于智力、时间资源的限制和实施问卷调查的局限性，我们针对诸因素发展出有限的可操作定义并转换为问卷和访谈的问题及选项。虽然其充分性和完备性可能还不够，但是此问卷为企业数字化的有效测度提供了可论证的基础。

在确定了问卷问题及其选项之后，我们采用 3 种量化技术来指导调查对象进行问卷的回答，这些答案在问卷网的后台被转化成为编码数据。3 种量化技术包括单一指标、复合指标和量表。单一指标在单选题中应用，调查对象被要求对问题罗列出来的选项进行单选。复合指标在多选题中应用，调查对象被要求对问题罗列出来的选项进行多选。此外，我们采用了 5 级量表，要求调查对象根据所在企业相对该选项的符合程度选择 1~5 中的整数进行评分。

3. 概念与问题选项的对应关系

2021 年调查问卷保留了 2020 年调查问卷的大部分问题，并做了小范围的增补、删减和顺序调整。以下的问题编号来源于 2021 年调查问卷。

（1）外部环境

对应的问题是 Q11 行业状况、Q17 数字化起始年份。"万企调查"是追踪式连续年度调查，调查年度以及调查针对的区域也反映了当前的外部环境。

（2）内部条件

企业的内部条件反映了企业的资源、能力、文化等，内部条件是企业经营的基础，是制定战略的出发点，是竞争取胜的依据。客观地分析企业自身的优势和劣势，有利于企业有效地利用其资源，制定出有针对性的策略。

"万企调查"问卷对企业的各类属性、规模、组织结构以及面临困难等方面进行调查，对应的问题是 Q1 外贸链角色、Q2 企业性质、Q3 归属行业、Q4 归属地区、Q5 营业收入、Q6 员工人数、Q7 出口额、Q9 研发经费、Q10 组织结构、Q12 面临困难。其中，Q1~Q4 帮助调查人员从外部环境的不同角度辨识企业特征，反映了外贸产业链、区域、行业等外在环境的信息，以及企业在这些外在环境中的生态位置。

通过对企业外部环境和内部条件这些问题的征询，结合文献查询和专家咨询，可以对特定的企业展开 SWOT 分析，也可以对样本中所有企业开展单维度频数计数以及多维度交叉统计分析，理解特定时期不同性质企业的分布模式。

（3）数字化基础

数字化基础设施是立足当下、面向未来的新型基础建设。企业顺应网络化、数字化、智能化的发展趋势，通过建设数字化基础设施来提高自身效率、降低生产成本。"万企调查"对企业数字化技术和已拥有的信息系统设置了问题，对应的问题是 Q23 数字技术、Q24 信息系统。

（4）数字化战略

数字时代的企业战略决策必须快速迭代、加速创新，以数据为决策准则，以最小的成本来找到问题的最优解。问卷对应问题分别为 Q16 转型初衷、Q20 转型赛道、Q14 转型定位、Q15 转型倾向、Q21 转型战略、Q28 转型路线图。

（5）数字化投入

企业数字化转型是一项周期长、投资大的复杂工程，从硬件购买到系统部署，从基础设备更新换代到组织人员的优化培训，需要持续不断的资金投入。"万企调查"问卷中设置了 Q35 投资计划、Q29 咨询费用来了解企业在数字化方面的投入。

（6）数字化运营

企业数字化运营体系的搭建需要充分的前期准备。"万企调查"从企业的基础部门建设到相关的人才培养设置了一系列的问题，如 Q22 职能团队、Q34 数字化人才需求类型、Q26 数字化人才培养、Q25 数字化人才激励。

（7）数字化能力

从时间发展的角度来看，我们无疑已经迎来数字化时代。新一轮的市场要素配置在原有的土地、劳动、资本和技术的基础上新增了数据这一要素，企业需要拥有运用数据要素的能力，即"数字能力"。该能力要求企业改变传统方式，学习从外部获得资源来拓宽自身发展渠道，利用数字技术来定位客户需求从而适时调整企业生产结构。基于此，"万企调查"就受访企业的数字化能力提出了一些问题，如 Q13 数字化段位、Q27 销售服务的数字化功能、Q30 用户数据获取、Q31 数据分析能力、Q32 用户数据使用情况、Q33 用户数据量、Q36 转型瓶颈。

（8）经营绩效

企业进行一系列的技术创新的根本目的在于实现利润最大化，利润的增加又会反过来促使企业加大对技术创新的投入。数字化转型对企业净利润的增减影响着企业数字化能力的发展，问卷中设置 Q18 解困效用、Q8 净利润、Q19 净利润变动、Q37 企业发展效应来了解企业的相关状况。

（9）产业生态效应

数字化经济会推动产业生产结构的调整，使得实体经济与虚拟经济紧密结合。"万企调查"问卷中设置了 Q38 产业发展效应，就数字化转型对产业升级的影响进行提问。

（10）区域一体化效应

数据作为新增要素之一，要与各要素充分联通。数字化的出现给人们生产、生活方式带来重大改变，打破了许多行业的边界，促进了跨行业的空间集聚，使得经济发展更加多样化。"万企调查"问卷中设置了 Q39 区域一体化效应，从区域一体化的角度来看待数据联通对经济社会的影响。

（11）未来发展

数字化建设不仅要抓住现在，更要关注未来。一个企业的成功转型需要有明确的目标方向和健康的市场环境。其目标的制定要基于企业当下的发展需求，健康的市场环境不仅需要各个行业的努力，也需要政府相关政策的支持。"万企调查"问卷中设置了 Q40 发展方向、Q41 扶持政策、Q42 政府服务、Q43 行动措施，就企业对自身的发展要求和对政府的期望展开了相关的探讨。

（四）外贸全领域的数字化评估

上述企业数字化的评估方法完成了对外贸数字化构成基因的解析工作。外贸全领域的数字化评估需要基于对不同类型的企业总体进行评估，也就是评估数字化基因是如何组织的，并且组合将呈现出什么样的样貌，这将在本调研报告下一部分进行展现。将这些评估结果放在对外贸易边界模型的整体框架中，并观察这些模块是如何拼装的，从而完成对外贸全领域数字化水平的评估，这将在本调研报告第四部分进行展现。

二、长三角地区外贸数字化转型现状

（一）企业的内部条件

此部分包括企业所属类型、所处行业、所属地区等问题，可以反映为其在对外贸易链条中不同类型企业的占比，以及受访企业的地理分布情况；企业的经营状况、员工人数、组织结构、研发经费等方面则可以让我们从侧面了解企业的数字化转型条件和软实力；通过设置量表题调查企业在生产经营中面临各项困难的程度，可以量化比较不同类型企业的经营困境，从而找出各类型企业的"个性化"痛点。

受访企业涉及各行业，其中，占比最大的四个行业分别为制造业，交通运输、仓储和邮政业，信息传输、软件和信息技术服务业以及批发和零售业。主业处于制造业的企业占比高达50%，这与我国制造业GDP占比较大的基本国情相符。由于对外贸易领域涉及多经济主体和复杂的交易流程，需要专业的配套服务来辅助业务开展。因此，外贸相关服务类企业应运而生，并且成为对外贸易链条中的重要组成部分。在此次调研中，外贸流通企业、外贸物流企业、外贸配套服务企业以及外贸综合服务平台企业占比分别为6%、16%、7%和6%，如图2所示。

在183家受访企业中，97%的企业位于长三角地区，其中，上海本土企业占比最高，为55%，安徽、江苏、浙江的企业占比分别为16%、15%、11%。

受访企业规模以员工人数300人以下、营业收入4亿元以上的企业为主。在调研企业中，外贸综合服务平台企业和外贸生产企业中营业收入达4亿元以上的企业占比最多，分别为82%和63%，如图3所示。调研企业的员工人数与经营规模分布范围较广，样本代表性强，充分表明本次调查样本选取的科学性和合理性，如图4所示。

研发支出占营业收入的比重可视为研发经费投入强度，充足的经费是保障企业研发活动顺利开展的重要条件，研发支出强度也成为比较企业创新发展态势和品牌

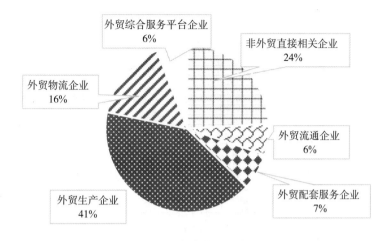

图 2　调研企业所属类型

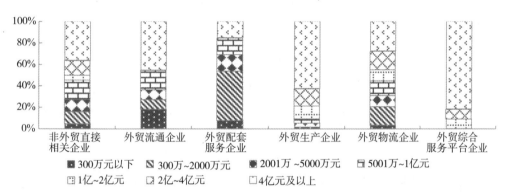

图 3　各类型企业2020年营业收入范围

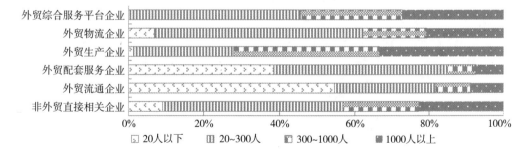

图 4　各类型企业员工人数

建设实力的关键指标。非外贸直接相关企业和外贸生产企业的研发支出强度最高，将营业收入 2.5% 以上用于研发支出的企业占比最大，分别为 36.82% 和 37.33%，如图 5 所示。外贸流通企业和外贸综合服务平台企业的研发支出强度持平，外贸配套服务企业的研发支出强度最低，仅有 15.38% 的企业将营业收入的 2.5% 以上用于研发支出。

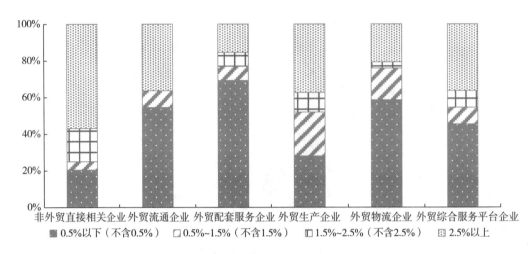

图5　各类型企业2020年研发支出占营业收入的比重

外贸综合服务平台企业在组织文化参与性和组织结构柔性化方面表现最佳，外贸流通企业在组织结构扁平化方面得分最高，外贸生产企业在组织结构设置各维度上表现较差。组织结构扁平化、柔性化有利于企业迅速根据环境变化，有效配置整体资源，从而快速适应市场，是企业数字化转型中的重要优势。外贸综合服务平台企业作为外贸服务新业态，主要向中小型生产企业提供代办报关报检、物流、退税、结算、信保等相关服务，受市场变动的影响较大，必须通过设置合理的组织架构赋能企业快速解决问题。因此，外贸综合服务平台企业在组织结构设置方面表现优异，如图6所示。

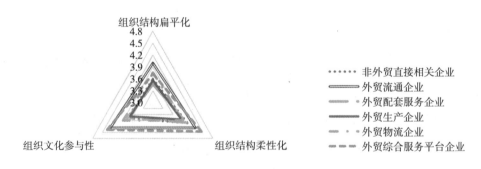

图6　各类型企业组织结构设置情况

受访企业普遍认同来自市场竞争和数字化转型的压力是生产经营过程中面临的主要困难，但各类型企业的痛点也有所不同，以上结论经图7分析可得。外贸流通企业在生产经营中面临的主要困难还有难以实现技术创新，外贸配套服务企业认为融资困难是造成企业经营受阻的主要原因，外贸生产企业则面临技术创新瓶颈难以突破、来自供应链的压力大以及缺乏合适的员工等困难。

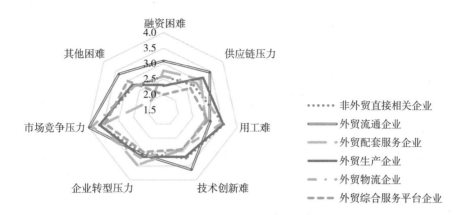

图 7　各类型企业在生产经营中面临各项困难的程度

（二）企业的外部环境

外贸生产企业开始实施数字化转型的年份最早，并且在数字化转型中表现得最积极，在各年份开展数字化转型的企业类型中占比最高，说明我国从事生产的外贸企业对数字化转型的意愿最强，如图 8 所示。非外贸直接相关企业开始实施数字化转型的占比增长最快，2016—2020 年，仅有 33% 的非外贸直接相关企业开始走上数字化转型的道路，2021 年则有 50% 的非外贸直接相关企业开始实施自己的数字化转型战略。

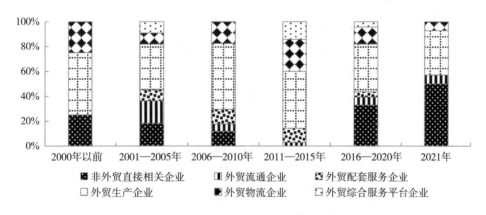

图 8　各类型企业开始实施数字化转型的年份

受访企业对外部环境的评价趋同，在行业竞争程度、基础设施配置、信息化水平方面都有较强的感知敏感度。外贸流通企业普遍认为行业竞争激烈，外贸配套服务企业认为当前行业内信息化水平较高，外贸物流企业则认为外部环境最突出的问题在于行业基础设施配套不足，如图 9 所示。

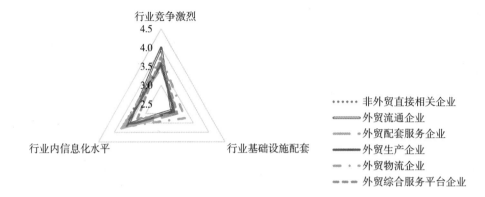

图9　各类型企业对外部环境的评价

（三）企业的数字化基础

在受访的 183 家企业中，企业目前应用的数字化技术主要有"大数据""电子商务""云计算""物联网"和"机器人"。由于受访企业的类型覆盖对外贸易全链条，此统计结果可以充分体现出我国长三角地区外贸企业在开展实际业务时所需的数字化技术。

大数据分析可以令企业更准确地了解客户需求，帮助企业更高效地服务客户；电子商务赋能企业在全球范围内进行商务贸易；物联网可以帮助企业实现对生产流程的监测和控制，协同机器人、智能搬运等现代化技术，将大大提高生产、物流效率，是推动工业企业数字化转型的新动力。

我们研究不同类型企业数字技术的应用情况发现：除了上述 5 种企业常用的数字化技术，外贸综合服务平台企业普遍使用 5G 技术，外贸生产企业通过使用人工智能和 3D 打印技术提高生产效率，外贸配套服务企业则使用区块链技术增强业务协同能力、重塑行业生态，如图 10 所示。

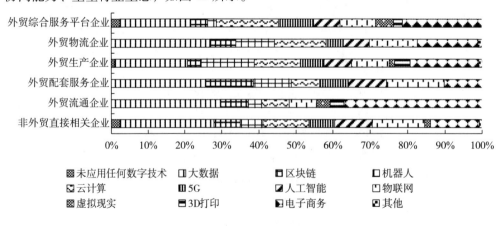

图10　各类型企业应用数字技术情况

随着企业信息化建设不断推进，海量业务数据需要企业通过及时部署与业务需求相匹配的信息系统来提高经营、决策的效率。调查结果显示，超 50% 的受访企业部署了 OA（办公系统）、ERP（企业资源计划）以及 CRM（客户管理系统），以支持企业协调各部门资源、灵活柔性地开展业务、实时响应市场变化。

我们研究各类型企业的信息系统部署情况发现：15.79% 的外贸物流企业通过部署 WMS（仓库管理系统）来增加仓储、物流管理的效率和透明度，从而降低管理成本、规范操作行为；11.03% 的外贸生产企业通过部署 MES（制造执行系统）以帮助企业实现生产计划管理、生产过程控制等，提高企业的制造执行能力；此外，10.53% 的外贸配套服务企业通过部署 SCADA（数据采集与监控系统）来实现对业务流程的精细化监控，如图 11 所示。

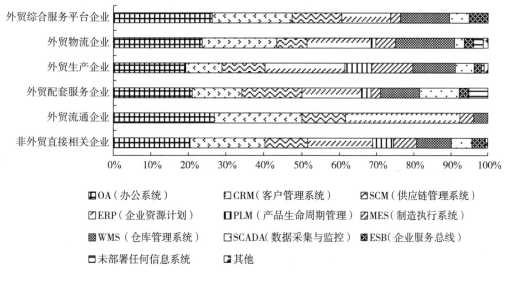

图 11　各类型企业信息系统部署情况

（四）企业的数字化战略

数字化战略是企业总体战略的重要组成部分。对许多传统外贸企业来说，明确数字化转型的目标、制定符合企业发展的数字化战略，以数字化转型推动企业总体战略目标的实现，才能更好地适应快速变化的市场。此部分将企业数字化战略分成了六个维度，分别从转型初衷、转型赛道、转型定位、转型倾向、转型战略及企业转型路线图来进行各类型企业数字化转型现状的分析。

1. 转型初衷

各类型外贸企业在数字化转型的初衷大体相同。大多数企业进行数字化转型的初衷是提高生产效率、大幅降低成本，进而降低企业运行的内外部风险，有效增加营业收入，如图12、图13所示。

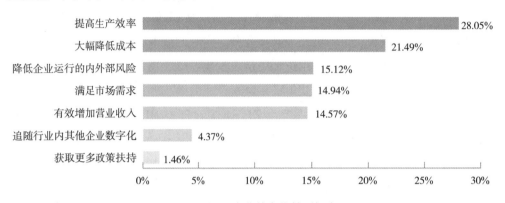

图12   调研企业数字化转型初衷

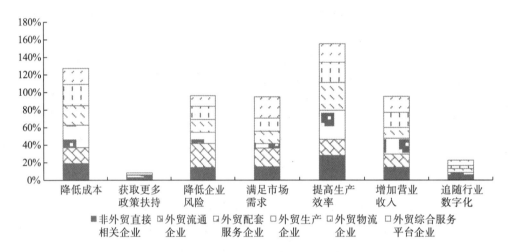

图13   各类型企业数字化转型初衷

对比其他提升企业内部高质量发展的初衷，获取更多政策扶持远不能成为企业开辟数字化道路的原因，而行业内的数字化潮流也未能显著影响企业进行数字化转型的进程。

2. 转型赛道

不同类型企业根据自身的行业特点和企业战略选择重点实施数字化转型的领域，如研发、销售、运营等。调查结果显示，约30%的受访企业将数字化价值链转型设为主要赛道，外贸生产企业、外贸综合服务平台企业、非外贸直接相关企业尤其重视数字化价值链转型，如图14所示。外贸配套服务企业由于其业务的特殊性，将数字化重塑视为其发展之首位，而专门从事外贸业务的流通企业则认为其积极开展数字化在线交易更重要。

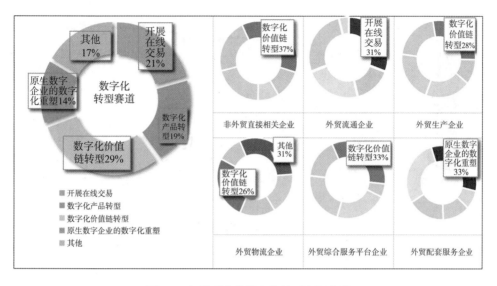

图 14   各类型企业数字化转型主要赛道

3. 转型定位

对数字化转型的定位体现了企业的重视度，见表 1。在 183 个受访企业中，44.26% 的企业将数字化转型视为公司发展的重要战略，如图 15 所示。其中，外贸综合服务平台企业对数字化转型的重视程度最高，90.91% 的企业将数字化转型视为重要战略，其次是外贸流通企业和外贸物流企业，外贸配套服务企业对数字化转型的重视程度最低。

表 1   各类型企业数字化转型定位

企业类型	其他	未涉及	例行工作	工作任务之一	重点工作	重要战略
非外贸直接相关企业	2.27%	2.27%	3.09%	18.18%	29.55%	38.64%
外贸流通企业	0.00%	0.00%	3.09%	36.36%	0.00%	54.55%
外贸配套服务企业	15.38%	15.38%	17.69%	7.69%	15.38%	38.46%
外贸生产企业	4.00%	5.33%	4.00%	21.33%	25.33%	40.00%
外贸物流企业	3.45%	0.00%	0.00%	20.69%	31.03%	44.83%
外贸综合服务平台企业	9.09%	0.00%	0.00%	0.00%	0.00%	90.91%

4. 转型倾向

由于主营业务的异质性，不同类型的企业在数字化转型过程中的倾向不同。相较于其他类型企业，具有综合业务的外贸服务平台企业在各个维度均具有较高得分，在数字化转型各方面发展均衡，如图 16 所示。创新高效流程、不懈地以客户为中心、追求产品指标成为大多数受访企业的转型重点。

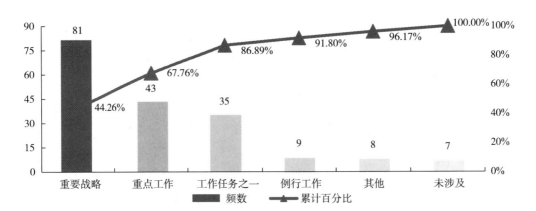

图 15   调研企业数字化转型帕累托分析

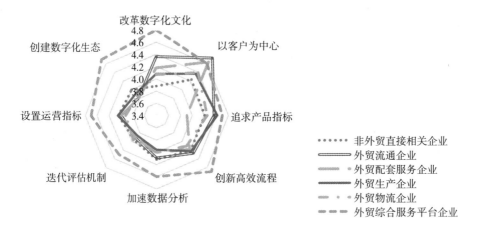

图 16   各类型企业数字化转型倾向

5. 转型战略

数字化运营、数字化治理和数字化平台成为企业实施战略转型举措的三大落脚点。外贸综合服务平台企业和外贸配套服务企业更重视提升客户的数字化体验；外贸物流企业的战略举措主要为数字化平台的应用；对于外贸生产和外贸流通企业，打通企业运营的端到端流程和构建数字化创新技术的生态系统成为企业转型的重点，如图 17、图 18 所示。

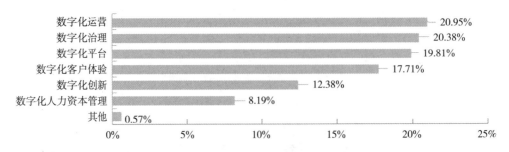

图 17   调研企业数字化转型战略举措主要落脚点

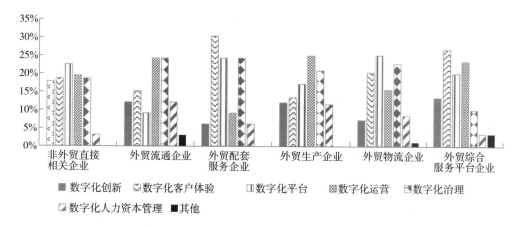

图 18　各类型企业数字化转型举措主要落脚点

6. 转型路线图

86.25% 的受访企业已有转型升级路线图的构思，但在各行业类型中开始实施数字化转型路线图规划的企业占比较少。外贸生产企业中转型升级路线图已经在实施阶段的企业占 27% ，为各类型外贸企业里最高。其他类型的外贸企业大多还处于完善、规划路线图的阶段，付诸实施的企业占比均不超过 20% ，如图 19 所示。

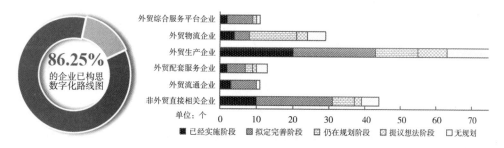

图 19　各类型企业数字化转型路线图规划进程

（五）企业的数字化投入

企业数字化转型是一项周期长、投资大的复杂工程，从硬件购买到系统运行实施，从基础设备更新换代到组织人员的培养管理，需要持续不断的资金投入。事实上，很多企业对数字化转型的投入仍处于较低水平，企业数字化转型依旧有很长的路要走。

1. 投资计划

由调研结果可知，由于受访企业的经营规模、对数字化认知程度不同，各类型企业数字化投资进度不均衡。超过 80% 的外贸企业已经有在数字化转型方面的专项预算或已有投入规划，外贸综合服务平台企业对数字化转型的投资水平最高，有 45.45% 的企业有预算且已投资，如图 20 所示。

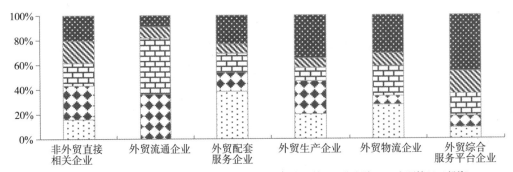

图20　各类型企业投资进程统计

2. 咨询费用

为数字化转型付出的咨询费用与企业的规模成正比。由于数字化基础薄弱、资金有限等原因,大多数中小企业的实际数字化投入不高,人数规模在 300 人以下的企业中近 50% 未开展数字化转型咨询,如图 21 所示。

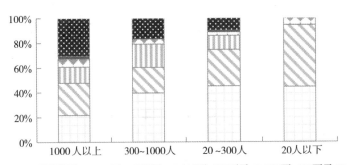

图21　不同规模下企业数字化转型咨询费用对比

数字化转型需要专业的战略咨询团队针对企业实际发展情况作出整体规划,投入咨询的费用也从侧面体现出企业对数字化战略的重视程度。由于自身业务的综合性、复杂性特点,外贸综合服务平台企业投入咨询的费用超过 100 万元的占比最多,达到 63.63%;外贸配套服务企业投入咨询的意愿最低,有 46.15% 的受访企业表示无该项支出,如图 22 所示。

(六) 企业的数字化转型

1. 企业团队设置

不同企业的数字化团队设置的完备程度不同。相比较而言,外贸综合服务平台企业设置了较为系统的数字化团队。其中,有 70% 的企业设置了跨部门的负责中央统筹协调的专职工作部门;外贸配套服务企业在团队建设方面较为滞后,没有相关

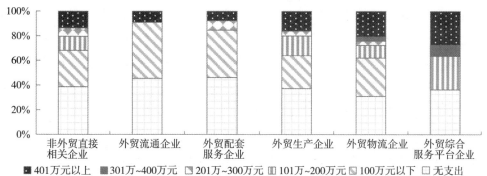

图22　各类型企业数字化转型咨询费用对比

计划或者有计划但是并未实施的企业占比最大；外贸生产企业中仅有44.44%的企业设置了较为完善的数字化团队。

2. 数字化人才需求

随着数字化转型的不断推进，企业扩大了对该类型人才的需求，数字化落地推动者、数字化企业领导者和数字化项目经理成为主要缺乏的人才类型。其中，外贸综合服务平台企业和外贸生产企业对各类型的人才都有着强烈的需求，外贸流通企业更需要数字化市场营销专家。无论是生产型企业还是流通型企业，对于单一技术应用方面的人才如区块链专家、机器人工程师的需求都较少，大部分外贸企业更加希望聘用具有数字经验的复合型人才，如图23所示。

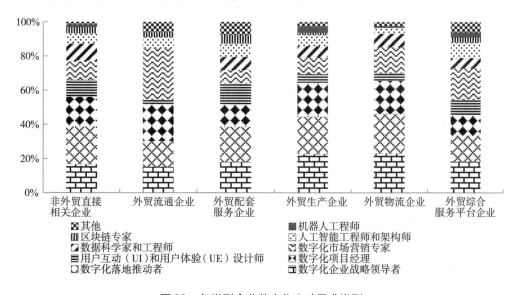

图23　各类型企业数字化人才需求类型

3. 人才培养与激励

各企业都已经步入对数字化人才培养的行列。其中，外贸综合服务平台企业的数字化人才培养程度最高，外贸配套服务企业的数字化人才培养程度最低。我们分析各类型企业对数字化人才培养的进程发现，各类型企业内部对于各层级员工的培养程度参差不齐。全面制订了适应不同层级员工实际需求的数字化人才培养计划的企业在各行业中占比都较少，外贸企业当前这种培养方式容易造成人才断层、员工能力不匹配业务等现象。

比较可见，外贸综合服务平台企业无论是在人才培养还是在激励机制方面都明显优于其他类型企业，外贸流通企业的激励措施实施得最为均衡，外贸物流、生产企业和非外贸直接相关企业的人才激励实施程度较弱，如图 24 所示。由此可见，部分传统企业在人才制度改革方面较为落后，在数字化人才培养与激励这一模块投入不足，这样会打击该类人才的创新积极性。从其整体措施来看，受访企业偏好于通过提供职业晋升机会、丰厚报酬等方式给予员工直接利益，以激励员工进行数字化创新。

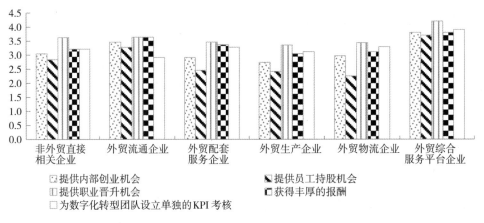

图 24　各类型企业人才激励措施

（七）企业的数字化能力

1. 企业数字化转型程度

外贸综合服务平台转型程度较高，36.36% 的企业数字化转型与创新成为常态；外贸配套服务企业转型程度则较低，15.38% 的企业未开展转型，7.69% 的企业有转型计划但并未实施，如图 25 所示。综合来看，除了外贸综合服务平台企业，其他类型的外贸企业大部分处于数字化转型的初期，外贸流通企业中 54.55% 的企业尚处于业务流程数字化的转型期。

2. 销售环节的数字化实现

外贸流通企业和外贸配套服务企业在销售环节大多会选择依托第三方电商平台进行销售，非外贸直接相关企业多会选择企业自建平台开展销售服务，而外贸生产

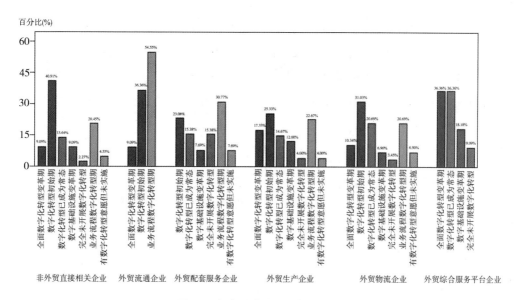

图 25   各类型企业所属转型段位

型企业和外贸综合服务平台企业在销售环节会均衡使用这两种模式，并在此基础上通过服务平台开展远程运维。相比较而言，外贸综合服务平台企业的销售环节数字化转型较为成功，具有范围广、系统化的特点。受访企业整体对于使用专家系统为产品远程诊断的比例较小，这不利于企业拓展商业服务、提升商品价值、推动价值链向后延伸，如图 26 所示。

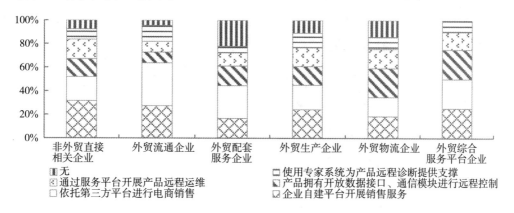

图 26   各类型企业销售环节的数字化实现

3. 数据获取渠道

企业获取数据的途径大致可分为内部获取途径和外部获取途径，内部获取途径包括本企业的官网、企业移动 App、电子邮件、线下问卷调查等，外部获取途径如海关、政府网站、社交媒体等。从整体来看，外贸流通企业数据获取能力处于中等偏上水平，非外贸直接相关企业处于中等偏下水平。从各企业的数据获取渠道来看，虽然信息化渠道高速发展，出现了各种获取媒介，但外贸企业仍会以电子邮件为主，这是由于电子邮件的受众范围广、成本低、针对性强。外贸综合服务平台企业的数据主要来源于海关网站和电商平台，从第三方平台获取数据可以减少企业收集数据的时间成本。由于各行业对数据保护的意识逐渐加强，受访企业较少选择爬虫软件来获取数据，如图27所示。

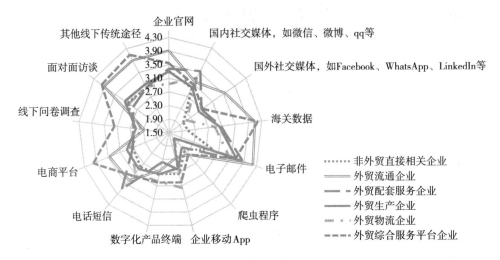

图27 各类型企业数据获取渠道

4. 用户数据获取评价

用户数据通常可以分为用户属性数据和用户行为数据两种。通过对比发现，外贸流通企业获取的用户数据量水平明显高于其他类型企业，外贸生产企业的用户数据获取水平最低，如图28所示。各类型外贸企业获取较多的是用户基本特征

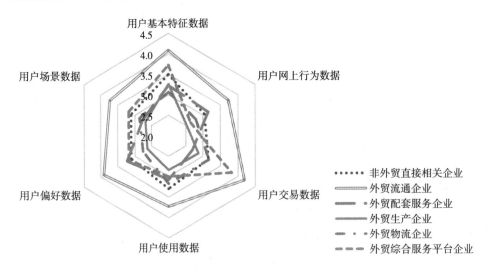

图28 各类型企业用户数据量获取评价

数据，这主要是由于企业需要对客户群体进行年龄、经济能力等方面的分类以确定其目标客户是否有购买需求和购买能力。外贸流通企业、外贸综合服务平台企业以及外贸物流企业注重用户交易数据，这些企业通过对其交易数据的获取可以精准定位客户对产品的需求，外贸配套服务企业获取较多的则是用户偏好数据。

5. 用户数据使用评价

数据的获取是第一步，最重要的是对数据的分析，如图 29 所示。在所有的外贸企业中，外贸综合服务平台企业分析数据的能力最为完善，企业可以有效基于大数据对舆情进行预警分析，作为服务性综合平台需要对舆情进行及时监控以适应贸易环境的变化；非外贸直接相关企业对于用户数据各方面的分析能力较为平均；外贸配套服务企业和外贸生产型企业的数据分析能力较弱。对数据利用水平最低的是外贸生产型企业，无论是其利用用户数据指导创新研发的能力还是制定个性化服务的能力都明显低于其他类型的企业，如图 30 所示。

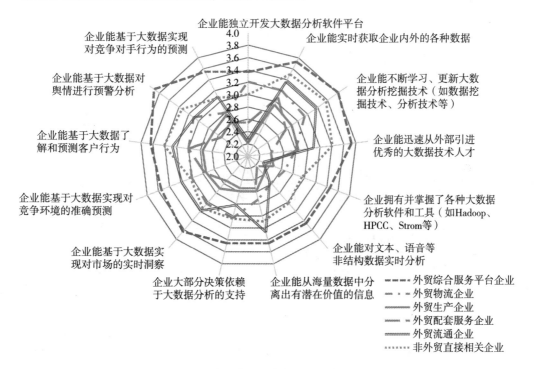

图 29 各类型企业用户数据分析能力评价

6. 转型瓶颈

当前外贸企业的数字化转型仍未十分顺利，面临诸多问题亟待解决。外贸综合服务平台企业和外贸物流企业认为数字化转型遇到的首要瓶颈是缺乏具有战略视野的顶层设计，企业占比分别为 18% 和 20%；其次是缺乏专业的数字化人才，企业占比分别为 15% 和 16%，如图 31 所示。对于非外贸直接相关企业、外贸配套服务企

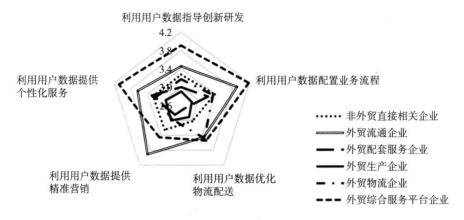

图30　各类型企业用户数据使用评价

业和外贸生产企业来说，除了缺乏专业化的人才以及缺乏具有战略视野的顶层设计，缺乏数字化的认识和意愿也是阻碍其转型的主要瓶颈。

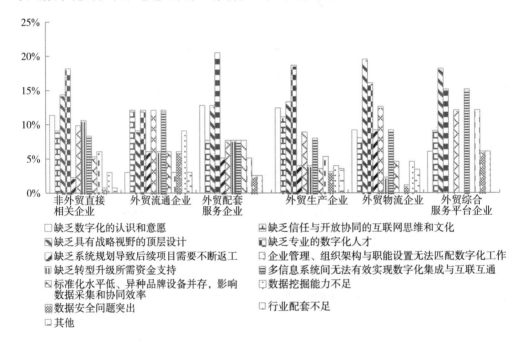

图31　各类型企业转型瓶颈

（八）企业的经营绩效

　　企业进行一系列变革创新的根本目的在于实现利润最大化，利润的增加也会加快企业数字化转型的进程。本部分将从解困效用、净利润变动、企业发展效应三个角度来分析数字化转型对企业经营绩效的影响。

1. 解困效用

超过 50% 的受访企业认为数字化转型对解决企业经营问题产生了较大的效用，在外贸综合服务平台企业、外贸物流企业、外贸流通企业中尤其明显，如图 32 所示。

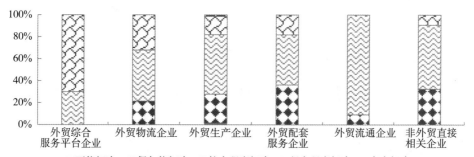

图32　各类型企业数字化转型对解决贵企业经营困难的效用

将选项进行量化处理做成箱线图，平均效用水平最高的前三种企业类型为外贸综合服务平台企业、外贸物流企业、外贸流通企业。除了外贸综合服务平台企业，其他四种类型的企业对数字化转型的效用评价具有较高的一致性，如图 33 所示。

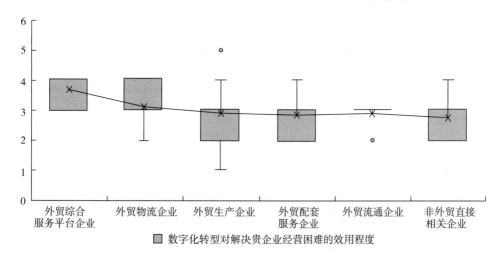

图33　各类型企业数字化转型对解决贵企业经营困难的效用

2. 净利润变动

数据显示，66% 的受访企业在实施数字化转型后净利润水平出现上升。短期来看，数字化转型对于企业净利润水平的提升具有促进作用。外贸综合服务平台企业、外贸流通企业、外贸物流企业这三种类型的企业在数字化转型中直接获益较大。

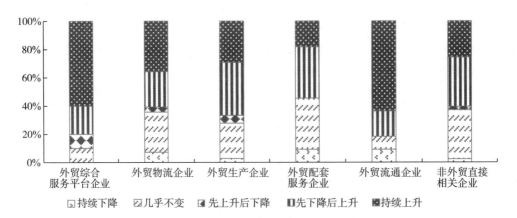

图34　各类型企业实施数字化转型后的净利润率变动情况

3. 企业发展效应

对企业发展效应的分析，主要从生产效率、企业成本、产品竞争力、销售渠道、创新能力五个方面进行，如图35所示。

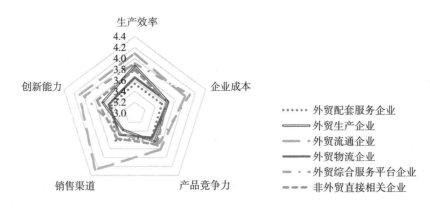

图35　各类型企业数字化转型对企业发展影响效应

外贸流通企业认为数字化转型最大的作用是拓宽了企业的销售渠道；外贸综合服务平台企业认为数字化转型最大的作用是促使企业降低了成本；外贸生产企业、外贸配套服务企业则分别认为数字化转型最大的作用是提升了企业生产效率、拓宽了企业销售渠道；而对于外贸物流企业来说，数字化转型对于提升企业生产效率和促使企业降低成本同等重要。

（九）产业生态效应

外贸配套服务企业认为数字化转型促使产业结构进一步优化；外贸生产企业认为数字化转型主要是促进了产业体系的完善；外贸流通企业则认为数字化转型为企业拓展新业态、新商业模式提供了更多帮助；外贸物流企业认为数字化转型更多的是促进了产业融合；对于外贸综合服务平台企业，数字化转型的作用主要体现在促进产业体系完善和促使产业结构优化两个方面；而对于非外贸直接相关企业，数字化转型的主要效用在于促进了产业体系的完善，如图 36 所示。

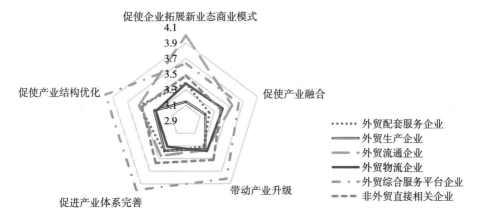

图 36　各类型企业数字化转型对产业发展影响效应

（十）区域一体化效应

对于外贸配套服务企业和外贸生产企业来说，数字化转型主要是促使劳动、资本等要素的区域间流动；对于外贸流通企业来说，数字化转型主要促使金融服务提升；对于外贸物流企业来说，数字化转型的作用主要体现在促使劳动、资本等要素的区域间流动和促进空间集聚两个方面；对于外贸综合服务平台企业来说，数字化转型的主要作用则体现在提升政府治理能力方面；而对于非外贸直接相关企业来说，数字化转型则更多地侧重于促进区域间的合作，如图 37 所示。

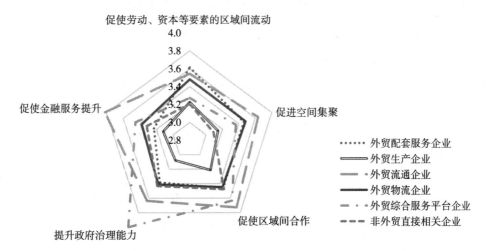

图 37　各类型企业数字化转型对区域一体化影响效应

（十一）未来发展

一个企业的成功转型需要有明确的目标和健康的市场环境，也需要政府的相关政策支持。对于外贸企业未来的数字化转型情况，我们将从发展方向、扶持政策、政府服务、行动措施四个方面展开分析。

1. 发展方向

在发展方向的选择上，不同类型企业选择的重点会因为企业类型不同而有差异。外贸综合服务平台企业、外贸物流企业和外贸流通企业注重培养大数据分析能力；外贸生产企业和外贸配套服务企业则偏向于研发智能化产品；而对于非外贸直接相关企业来说，培养大数据分析能力和研发智能产品都是企业未来发展的重要方向，如图 38 所示。

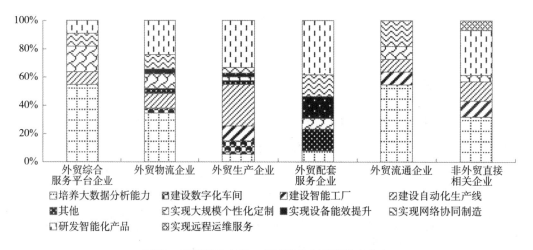

图 38　各类型企业下一阶段数字化建设重点方向

2. 扶持政策

在政策扶持方面，不同类型企业的偏好不同。外贸综合服务平台企业偏向于简化企业的海外建厂审批手续，鼓励全球化的制造布局；外贸物流企业和非外贸直接相关企业均偏向于出口贸易便利化相关措施；外贸生产企业、外贸配套服务企业和外贸流通企业则更加期待政府加大出口信用保险等相关政策的扶持力度，如图 39 所示。

3. 政府服务

在推进企业数字化的过程中，政府提供的服务可以起到润滑剂的作用，使数字化建设过程有序高效地运行。六种类型的企业在对政府服务的期望上有着高度的一致性，均希望政府能够加强政策解读，如图 40 所示。

4. 行动措施

除了企业和政府的努力之外，推进外贸企业数字化进程还需要有一个良好的数

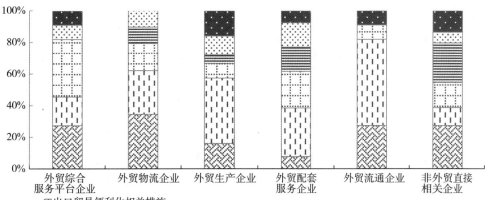

图 39　各类型企业希望政府部门出台的政策类型

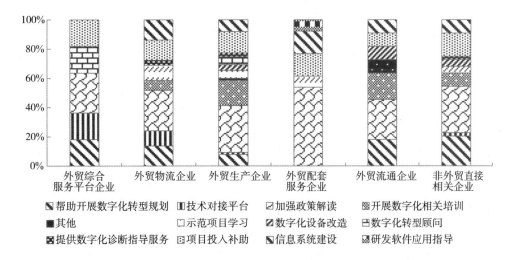

图 40　各类型企业希望政府推进产业数字化所提供服务的种类

字贸易发展环境。外贸综合服务平台企业、外贸物流企业、外贸生产企业、外贸流通企业和非外贸直接相关企业均认为优化数字贸易监管服务体系是至关重要的措施。另外，外贸综合服务平台企业认为完善应对国外壁垒的支撑体系，建立政府服务信息平台，为数字贸易企业提供国际信息和指导与优化数字贸易监管服务体系同样重要；外贸流通企业认为充分发挥金融服务支撑作用，推动数字贸易领域的投资与优化数字贸易监管服务体系同样重要。对于外贸配套服务企业来说，完善国际综合服务支撑体系、建立政府服务信息平台、为数字贸易企业提供国际信息和指导是更为重要的措施，如图 41 所示。

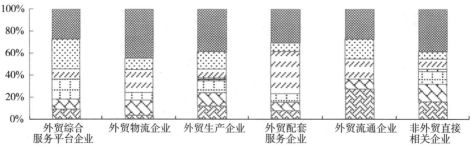

图41　各类型企业营造良好数字贸易发展环境的重要举措

三、长三角地区外贸数字化转型问题分析

1. 外贸生产企业对数字化转型的认识不充分

问卷调查结果显示，外贸生产企业开始实施数字化转型的年份最早，在数字化转型中表现得最积极，但在组织结构的扁平化、柔性化程度以及组织文化参与性方面的自评分数均低于其他类型的企业，说明外贸生产企业不能通过优化自身的组织结构推动数字化转型。

此外，在受访的外贸生产企业中，仅有10%的企业部署了MES（制造执行系统）和SCM（供应链管理系统）。生产执行和供应链服务作为确保生产企业正常运转的关键环节，在实现信息化管理上却并没有引起大多数企业的重视。可见大多数生产型外贸企业并未从全局认识数字化转型，在推进数字化技术的应用过程中，只是从单一部门的角度出发，没有落实到生产、销售、物流、服务的全流程，忽视了信息化建设对企业数字化转型的影响。

虽然大部分外贸生产企业都已步入数字化转型的行列，但在人才培养和用户数据挖掘方面仍处于较低水平。这说明部分企业的数字化转型只局限于对设备和信息系统的更新，而未兼顾人才培养以及数字化应用能力的提升。

2. 数字化人才缺口较大，人才培养机制有待完善

随着大量企业加入数字化转型的行列，企业对专业人才的需求陡然增加。外贸企业数字化转型所需人才不仅要掌握数字贸易、跨境电商领域的相关知识，还要具备熟练的数据分析和挖掘能力。通过调研发现，外贸企业对于数字化战略领导者、

数字化项目经理、数字化落地推动者均有着迫切的需求。

但在受访企业中，认同数字化人力资本管理是数字化转型重要战略举措的企业仅占 8%。在外贸配套服务企业中，近 25% 的企业从未制订过数字化人才培养计划，可见仍有部分企业没有认识到数字化职能团队的重要性。此外，在受访企业中普遍存在数字化人才培养计划与数字化创新激励机制实施不充分、形式单一的问题，进一步增大了人才流失的风险。因此，加强对数字化人才的培养、提升数字化团队设置的完备程度是众多外贸企业在数字化转型中亟待解决的现实问题。

3. 企业缺乏具有战略视野的顶层设计

在询问企业数字化转型瓶颈时，缺乏具有战略视野的顶层设计反复被提及。32.2% 的受访企业并未设立专门的数字化部门负责相关业务，或是仅仅设立 IT 部门来实现办公流程的数字化。这些企业数字化转型战略实施的系统性和专业性不足，因此转型往往处于割裂和不均衡的状态。

由于企业缺乏高瞻远瞩的战略目标，在推进转型措施落地时常常不能结合自身发展需求和业务特点，使得数字化转型无法成功赋能销售、生产、服务等部门。并且数字化转型有着周期长、投入大的特点，没有明确的顶层设计容易产生高投入低回报的问题，也会打击企业转型的积极性，形成恶性循环。没有顶层战略设计、缺乏对数字化战略的完整思考，企业实施数字化转型的过程好似盲人摸象，极易导致转型失败。

4. 企业在数字化转型中投入和产出低下，外部影响不显著

根据调研结果，在数字化转型咨询费用投入方面，大多数企业的投资金额为 100 万元以下。随着企业规模的减小，外贸企业未开展数字化转型咨询的占比逐渐增加，规模为 20~300 人和 20 人以下的企业未开展数字化转型咨询的占比分别高达 45.07%、44.44%。对于中小型企业来说，其可能因为数字化认知基础薄弱、资金不足等原因无法提高数字化水平，数字化投入不足直接影响了相关企业数字化转型的推进。

由净利润变动情况可知，有 30% 的外贸企业在实施数字化之后，其净利润率出现不变或下降的情况；在解决外贸企业经营困难的效用方面，仍有 25% 的受访企业认为数字化转型只能偶尔起作用，对于解决外贸企业经营困难的效用相对较小。在外部影响方面，企业数字化转型对产业升级和商业模式变革推动作用较小，对于区域一体化的影响力度有待提高。这说明企业在数字化投入与取得收益方面存在投入和产出低下的问题，如何提高企业数字化转型营收的效率、将外部影响最大化是一个重要的问题。

四、结论和政策建议

1. 认知升级，信息化系统赋能外贸生产企业

虽然外贸生产企业开始实施数字化转型的时间较早，但由于企业缺乏具备数字化视角的战略领导者，对未来的数字化发展方向并不清晰，经营管理理念陈旧，一些传统企业在组织架构设置、职能团队建设方面认识相对落后，没有充分认识到数字化转型需要企业进行全方位的变革。因此，在数字化转型过程中，企业要积极应变，升级认知，调整管理思维，使组织框架扁平化、柔性化，可以设置专门的部门或岗位来部署数字化转型相关工作、协调各部门运转、优化沟通机制，更好地解决数字化转型过程中的障碍，推动数字化转型的进程。

在人工智能、物联网、大数据、区块链以及5G技术飞速发展的今天，先进的科技给企业数字化转型的进程插上了翅膀；政府也推出了一系列关于企业数字化转型的方针政策，通过"上云、用数、赋智"等普惠型措施，加快企业数字化转型。企业应充分利用这些智能化信息技术、金融普惠、云服务支持等利好政策，通过合理、全面地部署信息化系统，实现大数据赋能、生态搭建、人工智能和实体经济相结合，从而使自己的管理、经营、销售、服务实现全方位、全渠道的转型升级，以适应竞争环境的快速变化，提高企业产品的市场竞争力。

2. 重视数字化复合型人才培养，完善相关机制

企业实施数字化战略应加强对数字化复合型专业人才的重视，制定适当的人才引进政策，提高人才保障水平，促进数字化转型发展。鼓励外贸企业与长三角地区高校进行合作来培养外贸行业数字化人才，可以开展就业导向的培训课程，让人才培养与数字化运营、数字化治理、数字化创新等环节结合起来。企业还可以通过收购高科技公司来迅速扩充自己的数字化人才队伍。

企业应针对各层级员工制定与其业务需求相适应的培养方案：在基层要注重培养数字化应用技术熟练、高协同性的团队以落实转型具体方案，在中层要培养员工对数字化有深层理解并能成功推动数字化赋能业务的人才，在高层要培养具有数字化战略意识的意见领袖。

在数字化人才培养体系中，企业不仅可以给员工提供晋升机会等激励措施，还可以为数字化转型团队设立单独的KPI考核，使数字化转型进程更加可知可控；还需要加大力度培育内部人才数字化能力，如对现有员工进行内部培训、与教育机构或政府联合创建外部培训项目等，既要吸引数字化人才，同时也要留住数字化人才。

3. 设立专门的转型部门，强化上下互动的顶层设计

企业的数字化转型涉及企业的思维认知、管理团队、组织架构以及人才培养等方方面面。其中，高层的数字化重视程度、具有前瞻性的战略规划对企业数字化转型成功起着至关重要的作用。管理层可以通过制订合理的战略规划带领企业抢占新的竞争制高点。

在数字化转型初期，企业需要设立专门的数字化转型部门，调动各个部门协同执行战略。企业应任命具备生产经营与数字信息知识的复合型人才作为主要负责人，以保证职能部门与数字化转型部门顺畅沟通。在决策层建立现阶段数字化转型路线后，从顶层设计出发向下贯彻实施。考虑到市场波动、同业竞争、技术更新等问题，企业实际业务和需求会发生变化，因此，企业不应将数字化战略视为静态模式。相反，企业应建立循环式流程，周期性地对上述各项影响因素进行判断，不断促使企业调整战略，走向最适合自己的数字化道路。

顶层设计是一套体系，是规划目标、实现方法、资源保障的综合设计。各类型企业要结合自身特点，制定适宜的发展战略，实现数字化与实际业务、组织结构、生产流程、管理模式的深度融合。

4. 降低转型成本，营造数字生态

各金融机构可以降低中小企业的融资门槛，鼓励企业进行数字化平台建设。政府部门应制定有利于外贸企业数字化转型的配套政策，加大财政资金的支持力度。比如设立外贸企业数字化发展基金，加大各级财政资金对外贸企业数字化发展的投入。

企业可根据自身类型和行业特点推动从生产到销售全链路的数字化。比如，外贸生产型企业可以通过与电商平台合作，利用数字化营销手段拓宽销售渠道、实现降本增效。此外，企业还应充分利用已有技术对数据进行深度挖掘和分析，洞察消费者需求、强化用户体验、感受市场波澜，提升数据附加值并赋能一线业务，避免出现高投入低产出的现象。

为推动企业的数字化转型进程、营造数字生态、将企业数字化转型的正外部效应最大化，企业可以构建由政府主导的数字化平台和数据共享平台，提高各区域、各行业、各部门之间的信息流通质量和效率，营造信任与开放的互联网环境。一方面，可以借助数字化生态的强外部效应，推动企业数字化变革和发展；另一方面，有利于中小企业更便利地整合资源、应用数据，从而弥补其在数据资源上的匮乏，促进其从生产到消费终端各个环节的数字化升级，提高其经营效率和收益。

参考文献

1. 长三角一体化战略下的贸易数字化转型调查问卷在线链接：https：//www. wenjuan. com/s/rUzMjqY/

2. 基于企业数字化转型评估概念模型，本次调研将内在条件、外在环境、数字化基础、数字化战略、数字化投入、数字化运营、数字化能力、企业发展效应、产业生态效应、区域影响效应这些抽象的概念转换为问卷以及访谈提纲中的各个问题。概念与问题及选项的对应关系、通用性访谈提纲见百度网盘文件。

百度网盘链接：https：//pan. baidu. com/s/1P3Ow9z2x7yN4R8sX2HkYqQ

提取码：07cf

第一部分

数字化转型进程与困难

上海市松江区企业数字化转型的政策环境现状、困境及建议

李思如　张钊也　许子航　崔宁杰　马　畅　张雪茜
指导教师：尚宇红　赵　倩

摘 要

从党的十九届五中全会提出加快数字化发展，到各级政府积极响应出台扶持政策；从新冠肺炎疫情期间企业遭受巨大损失，到后疫情时代数字化转型成为时代趋势，数字化的重要性不言而喻，其发展路径也愈加清晰。数字化已经不单单是一款软件、一套产品的应用更新，更像是一种思维的转变，环绕着企业所处的商业环境、模式、运营与供应链的挑战逐一展开。本项目基于受访的 40 余家上海市松江区企业问卷数据，以及线下调研的 10 余家企业访谈记录，探究长三角一体化背景下，上海市松江区企业数字化转型现状及瓶颈，挖掘政策环境对数字化转型的影响，力求收集企业的真实需求，为政策的制定献言献策。同时，为处在转型十字路口的企业提供参考，并对各行业的数字化转型路径进行预测与展望。

关键词：政策环境；发展路径；数字化转型

一、调研背景及意义

2020 年，突如其来的新冠肺炎疫情给各行业带来了不小的冲击。不少企业因供应链断裂或企业防疫要求被迫停产停工，转型与变革迫在眉睫。如果说疫情前数字化转型对企业的生产生活起到了推动作用，那么后疫情时代新政策的提出则带领国内各行业进入数字化转型的"高铁时代"。

2021 年《中华人民共和国国民经济和社会发展第十四个五年规划和 2035 年远景目标纲要》对"建设数字中国"作出了重要部署；上海市委、市政府于 2021 年 1 月公

布了《关于全面推进上海城市数字化转型的意见》，要求深刻认识上海进入新发展阶段全面推进城市数字化转型的重大意义，明确城市数字化转型的总体要求，并于7月进一步提出《推进上海经济数字化转型　赋能高质量发展行动方案（2021—2023年)》。2021年4月，上海市市场监督管理局联合六部门发布《关于加快打造数字化开办企业服务体系的意见》，明确提出要持续提升开办企业数字化服务品质；2021年6月，上海市松江区政协举行"松江区城市数字化转型工作情况"专题通报会，积极推进应用场景建设，形成数字化转型规划方案，优化制度设计、强化信息安全体系，为数字化转型做好保障。

数字化转型绝非一蹴而就的工程，良好的政策引导与扶持必不可少，数字化转型是企业继续生存并与时代保持同步的必由之路。2020年5月，国家发展和改革委员会发布了"数字化转型伙伴行动"倡议，提出政府和社会各界应联合起来，共同构建"政府引导—平台赋能—龙头引领—机构支撑—多元服务"的联合推进机制，以带动中小微企业数字化转型为重点，在更大范围、更深程度上推行普惠性"上云用数赋智"服务，提升转型服务供给能力，加快打造数字化企业。

在后疫情时代，研究企业数字化转型现状、困境的课题愈见广泛和深入，但研究数字化转型政策环境现状、困境的课题较少。本课题从数字化转型的政策环境出发，探究企业数字化转型现状，其研究目的和意义有如下几点：

（1）从企业自身需求出发，探索企业在数字化转型过程中面临的政策环境与市场环境，分析政策环境对企业的驱动作用，深入了解数字化转型政策在不同行业企业中的落实情况，从实践角度针对具体政策的推广情况与利弊情况得出调研报告，为各级政府提供政策建议。

（2）从企业生产模式、运营情况、数字化程度、政策信息获知途径等方面，探究企业数字化转型现状以及面临的困难，分析制约企业数字化转型的政策环境影响因素。

（3）通过查阅文献等方式，了解不同区域间政策差异对企业转型方式的影响，并以此分析政策环境在区域间协调发展中的作用机制，为优化政策实施与资源配置提供理论指导。

（4）本次调研有助于认识在长三角一体化战略下我国企业数字化转型现状，为政府的政策制定以及进一步深入贯彻党的十九届五中全会和中央经济工作会议精神提供参考。

二、调研方案与实施

（一）调研方案

1. 调研内容

（1）了解企业的商业模式、客户类型、生产线流程等基本情况。

（2）了解企业对于数字化转型的了解程度以及态度，在转型过程中遇到的实际困难。

（3）了解企业数字化的内生动因及数字化历程，以及不同企业在数字化时代的发展规划。

（4）了解政府的帮扶政策是否落实到位，企业对于政府未来的支持政策有哪些期待。

2. 调研方法

（1）问卷调查法：前期与企业取得对接后，便开展学校统一动作和小组自选动作的问卷调查，用于了解企业数字化的基本情况以及上海市松江区的政策环境情况。

（2）线下访谈法：根据查阅到的企业基本情况，通过线下走访的形式访谈，深入了解企业数字化现状与政策落实相关问题，并进一步感受企业文化，在此期间采用手机录音、拍摄视频等方式记录会议内容。

（3）线上访谈法：根据查阅到的企业基本情况，在约定的时间通过线上会议的形式开展视频会议访谈，深入了解企业数字化现状与政策落实相关问题，在此期间采用腾讯会议录屏、截图等方式记录会议内容。

（4）文献调查法：通过查阅相关文献，修改调研报告的行文逻辑及结构，为拟写报告提供专业知识参考和完善补充。

（5）网络应用法：通过天眼查、企业官网等方式寻找文字记录、新闻报道等咨讯，更加全面具体地了解企业信息。

（二）调研对象

以下为参与调研的企业名录：

（1）诺信塑料工程系统（上海）有限公司

（2）上海东洋油墨制造有限公司

（3）复盛实业（上海）有限公司

（4）上海安谱实验科技股份有限公司

（5）上海恒灵国际货物运输代理有限公司

（6）上海依视路光学有限公司

（7）赫斯可液压（上海）有限公司

（8）A批发采购（上海）有限公司

（9）B新材料科技（上海）有限公司

（10）C电梯装饰（上海）有限公司

（三）调研任务分配

表1　小组成员分工

人员	职务	工作内容
崔宁杰	组长	组织小组会议、分配调研任务、安排访谈计划、监督访谈进度、与指导老师和企业方进行对接、统筹推进小组工作的正常进行、撰写访谈报告
李思如	副组长	协助组长监督访谈任务、查找企业信息、整理访谈提纲、参与主持访谈并进行会议记录和访谈录音、负责推送审核和修正、撰写访谈报告
张雪茜	宣传员	负责访谈过程中阶段性成果的宣传材料（推送、新闻文章等）以及信息记录、撰写访谈报告
马畅	采访员、资料收集员	负责查找并整理企业信息、整理访谈提纲并参与主持访谈、进行会议记录与主要采访、撰写访谈报告
张钊也	联络员、采访员	负责企业方与小组的对接工作及问卷编写工作、参与主持访谈、进行会议记录与主要采访、撰写访谈报告
许子航	财务专员、资料收集员	负责访谈出行计划安排及财务记录、查找并整理企业资料、进行会议记录和访谈录制、撰写访谈报告

（四）调研工作时间安排

表2　调研工作时间安排

时间（2021年）	工作安排	备注
7月2日—7月15日	（1）小组初步建立，通过线上会议确认选题，讨论访谈与计划书的内容，拟订调研方案 （2）联系企业，确定所有企业的访谈时间及地点 （3）查找与整理企业资料，撰写企业访谈提纲 （4）确定线下访谈行程、参考预算，通过小组会议修改访谈提纲 （5）设计自选问卷，尽量做到针对性访谈	前期准备
7月16日—8月19日	访谈计划： （1）7月16日　诺信塑料工程系统（上海）有限公司 （2）7月16日　上海东洋油墨制造有限公司 （3）7月20日　复盛实业（上海）有限公司 （4）7月22日　上海安谱实验科技股份有限公司 （5）7月23日　赫斯可液压（上海）有限公司 （6）7月23日　上海恒灵国际货物运输代理有限公司 （7）7月23日　上海依视路光学有限公司 （8）8月13日　A批发采购（上海）有限公司 （9）8月18日　B新材料科技（上海）有限公司 （10）8月19日　C电梯装饰（上海）有限公司 （11）各家企业的访谈推送制作及发布	中期采访调研

时间（2021 年）	工作安排	备注
8 月 19 日— 9 月 1 日	（1）完成调研报告 （2）典型案例报告 （3）整理所需材料	后期总结报告

三、规范问卷调研结果统计分析

（一）样本基本情况

本次调研共回收有效问卷 183 份。其中，包含上海市松江区的 43 家企业，这是本小组课题的重要数据来源的一部分。基于总体问卷信息，本次调研对象集中在外贸生产型企业，近半数来自制造业。

在企业所处行业中，制造业占 70%，交通运输、仓储和邮政业占 11%，占比较大，企业涵盖的行业领域较为广泛，如图 1 所示；在企业员工人数中，44% 的企业员工规模在 20～300 人，16% 的企业员工规模超过 1000 人，中小型企业数量偏多一些，如图 2 所示；在企业 2020 年营业收入情况中，46% 的企业 2020 年的营业收入超过 4 亿元，14% 的企业 2020 年营业收入在 5001 万～1 亿元，故大部分企业 2020 年的营业收入较高，如图 3 所示；在企业属地性质中，42% 的企业属于本地企业，58% 的企业是招商引资企业（外资），如图 4 所示。

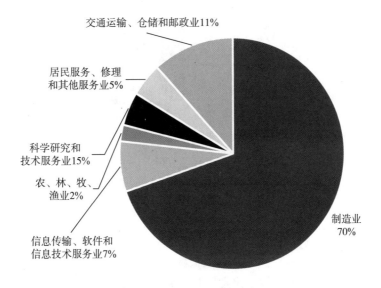

图 1　企业所处行业

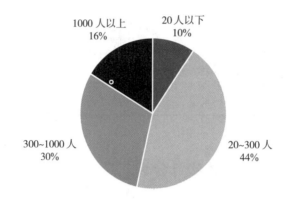

图2　企业员工人数

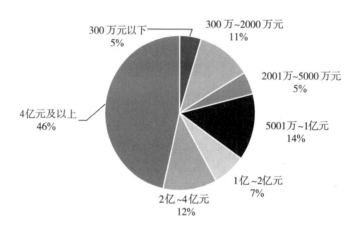

图3　企业2020年营业收入情况

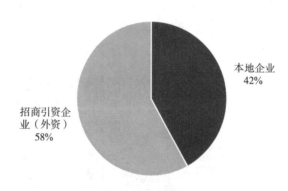

图4　企业属地性质

（二）数字化转型现状与趋势分析

根据《2018 年中国企业数字化发展报告：数字经济创新引领》，从四个维度评估企业数字化发展现状，解析如下。

1. 数字技术应用方面

对上海市松江区受访企业所使用的数字化系统做可视化分析，多数公司目前使用2~3套系统，有近30%的公司使用4~7套系统，极个别公司甚至使用了多达8套系统支持工作开展，可见大多数企业在时代大势的推动下已或多或少步入数字化轨道，如图5所示。

对于使用的系统类别进行透视，可以发现ERP、OA系统应用最为广泛，其次是WMS和SCM系统，这与本次受访企业的类型有关，如图6所示。在走访过程中我们发现，近半数企业表示MES系统近年来也应用广泛，个别有资金支持的企业甚至自行开发系统以方便作业。与2020年上海的受访企业对比可以发现，ERP、OA系统仍是普及性较强的数字化办公平台，这给尚未形成转型规划的企业指明了方向，如图7所示。

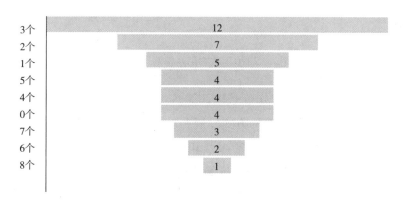

图5　2021年企业数字化使用系统数量统计

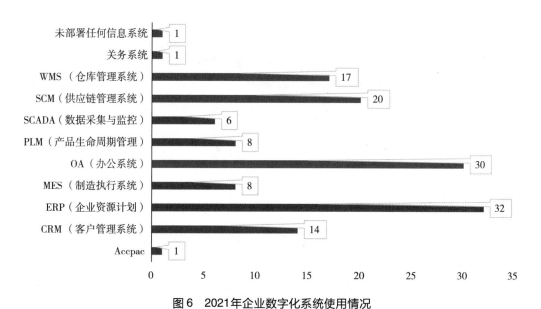

图6　2021年企业数字化系统使用情况

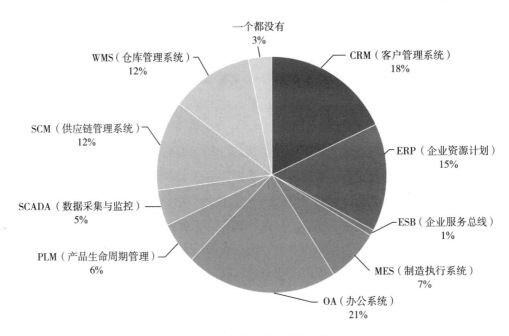

图7　2020年数字化系统使用情况

2021年企业在获取途径的分布上与2020年相比并无太大差异，大部分企业由于自身的企业性质选择使用传统的方式发展并维持客户关系，对于网络爬虫等技术手段使用率不高，如图8所示。与2020年相比，国内社交媒体渠道的使用率有所下降，电子邮件与企业官网仍然保持主流渠道的地位，说明数字化的潜力依旧存在，如图9所示。

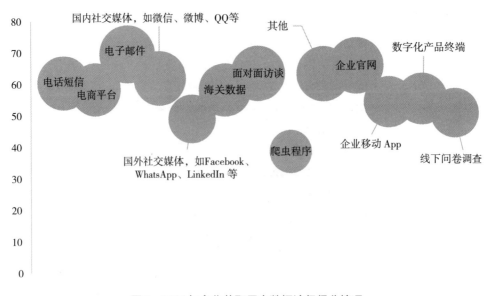

图8　2021年企业获取用户数据途径得分情况

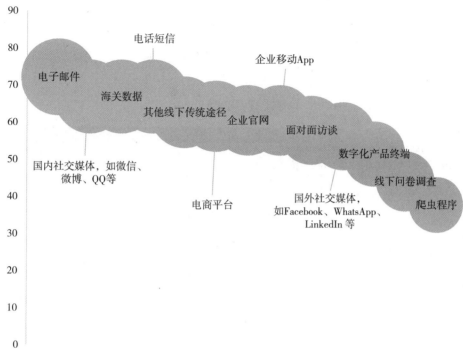

图9 2020年企业获取用户数据途径得分情况

2. 决策模式创新方面

数字化转型的本质不是企业内部技术的提升，而是观念的转变，但在现实中企业管理者、各级员工对数字化不认同、不理解。25.58%的企业缺乏数字化转型清晰的路线图，没有对数字化转型制订全面的战略规划，未对数字化转型进行系统性的思考，如图10所示。

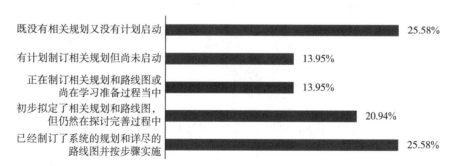

图10 企业针对数字化转型制订战略规划与转型升级路线图情况

人才是企业实现数字化转型的关键，企业拥有高质量的人才才能加速数字经济的发展。41.86%的企业针对工作实际相关部分人群，制订了相应的数字化人才培养计划，25.58%的企业无相关计划。这表明大部分企业有培养数字化人才的意识，要想在数字化时代保持可持续的竞争力，人才培养是重中之重，如图 11 所示。

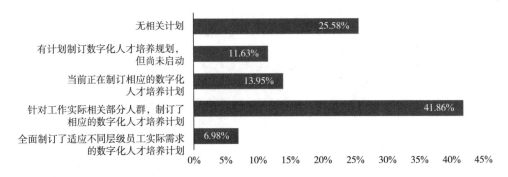

图 11　企业在数字化人才培养方面的现状

3. 业务流程创新方面

目前，有近 30% 的企业实现了通过自建平台开展销售服务，减少人工成本。超过 35% 的企业可以对平台开展远程运维。个别企业也选择了依托第三方平台进行电商销售的方式，将传统的销售模式嵌入线上，依托平台开展业务，如图 12 所示。

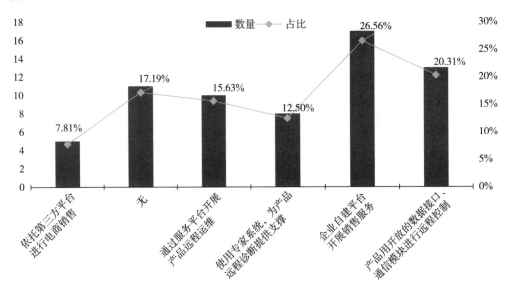

图 12　企业目前在销售服务环节数字化功能实现情况

4. 盈利模式创新方面

根据问卷结果统计，有 23 家企业表示业务流程的数字化能较大程度地解决企业遇到的经营困难，有 20 家企业表示即便处于转型初期，数字化对于企业也是有较为明显的利好，如图 13 所示。

受新冠肺炎疫情影响，不少企业在 2020 年出现利润率负增长的情况。大部分企业表示，数字化转型极大地降低了企业的管理和人力成本，利润率显著提升，如图

14 所示。在后疫情时代，只有持续地坚持转型，保持数字化的思维，才能继续为企业赋能，加速改变新冠肺炎疫情带来的亏损现状。

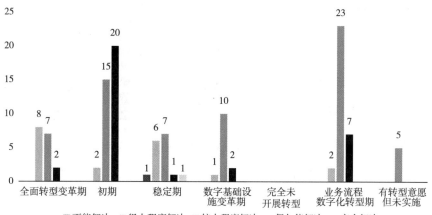

图 13　数字化转型对解决企业经营困难的效用

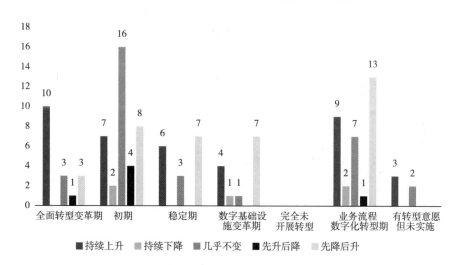

图 14　企业实施转型后的净利润率变动情况

2020 年，各地积极应对新冠肺炎疫情，尽管我国复工复产迅速，但疫情还是给各行业带来了不小的冲击。与 2019 年各行业企业经营状况对比，2020 年制造业仍是受冲击较大的行业。这是两次调研中出现亏损的行业，暴露了传统制造业供应链过长的弊病，在突发公共事件中尤为明显。同时，2020 年处于中高利润率区间段（5%～10%、10% 以上）的企业占比，较 2019 年也显著下降，如图 15 和图 16 所示。

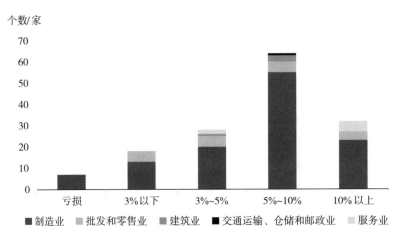

图 15　2019年企业利润率分布

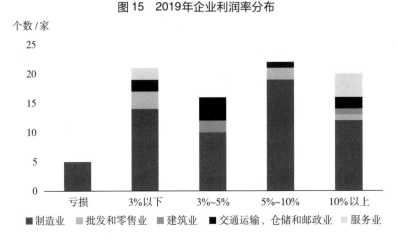

图 16　2020年企业利润率分布

（三）企业数字化的基本观点

通过对上海市松江区 43 家企业的规范问卷进行研究，本文从企业自身视角出发，探讨企业数字化转型的现状、发展趋势和数字化转型对企业发展的效用，深入了解企业所持数字化转型的观点和相关政策落实情况。

1. 改变的意愿与正确的组织架构是数字化转型成功的关键

诺信塑料工程系统（上海）有限公司：数字化系统的运用，不单单是一个所谓的数字化分析，更重要的是一个战略层面的决策依据。沈经理认为，如何利用企业有限的资源去更好地服务客户，是企业一直以来寻求的目标。数字化是一种基于数字驱动决策的新型营商模式。数字化转型的实现，不仅需要有公司高层的推动、支持与参与来作为企业转型的动力，更需要以清晰的目标和落实跟踪、持续改进作为企业转型的基石。

2. 绿色工厂已在规划，智慧工厂难以实现

复盛实业（上海）有限公司：复盛实业致力于节能减排，且已经走在了政策前面。在访谈过程中，王经理表示："人力对企业向前发展的作用很小，数据和系统才是最真实的。"该企业在内部管理中采用了全球通用的 SAP 系统，在生产过程中应用 MES 系统。王经理认为，像空压机生产这样的传统制造业，由于标准化程度不高，更多的是定制化产品，所以智慧工厂在未来实现的可能性很低。

3. 行业的特性与限制给企业数字化实现带来了不同的挑战

上海安谱实验科技股份有限公司：就整个行业来看，短期内的商业模式比较固定。刘经理认为，一些处于特殊行业的企业在数字化的实现上具有一定的限制因素。一方面为技术限制，国内外的仪器厂商目前还无法实现全自动化，导致企业检测依然停留在半自动化的加工生产上；另一方面为行业限制，某些受到国家监管的产品具有较多的限制条件，要想真正地实现数字化，企业将面临巨大的挑战。

4. 仓储自动化难以实现，无纸化通关效益明显

上海恒灵国际货物运输代理有限公司：恒灵集团的王经理表示，物流报关行业由于受到行业类型及货物类型的限制，在智能报关系统上的数字化程度较高，而仓储自动化目前还很难实现，依然会依靠传统人力手段。

在访谈时，王经理说："为了顺应海关总署的无纸化通关'信息多走路，人力少跑路'要求，我们也在努力推进无纸化发展，在减少报关差错率的同时可以提高数据的准确率。"

5. 数字化的最终目的——形成管理闭环，助力问题解决

上海依视路光学有限公司：该企业一直非常重视数字化转型。黄经理认为，对企业来说，改变员工对数字化转型的态度是很重要的。变革需要各层级的员工相信数字化转型是对的，一起出力，使企业数字化转型快速、顺利地进行。

在谈到数字化的最终目的时，黄经理指出，数据不仅仅是被动地呈现，还要将数据与整个生产经营过程结合起来。数据采集需要结合生产管理，形成闭环。一旦有问题产生，数据采集可以快速追踪问题并解决。让数字化带来的管理闭环最终能很好地解决问题，这才是企业数字化的最终目的。

6. 打造数字化生产线，着眼产品质量把控

赫斯可液压（上海）有限公司：公司已经成功打造出数字化生产线，实现了产品的自动化生产。赫斯可液压的墨总认为，在未来数字化将会渗透到液压生产制造过程的每一个领域，他表示"数字化的过程其实是一个可以无限挖掘的过程"。在谈及数字化生产线的优势时，梦总指出，数字化生产线能在减少员工的工作量的同时使生产效率大幅提升，更重要的是能使生产车间更洁净，更好地保证产品品质。

梦总认为，随着时代的发展，传统制造业生产的许多产品也逐渐从非电控向电控转化，相比于传统生产方式，数字化生产线对于电控产品的生产制造也有更有优势。另外，数字化生产线的使用让公司能更好地对生产过程中的每一个环节和每一个产品进行监控，这也使生产过程的改进与分析得到了全面的提升。

四、需求分析与现存问题分析

（一）需求分析

1. 数字化在企业内部的需求

当前，数字经济和实体经济正在高度融合，传统企业的数字化转型升级已成大势所趋。但由于所处行业、发展阶段以及认知程度的不同，不同企业开展数字化转型的动因亦不尽相同。本小组调研的企业来自不同行业，它们均表示在数字化方面做了各种不同程度的转变并为自身带来了一些积极的影响，如图 17 所示。

2. 数字化为中小型企业的发展带来机遇

2020 年，新冠肺炎疫情的暴发加快了中国企业数字化的进程。许多外向型中小企业正进行数字化升级，借力数字化平台加速"出海"。而在以国内大循环为主体、国内国际双循环相互促进的新发展格局下，"两化融合"正促进数字化水平在产业链前端、B 端（客户端）、C 端（消费端）、海外端的总体提升，内需稳中提升，外需不断扩大，在实现共同富裕的道路上，为中小企业带来难得的发展机遇。

3. 数字化促使人才管理向敏捷化转型

中国企业人才管理制度的成熟度有所提升，企业人才需求规划的计划性有显著的提升，部分企业开始意识到规划对于未来的适应性和灵活性来说是不可缺少的。同时，数字化管理强调职责明确，各个部门设定适用自身的标准，将工作目标具体化、可操作、可考评，权责明晰。

（二）现存问题分析

数字化转型是一场盛大的革新，不仅需要技术更新与资金投入，还需要经营观念、组织运营、战略规划等全方位的变革，这对企业的数字化转型全局规划提出了较高的要求。根据实地调研与样本问卷分析得出，多数企业推动数字化转型的意愿强烈，但无奈困难重重。

1. 企业数据资产积累薄弱，数字化转型核心技术不足

企业数据资产积累薄弱主要表现为经营过程详细记录少、数据积累少、财务信

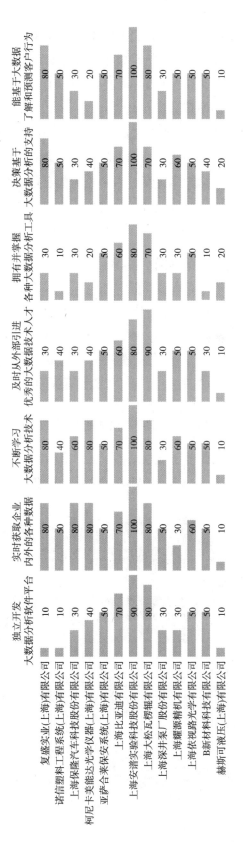

图 17　企业数据分析能力

息质量差等情况。许多中小微企业对数据资产的积累存在迷茫，这是转型困难重要的痛点之一。另外，数据管理与数据分析是数字化转型的重要核心技术。若企业的数据分析能力低，有价值的数据资产也有可能变成无用的垃圾。

2. 部分企业数字化转型意识薄弱

从不同行业的数字化转型程度来看，居民服务、修理和其他服务业以及农、林、牧、渔业的受访企业全部处于数字化转型初始期。制造业有23.33%的受访企业处于数字化转型初期，26.67%的受访企业处于业务流程数字化转型期。交通运输、仓储和邮政业有约40%的受访企业数字化转型与创新已成为常态。不同行业之间数字化程度存在较大差异，如图18所示。

图18　企业所处的不同行业数字化转型程度现状

3. 数字化转型成本高，企业转型压力大

调查结果显示：2020年营业收入在300万元以下，有60%的受访企业处于数字

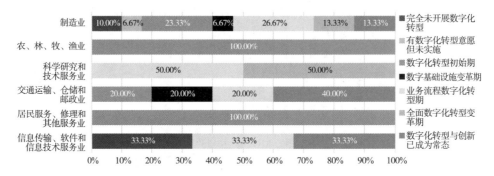

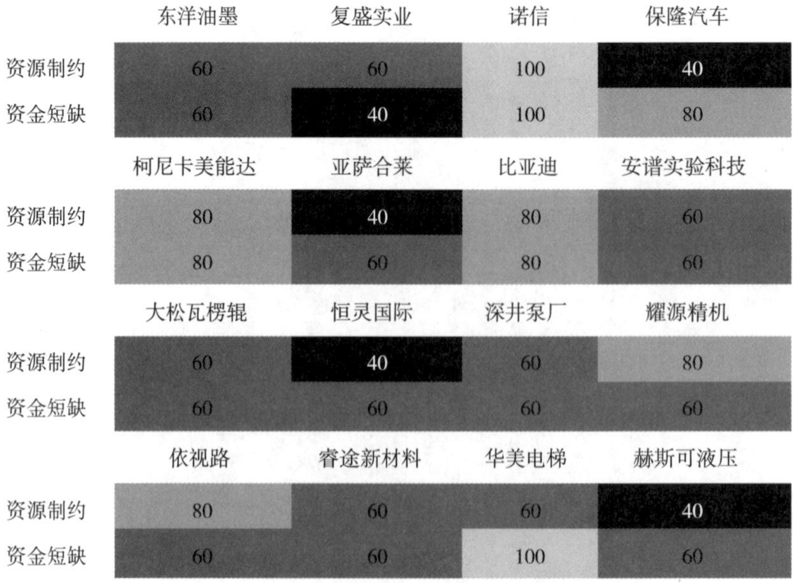

图19　受访企业在资源与资金方面的受阻程度

化转型初期；2020 年营业收入在 300 万～2000 万元，有 50% 的受访企业处于数字化转型初期；而 2020 年营业收入超过 4 亿，仅有 4.84% 的受访企业有数字化转型意愿但未实施。可看出企业营业收入越高，数字化水平逐渐加强。

4. 通用系统的适配度低，存在兼容问题

许多公司由于开发成本高、开发难度大等原因，选择将数字化服务外包给第三方服务商。目前，市场上有能力承担战略咨询、架构设计、数据运营等关键任务，能够实施"总包"的第三方服务商较少，市场上的方案多是通用型解决方案，无法满足企业、行业的个性化、一体化需求，适配度低，如图 20 所示。

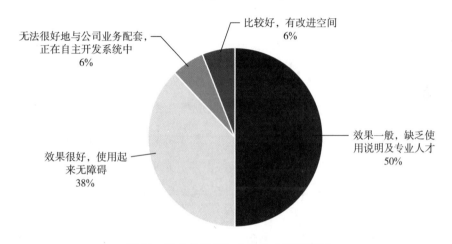

图 20   数字化系统与企业生态兼容情况

企业自选问卷结果显示，有 6 家企业表示目前外部的数字化工具有待完善，有 9 家企业表示外部数字化工具无法很好地嵌入公司生态环境，这主要表现在无法与公司业务配套、使用效果一般、缺乏具体的使用说明、缺乏专业人才四个方面。

5. 云端存储存在风险、数据安全亟待保障

在 5G 时代，云端存储蓬勃发展。根据受访企业态度与样本问卷分析，许多企业仍对云端存储的安全性表示担忧。企业所掌握的数据涵盖企业自身关键信息、商业机密、客户信息等，数据价值高。如若企业在云端存储的数据遭到篡改或是泄露，对企业、客户所造成的影响将是巨大的。

自选问卷结果显示，有 13 家企业表示目前还没有与当地政府或企业共享业务数据，哪怕是不涉及企业机密的数据。客户是否真正愿意分享是云端存储不可忽视的一个问题。在大数据时代，数据与信息是企业竞争力的重要组成部分，云端的数据安全保障是企业数字化转型的重要问题，如图 21 所示。

6. 缺少针对"小行业"的专项政策扶持

目前我国在生产制造业中也有一些"小行业"，这些小行业由于生产方式或是

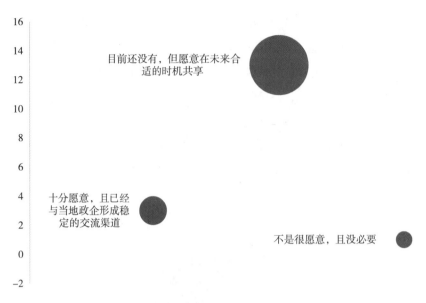

图21　企业分享非核心数据意愿分布

产品特性的问题，导致了宏观政策的不适用。如上海安谱实验科技股份有限公司表示，其所属的行业是一个小行业，行业规模不大、企业数量不多，而产品的技术要求与生产难度却非常高，许多生产制造设备与化学检测设备仍然被国外"卡脖子"。在小行业中的企业，自身发展难度本来就较大，加之缺少针对行业的政策扶持，企业深化数字化转型的难度较高，如图22所示。

图22　小组访问企业所需帮扶解读

五、政策环境分析

从企业对于营造良好数字贸易环境所需的政策举措反馈来看，目前企业最急需的依然是资金和专业人才支持，如图 23 所示。个别企业由于缺乏充足的资金与专业的指导，在数字化转型过程中步履维艰。值得注意的是，排在第二名的需求是优化数字贸易监管服务体系。不少受访企业也表示，数字化必然要求企业在不同程度上将数据共享，这就涉及数字安全问题。如何在保障企业隐私的同时，合理地共享非核心数据，是数字化转型的一大难点，也是亟待解决的一大痛点，如图 24 所示。

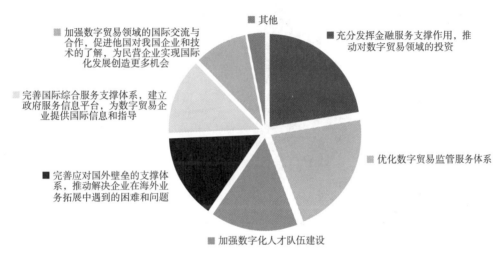

图 23　营造良好数字贸易环境的政策举措

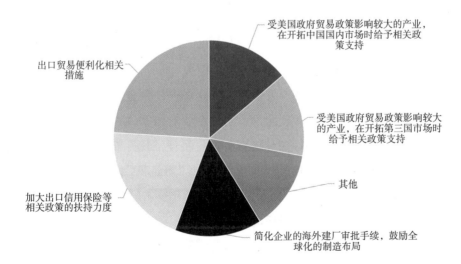

图 24　排名前三的政策扶持需求

　　针对具体的政策措施与产业需求，各企业也提出了自己的看法。得益于电子化的办公流程，贸易类企业在海关手续申办的流程上简化了不少，基本可以做到一站式解决。不少企业反应希望可以加大对出口贸易便利化相关措施以及出口信用保险等相关政策的扶持力度。

　　对于产业的政策需求，近50%的企业表示需要政府开展技术培训并加强政策解读，这表明很多企业对于数字化转型的了解仍停留在初级层面，现有的政策也只是方向性的指导意见。要怎么转？为什么转？不少企业仍停留在迷茫期，如图25所示。

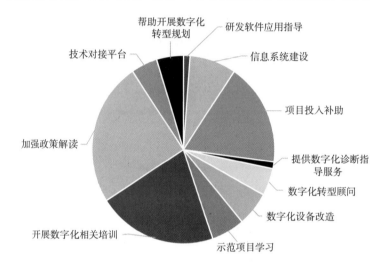

图25　排名前二的产业政策扶持需求

六、结论与对策建议

（一）主要结论

1. 数字化转型程度与企业、行业特点高度相关

　　根据以上调研分析，因企业所处行业、企业规模、企业营业收入、行业发展前景、企业领导阶层的数字化转型理念等不同，企业的数字化程度相差较大。中小微企业的数字化转型程度较低，特别对制造业企业而言，其传统的业务模式和行业性质致使数字化转型进程较慢，使其没有勇气走出"舒适圈"，向数字化迈进。调研发现，规模较大、进入市场较早的企业，引入数字化技术较早，数字化程度较高。

2. 企业数字化转型程度受市场环境影响较大

　　市场环境是企业发展的重要指标，也是营销策略制定的重要依据。市场环境影响到了企业的运营，多数企业对数字化转型概念了解甚少，不明确数字化转型的方向。大多企业因市场环境的影响，在不断变化的环境下求生存谋发展，被动进行数字化转型，引进新技术、数字化技术人才，降低成本，增加收入。对中小微企业来说，其本身的局限性和行业性质使得市场环境对企业数字化转型影响较大，政府数字化转型政策引导作用较小。

3. 数字化转型推动企业创新发展

多数受访企业使用 OA（办公系统）、CRM（客户管理系统）、ERP（企业管理系统）和 MES（制造执行系统）等第三方信息系统，打破了部门、上下游企业等"信息孤岛"。新技术的引进可以帮助企业优化业务流程，提高工作效率，通过提供个性化和定制化服务，改善客户体验。同时，企业可以借助先进的分析技术实时获取数据，相关部门根据以上分析结果及时做出策略调整，以做出正确决策。

4. 企业本身对于数字化转型的需求匮乏

不同行业可以用数字化进行提升的内容不同。以制造业为例，大部分公司反映现在能在生产制造阶段做的创新已经微乎其微，而智能化革新更是比较遥远。目前，企业大多在做的都是市场方面的工作，生产变成了流程化、标准化的工作，而如何占有市场获得更大的利益便成为企业中更重要的部分。政府倡导数字化，而如何意识到数字化之间的两极分化会影响市场间的两极分化是企业要考虑的内容。

（二）对策建议

1. 企业层面

（1）树立数字化转型新理念

面对传统生产方式，多数企业不愿接受数字化带来的巨大转变。转型所需的巨大资金投入、引进数字化转型人才等困难，致使企业没有勇气走到数字化转型的前端。虽然数字化转型有利有弊，但在后疫情时代，数字化转型已成为必然趋势。加快数字化转型是企业的必经之路，企业早一步意识到数字化转型的重要性，树立数字化转型新理念，便可在当今社会抓住转型的契机，实现可持续性发展。

（2）建立数字化转型的技术支撑

数字化转型不是简单的技术升级，但也离不开 IT 系统的支撑。在调研过程中，多数企业使用的管理和生产系统不能满足转型的需求，还需要更多的系统用于数据分析，企业要结合自身特点、业务需求、行业趋势变化，将相应的数字化技术也引入其中，按需拓展，打好转型的技术基础。

（3）建立了解数字化政策的全方位途径

政府政策的支持是企业数字化转型的催化剂，企业要多途径、全方位了解数字化转型的方向和政策，向行业发展大势紧靠，并为自身争取扶持利益，发展数字化技术。

（4）制订全面系统的数字化转型人才培养计划

在同企业的访谈过程中，我们了解到很多企业更缺乏的是既了解公司产业链又能充分挖掘数据信息的人才。所以寄希望于高级复合型人才，从而搭上数字化转型的发展快车的企业，可以同高校合作制定针对企业本身的或"大数据＋"的人才培养方案等。人才是数字化转型过程中的主要影响因素，企业应制订数字化人才培养计划，与各大高校进行合作，定期进行人才培养，与其他企业进行技术探讨，增强行业竞争力。

2. 政府层面

（1）出台不同行业企业专项扶持政策

不同行业企业的数字化转型程度差异较大。对制造业企业来说，传统的业务模式使制造业的数字化水平较低；对汽车行业来说，智能设备的运用对普遍；对数字化转型程度低的企业来说，统一政策的弊端致使企业数字化转型门槛过高。这就需要政府针对不同类型的企业出台不一样的扶持政策，以抵消行业数字化转型的差距，做好政府引导工作。

（2）加强数字化转型的基础设施建设

新基建以新发展为理念，以技术创新为驱动，以信息网络为基础，提供数字转型、智能升级等服务的基础设施体系，加强基础设施建设，发展产业数字化。数字化转型是引导传统产业走向产业数字化。政府只有加强对技术可靠、成本较低的数字化基础设施的建设，才能为企业数字化转型提供更坚实的技术支撑。

（3）加强网络安全防护与安全管理

据调研了解，国际物流与海关行业等涉及用户商业信息的企业在数字化应用时要加强企业数据的安全防护与管理。以恒灵国际物流公司为例，客户产品信息与价格为严格保密信息，企业在进行内部系统的数字化建设与发展时，需要考虑系统的安全性。

（4）落实数字化转型的激励政策

企业不愿做出改变的原因，一方面是企业不愿走出舒适区，另一方面是全行业并没有很成功的案例出现。没有先例，对于资历不够或规模不够大的企业来说很容易望而却步。如果政府能以此为契机，除了对企业的扶持之外，对走在数字化前列的企业给予更多的奖励可能更是一条可行之道。

（5）引导不同数字化程度的企业合作

很多企业的数字化转型是源自供应商的要求或者生产方对于物流等方面的需求。所以，如果政府可以利用近因效应，引导诸如供应商和生产者之间联动合作，那么在一定程度上也会加速企业本身的数字化转型。

参考文献

［1］中华人民共和国国家发展和改革委员会．中华人民共和国国民经济和社会发展第十四个五年规划和 2035 年远景目标纲要［R/OL］. 2021 - 03 - 23.

［2］中华人民共和国国家互联网信息办公室．关于全面推进上海城市数字化转型的意见公布［R/OL］. 2021 - 01 - 08.

［3］中华人民共和国中央人民政府．上海发布生活及经济数字化转型三年行动方案［R/OL］. 2021 - 07 - 11.

［4］上海市人民政府．关于加快打造数字化开办企业服务体系的意见［R/OL］. 2021 - 04 - 01.

［5］松江政协．松江区政协举行"松江区城市数字化转型工作情况"专题通报会［R/OL］. 2021 - 06 - 02.

［6］赵昌文，许召元．国际金融危机以来中国企业转型升级的调查研究［J］.管理世界，2013（04）：8 - 15 + 58.

［7］陈春花．传统企业数字化转型能力体系构建研究［J］.人民论坛·学术前沿，2019（18）：6 - 12.

［8］张毅．数字化及智能制造数字化转型进入新阶段——从政策角度看企业数字化转型发展趋势［J］.起重运输机械，2021（11）：28 - 29.

［9］界面新闻．全国人大代表姚劲波：建议从政策出发帮助中小微企业实现数字化转型 | 两会聚焦［R/OL］. 2021 - 03 - 04.

［10］国家信息化专家咨询委员会委员、中央党校（国家行政学院）教授汪玉凯．政府数字化转型助推数字经济发展［R/OL］. 2020 - 11 - 16.

［11］新丝路．后疫情时代，企业如何进行数字化转型？［R/OL］. 2021.

［12］个人图书馆．企业数字化转型的困难与挑战［R/OL］. 2021 - 02 - 24.

［13］于也雯，陈耿宣．中国数字经济发展的相关问题和政策建议［J］.西南金融，2021（7）：39 - 49.

［14］沈恒超．中国制造业数字化转型的特点、问题与对策［J］.中国经济报告，2019（5）：102 - 107.

［15］宋显珠．深化工业互联网平台体系建设加速制造业数字化转型［J］.网络安全和信息化，2020（7）：22 - 24.

［16］刘震，周剑．工业企业数字化管理是一场自我"革命"［N］.经济参考报，2021 - 04 - 13（A07）.

　　[17] 田玉鹏，许睿，董豪. 企业数字化质量管理能力评价研究——以原材料行业企业为例 [J]. 创新科技，2020，20 (12)：45 – 53.

　　[18] 熊宁. 国有企业数字化转型中的网络安全防护与保密管理 [J]. 网络安全技术与应用，2021 (7).

　　[19] 张丽. 企业数字化人力资源管理转型的未来发展 [J]. 人力资源，2021 (10)：24 – 25.

　　[20] 刘涛，张夏恒. 我国中小企业数字化转型现状、问题及对策 [J]. 贵州社会科学，2021 (2)：148 – 155.

　　[21] 张夏恒. 中小企业数字化转型障碍、驱动因素及路径依赖——基于对 377 家第三产业中小企业的调查 [J]. 中国流通经济，2020，34 (12)：72 – 82.

　　[22] 那丹丹，李英. 我国制造业数字化转型的政策工具研究 [J]. 行政论坛，2021，28 (1)：92 – 97.

　　[23] 王春英，陈宏民. 数字经济背景下企业数字化转型的问题研究 [J]. 管理现代化，2021，41 (2)：29 – 31.

附　录　调研感悟

（一）指导教师调研感悟

1. 尚宇红

2021 年，我们迎来了第三期的"万企调查"项目。经过前期的文献查找和政策分析，以及现有的企业资源，我们通过线上会议的形式，最终确定了调研主题。本次调研聚焦上海市松江区，从企业自身需求出发，探索当前企业在数字化转型过程中面临的政策环境与市场环境、数字化在不同行业企业中的落实情况及具体政策的推广情况与利弊，最终得出有依据、切实际、有价值的政策建议。

在"万企调查"的整个过程中，我感受到了这个团队的力量。调研的任务可谓高密度、高强度，而在 6 位学生的有序分工和协调下，各项任务有条不紊地进行。他们在本次调研中展现的积极性和主动性让我放心。同时，我相信通过本次社会实践，他们的能力会得到更进一步锻炼，在此次社会实践中获得的知识、提高的能力都会成为他们未来前进的动力。

2. 赵倩

从调研活动的启动、培训，到调研小组的成立、调研方案的设计、资料的收集、问卷的设计，再到联络各家企业主管进行访谈交流，最后到调研报告的成型和反复修改，我感受到了学生团队对调研活动高涨的热情、积极的态度、严谨的工作作风以及团队协作精神。

这是我第一次作为调研指导教师参与调研活动，我很遗憾由于自身原因没能全程陪同他们开展调研活动，错过了如此宝贵的学习机会。由于不少企业调研是线下进行的，在七八月份的酷暑下，我可以感受到同学们为达到最佳效果的不辞辛苦，以及每一步成功后的喜悦和成就感。我为他们努力认真、锲而不舍、不骄不馁的精神所打动，也看到了他们在整个活动中的成长与进步。

最后，感谢本次调研活动工作组的精心筹备和组织，感谢学生们的辛苦付出，感谢尚老师的指导，我为能在这样优秀的团队而感到自豪。

（二）小组成员调研感悟

1. 李思如

实践出真知。我有幸参与了 2021 年"访万企，读中国"专项社会实践活动。初入项目，我不知道应该从何处入手，但从讨论调研主题的线上会议中，我感受到了老师们的专业和细心，体会到了队友们的认真与团结，就这样我们开启了暑假实践之旅。

实地和线上采访和调研为期 40 多天。我们从第一次调研之前精心准备访谈计划，到实地考察公司业务模式，虽然第一次都略显紧张，但热情好客的厂长和业务经理向我们介绍了该公司的业务流程和客户类型，更深入地介绍了公司的数字化转型程度、数字化转型的困境、政府政策落实情况等。接下来的每一次访谈都十分有序高效，这离不开指导老师们的谆谆教诲和团队之间的协作。

虽然在调研报告的完成过程中我们遇到无数的困难，如对访谈企业了解甚少、前期工作效率低、团队首次运营公众号时新闻稿的撰写差错等，但大家积极解决了问题，带队老师给予了很多指导。在共同的努力之下，我们完成了一项有趣且有挑战的调研。人生没有白走过的路，这一步走得很精彩。

2. 张钊也

初次参加社会实践活动，我的内心充满了紧张与期待。从最初对项目的茫然，到团队配合得亲密无间，从一次次的线上讨论，到实地走访时与企业的真实交流，作为项目的亲历者，我为团队与项目的共同成长感到由衷的欣慰。

让我印象深刻的是，不少企业在受访过程中表达出了不同的观点，无论是对数字化转型的理解，还是对工业物联网可行性的诠释，这些值得我们深思。对于数字化，不同行业的企业也表达出了各自的担忧，而这也正是本次项目的意义所在——摆脱固有的经验知识，去听企业所讲，去看企业所愁，为社会的进步做出我们的努力。

3. 许子航

历时两个月的"访万企"活动在紧锣密鼓中结束了，我感触良多。在数据为王的时代，数字化转型已成定局。对于企业来说，无论是减小内耗，还是开发新蓝海都起着至关重要的作用，未来的生产、营销乃至全产业链的发展都将与此息息相关。在走访过程中，我们看到了大数据对于企业各个层面的渗透，但在感叹日新月异的同时也要正视问题，毕竟这个时代数字化的赋能才刚刚起步，行业内部的因素、企业本身的定位以及一些现实因素，在一定程度上给企业发展加上了限制，好在管理层都抱着学习和包容的心态来看待数字化转型。未来的世界，无数的人和事都将与之相关，大大小小的企业都将会乘上这趟时代快车。

最后，感谢赵倩老师和尚宇红老师在选题阶段耐心的指导，更感谢第七小组所有成员的努力和陪伴，这是大家一起撰写的故事，虽然每次的征途都并不遥远，但是你们让每一次都成为奇旅。

4. 崔宁杰

骄阳似火，流金铄石，这是我们每一篇企业访谈推送的开篇。七月炎热，我心火热，这是我们每一篇推送的结尾。

这次活动充分展现了团队合作的力量。在本次调研中，我作为组长，的确遇到了一些困难。在三位优秀的研究生面前，作为本科生的我可谓压力山大，害怕无法带领大家走好接下来的路。很幸运的是我们团队氛围良好，大家根据自身优势选择工作，这是后续团队合作顺利进行的保障，也是我们调研初期较为成功的优势体现。而当我的统筹工作没有做好、任务安排没有到位的时候，小组成员也会及时提醒我，从而推进工作有条不紊地进行。每个人都不是完美的，但我们各有所长，各司其职，在欢笑和忙碌中度过了一个月，也为本次活动画上了完美的句号。

感恩遇见，感悟经历，感谢成长。

5. 马畅

这次调研活动于我而言是一段特别而又珍贵的经历，这不仅是一次社会实践，更是对企业发展乃至国家政策与发展方向的一次了解。通过这次社会调研活动，我走出学校，与小组成员一起到企业走访调研，来解答我们心中的疑惑，并努力尝试给企业的数字化转型与政府的政策制定贡献出我们的一份力量。

在这次调研活动之前，我从未去过企业调研，对数字化转型的现状与政策的了解也不多，为此我在调研前查阅了大量企业的相关信息与政府出台的相关政策来扩充知识储备，这让我收获颇丰。最令我印象深刻的是，在调研之前我想当然地觉得，数字化这么好的方向，国家又积极推动，大部分企业应该都在转型了吧。但在调研之后，我发现许多行业仍然存在许多问题导致了转型的困难，这也让我对企业数字化转型这一方向有了更深的思考与认识。

当然，我们在调研的过程中遇到了许多困难，从最初的选题到最终的报告撰写，幸运的是我们小组的成员都能积极讨论、互相帮助，努力解决问题。我也非常感谢各位学长、学姐以及指导老师对我的帮助。

6. 张雪茜

"访万企，读中国"调研活动到这里就要告一段落了，回顾贯穿整个假期的活动，我感触颇深。在这里我不仅遇到了优秀和蔼的学长、学姐，还切实体会到了不同类型企业的数字化发展进程。在本次"访万企"实践活动中，我们共访问了八家企业，有高新技术企业，有日常消耗品企业，也有因为产品特性还依然停留在依赖于人工生产阶段的企业……从这些不同企业类型来纵向分析，我们对于数字化的发展有了更好的理解，也了解到企业一些限制数字化发展的因素。

短短两周的线下调研，给了我们走进企业、走进工厂的机会。一条条自动的生产线、不同的企业文化，真正为我们提供了将书本知识运用到实践中的机会，也让我们能够认真思考未来的职业规划。历经了团队磨合，我们一起克服困难，在这里我学到了很多，同时也看到了自身的许多不足之处。线下调研走访，让我看到了很多身处不同岗位的优秀职业人士，他们身上自信且从容的特质令人折服。

活动是短暂的，但是带给大家的收获需要我们长久体会。最后，我非常感谢团队的协作，感谢指导老师的耐心引导，感谢学校给予的平台，感谢各个企业倾情的付出。

后疫情时期上海市物流企业数字化转型之经验及困难

贾名阳　刘欢逸　杨雪琪　井越　邢思蕊　张瑞一

指导教师：刘　慧　肖包兴邦

摘　要

　　本小组基于后疫情时期物流企业的数字化转型现状、数字化的战略规划、数字化转型为企业带来的影响以及数字化转型的未来发展方向这四方面，进行线上线下调研和问卷结果分析。本小组发现长三角地区物流企业均已认识到数字化转型对于企业长期发展中降本增效方面的优势，资金雄厚的企业已经有了较为成熟的战略规划，并对未来数字化转型的发展前景表示乐观，有着基于现实需求的不同方面的畅想。但当前企业在实际进行数字化转型过程中仍然面临企业数字化推进、人才和成本这三方面的问题。基于这些问题，本小组提出企业与政府应当加大数字化优势宣传、增加对口人才的输送和培养、聘请专业人士降低成本投入、加大相应补贴扶持力度等政策建议。

　　关键词：后疫情时期；物流企业；数字化转型

一、调研背景和意义

　　从 2017 年至今，"数字经济"这一概念已经 4 次被写入政府工作报告中，甚至在"十四五"规划中更是单独设篇并用 4 个章节明确了国家推进数字化的目标和决心。新冠肺炎疫情这一"黑天鹅事件"的发生以及物流企业的存量市场竞争也致使企业重新审视其数字化能力、快速应变能力和行业竞争力。后疫情时代，企业数字化转型将走向何方？伴随着技术换代升级、企业存量竞争、新冠肺炎疫情下企业数字觉醒，未来物流企业的主要特征和核心竞争力是什么？如何推动企业创新与变革？

针对这一系列问题，本小组进行深入研究，从一个截面反映后疫情时期我国企业数字化进程的现状，具有极强的理论和现实意义。

本次调研以后疫情时期长三角一体化战略下贸易数字化转型发展为背景，以上海市物流企业的数字化转型之路为着眼点，以企业数字化转型现状、数字化转型的目的与举措、数字化转型对企业用工的影响、企业数字化转型的未来方向为抓手，着重调研了在物流行业中不同细分领域内的 10 家大型知名企业，以发掘其中的共通之处，为行业内的其他中小企业在数字化转型方面树立典型，为数字化转型工作的开展和方向提供指导与借鉴，帮助龙头企业在行业数字化发展中发挥带头作用。本次调研同时着重了解企业在转型中的困难，期望通过这种实地走访与面对面访谈的形式，深入企业内部了解企业诉求，从而有针对性和依据性地对相关部门提出政策建议，协助企业完成新冠肺炎疫情背景之下的数字化转型蜕变，增强企业的竞争力、发展力和创造力，借以进一步提升我国物流行业活力与物流产业链现代化水平。

二、调研方案与实施

（一）调研流程

本次调研采用了问卷调查以及线下线上访谈相结合的调研方式。

首先，小组成员通过网络搜索和文献阅读等渠道，对上海市各类物流企业的运营模式和背景信息进行初步了解，同时细化访谈提纲。

其次，小组成员在完成前期准备并与对应公司沟通后，对于条件允许的企业采用线下走访的形式进行公司实地参观与采访，对其他条件不允许的物流企业则采用访谈调研的形式。在实地走访或线上访谈后，小组成员及时向企业发送"访万企"活动规定问卷和本组自选问卷，并及时撰写新闻稿、访谈日报、访谈纪要以及微信推文，形成初步调研结果。

最后，小组成员将访谈内容进行整理归档并结合实际调研情况分析问卷，进一步分析形成调研结果，分析上海物流业数字化成熟度、行业贸易数字化痛点及难点，并结合调研情况与数据得出优化方案，为政府提供政策建议。

（二）调研对象

团队共调研了 9 家物流企业和 1 家企业的车队分公司。在 9 家物流企业中，5 家属于大件物流企业，4 家属于小件快递企业。调研企业与本次调研主题匹配度极高。

（三）调研项目

（1）新冠肺炎疫情对物流企业的影响。

（2）物流企业的数字化现状。

（3）物流企业在数字化转型中遇到的问题。

（4）物流企业在数字化转型过程中的经验。

（5）物流企业如何通过数字化实现降本增效。

（6）物流企业上下游之间在数字化方面的合作。

（7）物流企业对数字化的未来愿景。

（8）物流企业对政府的期望。

（四）调研任务分配

表1　小组成员分工

小组成员	职务	工作内容
贾名阳	组长 宣传员	控制调研进度、分配调研任务、安排调研计划、与指导教师和万企项目负责人进行信息传达、负责运营小组公众号并进行调研推送、撰写调研报告并完成最终排版
刘欢逸	副组长 财务员 采访员	协助组长监督调研进度、分配调研任务、安排调研计划、与指导教师进行信息传达、负责组内的经费报销、对企业进行采访、修改完善调研报告
邢思蕊	宣传员	整理会议记录（音视频及文档材料）、撰写调研日报送、撰写调研报告
井越	联络员	负责对接企业、确定访谈日期、计划访谈行程、监督企业完成问卷、撰写调研报告
杨雪琪	记录员	整理会议记录（文档材料）、撰写会议纪要、修改完善调研报告
张瑞一	记录员 主持人	撰写企业背景、会议主持、整理会议记录（音视频及文档材料）、撰写调研报告

（五）调研工作时间安排

表2　调研工作安排

时间	活动内容	备注
7月16日— 7月21日	（1）团队开会确认主题和调研方向 （2）网上查阅资料和文献，小组分工完成项目计划书 （3）对接企业，初步确定受访企业名单及访谈时间 （4）小组合作完成自选问卷 （5）小组合作完成访谈提纲	前期准备

续　表

时间	活动内容	备注
7月22日—8月12日	（1）建立访谈群，说明访谈安排并向企业发放访谈提纲 （2）由于一些企业拒绝，自发联系其他企业 （3）对企业进行线下/线上访谈 （4）发放并回收问卷 （5）访谈完成后三天内完成访谈推送和整理会议纪要 （6）撰写新闻稿，并于公众号"数字科寄物流企业数字化专研社"推出企业调研日记	中期采访调研
8月15日—8月25日	（1）整理调研过程中的音视频及文档材料 （2）回收之前未上交的企业调查问卷 （3）撰写调研报告书	后期总结报告

三、问卷调研结果统计分析

我们将基于 10 份有效自选问卷进行分析，其中包含 4 家处于行业领先地位的企业，2 家处于超越同行 60% ~70% 地位的企业，以及 4 家处于该行业中游地位的企业。本文将从企业数字化转型现状、企业数字化转型的目的与举措、数字化转型对就业的影响和企业数字化转型的未来方向四个方面进行问卷分析。

（一）企业数字化转型现状

物流行业相对来说属于较为传统的劳动密集型产业，新冠肺炎疫情前部分企业依旧习惯于依照既有流程与经验行事，在数字化投入和人才储备上有所不足。考虑到投入产出比的问题，部分企业对数字化转型仍持观望态度。新冠肺炎疫情暴发之初，我国采取了强力的防控措施，以经济生活全面停顿为代价，取得了抗击新冠肺炎疫情的阶段性胜利，其中物流行业在保障人们正常民生需求方面的重要性突显。后疫情时期，一方面，疫情防控仍在继续，人们对线上购物等无接触的购买方式的需求提升；另一方面，人们受疫情压制的购买力得到释放，物流行业业务量也快速增长。基于以上原因，疫情对物流企业线下工作"线上化"提出了新的挑战，推动了物流行业在数字化办公、数字化管控、数字化运营等方面的数字化转型进程。

从规定问卷中 183 家企业的数据及自选问卷中 10 家物流企业的数据中不难发现，大部分企业已做好开展数字化转型的准备或已经在开展数字化转型的进程之中（如图 1 所示）。尤其是物流行业，参与本组访谈的 10 家物流企业均已不同程度地开展了数字化转型工作。可以说，此次新冠肺炎疫情的突发让物流企业意识到数字化不再是一道企业转型升级的选择题，而是一道事关企业存续的生死题。

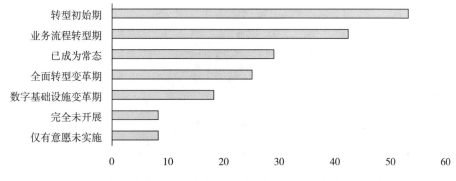

图1 您对贵企业当前数字化转型程度的总体评价（单选题）

从 183 份规定问卷中，我们得知此次参加调研的所有企业均面临数字化转型带来的困难。在首要困难中，缺乏数字化的认识和意愿占比最大，其次为缺乏专业的数字化人才以及缺乏具有战略视野的顶层设计，其他原因占据较少比例（如图 2 所示）。

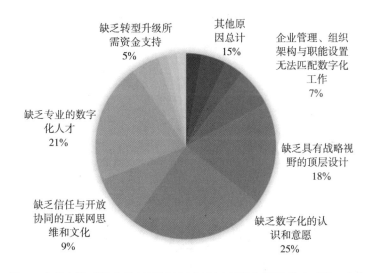

图2 企业在推动数字化转型过程中遇到主要的瓶颈是什么（第一位）

在次要困难中，缺乏专业的数字化人才占比最大，其次为缺乏信任与开放协同的互联网思维和文化，缺乏具有战略视野的顶层设计，企业管理、组织架构与职能设置无法匹配数字化工作（如图 3 所示）。

通过对 10 家物流企业的问卷调查，我们发现大部分企业在发展中遇到的问题有如下几个方面（如图 4 所示）：司机和车辆利用效率低，车辆业务分配人工依赖度高（占比 44.4%）；物流业务相关部门之间缺乏联动，数据孤岛化、碎片化程度高（占比 44.4%）；客户响应时间长，运输效率较低，运配时效不保（占比 33.3%）；政府有关物流政策措施缺乏系统性（占比 33.3%）；增值服务弱（占比 22.2%）；收货、送货顺序安排、运输路线规划不合理，燃油费等成本高（占比 11.11%）；柔

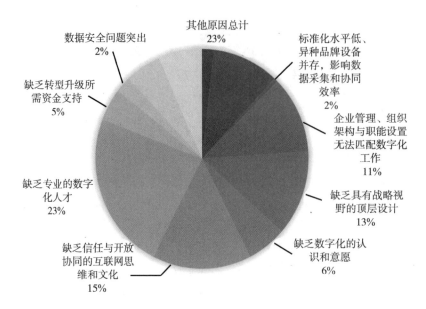

图3 企业在推动数字化转型过程中遇到主要的瓶颈是什么（第二位）

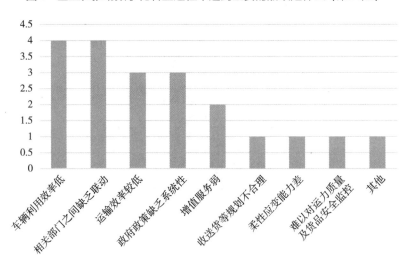

图4 物流企业在发展过程中遇到的问题

性应变能力差（占比11.11%）；无法对运力质量和货品安全全程监控，服务质量较差（占比11.11%）。同时，在调研过程中我们发现疫情对国际物流也造成了持续性影响，目前主要集中在集装箱出口运价持续上涨、缺舱缺箱缺柜情况严峻、准班率大幅下降致使大量船只和集装箱滞留码头这三个特殊情况上，暴露出国际物流市场缺乏弹性和柔性应变能力、缺乏应对即时需求的相应组织等问题。

而数字化能明显改善以上问题。例如运用 FOSS 系统、SAP 系统、CRM 系统等数字化技术对企业内部进行信息化、集成化建设，可以增加企业信息的准确性与时效性；建立数据平台可以统一分析口径、规范数据源使用，增加各业务部分数据联动，打破数据孤岛化、碎片化的现状；使用智能分拣、智能派送、智能仓储为核心的智能寄递软硬件，可以提升物流企业运配时效和客户响应；仓储、装卸、配送等专业机器人的投入使用，全自动分拣中心、无人机、无人仓等无人操作和无接触投递场景丰富可以改善运力和服务质量；搭建 BI 等数据分析平台可以科学进行路由规划、预测业务量、安排收送货顺序等。在线下和线上的访谈中我们也发现，特别是大型物流企业，科研投入力度明显加强，开始尝试从劳动力密集型向技术密集型转变。

线下线上深度融合的发展模式和中国移动经济的快速发展催生了个性化的市场需求，加之疫情使得客户不再一味地追求物流服务性价比，而是追求更具保障性、确定性、标准化的高品质物流服务。在参与问卷调查的 10 家企业中，已有 80% 的企业的运营模式为提供以客户为导向的物流服务。交付能力已经成为竞争的基础条件，客户体验才是物流行业竞争的最终焦点，而数字化就是提供个性化体验、满足客户个性化需求、打破长期以来受到的成本制约、实现降本增效的钥匙。

（二）企业数字化转型的目的与举措

在问卷调查中，我们发现物流企业开展数字化转型的目的有如下几个方面（如图5所示）：串联各部门之间的合作以及任务分配，增加业务效率（占比 100%）；降低纸质化等成本（占比 70%）；实现数据驱动业务运营（占比 70%）；增加营业收入（占比 50%）；追随其他企业进程（占比 20%）。由此可见物流企业进行数字化转型的主要目的还是实现降本增效，在此基础上再实现进一步的数据驱动从而推动运营数字化、产品服务数字化、商业模式数字化等。

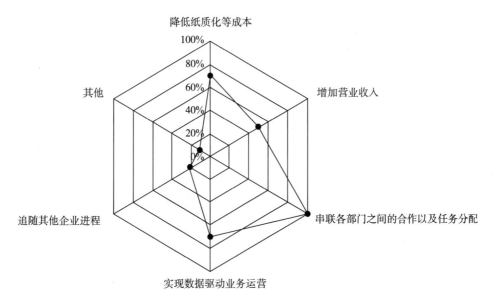

图5 企业开展数字化转型的目的

在本次调研中，许多受访的物流企业在疫情期间虽出现了业务量的激增，但是疫情也导致物流行业的成本普遍增加，从而导致企业收入虽明显增加但总效益却不增反降。某经理在接受访谈时提出，一家企业最重要的就是盈利，技术虽然不是物流企业的核心，但利用大数据在人员的调配管理、路线的优化等方面显著提高了工作效率。由此可见，在疫情激流中站稳脚跟的秘诀就在于利用数字化实现企业的"降本增效"。问卷调查的结果显示，目前企业数字化在降本增效等方面成效较显著的主要有如下几方面（如图6所示）：自有运力平台的建设（占比约90%）、智能仓储的建设（占比约70%）、人工智能等方法的运用（占比55%）、智能场站的建设（占比约45%）、AI单证智能识别技术的运用（占比约45%）、物联网的构建（占比约45%）等。

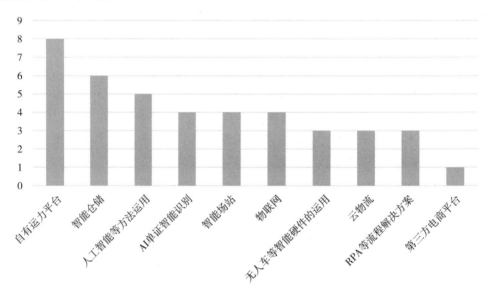

图6　目前企业数字化在降本增效等方面成效较显著的模块

在后疫情时期，物流企业为了适应疫情后的市场变化，对物流服务进行如下几个方向的改进（如图7所示）：网络化物流（占比70%）、物流费用（占比70%）、物流配置（占比60%）、企业生物链关系（占比60%）、物流技术手段（速度）（占比50%）。结合线下与线上调研的结果，我们发现除了在物流费用、物流配置、物流技术手段等方面进行改善外，一些物流企业依托寄递网络向快运、冷链、仓储、供应链等领域渗透，向全链路综合物流服务商转变，以增强自身的综合竞争力和盈利能力。物流行业各细分领域间的业务边界逐渐变得模糊。

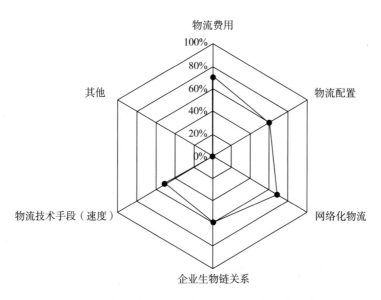

图7　后疫情时期，企业在物流服务上有哪些改进

（三）数字化转型对就业的影响

物流行业作为较为传统的劳动密集型产业以及服务于客户的民生行业，人力一直是很重要的一环。随着 AI 技术的逐渐普及，许多基础劳动力被替代，例如简单重复的搬运、托举。在访谈过程中，圆通速递的段书记曾说："机器的出现是为了更好地服务人类，我们应该努力提升自身的竞争力，而不是时刻处于自身会被机器代替的恐慌之中。"企业进行数字化的产业升级并未出现大规模裁员的情况，员工不必因为数字化的进步陷入"裁员"的恐慌从而产生抗拒心理，如图 8 所示，企业在进行数字化改革前后员工数量没有出现大幅下降的情况，并且多数企业的员工数量基本保持不变。当企业达到一定规模时，AI 仅代替了一小部分劳动力。在原有人工已达到饱和的基础上，某些数字化水平较高的企业可能会选择进一步研发

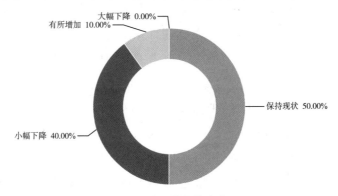

图8　员工数量的变化

无人技术，也有部分企业认为自身缺少抵抗研发风险的能力，继续保持现状。数字化和人工智能的出现方便了人们的生产生活，促进了社会资源的节约，并且进一步保障了工作者的安全，促进了工种的革新。

（四）企业数字化转型的未来方向

企业认为对于数字化转型的建设仍需侧重于扩大信息化软件的使用以及打通内部业务与管理流程，如图9所示。例如，在对圆通速递进行调研时，某位经理为我们介绍了其企业关于信息化软件的使用——通过对"阿里云"等一些平台的使用，企业极大地提高了业务可视化程度，从配货到运输再到派件，企业人员均可通过手机软件知晓。软件上还有清晰的趋势图、对比图等，便于管理层更好地了解企业近日的概况。不仅如此，作为基层操作人员的驾驶员和快递员，均可使用企业内部的信息化软件来上报目前的情况。

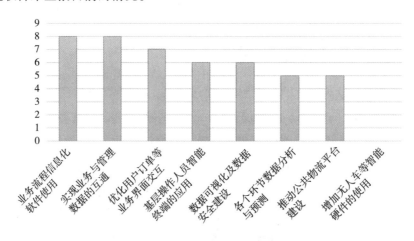

图9 当前物流行业数字化转型最重要的是加强哪些方面的建设

此外，在进行调研和访谈的过程中，我们也发现部分受访企业在推进数字化过程中已经注意到现有物流工业技术工具储备不足、数字化技术方案不成熟、数字化人才储备不足、数据安全的保障不足等问题，并在积极地进行改善。

随着企业数字化程度的进一步加深，企业对人才的需求以及各职位的要求都会发生转变。通过调查问卷我们能够看出，数字化的推进主要改变了运营人员、客服、管理人员以及一线流程操作人员的职能，如图10所示。作为服务型行业，物流企业以往需要大量一线流程操作人员以及与客户对接的客户服务人员，这也是企业人力成本中占比很大的一部分。AI单证智能识别技术的运用以及各类智能机器人、机械臂的使用节省了许多基础劳动力，同时，也对企业一线流程操作人员的工作技能有了新的要求。此外，客服机器人的使用（例如德邦与科大讯飞等合作推出的机器人电话客服可以解决大部分问题）不仅极大地降低了企业的客服人员人力成本，而且对现有客服人员的职能范围与工作有了新的要求。同时，企业内部信息化系统的建设和集成、数字化重构和整合以及数据驱动能力的提升势必会改变企业的运营和管理模式，从而改变运营人员和管理人员的职能。

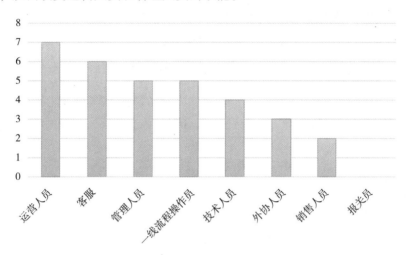

图 10　哪种人才的职能会被重新定义

调研时，多家企业均提到了疫情期间政府提供的帮助，例如减免过路费、降低国有土地税费。通过问卷调查我们发现，目前企业的诉求主要在于希望政府联合高校加快培养数字化运维人才，以及出台相关政策鼓励企业数字化转型，如图 11 所示。很多中小企业抗重大风险能力弱，试错成本高，倘若国家没有政策支持，很多企业很难迈出数字化转型的第一步。同时，企业也需要政府提供一些标杆企业示例和专业的专家咨询团队，给企业的未来发展提供保障。

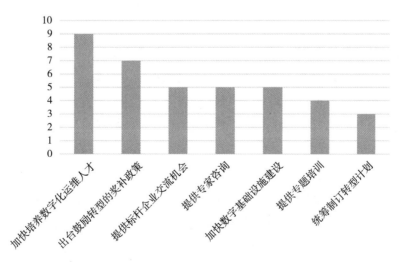

图 11　对政府支持的愿景

此外，物流业近年来虽然在技术水平和服务能力上明显提升，但末端网点稳定仍旧存在问题。一是因为城市网点建设难、工业用地少、租用成本高，因此，部分企业希望能够扩大城市工业用地的规划；二是网点生存难，长期价格战和持续下调派送费用使部分网点处于微利甚至亏损运营状态。在访谈过程中，很多企业也表示深受价格战之苦，希望政府方面进一步规范行业竞争，同时出台一些相应的政策。并且，在疫情防控和复工复产过程中，末端运行的成本激增危及了网络稳定，企业希望政府能够统一各地防疫政策，精细化疫情防控区域，缓解疫情后用工荒的难题。

四、企业数字化现存问题

在我们调研的企业中，各家企业均已上线了基础的数字化系统，如电子货单、车辆安全管理系统、内部一站式管理系统等。后疫情时期，由于物流这种特殊的服务业的行业性质，物流企业并没有像其他实体行业一样受到疫情的大幅冲击。相反，以国内快递业为主的物流企业在疫情期间得到了更多的发展机遇。但是，在后疫情时期的企业数字化转型与升级过程中，物流企业整体而言仍然面临如下三个方面的难题。

（一）数字化在企业内部以及下设分支机构中的推行困难

通过实地考察我们发现，当前长三角地区的物流企业对于数字化转型仍然处于摸索阶段，许多中小型企业对于数字化转型知之甚少。圆通企业的受访者告诉我们，对于数字化转型，物流行业中只有几家头部大型企业在不断尝试探索。在与同华物流等企业交流后我们得知，在传统物流行业中存在企业内部员工整体年龄偏大的问题，部分员工对移动端的操作不够熟练，对数字化转型抱有怀疑和抵触心理，由此导致企业整体对新鲜事物的接受速度较慢。

此外，本小组走访调研的几家业内知名快递企业均在全国各地设有网点，由于网点的管理模式（直营或加盟）、各地区发展水平等差异存在，对于网点或下设机构的管理以及其内部数字化操作和知识方面的普及是物流行业一大难题。

（二）缺少数字化人才

对口的数字化人才稀缺是 10 家企业面临的共性问题。在各家已认识到数字化发展对于企业的重要意义后，聘用到相应的专业人士为企业搭建数字化框架、完善企业数字化系统应用则成为企业需要解决的另一难题。尤其在滴滴平台被约谈事件出现后，企业更加注重自家的信息安全，希望能够在企业内部建立完善的系统，将用户数据及其他信息掌握在自己手中，而不是经由外包的第三方处理。目前，在本小组调研的几家公司中，极兔、圆通、申通在科研方面的投入相对较大，已经建立了自己的数据系统，其他企业还是通过与科技公司合作的方式来完善信息化系统。另外，企业在招聘相应人才的过程中，很难以自身可以接受的薪资找到有相关经验的专业人士。

（三）数字化转型成本过高

数字化转型前期投入成本很高，数字化为企业带来的资金回流速度慢，使得很多中小企业在推行数字化过程中寸步难行。本小组线下走访调研的几家快递公司均反映，目前行业内部价格战激烈，致使企业盈利大幅下降，而数字化转型前期所需投入巨大。除去快递企业，其他物流企业例如同华物流也在访谈中提出，当前企业的数字化难以形成闭环盈利，雇佣的人力成本较高，研发成本居高不下，企业数字化在短期内难以实现价值。

五、结论与建议

物流行业，本质上还是劳动密集型的服务业。在数字化进程中，各企业都需要经历一个循序渐进、切合企业自身情况的转型过程。结合企业发展进程，有效地激发团队活力和企业面对转型的积极态度，同时让企业能够从数字化的投入中看到未来高回报、高效率的曙光，是政府制定政策支持的基本路线。

（一）加大优势宣传，推行奖励机制

针对企业内部数字化推行困难的问题，企业要想方设法加大数字化对于企业未来发展的优势宣传，让高层意识到数字化对于优化人员结构以及减少成本的重要意义，意识到当前的投入是为了以后更多的回报以及数字化对于优化人员结构和减少成本的重要意义。对于基层员工，企业也要加大对数字化的普及力度，告知员工企业的数字化是为了提高经营效率而非裁员，提高基层员工的接受能力以及支持度。企业在实际推行数字化时，可以采用奖励机制鼓励员工和其他利益相关者习惯使用数字工具、技术，形成良好的数字化学习氛围，帮助企业更好地推进数字化转型。

（二）增加对口人才的输送和培养，增加校企合作机会

针对数字化人才缺口的问题，企业应从如下几点着手：第一，与高校合作，帮助高校完善数字化相关基础课程的设置，提高大学生专业水平；第二，与具有相关

专业的大学合作，做到人才与需求的双向供给，避免因人才短缺导致的企业数字化停滞；第三，企业应当对刚入职的员工定向培养，加深新入职员工对于行业的理解以及提高企业认同度。

在此方面问题上，我们从在校生的角度特别呼吁增加校企合作机会，校企合作不仅能提高毕业生的就业率，而且可以为低年级学生提供实习机会。通过与正式员工相比而以较低薪资雇佣实习生，一定程度上可以降低企业数字化成本，帮助企业提前吸纳数字化人才，同时帮助在校生了解行业新兴趋势，增强实践能力，实现校企双赢。

（三）增加政策补贴，聘请专业顾问

针对数字化转型成本过高的问题，政府可以出台相应的补贴政策或其他降低企业数字化转型成本的政策。例如，对于企业数字化转型中必要的基础性软件或技术支持，政府或者其他平台可以事先收集企业需求，并采取批量购买的形式与科技企业洽谈，以降低相应的技术软件价格，如此可以在帮扶物流中小企业实现技术支持的同时为科技公司带来较为稳定的营收。再例如，对于需要资金进行数字化转型而贷款的企业，政府可以有针对性地适当调整贷款门槛，并给予利息优惠。除了外部的政策扶持，从企业内部来看，企业也可以聘请相关的专业人士搭建框架，明确战略目标和实施路径，判断企业投入是否切实所需，保证企业在前期投入的每一笔资金都是必要的，避免资金浪费。

（四）提升系统，构建一站式供应服务平台

企业在数字化发展进程中，需要更加流畅的系统，以承载越来越多的线上操作以及线上管理。提升系统，一方面有利于自身运作的流畅度升级，另一方面有利于与其他企业延伸合作时双方的业务对接，以此吸引更多企业合作。与此同时，客户和用户在选择查询以及使用其他服务时，也更具灵活度，很大程度上提高了客户满意度。

物流行业目前对于数字化的需求是一种端到端的服务需求，在竞争激烈的环境中对时效成本有很高要求，这就需要企业构建一站式供应服务平台。在调研过程中，圆通企业受访者就曾提及其正在尝试综合工业链，实现从"互联网＋"的快递企业到综合工业链企业转化。通过与生产业、运输业、电商合作，企业可以打造生产、仓储、配送、售后服务的一体化服务平台，满足客户多样化的业务需求。我们建议将这样的模式在有能力执行的企业中推广，进一步提升企业效率与服务质量。

（五）企业其他诉求

除了上述物流企业遇到的整体存在的问题之外，个别企业内部管理人员结合自身岗位也提出了不同的需求。例如由于物流行业与仓储或转运所需的用地问题密不可分，有企业提出增加企业的供用地、解决部分企业供用地短缺问题的需求。

附　录　调研感悟

（一）指导教师调研感悟

1. 刘慧

这次"访万企"活动是我在三年内第二次作为带队老师参加，也是第一次全程参加一个小组的活动。组内的各位同学非常认真，也非常有活力，从而带动我做了一些小事。

"访万企"活动的目的是什么？在于后三个字"读中国"。我们一直生活在象牙塔里面，不了解真实的中国、真实的物流行业是什么样子的。它不是课本上写的那样，不是老师们讲的那样，更不是电视上演的那样。这个行业是"有一厘利润就能做"的头部快递企业，存在"八毛钱发全国"的价格战，也有派送费微薄的快递员。所谓的"数字化"不是无本之木，没有对行业的透彻了解就没有真正的数字化。

大学的任务是培养学生，培养社会需要的人才。而在真正了解中国、了解企业之后，学生或许能清楚为什么学、学什么、怎么学。我想这也是"访万企"活动进行下去的意义所在。

2. 肖包兴邦

我非常荣幸能够作为带队教师参与本次调研。2018 年 11 月，习近平总书记在首届中国国际进口博览会上，将"长江三角洲区域一体化发展"上升到国家战略的高度。在围绕"后疫情时期物流企业数字化转型"这一调研方向下，我们通过对圆通物流、德邦快递、极兔速递等 10 余家物流业龙头企业的实地走访和线上访谈，对长三角地区的物流业数字化转型情况有了较为深入的了解。

在调研过程中，同学们在思想政治素养、专业实践能力上都有了显著的提升。在走访过程中，同学们设身处地了解国情，对国家的物流业发展有了具体而丰富的认识；了解社会对知识和人才的需求，增强了勤奋学习、奋发成才的责任感；看到了课堂教学和自身实操的不足，培养了继续追求新知识的科学精神，激发了学习的积极性和主动性。我和同学们将进一步深入分析已获得的一手数据，力求形成具有参考价值的调研报告。

（二）小组成员调研感悟

1. 贾名阳

我很高兴今年暑假和同学们一起参加"访万企，读中国"社会实践活动。在本次调研活动中我担任本科组长兼总组长。刚开始我只是一个本科生组长，但是，在我们军训结束后，我们的研究生组长想让我得到更多的锻炼，便把总组长的位置让给了我，从那之后，我压力山大。可是，随着时间的推移，我也做得得心应手。不过，凡事都有不完美，我也有工作失误的时候。在第一次线下调研的时候，我没有提前安排好录音人员，导致那次的录音不太完整；后期我在工作安排上也不太妥当，险些造成严重失误。这些都是宝贵的经验，我一定吸取教训，再接再厉，争取在以后的工作中更上一层楼。

2. 刘欢逸

通过对此次长三角地区的物流企业实地走访以及线上调研活动，我对于物流企业在当代对基本民生保障所起到的重要作用有了更加深切的体会，多亏了它们的有序运转，才能保障我们各类生活用品的及时供应。此外，在采访过程中我们得知，在新冠肺炎疫情期间，多家物流企业积极捐献物资、贡献人力，纷纷为灾后建设贡献出自己的力量，让我深深感动与自豪。在参与本次活动的过程中，小组成员们的工作态度也十分积极，每个人对于任务分工等事项总能快速并愉快地达成一致意见，这让我深深感受到了我校学生对于此次实践活动的重视以及平时做事认真负责、积极向上的精神风貌，在很大程度上感染了我并激励我与大家一起努力前行。

3. 邢思蕊

我很高兴在 2021 年暑假与几位老师和同学参加"访万企，读中国"活动。本次我们探访的主要是物流行业，通过线上与线下结合的方式深入企业内部，进一步加深我们对后疫情时期物流企业数字化转型的理解。从一次次访谈中，我看到了各物流企业的蓬勃生命力。无论是大企业还是中小企业，在运作上都有自己的独到之处。疫情来临之际，它们非但没有后退，而是增强自身对重大事件的应变能力，提高企业技术、优化企业管理，再借助政府部门的帮助，使自身的发展稳中向好。此次活动也培养了我的团队意识。作为成员，我积极配合组长工作，按时完成组长分配的任务。我在撰写访谈文案偶尔有疑难问题时，组里的老师和同学都会主动提供帮助，这大大提高了我们的团队效率。最后，我希望我们团队能交出一份满意的答卷！

4. 井越

在暑假进入尾声之际，上海对外经贸大学 2021 年"访万企，读中国"的调研活动也即将进入尾声。在本次活动中，我主要担任联络员一职。在活动初期，我负责与企业对接，确定时间。虽然刚开始也是处处碰壁，但是随着时间的流逝，工作也逐渐得心应手起来。从线上到线下，大到确定日期，小到确认行程，每一步的安排都是对我的历练。

当然，在每一次访谈中，我也同样收获颇多。除了深入了解物流行业中数字化转型的现状、痛点和难点外，我通过这次调研明白了一个现实，即现在大学生毕业找不到工作，同时企业也急需人才，这其中的原因便是我们大学生无法满足企业的要求，是我们自身能力达不到才导致找不到工作。

总之，通过这次调研我不仅获得了相关的知识，还有了危机意识，使我的方向逐渐明确，收益颇丰。

5. 杨雪琪

学之之博，未若知之之要；知之之要，未若行之之实。在这次的"访万企，读中国"专项社会调查实践活动中，从调研主题的确立到调研问卷的设计，再到实地调研和线上访谈，我一步步感受到了"知"与"行"之间的差距，了解了企业在经营和数字化进程中预想不到的困难和诉求，对企业数字化转型和市场竞争有了更深刻的认知。在调研过程中虽然也遇到很多困难，例如对未知领域"摸不着头脑"、联络企业访谈时连连碰壁、文案撰写时笔触生疏等，但是小组成员们分工协作，一起搜集信息、头脑风暴、敲定主题，老师们为我们掌舵护航，引荐企业资源、修改文稿、引导修正访谈方向，让这次调研活动得以顺利进行。总而言之，这次调研活动让我深刻体会到了学以致用、知行并进的重要性，也感受到了团队协作的力量。

6. 张瑞一

在这个暑假里，我没有虚度光阴，而是选择参与"访万企，读中国"活动。诚然，作为一名初入大学的新生，我对于这样直接走入企业并与经理面对面交流的项目，带着一些紧张和懵懂。可是，一次次的锻炼、老师的"救场"，以及大家密切的合作，让这次活动一步步走向了成功。我作为一名主持人，也从一开始的紧张无措，变成最后的驾轻就熟。对于物流行业，我也有了更深层次的理解和解读，了解到了许多知识。调研真的应该贯穿我们的日常生活。做这项工作，不仅能增加自己的专业知识储备，更能切实可行地为企业提供一些帮助。相信在未来，我会更多地锻炼自己，成就更好的自我。

平台数字化的发展路径研究

——以 2021 年"访万企"受访外贸综合服务平台为例

崔昊天　何　天　宋文华　徐浩博　张　仪

指导教师：吴开尧　周　昀

摘　要

随着政府的支持与互联网技术的发展，外贸综合服务平台应运而生。这些平台专注于帮助中小型企业出口，拥有更高的专业性和便利性，那么，目前这一行业的发展状况如何？本身得益于数字化的这类企业，现在的数字化水平和今后的数字化转型方向在哪里？数字化转型能否更好地帮助中小微外贸企业？小组针对这一主题展开调研。

调查及分析结果表明：目前外贸综合服务平台正处于数字化转型的重要阶段，平台要顺应市场需求，拓宽传统业务范围，同时把控数据、金融风险等领域的安全问题；平台需增强与上下游客户及海关间沟通，更好地促进贸易便利化；在信息系统工具上，高额的成本与良莠不齐的技术对企业转型造成阻碍，政府或可尝试牵头规范价格，帮助企业更好转型。

关键词：外贸综合服务平台；数字化转型；信息化系统

一、调研背景和意义

（一）疫情之下迎来数字经济的发展机遇

出口历来是拉动我国经济增长的"三驾马车"之一，全国近五千万的外贸从业人员，贡献了 30% 左右的 GDP，是推动经济增长的中坚力量。然而新冠肺炎疫情仍有长期存在的趋势，逆全球化思潮升温，全球经济下行压力凸显，在此背景下，外需不振、物流不便、贸易纠纷给我国外贸企业带来沉重打击。

与此同时,数字经济在消费、教育、医疗各领域发挥的积极作用有目共睹,极大地加速了"复工复产"的进程。据中国信息通信研究院统计数据显示,2020 年前三季度我国 GDP 同比增长 0.7%,而数字经济的贡献接近九成。2020 年 6 月,习近平主席首次提到"后疫情时代"一词,来定义疫情后社会、经济、文化发生深刻变化的新时期。在对外贸易领域,数字化、智能化的产业网络使得企业的管理和生产更加高效,决策更加精准灵活,贸易成本降低。毋庸置疑,"后疫情时代"数字经济正成为构建新发展格局、推动经济复苏和科技创新的新动能,外贸企业数字化转型是大势所趋。

(二)政策之下数字化转型成为建设热点

为满足外部政治经济环境的变化以及适应我国进入新常态的实际需求,我国早在 2015 年就极富前瞻性地提出"互联网+外贸"的发展战略,加速了产业互联网的建设。

2020 年 4 月,国家发展改革委、中央网信办研究制定了《关于推进"上云用数赋智"行动培育新经济发展实施方案》,提出要大力培育数字经济新业态,深入推进企业数字化转型。

2020 年 9 月,国务院印发《关于加快推进国有企业数字化转型工作的通知》,促进国有企业数字化、网络化、智能化发展,增强竞争力、创新力、控制力、影响力、抗风险能力,提升产业基础能力和产业链现代化水平。国家政府层面对于数字化转型的倡导,将数字化转型推向了当前整个社会的发展建设前沿,越来越多的企业也开始走上数字化转型的探索和实践之路。

(三)外贸综合服务平台促进贸易发展

在所有搭上数字化转型列车的企业中,外贸综合服务平台这一类别的企业尤为重要。2013 年,我国首次提出外贸综合服务平台的概念,随后相关政策接连出台,以促进外贸综合服务平台的发展。经过几年的蓬勃发展,全国各地开始出现一批优秀的外贸综合服务企业,如一达通、世贸通、自贸通等。外贸综合服务平台的存在为中小微企业提供便利,促进了贸易便利化。但随着技术发展和环境变化,这一行业中又涌现出新的痛点,目前该行业尚未有成熟的转型方向,同时企业的需求也并不明晰,技术层面也有所欠缺。王鑫(2015)指出,我国中小微外贸企业面临诸多难点,如外贸业务流程复杂繁琐、外贸环节成本偏高、无力接受远期付款方式、融资困难、汇率波动等,中小外贸企业的难点使其难以应对复杂的国际贸易环境,严重影响了贸易额的增长。

（四）调研意义

本小组从众多外贸行业中选取外贸综合服务平台作为切入点，对这一行业展开研究。外贸综合服务平台帮助大量中小微外贸企业进行出口，是我国外贸行业中不可或缺的重要环节，而随着我国众多行业进行数字化转型，外贸综合服务平台更是面临主动或被动的数字化升级。"主动"即利用数字化工具对传统业务进行升级，"被动"即满足由外部环境变化而带来的升级。小组计划从对目前行业背景的分析、受访企业的访谈报告及问卷、关联产业的研究三个角度，厘清目前外贸综合服务平台的发展现状，回答好"如何借助数字化转型完成升级？未来的行业发展趋势是什么？"这两个问题，使平台能更好地为中小微外贸企业服务，进一步促进贸易便利化。

同时，为更好地帮助外贸综合服务平台完成数字化转型，本小组充分参考了2020 年"访万企"的调研内容，聚焦企业数字化转型的必备工具——企业信息化系统，并以这一工具为切入点，对比分析了这一工具目前的业内状况。通过对目前业内情况的调研和分析，为外贸综合服务平台转型提供新的思路，最终达到节约成本、优化管理的目的。

二、调研方案与实施

（一）调研方案

1. 调研目的

小组通过线上线下相结合的访谈模式，和外贸综合服务平台的头部企业就数字化转型、行业发展动向等内容进行沟通，使用真实数据和行业最新动态，完成对目前行业背景的分析、受访企业的访谈报告及问卷、关联产业的研究三个方面的调研，厘清目前外贸综合服务平台的发展现状，使平台能更好地为中小微外贸企业服务，进一步促进贸易便利化。

2. 调研内容

（1）访谈调查

调研地点为宁波市，调研对象为宁波市外贸企业工作人员，访谈内容围绕企业生产经营基本信息、企业数字化转型程度现状（面临的困难、转型的初衷、数字化转型的定位等）、企业部署的数字化信息系统、企业对数字化人才培养的现状与计划、企业对目前自身数字化转型程度的评价、数字化转型的影响效应、数字化建设的政策需求等进行。

（2）问卷调查

调研地点为宁波市，调研对象为宁波市外贸企业工作人员，调研内容为《长三角一体化战略下的贸易数字化转型调查问卷》。

3. 调研安排

（1）前期准备

小组成员分别通过阅读文献、调研报告、政府文件等各种渠道，了解企业数字化转型的基本内容。通过线上腾讯会议，小组成员各自发表了对本次实地调研的思路和看法，探讨交流后，大家初步明确调研的着手之处。

（2）活动准备

小组成员与指导老师进行积极沟通，从已有调研结果暴露的问题入手，不断深挖企业数字化转型的痛点聚焦，调整研究方向。小组成员交流讨论，规划更具体的调研方案，明确调研需求，评估项目的可行性。

根据调研目标，小组成员确定大致活动范围，提前规划好出行方式与住宿位置，先根据小组成员、指导老师的暑假安排选择合适的时间段，再与企业沟通敲定访问时间。

小组成员明确讨论实践过程中每天的活动计划，详细讨论时间、地点和意义等关键性问题并根据每个组员的个人特长分配任务，保证组内每位成员的参与度。

在开始线下访问之前，小组成员对低代码平台业内生态进行深入了解。

（3）预期成果

首先，小组将结合国际贸易、企业管理和市场调研等专业知识分析宁波市外贸综合服务平台行业背景；其次，通过访谈和问卷，小组采用定性定量相结合的方式探究外贸综合服务平台数字化转型现状，并得出可借鉴性结论；最后，通过实地考察，明确企业数字化转型需求，尝试搭建外贸企业数字化服务平台。

（二）调研对象

宁波美联外贸服务有限公司、宁波华艺进出口有限公司、宁波一达通外贸服务有限公司、宁波世贸通国际贸易有限公司、宁波中基惠通集团股份有限公司、万华化学（宁波）有限公司、宁波贝发集团股份有限公司、宁波金田铜业（集团）股份有限公司、宁波华成阀门有限公司、上海万企明道软件有限公司。

（三）调研工作时间安排及任务安排

本团队于7月21日—7月24日完成线下走访，8月完成其余企业线上访问，随后就已有资料开展调研报告撰写等内容。团队资料整理由张仪、徐浩博完成，典型案例报告及调研报告由崔昊天、宋文华和何天共同完成。

三、外贸综合服务平台数字化转型的 PEST 分析

（一）政治因素分析（Politics）

近年来，以美国为主的贸易保护主义抬头。作为目前世界第一强国，前任美国政府"退群"、毁约的行为在国际上造成恶劣影响，各国之间的不信任风险也随之蔓延。而中国作为近年来发展最快的国家，首当其冲被美国视为竞争对手——美国不断在两国贸易间制造摩擦、挑起争端、筑墙加税。在此情况下，很多企业尝试出口转内销或寻找新的国外合作伙伴，这对外贸综合服务平台提出了更高的要求。一方面平台能帮助企业迅速找到合作对象，另一方面则能通过大数据等新兴技术辅助企业做出更优决策，使企业在激烈的行业竞争中占据优势。

（二）经济因素分析（Economy）

在对外贸综合服务平台的调研中，我们发现该行业数字化转型对区域一体化影响的效应大于其他行业，尤其是在数字化转型对政府治理能力这一维度上十分显著，如图 1 所示。外贸综合服务平台不仅帮助企业解决了流程上的问题，同时也帮助海关优化管理。刘贤亮和周志丹（2021）表示，以出口为例，这种一站式外贸服务让传统外贸活动生产和贸易活动分离，满足了中小外贸企业在进出口贸易方面的需求，使企业专心从事生产性活动，极大地节省了时间和人力成本。以外贸综合服务平台

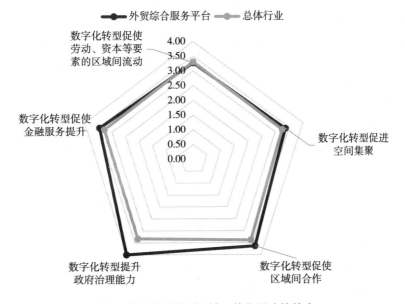

图 1　数字化转型对区域一体化影响的效应

名义办理的报关，通过时间由普通企业的 2 ~ 3 天变成仅需不到 10 小时，退税时间也由原来 3 ~ 6 个月变成在数个工作日内即可由平台垫付。外贸综合服务平台的存在，实现了服务的集约化和专业化，使中小微企业能够通过外贸综合服务平台享受更多的通关便利措施，加快通关速度和资金流的回笼速度，减少中小企业的不确定性和风险性，提升我国外贸产业优势。

2020 年的新冠肺炎疫情所带来的余波对经济造成的冲击仍不容忽视。2020 年国家外汇局的对外贸易报告显示，在新冠肺炎疫情影响下，外贸发展面临环境的不确定性增多，挑战和压力显著增大，世界经济衰退风险上升。从 2020 年的整体情况来看，中国经常账户顺差 20437 亿元，相较 2019 年略有增加。然而，由于各国防疫力度和措施不同，许多国家和地区疫情未能得到抑制，国际航空和轮运迟迟不能恢复，国际物流不畅，产业链、供应链循环受阻，国际贸易投资萎缩。在这一时期，中国出口业承担了因疫情影响不能复工的其他国家工厂订单，但突增的订单量打乱了我国航运、集装箱等外贸配套行业的供需关系。而中小微企业如果能运用好平台数据，那么有助于我国外贸出口恢复正常。

（三）社会因素分析（Society）

1. 商业模式的改变与颠覆

在技术浪潮的冲击下，传统行业的竞争对手很可能来自其他行业，对于这样的跨纬度打击，传统行业的思维急需转变。举例来说，淘宝、饿了么、滴滴出行的出现重创了传统的商场、餐饮以及出租车行业，改变了人们传统的生活习惯；余额宝等在线理财方式的发展迫使银行转型；以直播、视频等形式为主流的新型带货方式逐步占据原来的广告模式，线上线下相互融合的全渠道购物已成主流。而对于外贸综合服务平台来说，尽管其本身具有互联网基因，但由于其细分服务行业不同，不仅要考虑客户需求，为其量身定制服务，更要及时关注关联行业的数字化进程。如外贸运输业作为外贸综合服务平台的关联行业，若该平台原本合作的快递平台在数字化转型上弱于竞争对手（无法提供实时更新的物流信息），则会直接影响该外贸综合服务平台。

2. 客户需求的转变

以往客户求助于外贸综合服务平台，主要希望能帮助解决出口手续等问题。但随着整个社会数字化进程的推进，贸易手续流程逐渐精简，且外贸综合服务平台提供的服务大致相同，客户期望自己所选择的平台能提供更具差异化的服务，因此，该行业企业不能仅满足于现有服务模式，需进行更多探索。

综合以上两点，外贸综合服务平台的发展需要企业运用数字化手段，深挖用户需求，做出更精细化的决策，让数字化赋能企业创新能力，完成企业产品的升级，实现数字消费领域的持续增长。

（四）技术因素分析（Technology）

近年来，我国大数据、人工智能等技术蓬勃发展，5G 网络的商业化也催生各行各业对业务进行新的探索。尽管目前 5G 网络尚未实现全覆盖，且新技术如何与传统业务进行结合、公司的业务场景是否会发生变化尚未形成明确的道路，但技术水平的发展已使得外贸综合服务平台进行数字化转型成为可能。

如图 2 所示，在受访的 10 家企业中，多数企业都已在数字化转型上进行诸多尝试，把转型与创新作为常态。而在访谈中，企业家还提到在新冠肺炎疫情期间，客户提出了多种新的需求，如要开拓新的外贸市场、需要更多新兴市场的数据等，这些需求也为平台提供了新的转型思路，使得更多企业直观感受到了数字化转型的潜力，加快了企业谋新求变的步伐。

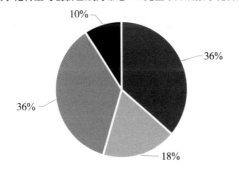

图2　综合服务企业对当前数字化转型程度的总体评价

（五）小结

社会环境、政治因素、经济情况以及技术变革等宏观因素的影响促使外贸综合服务平台加快发展、提升数字化能力，而新冠肺炎疫情更成为平台数字化转型的催化剂，将更多平台推至数字化转型的转折点。基于 PEST 模型的分析，小组进一步深入调查，探究外贸综合服务平台目前的数字化转型程度，以及未来该行业可能的发展方向，从而为我国外贸企业数字化转型指明路径，有助于企业更好地顺应数字时代的发展趋势，提高自身竞争优势以及在全球价值链中的地位。

通过数字化转型提高企业自身的运营效率已是业界普遍认同的趋势，本团队认为，为外贸企业的数字化能力构建一个全面、科学、系统的评估体系，有利于分析我国外贸企业数字化转型的现状，是企业突破转型瓶颈、制定改进措施的重要手段。

四、问卷调研结果统计分析

外贸综合服务类企业在对自身所在行业信息化水平进行评价时，评分普遍低于受访企业整体对自身所处行业内信息化水平的评分，说明外贸综合服务类企业对自身数字化发展水平有更高的期待，认为自己以及行业在信息化发展的道路上依然任重道远，如图3所示。

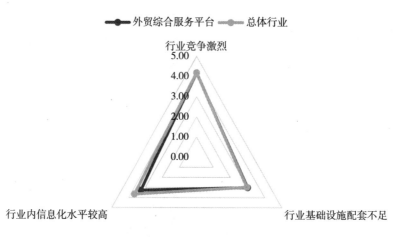

图3　企业对外部环境评价

从企业数字化转型倾向来看，外贸综合服务类企业在各个维度上的转型倾向都高于整体受访企业，特别是在重视企业数字化文化改革和致力于实现企业所处的产业生态数字化两方面，如图4所示。

数字化不仅是技术更新，而且是经营理念、战略、组织、运营全方位的变革，需要做好顶层设计，明确发展方向。企业需要在战略、资源调配、组织模式、企业文化等方面实现全面的变革以达成实现企业数字化转型的目标。同时，数字化转型极强的外部性决定了随着参与者数量的增加，网络价值将呈现指数级增长；多行业参与的数字化生态的规模经济的形成，决定了数字化生态是否能够高效地创造价值。

把企业数字化文化改革视为重要战略，致力于实现企业所处的产业生态数字化，对数字化生态提高整体认识和宏观把握能力，也是企业数字化成熟度高、转型倾向大的表现。

从企业为数字化创新实施各激励机制的程度来看，外贸综合服务类企业在各个维度上的激励程度都高于整体受访企业，特别是在提供员工持股机会和提供内部创业机会两方面，如图5所示。

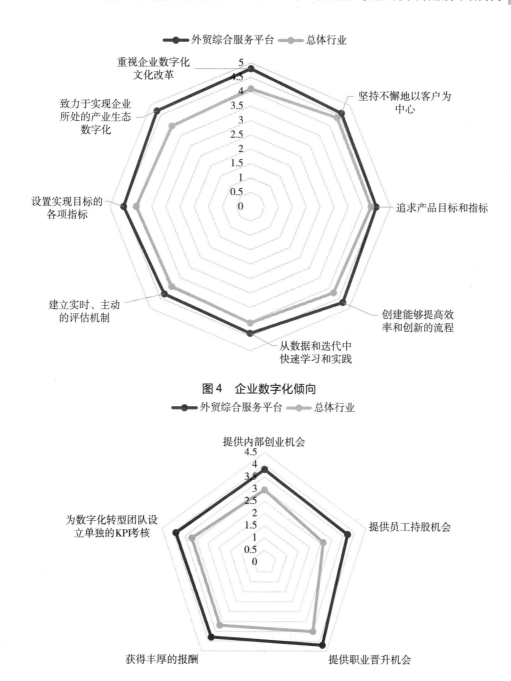

图4　企业数字化倾向

图5　企业为数字化创新实施各类激励机制的程度

　　建立与数字化人才社会价值相适应的激励体系是激发企业员工活力、增加企业生命力的关键因素之一。通过构建适应的评判标准，规范企业数字化运行的组织机制，寻求适应企业数字化创新特点的激励形式和侧重点，有利于充分提高员工对数字化转型的重视程度，以此避免传统变革中自上而下的弊端，由下而上的模式会真正加快企业数字化转型的速度。

　　从企业数据分析能力来看，外贸综合服务类企业的数据分析能力在各方面都高于整体受访企业，特别是在拥有并掌握各种大数据分析软件和工具、基于大数据对舆情进行预警分析两方面，如图6所示。

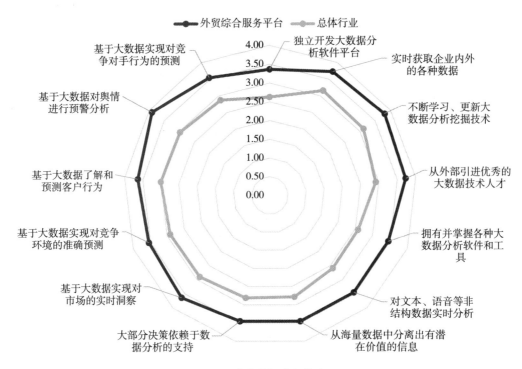

图6　企业数据分析能力

　　在通过对贸易服务业行业的问卷分析及业内专家访谈后，我们得出以下结论：从整体行业来看，该行业目前还是做存量客户，大部分贸易服务类企业为某集团控股的子公司，该集团在当地外贸制造业具有较大影响力，在逐步扩张的过程中，将与外贸出口手续相关的业务分离出去，成立独立的公司，同时这一公司还可服务同行业的其他公司，将资源效用最大化。目前该行业公司从事的大部分业务高度同质化，公司规模、业务范围受母公司规模影响，已有部分企业将数字化转型作为杀出红海的方向之一。目前受访企业大多都尝试了如OA软件等信息系统，但因在这一领域尚未形成统一标准，信息系统在这一行业的作用仍集中于企业内部管理。同时有企业尝试通过完善风控体系为客户带来更多附加价值，具体效果以观后效。

五、外贸综合服务平台信息系统调研分析

　　在外贸综合服务平台的数字化转型道路上，平台本身的系统搭建是转型的重点。

这一行业不同于制造业，由于不涉及生产，不会出现部分行业中硬件和信息系统捆绑销售的情况，企业也拥有更大的选择权。小组线下调研的三家宁波企业都选择请外包公司来定制系统，企业本身不配备技术人员。

在传统模式下，企业若想搭建一套满足自身需求的数字化系统，有两个途径：其一是购买不同领域的行业通用性软件，并培养一批能熟练使用该软件的业务人员；其二是请信息软件服务公司或者雇佣 IT 人员为其量身打造一个系统，这样的方式开发周期长、花费金额大，但相对于第一种方式，无疑会拥有更好的适配性。而低代码平台，则是介于这两者之间的一种解决方案。这一点已于 2020 年"访万企"报告中提出。低代码开发者将工具打造出来，交由企业按照自身需求进行搭建，兼具开发使用的便利性和灵活度，同时大幅降低了使用成本。另外，目前已有低代码平台公司开发出基于私有云部署，解决了企业数据隐私安全的后顾之忧。

对于中小微企业来说，公司没有余力去成立专门的数字化转型小组，当企业尝试数字化转型或转型过程中出现问题时，无法准确把握现象背后的问题所在。在与服务提供商进行沟通时，企业容易给出错误的需求，浪费大量时间金钱。企业在实现数字化转型进程中，目前常用的一种方式是分别购买不同领域的信息化系统，但由于出品方不一样，会遇到不同系统数据无法打通、价格昂贵等问题；另一种方式是聘请程序员团队按照公司需求量身定制一套服务，成本在 30 万元以上，且开发周期为 3~6 个月，中小微企业无法接受。

低代码平台不仅能快速按照企业需求搭建系统，价格也很合理，那么为什么目前却无法普及呢？在与企业家们沟通中，我们得知最主要的原因是对这一新技术不了解。事实上，由于行业间壁垒的存在，低代码平台公司需要和行业专家进行合作，才能帮客户开发出满意的产品。但是，由于不同企业数字化转型情况不一，大多数情况下会出现同一时间段的企业用户来自不同行业，难以形成规模效应，企业用人成本上升，拖累了平台的维护更新，aPaaS 企业会陷入短期收益和长期发展的两难困境。

六、现存问题分析

（一）贸易综合服务平台转型过程中的外部环境问题

本小组在第三部分通过 PEST 分析研究了外贸综合服务平台目前的社会、政治、经济、技术四方面。通过分析我们可以发现，在社会环境变化上，外贸综合服务平台目前正面临着客户需求以及行业自身定位的变化，面临新的挑战；在政治环境变化上，国家正大力推进数字化转型，是企业寻求转变的绝佳机会；在经济环境变化上，目前很多国家因为疫情尚未完全复工，给中国企业创造了更多的机会，外贸综合服务平台的市场也在增大；在技术环境变化上，虽然目前技术手段相较之前有很大程度的增长，但是能否适应市场上新需求的变化，需要平台对市场足够敏锐。

（二）贸易综合服务平台转型过程中的行业共性问题

在问卷分析中，本小组发现外贸综合服务平台的平均数字化转型水平高于行业平均水平。尽管如此，大部分企业对自身数字化转型仍不满意，并在同行业数字化程度评价中，给出了评价低于总体样本的平均值，这与现在企业盈利模式有关。很多外贸综合服务平台都是某大型集团控股的子公司，由于集团在该领域内拥有更多的资源优势，同时有很多合作的中小微企业，所以会吸引这些企业选择集团旗下的外贸综合服务平台。这一模式使得平台的收入与平台自身能力并不紧密相连，很多企业也习惯做熟客生意，但是随着竞争日益激烈，以及政府治理数字化使得海关手续化繁为简，中小微企业对平台传统业务的依赖性减弱。在未来发展中，平台能否在附加服务上吸引客户、更好地服务客户，将成为平台发展的重要因素。

（三）贸易综合服务平台转型过程中的数字工具问题

"工欲善其事，必先利其器。"如前一节中所提到的，该类型企业作为第三方服务企业，本身不直接从事加工生产，数字化转型潜力大。但因在核心业务上，目前行业尚未形成统一标准，信息系统在这一行业的作用仍集中在企业内部管理上。同时，即便尝试新方向，企业原始数据的积累也成为尝试能否奏效的重要变量之一。同时，目前熟悉信息系统搭建的大部分人才还是集中于高薪的 IT 行业，传统公司难以挖到这方面人才，这也制约了它们对行业最新技术的了解，同时有的公司和熟识的 IT 企业合作，在遇到可能更合适自己的系统时也不敢贸然替换，因为会付出巨大的沉没成本。

七、结论与建议

小组从 PEST 分析、企业调研问卷以及对数字工具的调研三个角度出发，针对调研得出的问题，得出如下结论并提出建议。

（一）政府牵头行业，以监管促发展

从企业角度来看，追逐效率是企业的天性，企业在数字化转型中会尝试多种可能的路径，其中有两点尤其需要注意：数据安全和防范金融风险。一方面，外贸综

合服务平台本身拥有我国大量贸易数据，而在与不同国家进行贸易往来时，这些国家对数据的管理和态度也不尽相同，除了平台要加强自身数据安全和管理能力外，我国相关部门也应尽快出台数据安全的法律法规，为行业有序发展保驾护航。另一方面，随着供应链金融的兴起，外贸行业会涉及银行与企业、企业与企业甚至多家企业、多个银行间的复杂金融关系，政府应在这一方面给予更多的指导，兼顾金融安全和企业资金周转，利用好外贸综合服务平台这一工具，促进我国贸易便利化。

（二）召开行业论坛，以合作促共赢

随着我国外贸的蓬勃发展，外贸综合服务平台的市场也在逐渐扩大，不少企业在数字化转型的过程中也都有自己的独到之处。本小组建议召开行业论坛，邀请同行、客户、海关、信息服务业相关专家出席，从监管、产品、需求等多个角度展开讨论。另外在调研过程中，大部分小组遇到的最大困难就是受访的企业家表示，自己的企业在数字化转型上并没有任何可取之处，自己对数字化转型并不了解，这让小组成员一度以为自己调研的是小微企业、初创公司。但一旦转变用语，如提到信息系统时，企业家们便恍然大悟。造成这一现象的原因有两点：一方面，互联网行业本身存在一套行业"黑话"，造词频率极高，有时该行业的从业人员都不能理解所有"黑话"本身的含义，更别提传统企业的企业家了；另一方面，在行业中确实存在部分词语在社会上已经形成了约定俗成的用法，但不同企业在不同阶段的工作重心不一样，确实可能存在即便是大企业也对某些内容或是行业最新动态不了解的情况。基于这一现象，本小组倡议：政府可通过科创办等部门，定期牵头召开跨行业论坛，一方面通过高新技术企业的讲解，给其他实体企业进行科普，另一方面通过不同行业间的相互交流，可以使企业迸发出新的思维火花。

（三）优化供求关系，以公开促公平

在调研中，很多实体企业，既想进一步数字化，又被软件商高额的价格劝退。同时，在接触的所有实体企业中，大部分企业对信息系统新的行业生态并不了解，同时又因之前与熟识的软件商有过合作而产生了一定的"路径依赖"，即因为之前已经依靠某家公司设计系统了，后续有新的要求则会继续找这家公司，因为一旦要换，则之前的投入几乎全都白费。在这种环境下，很多 IT 企业都在做着"重复造轮子"的工作，大量数字行业人才在基础工作中耗费精力，长此以往，既不利于企业数字化转型，对我国信息行业的人才又是一种浪费。

对于这种情况，本小组建议该行业尽快形成统一的标准，帮助实体企业家揭开笼罩在信息系统上的一层面纱。同时，政府出台相关法律，避免行业协会形成垄断价，并通过公开平台让部分企业产品明码标价，给更多处于信息劣势的企业一个参考，通过公开信息促进公平发展。

参考文献

［1］胡青．企业数字化转型的机制与绩效［J］．浙江学刊，2020，241（02）：148-156.

［2］杨斌，王琳．数字经济时代客户服务数字化转型策略研究［J］．东岳论丛，2020，317（11）：31-39.

［3］刘飞．数字化转型如何提升制造业生产率——基于数字化转型的三重影响机制［J］．财经科学，2020（10）：93-107.

［4］王志刚．财政数字化转型与政府公共服务能力建设［J］．财政研究，2020，452（10）：21-32.

［5］铁瑛，崔杰．服务业发展"抢夺"了制造业技能吗？——来自中国微观层面的经验证据［J］．财经研究，2020，469（12）：20-34.

［6］赵丹丹，周世军．人工智能与劳动力工资——基于工业机器人匹配数据的经验证据［J］．调研世界，（7）：10.

［7］董志强，黄旭．人工智能技术发展背景下的失业及政策：理论分析［J］．中央财经大学学报，2019（7）：9.

［8］朱琪，刘红英．人工智能技术变革的收入分配效应研究：前沿进展与综述［J］．中国人口科学，2020，197（02）：113-127+130.

附 录 调研感悟

（一）指导教师调研感悟

1. 吴开尧

自 2019 年起，上海对外经贸大学、中国对外经济贸易统计学会和环球慧思（北京）信息技术有限公司三家单位联合开展"访万企，读中国"大型调查活动，已成功举办 3 届。这是我第三次带队。

"访万企"调查接续引导广大师生深入外贸企业开展接力式追踪调查，促成人才培养、社会实践与科学研究紧密融合，形成一条融国情教育、科研训练、创新实践三位一体的人才培养路径。我深有感触。

我非常高兴能和 5 位聪明伶俐的年轻才俊合作这次宁波调研。我印象特别深刻的是线下的纺织品数字车间，实际的现场采访带来了强烈的视觉冲击力和心理印象。参与的 3 位研究生同学和我一样兴奋并表示获益良多。我想这次经历将促进他们的完整发展，衷心希望他们学业有成，将来成为国家的栋梁之材。

2. 周昀

2021 年的"访万企"调查采用线上线下相结合的方式进行，在小组成员的共同努力下，顺利完成相关的调研工作。我主要参加了线上调研工作，小组成员分工明确，有联系企业的，有线上主持的，也有记录拍照的，大家密切配合使线上调研成为了解企业的数字化渠道。与此同时，线上调研让我们深刻意识到数字化转型不仅可以帮助企业节约成本、提高效率，还让我们感受到数字时代使我们的生活与工作不再受空间的限制。最后，通过这次调研活动，老师和同学们对企业的数字化转型有了更加全面、客观、科学的认识。理论与实践的结合，可以激发出大家的学习热情。

（二）小组成员调研感悟

1. 崔昊天

2021 年有幸再次参与"访万企"项目，身份的转变，带来了新的任务、新的挑战，同时我也充满了新的动力。原以为在政府牵头、学校背书的情况下，调研访谈能顺利进行，但是，访谈在一开始就出现了问题。当 10 家企业中只有 3 家同意调研时，着实给我们泼了一盆冷水。但是，人与机器的区别在哪里呢？就在于我们能发挥主观能动性！通过和学校、企业、政府的沟通，一家一家地问，一家一家地磨，我们终于成功预约到 10 家企业。当然，虽有诸多困难，但大部分企业家面对我们这群学生，还是给予了极大的尊重。学校也及时关心和帮助我们，在台风来袭时把我们的安危放在第一位，让我们感受到了温暖。

2. 宋文华

"读万卷书不如行万里路。""访万企，读中国"社会调查活动已经开展了三个年度，我终于有幸在 2021 年参加了这次实践活动。回顾暑期访问过程中的所见所闻，可谓受益匪浅。

我们参观中国笔类出口第一企业——宁波贝发集团股份有限公司时，接待我们的安主任带我们参观企业展览馆，讲述贝发集团创始人邱总从单枪匹马到广交会上推销圆珠笔，再到现在企业通过数字化转型，取得中国每出口 100 支笔中就有 16 支是贝发制造这一成就的崛起故事。我从中感受到了中国企业家的精神和魄力，也感受到了数字化和科技带给企业发展如虎添翼般的推动力。

"纸上得来终觉浅。"在参观制造业数字化管理车间、无纸化办公环境时，我真切地体会到数字化浪潮给企业在生产、物流、管理、销售等方面带来的便利和高效。通过这次"访万企"社会实践活动，我更深刻地了解了企业数字化转型方面的知识，在新时代新浪潮的趋势下，我也决心做数字化转型的践行者和推动者。

3. 何天

感谢"访万企"，让我度过了一个忙碌而又充实的暑假。随着为期 1 个月的项目终于要落下帷幕，我的内心感慨良多。很多东西都是知难行易，但正是这些难能可贵的经历才让我们成长。在这个项目里，我们大家群策群力、各抒己见，克服了种种困难来达成我们设想中应有的效果，虽然有时候天不遂人愿，但是大家的付出是每一个人都看到的，也是我们最后能顺利完成项目的主要因素。其中最令我影响深刻的，是在宁波走访时，我亲眼看到制造业工厂时的震撼。之前我生活在上海，工作实习期间也从未去制造业公司参观过，当亲临现场时，我才感受到我国拥有一个完整的工业体系，是多么伟大和不容易的一件事情。今后，我也期望运用自己所学，为外贸行业，为我国经济发展作出贡献。

4. 徐浩博

转眼间为期 1 个多月的"访万企，读中国"社会调查专项实践也接近尾声。回顾这 1 个月时间中所经历的一切，真的是感触良多。从一开始的培训大会，我不知所措地坐在大礼堂中，许多的新知识和复杂的内容都让我应接不暇，心中不免想着，一个大一的新生，什么专业的系统知识都没有，该如何完成如此困难的暑期社会实践活动呢？但是，后来随着具体事项的落实，我在指导老师和学长的带领下一步步开展活动，不知不觉间我已经完成了前期的准备，成功克服内心的恐惧，第一次自己联系上了企业负责人，第一次规划访谈内容与提纲，第一次作为会议主持人，在大家的注视下与企业负责人沟通、交流。当然，在此期间我也收获良多：首先，作为外贸学子，本次实践让我实际了解了外贸是什么，外贸企业到底是做什么的，外贸存在什么优势和挑战，外贸的生态环境究竟是怎样的等；其次，作为学生，我第一次深入了解了众多的不同企业，发现各企业的都有不同的企业文化，比如某企业的"服务好 40 分钟车程内的所有企业"，某企业的"思想碰撞以激发创新"等，了解了中国对于外贸企业的补助政策等；最后，虽然外贸行业困难挑战很多，但凡事都不可能一帆风顺，我们应该好好学习基础知识，提升自己各方面的能力，找到自己的兴趣和目标并不畏困难与挑战，坚持不懈，争取为祖国的外贸行业奉献出自己的力量！感谢指导老师和学长、学姐一直以来的帮助，同时也感谢这次调研带给我的种种，希望本次调研圆满成功。

5. 张仪

暑期的"访万企，读中国"社会调查实践活动就要结束了。回看自己参加的第一次社会实践活动，确实有很多感悟。开始想到参加培训会时迷茫、担忧，我害怕自己的知识和能力不能够支持自己第一次调查。后来经过老师和学长学姐的指导、提醒，我逐渐恢复了自信，相信自己能够完成这次实践活动的任务。实践活动正式开始时，我观看学习了第一场采访直播，学到了与企业负责人交流的技巧、巧妙的提问方式、专业术语的解读。我第一次作为记录员，认真记录企业负责人回答的每个问题。我克服了很多困难，终于和自己负责的企业搭上了线，第一次体验到了社会实践活动的快乐。再后来我慢慢与企业交流，设计调研提纲，让我学到了很多。

总体来说，这次调研我主要学到了两点：第一，一定要做好充足的准备，首次面对这些企业，大家肯定是很陌生的，只有做好充足的了解和准备，才能够准确地、有针对性地进行调研提问；第二，一定要认真对待工作的每个环节，做到细致、用心，才能取得良好的结果。

长三角外贸生产及物流企业数字化转型现状调研

屈子熙　秦嘉蔚　温焕健　赵鹤程　孙艺轩　张　康　卢昌谦
指导教师：李建军　柳　树

摘要

新冠肺炎疫情对于许多外贸公司是"危中有机"，促使许多外贸公司走上数字化转型的道路。本次调研通过对长三角地区典型外贸生产及物流企业内部管理层人员深度访谈，辅以问卷调查的形式，在较为详尽地了解了该行业数字化转型现状、需求及难点的基础上，针对外贸生产及物流企业在数字化转型过程中所遇到的困难和挑战提出了对策建议，为政府帮扶与配套服务支持提供政策参考，以期对相关行业数字化转型起到借鉴作用。

关键词：外贸物流企业；外贸生产企业；数字化转型

一、调研背景和意义

基于数据资源、现代信息网络和信息通信技术三大要素的赋能，传统的贸易方式正在发生数字化的改变。在全球新冠肺炎疫情此起彼伏的背景下，跨境人员流动受限，国际贸易的顺利开展承受重压，但也因此加快了中国贸易数字化的进程。

近年来，中国深入实施数字经济发展战略，新一代数字技术与经济社会各行业各领域加速融合，有力支撑了现代化经济体系的构建和经济社会的高质量发展。贸易数字化对加快形成双循环新发展格局、助推中国对外贸易高质量发展具有重要作用，是推动中国实现更高水平对外开放、加快贸易强国建设的重要抓手。同时，当今世界正处于百年未有之大变局，但世界多极化趋势没有改变，贸易数字化既是创新发展的手段，又是时代发展的大趋势。在长三角地区，以贸易为龙头、产业为基础、服务为保障，贸、产、服协同发展，实现对外贸易及相关行业全产业链、全价值链的数字化转型，条件优越，前景灿烂。

本次调研以长三角地区相关知名外贸物流及生产企业为例，探究外贸物流行业、外贸生产行业在当前经济大环境下的数字化发展趋势，以及企业在进行数字化转型过程中所遇到的挑战与困难。本文具体分析了诸如数字化人才欠缺、数字化技术不够成熟、缺乏政策支持等问题，并提出对策建议，从而为外贸物流及生产企业数字化转型提供思路和样本，为促进相关行业数字化转型发展提供参考，为服务国家开放战略提供理论指导。

二、调研方案与实施

（一）调研方案

1. 调研目的

本次调研通过对企业的调查研究和对企业内中高层人员的深度访谈，分析长三角地区知名外贸物流行业、外贸生产行业相关企业的数字化转型现状及水平，深入了解目前长三角地区外贸物流及生产企业数字化转型的程度、影响因素、企业在数字化转型方面所面临的困难和挑战等，从而为相关企业数字化转型的发展提供参考建议。

2. 调研内容

（1）了解当前经济大环境下长三角地区外贸物流企业、外贸生产企业运营所面临的困难及解决方法。

（2）了解近年来长三角地区外贸物流企业、外贸生产企业的发展情况。

（3）了解近年来国家和政府对于外贸物流及生产企业数字化转型出台的相关政策。

（4）了解当前市场营销环境下外贸物流及生产企业所面临的机遇与挑战。

（5）了解外贸物流及生产企业进行数字化转型的影响因素。

（6）了解外贸物流及生产企业希望政府提供哪些数字化转型方面的政策支持。

（7）了解外贸物流及生产企业在数字化转型方面的可提升空间。

3. 调研方法

（1）问卷调查法：前期与企业对接后，利用专业动作开展问卷调查，用于了解企业数字化的基本情况。

（2）深度访谈法：根据问卷制定访谈提纲，在约定的时间通过腾讯会议开展线上视频访谈，深入了解企业数字化现状及问题，在此期间采用录音、录屏等方式记录会议内容。

（3）文献探索法：查阅相关文献，为拟写报告提供专业知识参考。

（4）网络追踪法：通过天眼查、企业官网等方式寻找文字记录、图片新闻报道等对企业进行全年实时了解。

（二）调研对象

本次调查对象主要针对长三角地区外贸生产企业与外贸物流企业的高级管理层人员。我们对 6 家企业进行线上会议访谈，对 4 家企业采取线上调查问卷访谈并根据海关问卷大数据，专项制作两份针对性问卷，得到 63 份外贸生产企业（不包括访谈的 10 家企业）的长三角一体化战略下外贸生产企业数字化转型现状及难点研究问卷的反馈结果，22 份外贸物流企业（不包括访谈的 10 家企业）的长三角一体化战略下外贸物流企业数字化转型现状及难点研究问卷的反馈结果。

（三）调研项目

（1）企业数字化现状；

（2）企业数字化期望与前景；

（3）企业期望的政府支持；

（4）企业数字化遇到的困难和挑战。

（四）调研任务分配

表1　调研任务分配

职责	对接单位或人员	人员
联络工作	调研指导老师	柳树、李建军
	国际经济与贸易学院	屈子熙
过程管理	会议主持人	屈子熙、温焕健、孙艺轩、赵鹤程、秦嘉蔚、卢昌谦
	录音、截屏	全体人员
	文案	全体人员
	公众号运营	温焕健
	调查问卷的整理	全体成员
文字撰写	论文报告	全体人员
复核	论文复核	屈子熙、温焕健、赵鹤程

（五）调研工作时间安排

表2　调研工作时间安排

时间	内容	安排	备注
7月10日—8月1日	前期工作调研：研究内容 确定所有企业访谈时间 设计调查问卷 访谈提纲撰写	与企业联络确定具体时间、内容	前期准备
8月2日—8月13日	8月2日　常熟威特隆仓储有限公司 8月5日　基蛋生物科技有限公司 8月7日　安瑞森电子材料有限公司 8月10日　英乔轮胎有限公司 8月11日　兴华港口有限公司 8月13日　浙江新化化工股份有限公司	线上会议（腾讯会议、Teams）	吴江海晨仓储有限公司、苏州百达物流有限公司、苏州新宁物流有限公司、苏州大田仓储有限公司采用线上调查问卷形式
8月14日—8月25日	完成调研报告 政府建议专报 典型案例报告 整理录音文件和文案撰写 复核调查问卷和论文	复盘整理	总结报告

三、问卷调研结果统计分析

（一）样本基本情况

在10家访谈企业中，4家为外贸生产企业（线上自选问卷调查填写或线上访谈），6家为外贸物流企业（线上自选问卷调查填写或线上访谈）。根据调研目的，本小组在自选调研问卷的基础上，结合海关数据，又专项制定了两份针对外贸物流和外贸生产行业数字化转型现状及难点调查的问卷。截至2021年8月25日，调研收集到了85份有效规范问卷（不含本组调研的10家企业）和4份有效自选动作问卷。在有效规范问卷中，外贸生产行业企业占63份，外贸物流行业企业占22份。

从企业规模来看，本次调研以中小型企业为主。约54.55%的外贸物流行业企业员工规模在20～300人，22.73%的企业员工规模超过1000人，如图1所示；约39.68%的外贸生产企业员工规模在300～1000人，36.51%的外贸生产企业员工规模超过1000人，如图2所示。

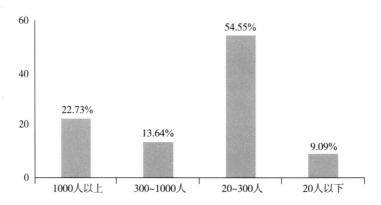

图1　外贸物流企业人数统计

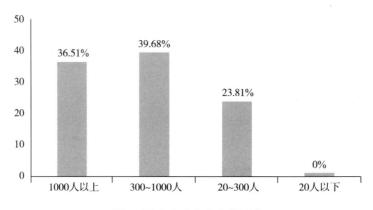

图2　外贸生产企业人数统计

从企业类型来看，外贸生产行业的数字化转型程度参差不齐，多数处于数字化转型初步阶段。完全未开展数字化转型的企业比例为0%，而处于数字化转型初始期的企业占据了约1/5（20.63%），如图3所示。

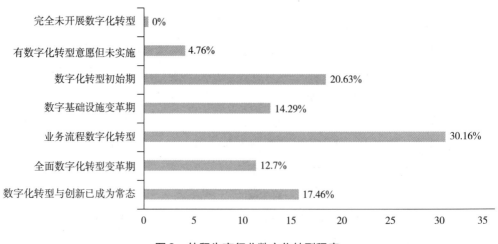

图3　外贸生产行业数字化转型程度

相对于外贸生产行业，外贸物流行业数字化转型程度普遍相对更高。多数外贸物流企业的数字化转型程度已处于业务流程数字化转型阶段（占比36.36%），而数字化转型与创新已成为常态的占比高于1/4（占比27.27%），如图4所示。

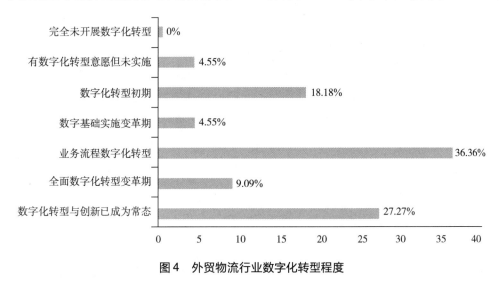

图4 外贸物流行业数字化转型程度

（二）数字化转型基本观点

1. 科学发展，"智造"未来

××科技股份有限公司——×总

近几年来公司发展迅速，构建了完整的数字化体系，公司和国内多家高校及医院建立了长期稳定的产学研医合作，目前已拥有一支多学科有机互补、专业搭配合理的研发队伍。在不断提升研发效率的同时，公司及时开发出满足市场需求的产品，巩固了公司在行业中的技术优势地位。公司的战略规划是逐渐脱离劳动密集型企业集群，向智能制造数字化方面发展，利用先进的数字化手段为公司产品的研发、生产、销售保驾护航，在竞争日趋激烈的生物科技领域力争上游。

2. 数字化适应生产发展需要，企业在潜移默化中转型

××科技有限公司——×总

在全球数字化的大背景下，市场上我们所需要的一些生产、管理技术及设备不断革新，已经向数字化方向发生转变，我们公司在引进过程中，潜移默化地进行着数字化转型。随着企业的生产管理需要，我们也逐步偏向于一些高效率、高质量的数字化技术或者设备的引进，这也在一定程度上促进了企业的数字化进程发展。企业也是在不断适应生产力发展的过程中，逐渐进行着数字化转型的。

3. 数字化转型受限于企业规模

××有限公司——周经理

周经理表示公司受疫情的影响,在线下开拓市场、参与国际展会方面遇到许多阻碍,所以公司正在对营销端数字化转型进行积极探索,包括外贸独立站、线上展会、数字化品牌营销、海关数据整合等。但受限于企业规模,公司还在进行相关的可行性分析与成本预算。周经理同时希望政府加大对中小型传统外贸企业的扶持力度,引导数字化服务商与企业进行合作,开创第三方平台,帮助企业建立与国外客户联系的新渠道,助推中小型传统外贸企业进行数字化转型。

4. 数字化转型困难重重,须落到实处,实现共享

浙江××化工股份有限公司——张总

数字化转型是一个新理念、新趋势,但实际上还是一个大的概念。对于一个企业来说,真正实现数字化是没那么简单的,需要落实到每一个环节、每一个部门、每一个人。整体的数字化是没那么简单的,是需要不断去完善、不断去改变、不断去提升的一个过程。在真正落实的过程中,也会遇到许许多多的问题和挑战,比如会遇到数据不共享的问题。我们也重点加大在安全方面的数字化的投入,下一步规划五位一体的平台建设,也希望政府能够加大对企业数字化转型的技术指导,促进企业数字化转型。整个行业、整个社会实现数字化必须落到实处,全面全员发展,才能实现共享,实现数字化。

5. 数字化转型需要落实到公司具体的作业内容,提高数字化技术水平

××有限公司——×总

数字化转型典范,如数字化码头,并不适合所有的港口。我们码头集装箱业务并不是很大,主要是以杂件为主,就难以模仿智慧码头进行数字化转型。数字化转型需要依据每个行业、每个公司的具体运营模式、具体业务进行适应化改造,并且目前部分码头的数字化转型技术仍达不到人工的水平,这就需要政府加大鼓励力度,促进数字化技术水平的提高,也要针对每个行业业务对数字化转型进行适应改造。

6. 数据是企业数字化转型的核心部分

××仓储有限公司——顾总

在处理应用数字化系统所得的数据方面,顾总认为数据的功效没有发挥出来,大数据处理需要加强。数据可以在大数据技术突飞猛进后得到有效利用,整个商业的底层逻辑也在随着技术发生改变。数字化转型目标是让数据成为生产力,让数据在内部流动,同时也为外部客户服务,成为内外互通的桥梁。如果企业不能有效利用数据进行智能化思考、决策,那么企业在数字化转型的潮流中将处于弱势地位。

（三）数字化转型影响因素及重点举措

企业产业链不同环节的数字化转型以及企业整体数字化转型意愿和投入力度，在很大程度上与该企业的类型与规模相关。

1. 外贸生产企业数字化转型影响因素

涉及不同行业的外贸生产企业的数字化发展程度和速度是不一样的，其中规模相对较小的外贸生产企业数字化程度相对较低，发展速度相对缓慢。如一些初创的外贸生产企业由于利润低，没有足够的资金去推动数字化转型，止步于做相关可行性分析和成本预算，部分企业数字化发展仍处于计划阶段，无法落到实处。

相较于规模较小的外贸生产企业，一些大型外贸生产企业的数字化转型程度相对较高，且企业也从中得到了便利与利益。如某生物科技有限公司，随着公司业务的扩大，亟须建立一个可以实时记录、安全共享和互相查询的数字化系统。公司领导团队对数字化转型重视，公司 IT 部门已成功将公司的采购、财务、供应链、内部流程的管控、销售体系和供应商等售后服务管理与公司数字化软件系统紧密结合，建立起一个较为完善的信息化管理系统，初步实现利用数字化为产品生产、研发、销售提供信息支持和决策参考。

此外，一些电子材料乃至化工类外贸生产公司，由于要考虑到生产安全性与风险控制问题，则将数字化技术应用到生产端。以某电子材料有限公司和某化工股份有限公司为例，上述两家公司将数字化与实际生产相结合，通过对生产产品过程的数据监控和质量体系把控，不仅降低了实际生产过程中的风险，还为客户提供了高质量、高效率的服务。

外贸生产企业产品类型的不同，也决定了其数字化转型侧重点和采取方法的不同。如大部分轮胎外贸制造企业，产品营销方式主要以 B2B 为主，数字化转型整体更侧重于生产端数字化、企业内部管理数字化，而在营销端数字化上，更多的是分析对比大数据，包括竞争对手、推广渠道等，B2C 模式的电商平台或互联网数字化销售则很难进行。但一些服装、化妆品、保健品等外贸生产企业则可以很好地依托电商平台或互联网进行 B2C 的营销端数字化，进行散货售卖。

外部市场的数字化转型应用供应商对外贸生产型企业数字化转型也发挥着重要作用。如数字化应用提供厂商无法针对所有生产型企业的生产流程进行数字化转型设备的研发，流向市场的数字化转型设备也都只是偏向于所有企业都拥有的财务、订单管理环节，这无疑给许多在数字化转型方面欠缺数字化人才的外贸生产企业带来了难题。

2. 外贸生产企业数字化转型重点举措

对于外贸生产企业而言，数字化转型重点大致可以分为研发设计、采购营销、生产制造、财务金融和人员管理五个环节。

在研发设计环节，多数外贸生产企业通过数字化供应链的大数据分析，对采集的大量用户数据进行分析，从而做出准确的需求预测，并且多数外贸生产企业运用数字化技术，展开以客户为中心的场景设计，根据客户的需求设计更优更好的产品。如某汽车制造公司，通过数字化技术（虚拟现实和大数据）更新优化其汽车制造，加速产品迭代，降低试错成本。

在采购营销环节，外贸生产企业通过数字化供应链，如端到端的实时供应链可视平台，实现供应链上中下游资源整合，从而助力采购决策，降低采购成本。

在生产制造环节，外贸生产企业可将数字化直接运用到生产线，目前一些受访的外贸生产企业已把自动化生产线作为企业降低成本、提高效率的数字化转型重点战略实施方向，一些涉及化工产品生产的企业更是利用数字化技术实现安监系统的部署，降低安全事故的风险。此外，部分拓展海外市场的外贸生产企业利用如环球慧思等平台提供的数字化大数据分析，深入了解所要投放海外的同类竞争产品情况，从而估算市场容量，为下一步决策提供参考意见。

在财务金融方面，外贸生产企业采用数字化技术如 ERP 系统，从而起到对财务金融更好的管控作用，如洞察资金流向、监控财务风险点、降低人工记账的失误和不便。

在人员管理方面，随着企业的不断发展，跨职能部门的高效协作极为重要，多数外贸企业利用数字化手段（如部署 OA 办公系统、ERP 企业资源计划、CRM 客户管理系统等），将企业不同部门组织起来统一管理，实现内部信息系统全部打通、内部数据库打通，从而提升企业内部员工协同程度。

3. 外贸物流企业数字化转型影响因素及重点举措

外贸物流企业由于其本身的行业属性，仓储管理和运输配送是其行业真正的需求，所以外贸物流企业数字化转型侧重点在于仓储、运输、配送环节。

采用数字化技术，使物流运输过程透明可控，提高客户对物流配送满意度，提高仓储管理效率是外贸物流行业数字化转型的重点举措。以某仓储有限公司为例，作为一个仓储物流公司，仓储系统是其核心，因此，该公司独立自主开发数字化仓储管理系统，且公司内部有成熟的 IT 团队负责维护其仓储管理系统。但单一的仓储管理系统数字化部署仍无法满足该公司内部的需求，该公司未来希望将自主研发的WMS 与集团的 ERP 相结合，进一步对预决算进行精细化。

此外，对于外贸物流企业而言，港口可谓是必争之地。大型外贸物流企业对港口数字化重视程度较高，物联网、大数据、云计算、5G 等技术都在慢慢展开。以某港口公司为例，企业对港口数字化极为重视，数字化转型起步较早，其于 2002 年就开始引入件杂货系统对港口货物进行数字化清点。在公司的不断投入下，如今已成功将外贸数据流转、货物装卸、作业差错评估与内部对应的数字化软件相连接，为国内外客户提供高效、准确、高质量的货物运输服务，且在对港口数字化的新一轮布局中将涉及 5G 等先进技术。

由于国外疫情形势严峻，部分国外工厂选择停工减产，导致国外进口订单激增，这对于国内从事港口物流行业的企业是一个难得的机遇。但不少港口公司表示，港口现有设备已达到作业极限，由于长江流域的岸线是不可再生的，航道疏浚成本较高，目前通过数字化转型实现设备智能化，提高运输与作业效率也将是外贸物流企业数字化转型发展的重中之重。

整体而言，越来越多的外贸物流企业已经认识到不能把公司发展成为一个跛脚的巨人，各方面的信息系统应该齐头并进、相互协调，数字化转型是大势所趋。

四、外贸生产及物流企业数字化转型现状分析

（一）外贸生产行业数字化发展现状

外贸生产企业绝大多数十分重视数字化转型。41.27% 的外贸生产企业认为数字化转型是企业重要战略，且管理层应调动各部门配合推动数字化转型；25.4% 的外贸生产企业认为数字化转型是企业重要任务，应当由管理层委任一个或多个部门推动执行；只有极少数（3.17%）尚未涉及数字化转型相关话题，如图 5 所示。

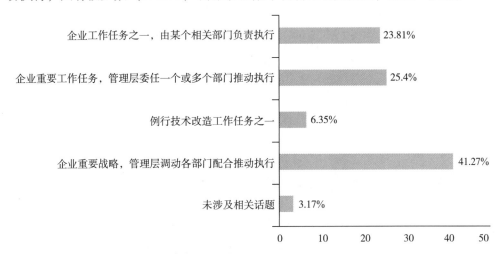

图 5　外贸生产企业数字化转型定位

对于外贸生产企业而言，无外贸生产企业是完全未开展数字化转型的（0%），虽然数字化转型与创新已成为常态的受访外贸生产企业仅占17.46%，但30.16%的受访外贸生产企业已步入业务流程数字化转型阶段，20.63%的受访外贸生产企业进入数字化转型初始期，可见外贸生产企业对数字化转型的重要程度已达成基本共识，企业数字化转型成功从一定意义上决定了企业未来可持续发展的态势，如图6所示。

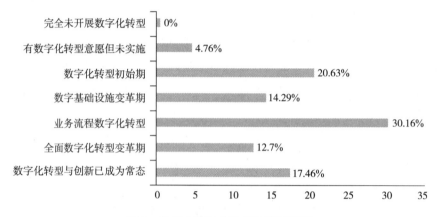

图6　外贸生产企业数字化转型程度

绝大多数外贸生产企业（海关问卷数据）开始实施数字化转型的具体时间集中在近10年，2011—2021年，外贸生产企业数字化转型实施总占比达77.78%，如图7所示。大部分受访外贸生产企业表示，在数字化转型实施后，企业净利润率呈上升趋势，25家外贸生产企业表示在数字化转型后，净利润率先下降后上升，21家企业表示净利润率持续上升，少数企业表示在数字化转型后，短期内企业净利润呈不增反降，如图8所示。

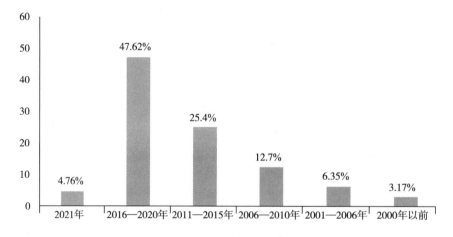

图7　外贸生产企业数字化转型实施具体年份

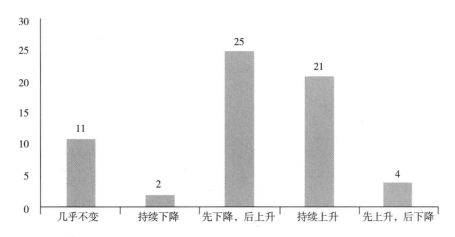

图8　外贸生产企业数字化转型后净利润率变动情况

此外，绝大多数外贸生产企业将提高生产效率作为企业数字化转型的最大目标，其次则是大幅降低成本和降低企业运行的内外部风险。在外贸生产企业数字化转型最重要的战略举措中，最被看重的战略举措是通过数字化运营，从而打通从销售、研发、交付、售后、方案资产化的端到端流程，其次则是通过数字化转型，提升现有信息化能力，完善数据管理体系等，如图9所示。

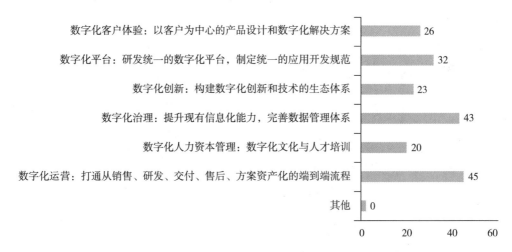

图9　外贸生产企业数字化转型最重要的战略举措

企业自身的数字化信息系统研发更新能力在企业数字化转型中有着重要作用。企业若想要在数字化转型方面长远发展，就必须发展自身信息系统的处理、更新、研发部门，企业的自我研发能力是数字化转型过程的重要因素。

在外贸生产企业所运用到的信息系统部署中，大多数外贸生产企业的数字化系统部署统一偏向于 ERP、OA 系统，侧重财务、订单管理方向，并且这些方面的数字化程度相对较高，如图10所示；大多数外贸生产企业数字化技术部署涉及大数据、机器人、电子商务、云计算等，如图 11 所示。

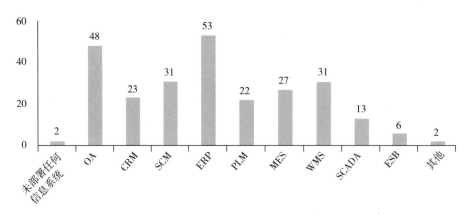

图 10　外贸生产企业数字化系统部署

不同企业在产品研发、生产、销售或公司内部管理等环节根据自身实际各有侧重，但调研发现，目前尽管有多种数字化技术可以供企业选择，但真正能运用到企业企业运营中的并不多，如多数中小型外贸生产企业在生产端无法真正深入进行数字化的转型升级，只能在母、子公司都统一的财务、订单管理方面选择数字化转型。

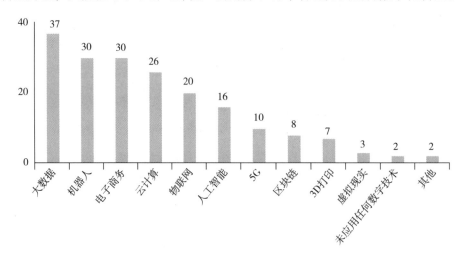

图 11　外贸生产企业数字化技术部署

此外，在数字化转型过程中，大多数外贸生产企业的数字化技术自我研发水平较弱，主要是由数字化转型服务提供商承包，而非自身企业进行数字化研发。但也有少数大型外贸生产企业（14%），大部分生产、研发过程实现了生产设备智能化、数字化，如某科技股份有限公司，其企业内部自身的 IT 部门会根据自身企业的特点、所在行业的发展趋势对企业内部的数字化系统部署和数字化产品研发进行改造更新，适应自身所在行业的特点以及自身企业运营流程。

但据海关数据所搜集到的 63 份外贸生产企业调查问卷数据可见，大部分外贸生产企业不具备非常良好的相关自我研发信息化系统的能力，只能被动地接受行业中较为通用的信息化系统，能在小部分生产、研发过程中进行数字化转型，但不能大规模应用相关数字化设备，进行及时更新。64% 的受访外贸生产企业表示小部分生产、研发等过程实现了生产设备智能化，但某些环节还需人员的手动操作指令，仅仅 14% 的受访外贸生产企业表示大部分流程已完成数字化转型，如图 12 所示。

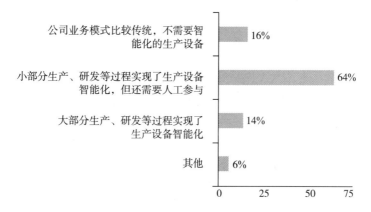

图 12　外贸生产企业在生产、研发等过程中设备智能化情况

综合多家接受问卷调查的外贸生产企业在数字化转型中遇到的瓶颈，如图 13 所示（采取从 0～8 打分，从低到高，表示企业所认为的瓶颈从小到大），企业普遍认为缺少数字化人才是最大的瓶颈。

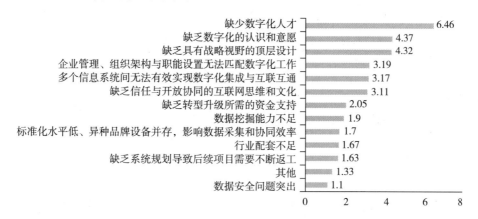

图 13　外贸生产企业在数字化转型中的最大瓶颈

从外贸生产企业对提升企业自身数字化技术研发水平的需求来看，目前已有较为完善的针对新员工的数字化培训方案企业占比仅为 24%，不及样本的 1/4；大多数受访企业(54%)表示目前还在规划数字化业务培训方案,尚未落到实处;22%的受访企业表示公司业务未涉及相关内容,如图14所示。

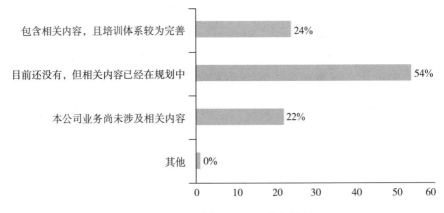

图14 外贸生产企业的数字化业务培训情况

在希望政府推进产业数字化提供的帮助中,绝大多数外贸生产企业将加强政策解读列为第一位,其次则是开展数字化相关培训,如图15所示。

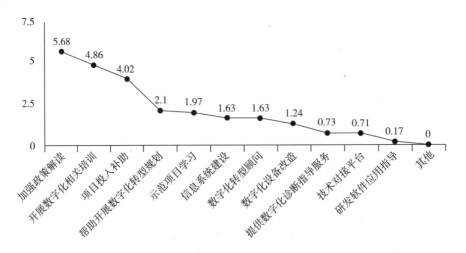

图15 外贸生产企业希望政府在推进产业数字化上提供的帮助

(二)外贸物流行业数字化发展现状

根据海关问卷调查的数据及小组访谈的结果,在数字化转型定位的问题上,大部分外贸物流企业已经达成了共识,意识到了数字化转型是大势所趋。40.91%的外贸物流企业认为数字化转型是企业的重要任务,应当由管理层委任一个或多个部门推动执行,36.36%的受访外贸物流企业认为数字化转型是企业的重要战略,且管理层应调动各部门配合进行,如图16所示。

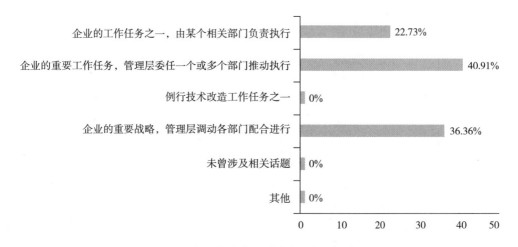

图16　外贸物流企业对数字化转型的定位

外贸物流企业普遍认为大幅降低成本是其数字化转型的主要考虑点,其次则是提高生产效率、有效增加营业收入等,如图17所示(从0~5打分,从低至高,满分为5分)。

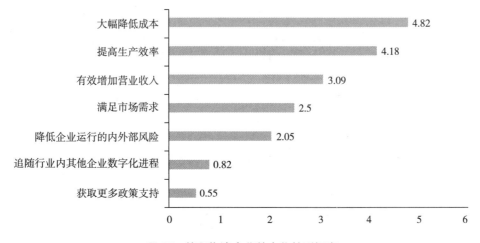

图17　外贸物流企业数字化转型初衷

综合所有本小组采访和22家参加海关问卷填写的外贸物流企业,在开展数字化转型的具体时间(年)上,多数企业集中在近5~10年(即2011—2021年)开展数字化转型,极少数(仅1家)在2000年前就开展数字化转型,如图18所示。

在外贸物流企业数字化转型主要部署的信息系统中,多数企业采用的信息系统集中在OA、WMS、ERP、CRM等,如图19所示。而运用到的数字化技术最主要的还是集中在大数据应用方面,其次则是云计算、物联网、电子商务等,如图20所示。

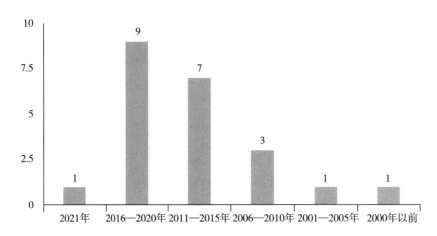

图18 外贸物流企业实施数字化转型具体年份

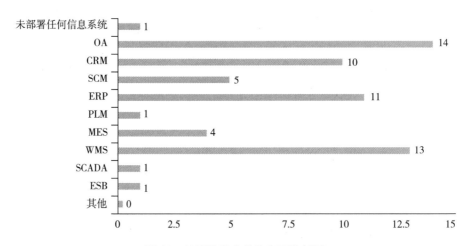

图19 外贸物流企业信息系统部署

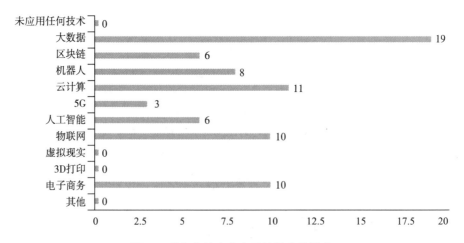

图20 外贸物流企业应用的数字化技术

　　而从实施数字化转型后的企业净利润率变动情况来看，呈现对比显著的状态。如图21所示，一大部分外贸物流企业（7家）认为短期内企业净利润率几乎没有发生任何变化，另一大部分外贸物流企业（7家）则认为在数字化转型后，企业净利润率处于持续上升的状态，其次则是部分外贸物流企业（5家）认为净利润率在数字化转型后先下降后上升，少数（2家）则认为数字化转型后，反而企业净利润率持续下降。之所以会出现这样的情况，和外贸物流企业数字化转型的发展程度以及其在推动数字化转型进程中所遇到的瓶颈息息相关，如图21所示。

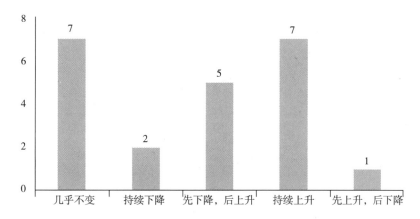

图21　外贸物流企业数字化转型后净利润率变动情况

　　数字化转型对于任何一家企业而言都无异于脱胎换骨，转型的过程注定是艰难的。在外贸物流企业数字化转型过程中所遇到的主要瓶颈调查中，如图22所示（采取从0~10打分，从低到高，表示企业所认为的瓶颈从小到大），绝大多数外贸物流企业认为缺乏具有战略视野的顶层设计是其遇到的主要瓶颈，其次则是缺少数字化人才、缺乏信任与开放协同的互联网思维和文化等。

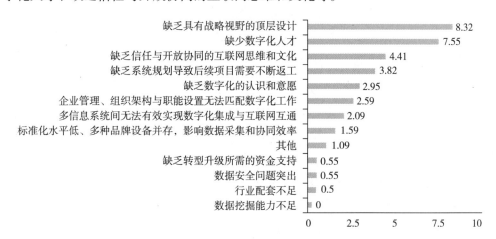

图22　外贸物流企业数字化转型中遇到的瓶颈

　　受访的外贸物流企业也表示，希望政府在推进产业数字化上，能多加强政策解读、开展数字化相关培训，以及打造技术对接平台、示范项目学习等，其中，加强政策解读被普遍认为是最为重要的一项。此外，部分受访的外贸物流企业表示，很多有关数字化转型津贴补助、税收优惠等政策几乎很难找到，希望能够加强相关政策解读，也希望由相关部门如交通运输部倡导在物流企业方面的津贴补助等有关数字化转型政策，如图 23 所示。

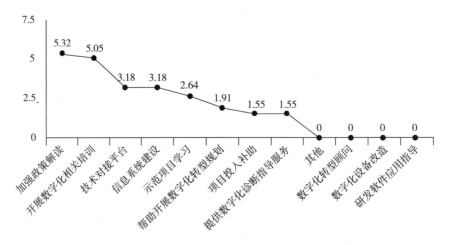

图23　外贸物流企业希望政府在推进产业数字化上提供的帮助

五、现存问题分析及对策建议

（一）外贸生产行业数字化转型现存问题分析及对策

1. 企业内部各环节数字化发展程度存在差异

　　在外贸生产类企业，部分传统行业的数字化发展只是集中于财务、营销、管理几方面，在生产环节的数字化因成本问题或所属行业的特殊性而未能朝着数字化方向发展；同时，也存在部分外贸生产公司在生产环节数字化已达到所需水平，但在采购供应环节数字化发展没达到所需要求，从而造成订单交付延迟等严重后果。

　　对策：政府可以提供相关外贸生产企业的数字化指导平台、技术对接平台，对同一行业上中下游产业链进行分类专项的线上与线下相结合的数字化技能培训，提供数字化转型顾问，并鼓励数字化转型先进企业进行经验分享，开设示范项目学习区。

2. 政府的相关优惠政策涉及范围较窄

　　政府的部分优惠政策只是针对相关高新技术产业和互联网行业的数字化转型，对于部分传统行业或者其他与数字化或互联网行业关联度较小的行业的优惠政策较少，不利于企业的数字化转型进程。

对策：政府可以加强金融支持和相关补贴奖励。鼓励银行、担保公司等加大对企业的数字化转型的支持力度，有针对性地提供相关金融产品；对于一些数字化转型典型突出企业，实施一定的补贴奖励；推动示范基地的建设，推动龙头企业、产业链上下游企业、院校及技术服务商等各类高端要素在各重点产业园区集聚，打造具有区域特色的工业互联网技术产业体系和产业集群。

3. 外部数字化系统公司提供的系统不适用于该生产行业的工作内容

外部公司所提供的数字化系统往往是通用的，而各行各业的工作内容往往存在一定的差异，且大多数企业不具备自行研发相关系统或者对系统进行适应化修改的能力，这就导致一些企业在数字化系统的使用上存在使用不便的问题，不仅影响了企业的数字化转型进程，也会对日常的经营造成不便。

对策：政府可以鼓励相关数字化服务商。针对部门数字化改造不适用于企业自身经营状况和需求的问题，鼓励数字化服务商能够针对不同行业对所提供的数字化设备进行适用性改造，加强服务商与使用方的交流联系，使数字化设备能够更好地适用于各行各业。

（二）外贸物流行业数字化转型现存问题分析及对策

1. 数字化平台缺乏，疫情形势下拓展客户渠道受阻

新冠肺炎疫情的发生，导致不少中小型 B2B 式的外贸生产企业（如轮胎制造类）停工减产，运输成本加剧。通过过去的出差、会展等传统获客的渠道受阻，不少 B2B 式外贸生产企业由于产品类型的特殊性（如化工产品），无法在 B2C 市场上通过新兴的电商平台进行产品销售，信息系统的产业链没有完全打通，从而导致相关企业经营惨淡。

对策：作为"链上主体"的企业之间面临诸如交易机会有限、信息不对称、市场开拓困难之类的问题，政府可以联合企业打造中国在此行业对外出口的数字化 B2B 平台，减少供需双方搜寻匹配的中间环节，建立订单的信息共享机制，建造客户数据库，打通数据全链路。企业可以利用相关平台发布或收集产品与服务信息，完成最初的伙伴寻找和询盘行为，提升买卖双方交易匹配效率，为供应链上下游企业间的战略合作提供基础。

2. 港口物流企业数字化转型需要交通类等行业相关部门提供相关政策支持

一些受访的港口物流企业表示，虽然它们有迫切的数字化转型需求并为之付出了巨大成本，如建设无人化码头、数字化 5G 布局等，但目前它们所接触到的所有信息化、智能化的补贴几乎全部针对制造业，而对于物流行业的补贴税收优惠相对较少。

对策：由与物流相关的政府部门如交通运输部去倡导关于港口物流企业数字化转型方面的津贴和优惠。

3. 国际物流行业生态服务系统庞杂，亟须整合

新冠肺炎疫情的爆发导致临时性订单变化、国际物流运费上涨等，给国际外贸物流相关行业带来了严峻的挑战。国际物流生态服务系统太多，缺乏直接有效的方法与外部的系统和入口进行对接。

对策：中国作为全球最大的制造型国家，也是全球最大的外贸型国家，建立一个高效的国际物流体系非常有必要。政府可以引导市场打造一个包括国内和国外的多生态服务体系，可以对接各类门户平台，以便多元化多渠道业务导流，实现运营系统的云服务化，提高效率和降低成本。

（三）外贸物流与外贸生产行业数字化转型共通问题分析及对策

1. 数字化转型过程中领导层和执行层的怀疑心态对转型产生不良影响

大多数外贸企业正在尝试通过数字技术让企业运转变得更加高效，促进业务的增长。然而，一些客观问题依然存在，如：很多在进行数字化转型的执行层员工"适应不良"，接受数据分析系统的能力比较慢，一些中高层管理者习惯了通过 excel 等传统手段查看数据，不认为还有必要再开发新的数字化技术，公司缺少完整的数字化人才培训体系，甚至对于数据分析暴露出来的问题，高层持怀疑态度，不相信分析结果，习惯用经验说话。

对策：企业在数字化改革中是最重要的主体，而能成功推进企业数字化转型的前提在于企业领导层与执行层的力度和态度。政府可以鼓励不同外贸企业同领域数字化转型相对成熟优秀的范例企业做带头示范，给予其数字化方面的政策优惠，鼓励其采取"师生制"，互助共赢；建立覆盖面完整的培训体系，让企业正确认知并主动拥抱数字化，培养"以数据说话"的企业文化，共同思考解决数字化发展中遇到的共通问题，互利共赢。

2. 数字化转型成本较高，技术攻坚难，并且具有风险

企业不管是主动作为还是被动接纳，数字化转型已经是必须面对的课题。但是实现数字化与产业的深度融合并产生效能，并非是一件容易的事情。数字化转型持续时间长，短期见效慢，需要持续不断地投入研发资金。对于一些初创企业而言，由于缺乏资金，寸步难行。技术成本、时间成本、人力成本等使中小企业在数字化转型方面遇到难以突破的瓶颈。

对策：无资金、无技术等因素限制了企业进行数字化转型。从政府层面而言，在资金方面可给予数字化转型中的企业一些指标，对达标类项目予以减税降费等政

策支持。在技术方面，政府可以派遣相关技术人员予以企业现场指导，建设线上技术培训平台，促进企业与数字化服务商、第三方软硬件公司的合作。此外，充分吸纳社会各方尤其是金融等人才力量参与也至关重要，可以试着同行业企业与企业之间展开双赢合作，整合行业上、中、下游资源，重点打造如优势外贸生产业数字化转型产业集群、优势外贸物流业数字化转型产业集群等。

3. 中小企业缺乏相关数字化人才协助进行数字化转型

受访的众多中小企业缺乏相关 IT 部门，也缺乏相关具备专业技能的人才协助数字化发展，外部招不来、内部不具备，内外数字化人才的短缺成为阻碍中小企业数字化进程的重要因素。此外，多数中小型外贸生产企业受限于公司规模，难以成立专门的 IT 部门，对员工数字化培训也有心无力。中小型企业本身在成本和风险方面的顾虑也是制约其数字化人力资源发展的关键性因素。

对策：政府可以建立健全对企业数字化转型的资金扶持体系，加强人才的培育和引进，对数字化转型相关人才实行相关政策倾斜，如将数字化课程纳入教学体系，使学校与相关外贸公司建立长期合作，为外贸公司输送高质量的数字化人才。企业也要积极吸纳社会金融力量，对相关技术人员设立相关补贴、提高薪资，留住人才，促进数字化转型。

参考文献

［1］麦肯锡. 数字化转型的 1 个目标、3 大领域、6 大因素和 9 个环节. 麦肯锡北京数字化能力发展中心. 2021. 06. 05.

［2］新机遇/外贸企业该如何做好数字化转型？环球慧思外贸咨询. 2021. 8. 3

［3］韩鑫. 数字化转型需因企制宜久久为功. 人民日报. 2021. 09. 06

［4］刘永辉，吴开尧，李佩瑾，邵宏华. 新冠肺炎疫情下企业数字化转型研究——基于"访万企，读中国"专项调查报告［M］. 中国商务出版社，2021.

附　录　调研感悟

（一）指导教师调研感悟

1. 李建军

非常荣幸作为本次"访万企"的指导老师。为了帮助本小组的同学们搞好调研，我指导本小组同学精心做好深度访谈前的准备工作，要求同学们事先查询要访谈的企业情况（规模、产品、市场销售、数字化实施情况等），做好访谈提纲，并特别提醒同学们在实际访谈中，及时捕捉访谈对象的信息，进行有效的深入追问，挖掘出更有价值的信息。

同学们通过本次"访万企"活动，不但把在学校里学到的商科理论知识用于实践，而且在实际的访谈调研中，锻炼了企业经营管理和商业运营思维，大大提升了商业管理能力和商务交往能力。通过本次指导，本人也从同学们的出色工作成果中学习到很多，也被同学们的尽职尽责的职业精神感动。

2. 柳树

当代在校大学生不仅要学习课本知识，还要积极主动融入社会、了解社会，这样才能为将来更好地进入社会工作打下认知基础。通过这次近一个月的"访万企，读中国"暑期社会实践活动，我很欣慰地看到他们为了这次活动严肃认真的态度和努力学习专业课之外知识的劲头，还有他们密切分工、紧密配合的团队合作精神，以及展现了当代大学生积极进取的良好精神面貌等，这些都令我印象深刻。相信通过这次活动的锻炼，他们一定收获满满、感悟颇深，而这些感悟一定会让他们在以后的学习和工作中受益颇多，影响深远。

（二）小组成员调研感悟

1. 屈子熙

本次"访万企"项目赠予了我生命中一段极为美好的光阴。在这段光阴里，我有幸作为访万企第 19 小组的队长，在负责的老师们悉心指导下，和优秀的队友们共同进步，补己之不足。

从个人成长来看，前期的准备工作如与企业负责人对接、撰写访谈提纲等让我明白只要有敢于实践、主动学习的态度，很多看似困难的问题就会迎刃而解。与企业高管们的友好交流既让我感动于其真诚，又让我们每个受访者受益匪浅。

2. 秦嘉蔚

参加本次万企调查活动，最大的感触便是真实，是在课本那些冰冷数据中感受不到的真实。第一次真切感受到经济规律真实运用于企业运营的魅力，感受到企业如何在充满变数的经济社会中灵活运用经济规律制订计划，在坚守初心的同时紧跟时代节奏。每一个案例都独一无二，无法像书中那样严格分类道明，却又是无数知识的综合体。经过本次社会调查，我知道了自己仍有很多需要学习，同时希望本次调查结果可以为学术和政策研究提供最直接的微观数据。

3. 温焕健

从假期前对此次调研项目前期工作的准备，到真正开始访谈企业，撰写调研报告，编制推送，我在此次项目中收获的不仅仅是一份份访谈纪要、一篇篇推送，而是从每个环节出现的问题的解决中，从一位位优秀的企业家身上学到的种种在书本上学不到的知识。

当真正走出校门，走出书本，才知道世界之大，知识之广。在与企业家的深入交谈中，我才发现每一个行业背后的种种艰辛；在对每家企业数字化的探索中，我才真正了解到数字化发展过程中的种种问题与挑战。每次访谈结束后，企业的前辈们也都会用他们的亲身经历教导我们如何走好学习之路、工作之路、人生之路。这一切，都令我受益匪浅。

4. 张康

"访万企，读中国"调查活动在我们小组成员的辛苦努力下接近尾声，我感受颇深：首先，这次调研活动尤其凸显团队合作的重要性，这便是"1+1>2"，个人的能力毕竟有限，难有以团队形式进行配合的事半功倍。其次，我进一步了解到市场的就业形势和就业前景，数字化转型在时代背景下是必不可挡的趋势，每个时代都有其机遇，我也应该充分利用剩余时间努力充实自己，打牢学科基础，以提高自己的就业竞争能力，做好就业准备，这样才能一步一个脚印，走得更远。

5. 孙艺轩

这次社会实践让我对"数字化转型"有了更清晰的认知，让我真正地用理论结合实践去学习知识。

通过各个企业高层的分享，我认识到了一个渠道完善、实力雄厚的企业在发展全新渠道的时候，是敢于接受挑战直面困难的。同时，这次活动也提高了我团队合作、认识问题、分析问题、解决问题的能力。

6. 赵鹤程

很荣幸能够参加2021年"访万企，读中国"调研项目。数字化是当今经济社会的一个热门主题，企业数字化转型"往哪转，怎么转"也是一个值得深入研究和谈论的话题。在访谈过程中，我们团队了解到不少制造型和物流型外贸企业数字化的起步、进程和未来规划。此外，我们也了解到一些从事传统产品进出口的物流企业在新冠肺炎疫情、国际关系形势多变的大背景下所遇到的难点，并与企业负责人在访谈中进行积极探讨，为企业数字化转型贡献一些不成熟的见解。

从每一次企业对接人的联系，到访谈过程的组织、访谈后任务的完成以及最后调研报告的撰写，每位队友都积极落实，有序完成，而两位指导老师从前期工作的亲身指导，到后期报告撰写提出的建设性意见，也令我受益匪浅。我很荣幸也很高兴能与如此优秀的老师与队友一起，我相信我们能共同为2021年"访万企，读中国"调研项目画上完美的句号，交出一份满意的答卷。

7. 卢昌谦

很荣幸参加了这次"访万企，读中国"社会调查活动，这次活动为我提供了一次了解企业、掌握和运用专业知识、提升自身素质的机会，也让我对数字化转型有了更深刻的理解。数字经济是全球经济未来的发展方向，对于推动中国经济高质量发展也是至关重要。5G、大数据、物联网、云计算、人工智能等新一代技术的推广运用，加快了各个行业的数字化、网络化、智能化进程，这对于企业的资源利用率、经营效率、降低成本、促进创新等各方面都具有重要意义，数字经济也将为企业注入更多的活力，实现企业的经济结构优化。这次调研让我明白，我需要提升的方面还有很多，更需要去提高自身的实践能力，以便更好地融入社会。

长三角外贸企业数字化转型发展研究

任　洁　陈秋蕾　孙若男　左国娇
指导教师：李　文　汪　波

摘　要

当前，大数据、云计算、物联网等技术突飞猛进，数字经济成为世界潮流，对企业与社会都有着重要作用。推动数字贸易发展对推进我国外贸发展、推动数字贸易价值链走向高端有着重要意义。在此背景下，本次调研以企业访谈为主、调查问卷为辅，着重研究了外贸企业数字化转型的契机、影响转型的因素、转型中遇到的困难等，旨在探索促进数字化转型的方法，为其他企业数字化转型提供参考。调研结果发现，长三角地区企业在外贸方面已经做出了数字化转型的尝试，认可数字化转型对企业的帮助。但由于缺乏理论指导和转型相关的人才，企业的数字化转型意愿虽高，水平却普遍较低，不少企业面临较多困难。为此，企业应拓宽人才收揽渠道，政府需引导企业建立数字化平台并出台相关政策法规。

关键词：数字化转型；外贸企业；数字贸易

一、调研背景和意义

党的十九大报告明确提出关于推动"数字经济等新兴产业蓬勃发展"的科学判断和建设"数字中国"的战略部署。当前，大数据、云计算、物联网、人工智能等先进技术应用突飞猛进，数字经济成为世界潮流。《2018世界与中国数字贸易发展蓝皮书》指出"数字贸易是以现代信息技术为载体，通过信息通信技术的有效使用实现传统实体货物、数字产品与服务、数字化知识信息高效交换，进而推动消费互联网向产业转型并最终实现制造业智能化的新型贸易活动"。

当前，我国服务贸易呈现出强劲增长态势，在优化贸易结构和促进就业方面发挥着重要作用，但仍存在某些短板。因此，大力推动数字贸易发展是实现我国服务贸易弯道超车、补齐服务贸易发展短板、推动数字贸易价值链走向高端、促进货物贸易高质量发展、推动我国贸易高质量发展的必经之路。

数字经济对推动服务贸易发展具有重要作用：第一，企业借助数字化平台可以降低企业运营成本、提高效率；第二，企业通过数字化转型使信息更加流通、透明，从而提高资源利用率与流通效率，优化资源配置；第三，企业使用数字平台推广产品、扩大销售、拓展市场，有助于企业的发展与创新。在各行各业都在进行数字化转型的背景下，我们开展此次调研，探索促进企业数字化转型的方法并提出建议，为其他企业提升数字化水平和能力提供帮助和参考。

本次调研以长三角地区为例，研究在数字经济时代下，货物贸易、服务贸易的数字化转型现状以及遇到的问题。这有利于认识我国贸易数字化转型发展现状，为推动我国服务贸易、货物贸易高质量发展，加速企业数字化转型与创新，提升数字贸易发展水平提供参考。

二、调研方案与实施

调研小组收集数据的方法主要包括线上访谈和调查问卷，线上访谈 10 家企业，收集调查问卷共 183 份。根据访谈资料与收集到的数据，我们了解了外贸企业数字化转型的发展现状，并进行了相关分析。

（一）调研方案

调研小组前期对相关文献进行深入阅读，反复讨论后确定研究主题，同时借鉴已有研究成果设计问卷，确保问卷具有一定的信效度。中期联系企业，以企业采访内容为主，以问卷反馈、数据整理分析为辅，制订报告大纲并不断修改。后期以阅读文献、头脑风暴的方式不断补充、修改报告内容，直至完成此次调研。

1. 调研内容

"十四五"规划强调"数字经济"是推动未来经济发展的重要手段。对中国现有经济全面进行"数字化"转型，将使得传统生产关系和生产元素按照最优原则重新进行排列组合，进而被最大化地合理利用，让现有生产关系和生产元素能够产生更高效的生产力价值。因此，本次调研着重调查企业在贸易数字化转型过程中，在货物贸易数字化转型、服务贸易数字化转型两方面遇到的困难、挑战以及机遇。调研内容包括但不限于企业进行数字化转型的契机、影响转型效果的因素、目前转型过程中遇到的挑战与困难，以及在研发设计、采供体系、生产制造、市场营销、物流配送、人力资源与数字化管理中的数字化转型现状。

2. 调研过程

本项目调研以线上访谈为主，以问卷分析为辅。在调研前期，本小组通过企业官网分析企业业务主要侧重方面，并找出与本次调研选题契合度较高的 10 家企业，对相关企业进行电话联系，询问其有无参与调研的意愿，并通过微信向参与调研的企业发送上海对外经贸大学"访万企，读中国"项目商请函。在调研中期，小组成员与企业确定会议时间，通过讨论确定访谈问题，并就相关调研问题展开线上访谈。在调研后期，小组成员征求企业反馈，并结合问卷征求企业进一步的意见。

（二）调研对象

本小组共选取 10 家企业进行线上访谈，展开针对分属不同行业的企业关于外贸及数字化转型方面的调研。

1. 以企业分属行业为轴横向分析

在线上访谈的 10 家企业中，以家用纺织品、日用品、办公用品等轻工业为主要贸易业务的企业占比 40%；以开发销售汽车行业部件、建筑设备、仓储设备等大中型制造业为主要贸易业务的企业占比 30%；以开发电子业务、国家高科技创新技术、软件开发与技术进出口等围绕高端前沿领域进行贸易与数字化转型为主的企业占比 30%。调研企业所属行业较为广泛，涉及轻工业、新兴技术产业、传统制造业等多种类型，调研结果具有代表性。

2. 以外贸发展时间序列为轴纵向分析

2000 年以前进行数字化转型的企业占比 2%，2001—2005 年占比 6%，2006—2010 年占比 10%，2011—2015 年占比 20%，2016—2020 年占比 54%，2021 年占比 8%。随着时间发展，越来越多的企业开始进行数字化转型，如图 1 所示。

（三）调研时间安排

表 1　调研时间安排

7 月 4 日—7 月 14 日	参加学校组织的培训，撰写项目计划书，进行前期工作准备，如小组讨论、问卷制作等
7 月 15 日—8 月 6 日	（1）联系企业负责人，询问其参与调研的意向，并与企业协商访谈时间，完成线上访谈 （2）进行录屏复盘，整理会议记录并进行企业反馈调查
8 月 7 日—8 月 15 日	根据访谈内容及调查问卷数据完成调研报告初稿
8 月 16 日—8 月 25 日	经过讨论修改，确定最终调研报告

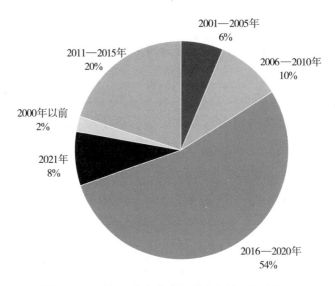

图1　不同时间段内企业进行数字化转型占比情况

（四）调研任务分配

表2　调研任务分配

调研阶段	调研时间	调研任务
调研初期	7月4日—7月14日	参加学校培训，阅读文献并确定研究主题，确定调查访问的企业名称与联系人
	7月15日—7月20日	联系企业，确定受访时间、受访企业并通知全部小组成员，确定访谈主持人，确定主持稿、采访问题与录屏、拍照负责人
调研中期	7月21日—8月2日	线上访谈10家企业
	8月3日—8月6日	进行录屏复盘及会议记录整理，保管主要原始材料并进行相关上传工作
调研后期	8月7日—8月15日	汇总线上访谈资料与调查问卷数据，并分析数据，完成调研报告
	8月16日—8月25日	经过讨论修改，确定最终调研报告

（五）调研结果

　　基于调研方案，调研小组就企业外贸与数字化转型方面进行了认真、严格的调研，下面从访谈内容与问卷结果分析两方面阐述调研结果。

1. 访谈内容

　　根据对多家企业的线上访谈资料，调研小组整理了部分企业的线上访谈资料并进行分析。

企业 A 主要从事信息安全相关的业务，该企业既需要进行自身的数字化转型，同时也要为其服务的企业提供数字化转型帮助。企业成功的数字化转型案例为线上电子化的文件签署，并应用于"一带一路"中的跨境文件签署。而企业在数字化转型的过程中遇到的难点包括相关单位领导观念的变化和数字化受众少。在数字化转型中，企业领导对于业务流程的变化仍有顾虑。通过访谈，我们了解到该企业对数字化发展持积极态度，认为数字化发展是一个趋势，希望未来数字化的活动可以更可信、可追踪、防抵赖。该企业认为企业数字化转型中的关键要素是投入产出比和信息安全，同时数字化转型需要上下游与横向的众多合作伙伴共同进行。

企业 B 主要从事货物及技术的进出口、区内仓储、区内商业性简单加工及商务咨询服务等业务。该企业曾尝试和其他企业共同做一个公共的信息平台来帮助企业采购、存储，但投入太大且不属于官方，企业面对共享客户都有顾虑，加之前期共享平台收益较少，所以最终未能成功。在访谈中，我们了解到新冠肺炎疫情在一定程度上促进了贸易企业的数字化转型。同时，在贸易全球化的环境下，小型企业很难采集到其他企业的数据，渠道的限制也使其难以采集到行业数据，并没有运用到现代化的数据优势，在国际贸易中比较被动。该企业希望未来可以由政府主导做一些公共性的行业信息平台，帮助小型企业获取数据、降低成本。

企业 C 主要有核电研发、设计、核电项目 EPC 总承包工作、电厂的运营服务以及科研项目等业务，在同行业中数字化程度较高。从 2008 年就开始设计信息系统、建立质量信息库，其进度管理系统入选上海市质量管理数字化转型的十佳案例。企业内部管理部门与采购、施工供方在信息平台上实现数据共享，较大限度地提升效率和信息透明度。通过访谈，我们了解到该企业对数字化发展持积极态度，认为数字化前途是光明的，对整个社会都有很大影响，但是道路还很漫长，同时数字化的成本投入是大问题，一些小型企业可能难以承担数字化成本。该企业认为企业数字化转型在市场销售和用户服务反馈数据方面可以借助数字化系统和平台，从而进一步改善企业产品与服务。在内部管理方面，很多企业"数字化孤岛"严重，企业应统一设计管理系统，避免工作被遗漏或重复，进而提升工作效率。

企业 D 主要从事家用纺织品、服装、抽纱制品、鞋帽、陶瓷、箱包、各种家具等产品的出口业务。该企业通过 ERP 监控财务风险点、物流数字化等，已经开始了数字化转型。企业曾参加过"网上广交会"，但"网上广交会"对于该企业的效果不如之前的线下广交会。线上的方式门槛低、参加的客商多、信息量太大，企业难以甄别有用的信息和买家身份，新增的客户很少，客户的进口能力也有限，也要考虑客户进口时的一些问题。同时，业务员也需要更多的培训来适应直播讲解产品这一新的宣传推广方式并提升这一方面的能力。该企业对于人才的需求很大，前期做了很多数字化工作，现在需要时间消化和吸收，目前没有再开发新项目的打算。

　　2. 调查问卷数据分析

　　本次调研中接受问卷调查的企业共有 183 家，企业所属行业涉及范围众多，覆盖信息传输、软件和信息技术服务业（占比 9%），制造业（占比 51%），水利、环境和公共设施管理业（占比 1%），建筑业（占比 2%），交通运输、仓储和邮政业（占比 21%），批发和零售业（占比 7%），居民服务、修理和其他服务业（占比 2%），教育业（占比 1%），科学研究和技术服务业（占比 4%），租赁和商务服务业（占比 2%），如图 2 所示。

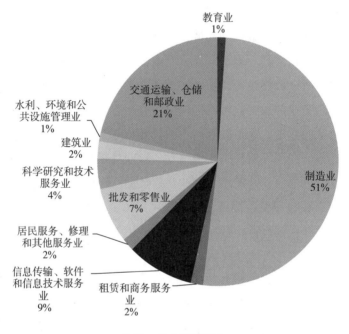

图2　企业所属行业

　　在关于企业数字化人才培养计划的调研中，针对工作实际相关部分人群，制订了相应的数字化人才培养计划的企业占比 40%，有计划制订数字化人才培养规划，但尚未启动的企业占比 15%，当前正在制订相应的数字化人才培养计划的企业占比 16%，全面制订了适应不同层级员工实际需求的数字化人才培养计划的企业占比 16%，无相关计划的企业占比 13%。可以发现，虽然目前企业有意识地进行数字化转型，但相关计划仍然有待完善，如图 3 所示。

　　此外，企业在数字化转型过程中遇到的瓶颈较多。其中，缺乏数字化的认识和意愿的企业占比高达 24.04%，缺乏专业的数字化人才的企业占比 20.22%，缺乏具有战略视野的顶层设计的企业占比 17.49%，缺乏信任与开放协同的互联网思维和文化的企业占比 8.74%，企业管理、组织架构与职能设置无法匹配数字化工作的企

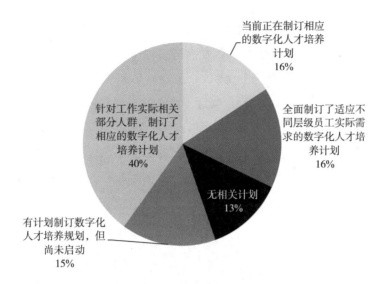

图 3　数字化人才培养计划

业占比 6.56% ，缺乏转型升级所需的资金支持的企业占比 4.92% 。分析可知，企业在转型过程中遇到的困难是多种多样的，其中尤以意识缺乏、人才不足为重，但是同时企业也应该重视暴露出的数据安全问题突出、数据挖掘能力不足等问题，如图 4 所示。

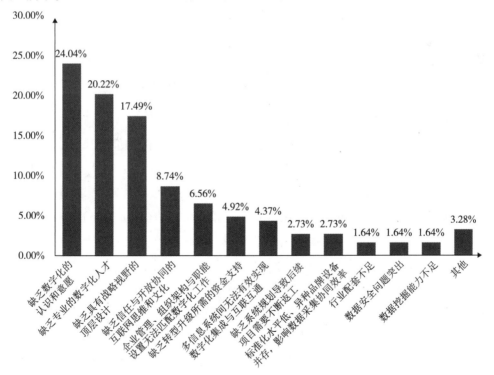

图 4　数字化转型过程中的瓶颈

在企业是否针对数字化转型制订了战略规划与转型升级路线图的有关调研中，初步拟定了相关规划和路线图，但仍然在探讨完善过程中的企业占比37%，有计划制订相关规划但尚未启动的企业占比8%，正在制订相关规划和路线图或尚在学习准备过程当中的企业占比18%，已经制订了系统的规划和详尽的路线图并按步骤实施的企业占比22%，既没有相关规划也没有计划启动的企业占比15%。由此可见，现阶段企业已经认识到数字化转型是企业发展的必需手段，但由于相关技术的缺失与人员的不匹配，真正有计划制订相关规划和路线图的企业仍然比较少，如图5所示。

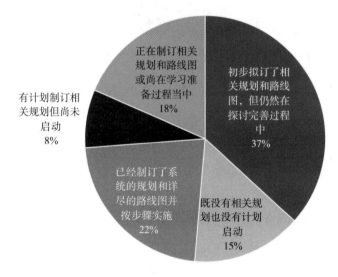

图5 是否针对数字化转型制订了战略规划与转型升级路线图

在针对"数字化转型促使企业拓展新产业新商业模式"观点的调研中，非常认同的企业占比16.9%，较为认同的企业占比66.7%，不认同的仅占16.4%；在针对"数字化转型促使企业融合"观点的调研中，非常认同的企业占比17.0%，较为认同的企业占比65.0%，不认同的仅占18.0%；在针对"数字化转型带动产业升级"观点的调研中，非常认同的企业占比20.8%，较为认同的企业占比60.6%，不认同的仅占18.6%；在针对"数字化转型促进产业体系完善"观点的调研中，非常认同的企业占比21.3%，较为认同的企业占比62.3%，不认同的仅占16.4%；在针对"数字化转型促使产业结构优化"观点的调研中，非常认同的企业占比21.9%，较为认同的企业占比61.2%，不认同的仅占16.9%。由此可见，大多数外贸企业比较认同数字化转型对于企业发展的帮助。特别是自新冠肺炎疫情暴发以来，物流受阻、员工流失等问题确实使企业面临着许多风险与挑战。以此为契机，更多企业或许可以认同数字化转型在成本损耗、风险管控等方面发挥的正向作用，从而不断加快数字化转型步伐，并由此形成完美闭环，如图6所示。

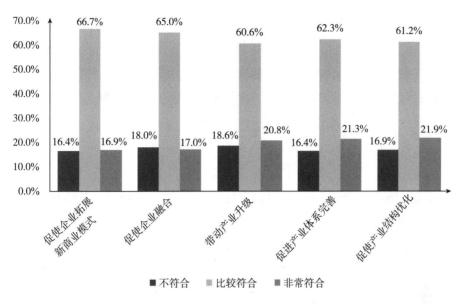

图6　数字化转型对产业发展影响效应的评价

三、企业数字化转型特征分析

随着制造业和服务业融合不断加深，服务业的贸易性越来越强，我国数字贸易面临着前所未有的发展机遇，但是目前我国的数字贸易机遇与挑战并存。

数字化转型的特征主要有易变性、不确定性、复杂性、模糊性。面对外部环境，外贸型中小企业规模小、资金链紧张、人才少、缺乏掌握核心技术的能力、转型能力弱、规避风险能力差，没有认识到打造多元化能力，即敏捷、精益、智慧、柔性的重要性。外贸型中小企业仅依据既有的IT架构进行业务拓宽与管理模式升级，但往往会导致不能同时满足外贸业务灵活多变、领域之间互联互通以及对精益、柔性的需求。总体来说，企业数字化转型难点有人才较缺乏、投入产出比低、相关的法律法规仍需健全等。

（一）人才较缺乏

人才是外贸企业数字化转型中最重要的因素，人才制订转型方略依托技术作支撑是企业转型的关键，外贸企业相比普通企业对人才的要求更高，不但要求有经营管理的专业知识，而且需要具有语言能力以及跨文化的知识储备。在线上访谈的十家企业中，有20%的企业认为在服务贸易与货物贸易数字化转型过程中，人才缺口严重。企业需要数字化的专业人才来帮助企业进行数字化转型，并在成熟的数字化基础上，结合密码技术，做好数字信任、数据安全工作。科技数据人才是数字化转型成功的根基，但企业对科技数据人才的投入明显不足。企业管理层整体数字商较低，无法提出高价值的科技数据人才需求，一定程度上也阻碍了企业吸收科技数据人才。在全社会各类企业和金融机构对科技数据人才争夺日益激烈的今天，外贸型中小企业如何发挥企业现有资源优势、持续吸引和保留科技数据人才，是企业面临的客观难题。

（二）投入产出比低

调研结果显示，30% 的企业认为数字化转型成本高、收益低。调研中某公司尝试过和同行业其他几家企业共同建立数字化信息平台，但投入太大且所建立的数字化信息平台不属于官方，参与平台建设的几家企业对共享数据信息、客户信息有顾虑，收效甚微。数字化转型需要付出成本，但是转型后的效益难以预测，这是很多企业不会选择主动转型的关键原因。所以企业一般更倾向于市场成熟之后或者有一套完备的标准之后再去选择转型。

（三）相关的法律法规仍需健全

在调研结果中，20% 的企业认为在数字化转型过程中信息安全得不到保障，部分企业对信息透明化、直观化心存顾虑。当前数字贸易发展仍存在法律法规制定速度落后于技术发展的问题，消费者保护、信息安全和知识产权等问题仍较突出。同时各国贸易政策不同，甚至有些国家不同地区的政策都不相同，这对国际贸易产生了不小阻力。而且政策变化频繁，如何获得最新、最准确的政策和法律规定，是所有国际贸易参与者面临的首要问题。20% 的企业认为应由政府主导建立非营利的、行业性的、公共的数字化信息平台，做到信息高度透明化、直观化，以及政策的透明和及时化，并实时更新数据以解决信息不对称的问题，能使企业更好地帮助贸易各方了解各国贸易政策变化的原因及内在含义，有效降低成本，快速投入市场。

四、结论与政策建议

（一）结论

通过对 10 家企业的线上访谈与企业问卷调查，我们发现企业在外贸方面已经做出了数字化转型的尝试，对于未来的数字化发展持积极态度，也充分认可了数字化转型在企业应对新冠肺炎疫情、研发设计、采供体系、生产制造、市场营销、物流配送、人力资源方面的显著优势，对企业未来的数字化转型抱有较高的期待。但企业的数字化转型之路机遇与挑战并存，目前的企业数字化转型缺乏相关理论指导，全靠企业自行探索，企业在转型过程中需要耗费大量人力成本和资金，也有不可预测的风险和损耗，未来的收益难以预测。对于许多中小企业来说，数字化转型的投入产出比较低，严重阻碍了其数字化转型进程，同时可用于帮助企业进行数字化转型尝试的人才较少，国家相关政策和法律法规并不健全，对于相关数字化平台也没有规定，企业在使用第三方平台时有许多安全风险。所以企业的数字化转型意愿虽高，但是水平普遍较低，不少企业仍然面临着较多的困难与挑战。

（二）建议

在接下来的数字化转型发展过程中，外贸企业既要积极地迎接未来的机遇，也要重视自身存在的短板和挑战。对此，企业需要拓宽人才渠道，招揽人才，政府也需要领导、帮扶企业建立数字化平台并出台相关政策法规引导企业数字化转型持续不断地发展，并规范数字化平台的使用。

1. 加强人才培育和引进

在企业数字化转型的过程中，新兴的数字化技术和平台不断发展进步，这都需要专业的人才来跟进。而高校是创新的源泉，是未来数字化人才的培育基地，外贸企业可以与高校建立合作，产学研一体化，建立人才库。高校可以根据企业的发展和对数字化转型人才的不同需要，构建合理的培训体系，对专业人才进行相关方面的培养，让专业人才与智能制造、工业互联网、线上品牌推广等结合；企业也可以让学生到公司实习，让学生学以致用，加深对知识的理解。

企业在培养高校未来人才的同时，也要对现有的企业员工进行培训，结合社会化再培训体系，并辅以各种人才成长的激励政策和措施，引导当前员工学习数字化转型知识、了解数字创新技术，培养一批熟悉企业的复合型数字化人才，提升企业的核心竞争力。外贸企业既要利用当地目前的数字化领先优势培养人才，也要利用其地域优势吸引人才，发挥人才引进政策的作用，加快吸引国内外数字化转型人才和团队落户。

2. 政府领导创建行业数字化平台

在如今数字化转型参差不齐的情况下，政府的支持可以帮助企业克服采购障碍，建立机会平等的透明的商业环境，促进外贸企业的数字化转型发展。因此，需要政府发挥积极的引导作用，利用市场的主体地位，建立行业数字化平台、贸易服务境外推广平台等。企业数字化转型是一个漫长的过程，在数字化转型过程中，企业需要投入大量资金进行不断地发展进步并收集相关数据，政府主导的实时的行业信息平台可以帮助企业了解目前的市场信息，使信息更加透明、真实可信，让使用该平台的企业减少顾虑。

透明可信的信息可以减少贸易欺诈、降低贸易风险、促进贸易公平、减少不良商业行为，同时帮助企业优化资源配置、减少不必要的资源浪费、充分利用现代化技术的优势。解决许多企业的信息不对称、信息孤岛等问题，不仅能帮助企业减少成本、做好前期准备工作，从而更好地投入市场，也使许多小微企业更加了解国际市场上的产业趋势和合作企业情况，不会使自己陷入较为被动的局面。政府领导创建的数字化平台有利于实现数字技术创新链、产业链、价值链、资本链的衔接，促进行业融合、协同发展，并促进产业集群化发展。

3. 建立健全相关政策法规

清晰的政策、规则可以减少政策执行上的不透明和随意性，增加企业、贸易的可执行性，保护企业、贸易的顺利发展。但目前国家在数字化方面的法律法规并不健全，对于企业的数字化转型没有相关的较为健全的规定和引导政策。对于相关数字化平台也没有法规约束，不能保证企业的信息安全，使得许多企业在使用数字化平台时有顾虑，担心面临信息泄露的风险。

政府需要及时建立相关政策法规对数字化信息进行规范和限制，同时对数字化贸易进行管束与规范，建立一个相对完整、统一的数字化贸易体系，使企业在不同地区的数字化贸易商品数据是一致的、客观的、准确的，完善大数据交易的监管规则、标准和监管方式，不断优化数字化发展环境，完善相关标准体系，促进各类行业数据互联互通和共享数据的标准化、准确性，促进数字化技术链条的完善以及数字化商业价值和作用提升，防范平台垄断、消费欺诈、低价倾销等不公平的竞争行为。在贸易、行业信息等透明化的同时，也要建立法规保护其他相关的隐私数据、知识产权等，保护企业的自身数据安全，既能促进企业的数字化转型发展，又能防止隐私数据被盗用，从而提高信息安全水平。

参考文献

［1］Antonio Farías, Christian A. Cancino. Digital Transformation in the Chilean Lodging Sector: Opportunities for Sustainable Businesses ［J］. Sustainability, MDPI, 2021.

［2］Lichtenthaler U. Profiting From Digital Transformation?: Combining Data Management and Artificial Intelligence ［J］. International Journal of Service Science, Management, Engineering, and Technology (IJSSMET), 2021, 12 (5): 68 – 79.

［3］Mandviwalla M, Flanagan R. Small business digital transformation in the context of the pandemic ［J］. European Journal of Information Systems, 2021: 1 – 17.

［4］方亚南，张钰歆．数字化赋能跨境贸易便利化：问题与方案设计［J］．信息技术与网络安全，2021，40（07）：19－26．

［5］黄宇．加快上海商业数字化转型的若干思考——基于上海市商业企业的调研分析［J］．上海商学院学报，2020（3）：42－50．

［6］江冠燃，陆逸婷，陈亚宁．企业数字化转型的国外研究现状［J］．商讯，2019（15）：68＋70．

［7］邵宏华．贸易数字化：赋能与转型［J］．进出口经理人，2020，566（11）：28－29．

［8］沈文斌，王珊珊．中共中央《十四五规划目标建议》（摘要）新能源规划要点［J］，2020，44（11）：4．

［9］滕堂伟．上海制造业数字化转型经验及对粤港澳大湾区的启示［J］．科技与金融，2021（07）：15－22．

［10］王梦娇．2017中国数字经济发展报告：迈向量变到质变的历史性拐点［J］．服务外包，2018（3）：102－103．

［11］王树柏，张勇．外贸企业数字化转型的机制、路径与政策建议［J］．国际贸易，2019（09）：40－47．

［12］佚名．"数字经济：新方向、新模式与新引擎"研讨会暨《2018世界与中国数字贸易发展蓝皮书》发布会成功举办［J］．浙江大学学报：人文社会科学版，2018，48（06）：111．

［13］张卓群．数字经济背景下天津市外贸型中小企业数字化转型研究［J］．商讯，2021（19）：19－21．

［14］赵娴，周航．数字化赋能传统百货转型：内涵、路径与借鉴——来自传统百货的转型实践［J］．商业经济研究，2021（04）：9－12．

附　录　调研感悟

（一）指导教师调研感悟

1. 李文

"访万企，读中国"项目是 2021 年暑假中重要的、有趣的社会实践活动，调查小组成员一起团结协作，在完成项目的同时对社会有了更多认识。

在炎热的夏天，调研小组的成员从实践方案的设计、与企业的访谈到调研报告的整理完成，自始至终倾注了大量的时间、精力和热情，让我看到了一群可爱的年轻人认真和努力的样子，也看到了他们的成长和进步。

在调研的过程中，我体会到了团队成员的辛苦，也了解到了外贸企业经营过程中的艰辛与努力，希望本次调研能够让社会更了解新冠肺炎疫情背景下外贸企业的发展现状。最后，非常感谢汪波老师和各位同学为顺利完成项目付出的努力。

2. 汪波

在调研的过程中，我们发现民企目前的生存状况还是比较艰难的，新冠肺炎疫情对这些企业的效益都有着或大或小的影响。但是企业家对未来都抱有希望和热情，也有比较强烈的社会责任感。他们能发自肺腑地提出一些很好的意见和建议。

但是，他们可能由于地域的原因对当今学生的就业现状和现实诉求的了解会有些偏颇。作为在校长时间和毕业生们打交道的老师，我可能对这方面的情况更为了解，和他们进行交流之后，我们双方都觉得受益匪浅。

同时，我也对这些企业家表示衷心的感谢，因为他们都是在非常忙碌的情况下，特地抽出时间来接受我们的调研，而且对学生们也非常有耐心。

（二）小组成员调研感悟

1. 任洁

不积跬步，无以至千里；不积小流，无以成江海。一个企业对于数字化转型的探索与尝试也许对于整个行业、整个市场来说微不足道，可是一个行业数字化技术水平的提升，不正是靠千千万万个企业不断创新、不断改进现有组织架构而来的吗？这次调研，我更加明白了外贸企业要想做大做好十分不易，也明白了一种技术、一种从无到有的转变需要经历怎样的努力。

此外，感谢指导老师们帮助大家一起联系企业、主持会议，为我们制订合理有序的报告撰写安排，以及不厌其烦、耐心细致地修改报告。通过此次调研，我也明白了一种观点的阐述、一篇报告的产出是多么严谨，受益匪浅。

2. 陈秋蕾

这次的"访万企，读中国"专项实践活动让我受益匪浅。经过这次活动，我了解了数字化转型方面的许多知识，也积累了一些写调研报告的经验。我们小组在本次活动中也历经波折，但最终圆满完成任务。在这一个多月，虽然小组成员间有一些意见不统一的情况，但不论如何，我们克服各种困难坚持了下来。在此，我要感谢指导老师对我们的指点和帮助，还有小组成员的坚持、努力和相互体谅。

3. 孙若男

此次"访万企，读中国"活动紧张而又充实，令我难忘。在访谈调研的过程中，我学到了许多数字化方面的知识，明白了数字化转型的重要性，对于当前企业的数字化转型现状和困难也都有了一定的认识，了解到了企业的需求。与企业负责人联系并非易事，被拒绝是不可避免的，但在这个过程中，我的沟通能力也得到了很大的提升，也变得更加有耐心。

这次的活动培养了我们的学术思维习惯，让我们更加严谨，学会针对问题去分析总结，寻求解决的方法。总之，虽然我们在这次调研活动中遇到了许多的坎坷，但最终还是坚持完成了报告，为这次"访万企，读中国"活动画上了完美的句号。

4. 左国娇

非常荣幸能够参加本次暑期调研，也非常荣幸遇到了优秀的小组成员一起完成该项目。在这次调研中，我学到了很多，从刚开始的联系企业、写文件，到后来采访、整理采访记录，再到做宣传工作，都获益匪浅。通过这次的暑期调研，我对数字化转型乃至企业的经营管理都有了一个全新的认知。虽然我们并没有实地走访企业，全程都是线上调研，但还是学到了很多新的东西。

在此次调研中我也深刻地体会到了团队的重要性，一个人的力量毕竟是有限的，但大家在一起就事半功倍，我的团队协作能力和团队适应能力也有了很大的提升。

第二部分

数字化转型影响因素

长三角一体化战略下安徽省外贸企业贸易数字化研究

——以汽车制造业为例

张君鸿　吴政振　何　磊　庞伟良　林毅楠　潘傲然　周鹤凡

指导教师：张建新　柯　蓉　范登峰

摘　要

　　安徽省在长三角产业链中占据重要地位。本文通过与安徽省中大型外贸企业管理人员进行深度对话，辅以问卷调研的形式，从企业数字化发展表象、转型背景、措施与衍生业态出发，通过对以汽车制造业企业为主的分析，剖析安徽省外贸企业贸易数字化各环节发展水平，探究其在长三角一体化战略下的机遇与挑战，探索其在后疫情时代的数字化发展实践之策。

　　企业在数字化进程中或多或少会遭遇难题。认识与动力不足、急于求成等都是导致成效微弱的因素。本文在总结企业成功举措并归纳经验的同时，对目前发展的瓶颈与困难加以分析，提出针对性建议：转型之前，摸清家底，正确认知；转型时，合理规划，稳中求进；面对数据问题，共商共享共建合理的数字营商环境。

　　关键词：安徽省外贸企业；长三角一体化；贸易数字化；汽车制造业

一、调研背景和意义

（一）调研背景

　　长三角区域规划于 2010 年开始实施，在规划早期只包括江苏、浙江两省和上海直辖市共三个地区。在 2016 年的国务院会议审议中通过了《长江三角洲城市群发展规划》，成功将安徽省合肥、芜湖及马鞍山等八个城市纳入长三角城市群之中。

2019 年，安徽省 16 个市实现了全面"入长"。

安徽省在长三角地区发挥着无可替代的作用。从地理上看，安徽省拥有淮河、长江两条重要河流，与长江航线相联通，能保障货物通过水上运输流向长三角地区；从历史上看，安徽省与江浙沪联系紧密，文化与社会风俗一脉相承，徽商在江南地区的广泛活动，让安徽省文化在整个江南文化中增添了浓墨重彩的一笔；从经济上看，安徽省为江浙沪提供了大量的粮食和电力，承担了环境改善的压力。当然，安徽的城市化率比较低，城镇化的潜力巨大，仍有着巨大的发展空间。

随着互联网的不断发展和社会信息化程度的加深，谁掌控了信息，谁就有先发优势，就能占领市场。企业数字化已是大势所趋，但制造业生产体系固化，数字化进程上还处于相对落后的状态。基于以上背景，本组开展以"长三角一体化背景下的企业数字化转型"的社会实践活动，探寻以安徽省为中心的 10 家制造类外贸企业，并以安徽省汽车制造业为主要目标，对其特征进行分析和探究。

（二）调研目的及意义

汽车等传统制造业以及芯片等高新制造业都是安徽的重要产业，也是其经济发展的支柱性产业。但安徽省相比较于浙江省、江苏省和上海市有着自身的劣势，地理上靠近中国的中部地区、经济基础较差、省内各区域经济发展的不平衡等问题都对安徽的外贸企业的发展起到了一定的阻碍作用。

数字化是让企业突破自身瓶颈，从传统单纯制造销售走向以服务为导向的区别化生产的重要举措。以长三角一体化为背景，以数字化为依托，能够利于产业融合、使企业降本增效、推动地区发展并了解企业发展现状。

数字化使企业具备技术研发的创新能力，不断更新的客户信息和市场数据促使企业不断向生产设计动态化发展，加快企业向智能化、服务化方向转换，打通企业与上下游产业链之间的联系与整体生产网络的形成。长三角一体化对外贸企业来说可以更好地进行产品出口，在整个出口产业链中充分扮演产品输出者的角色。一体化为整体物流、销售以及人口的流动都提供了极大的便利，加之数字化对企业生产和销售效率的提高，同时减少了人力成本，使企业有更多的精力和资源进行研发。

长三角一体化使部分产业向安徽省转移，增加了安徽省企业的数量，带来了更多的发展机会和多元化的生产结构。长三角一体化整体提高了安徽省的生产制造能力，从另外一个角度来说，也为安徽省的经济起到了一定的促进作用。通过与企业的直接沟通，走进企业的内部，我们能够更好地探寻企业、了解企业，从而充分认识到在数字化转型过程中，企业面临的困难、得到的好处与在发展过程中的需求。

二、调研方案与实施

（一）调研方案

1. 调研内容

调研以长三角一体化战略下安徽省外贸企业数字化发展水平与影响因素研究为核心，从企业的数字化程度、数字化转型的背景与数字化发展措施出发，深入挖掘企业的数字化业态。同时，结合企业在贸易数字化过程中的典型案例，发掘企业在推进数字化过程中所获得的收益、遇到的困难与挑战，对长三角一体化战略下安徽省外贸企业贸易数字化发展水平的推动与影响进行分析与探索。

2. 调研方法

进行正式调研前，对企业进行针对性研究，聚焦数字化实际情况，制作个性化访谈提纲并预先向企业发放。完成准备对接后，采取线下与线上结合的方式和企业相关负责人进行面对面交流访谈，并发放问卷，完成信息收集。在后期持续推进新闻稿、访谈录、典型案例等内容的撰写，形成初步结论。最终整理归档访谈资料，结合问卷数据与企业实际情况，形成调研报告与政策性建议（如图1所示）。

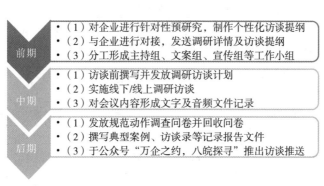

图1　调研作业流程图

（二）调研对象

（1）安徽益佳通电池有限公司

（2）安徽省服装进出口股份有限公司

（3）安徽江淮汽车集团控股有限公司

（4）芜湖长信科技股份有限公司

（5）宣城柏维力生物工程有限公司

（6）安徽优雅化工公司

（7）安徽轻工国际贸易股份有限公司

（8）奇瑞汽车股份有限公司

（9）安徽江淮福臻车体装备有限公司

（10）安徽联宝（合肥）电子科技有限公司（仅问卷调查）

（三）调研项目

（1）企业数字化发展追溯与现状概览

（2）企业数字化转型发展契机与加深进程

（4）贸易数字化环节发展历程（以采供、生产、销售、物流、仓储、售后为例）

（5）企业数字化转型过程中的经典案例与主营业态

（6）长三角一体化战略与企业的交融

（7）企业贸易数字化实施的困难、挑战以及未来发展的方向

（四）调研任务分配

表 1　调研任务分配

小组成员	调研任务分配
张君鸿	组长，统一协调各项工作。参加调研前期准备，计划书撰写，包括调研日简报、访谈录、典型案例、最终报告、政策建议专报的撰写
吴政振	副组长，协助组长完成小组工作。参加调研前期准备，计划书撰写，会议记录、调研日简报、访谈录、典型案例、最终报告的撰写
何磊	联络员，负责与联络员对接。参加调研前期准备，计划书撰写，调研日简报、访谈录、典型案例、最终报告的撰写
庞伟良	专项调研员，负责问卷数据分析。参加调研前期准备，计划书撰写，会议记录、调研日简报、访谈录、典型案例、最终报告的撰写
潘傲然	财务专员，管理小组财务事宜。参加调研前期准备，计划书撰写，会议记录、调研日简报、访谈录、典型案例、最终报告的撰写
林毅楠	专项调研员，负责数据资料分析。参加调研前期准备，计划书撰写，调研日简报、访谈录、典型案例、最终报告的撰写
周鹤凡	宣传专员，负责公众号及新媒体宣传。参加调研前期准备，计划书撰写，访谈录、典型案例、最终报告、政策建议专报的撰写

（五）调研工作时间安排

表2　调研工作时间安排

时间	活动内容
7月5日— 7月14日	（1）讨论并确定初步调研主题与方向； （2）查阅文献资料，完成项目计划书； （3）提前准备访谈相关资料，撰写访谈提纲，明确各成员分工； （4）对接企业，建立访谈群，说明访谈安排并共享访谈提纲
7月15日— 7月17日	（1）前往安徽宣城、合肥做线下实地调研； （2）开始进行企业典型案例、日简报的撰写
7月18日— 8月4日	（1）发放《长三角一体化战略下的贸易数字化转型调查问卷》； （2）进行线上访谈并开始整理访谈纪要、访谈录等内容； （4）撰写新闻稿于公众号"万企之约，八皖探寻"推出访谈推送
8月5日— 8月25日	（1）整理完善调研过程中的音视频、文档等材料； （2）撰写调研报告、政策建议等，并总结活动成果
8月25日— 9月5日	（1）整理核对调研期间文字材料与音频材料； （2）修改各材料详细内容，形成最终成稿
9月5日— 10月21日	（1）调研报告后期内容补充； （1）小组归纳总结并存档材料

三、问卷调研结果统计分析

（一）样本基本情况

本次"访万企，读中国"调研活动共采访了183家企业，主要聚焦在外贸型企业，包含不同类型的典型外贸企业。所调研企业大多数（78%）为外贸直接相关企业，占比较大的企业类型为外贸生产（38%）、外贸服务（12%）、外贸物流（12%）。

（二）数字化转型基本观点

小组样本的10家企业有6家处于全面数字化改革期，2家进行了业务流程数字化改革，2家处于数字化初期，50%的企业都进行了5年以上的数字化改革。企业数字化主要原动力包括：（1）提高生产效率；（2）降低生产成本；（3）配合产业链上下游产业；（4）满足市场需求。企业的数字化倾向主要注重用户体验和生产转型两方面。8家企业设立了数字化专项计划并划拨经费，其中，有2家企业已经投入了400万元以上的资金作为数字化转型的咨询费用。

（三）数字化转型重点举措

最被企业看重的数字化技术是大数据、云计算、区块链，其中，有 8 家企业部署了电子商务业务（如图 2 所示）。样本中所有的企业都部署了 ERP（企业资源计划系统），8 家企业实装了 OA（办公系统）。所有的生产型企业都部署了 MES（制造执行系统），部分生产企业部署了 WMS（仓库管理系统）（如图 3 所示）。企业内部的数字化转型主要还是以更高的生产效率、更好的产品和服务质量为核心。

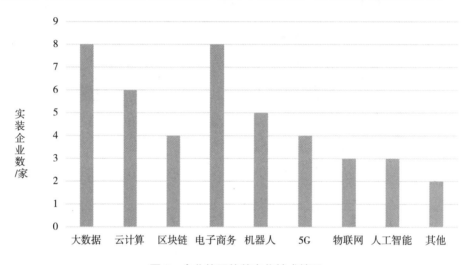

图 2　企业使用的数字化技术情况

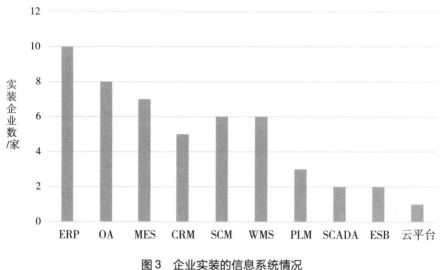

图 3　企业实装的信息系统情况

（四）长三角一体化背景下的数字化转型

企业数字化的主要动因是改善生产，在满足上下游产业的流通需求的同时也能发展自身。长三角一体化进程与企业对数字化的重视程度密切相关，产业集群普遍的数字化水平提高能产生规模效应，强大的产业集群对产业链中每个环节的数字化提升都有内在要求。长三角企业数字化转型的整体趋势已经形成，并且已经取得了显著的成效。

在贸易摩擦和新冠肺炎疫情肆虐的背景下，经济形势对各个企业都提出了更高的要求，也让企业对数字化的重视程度、认识深度迈向了更高的台阶。数字化作为一股新生的改革力量，对区域一体化进程、生产改革、产业链改革的动力非常强劲，防范新业态下的各种潜在风险、陷阱深信长三角产业群定能创造全新的生产经营模式、产业布局，进而成为世界颇具影响力的产业中心。

（五）汽车行业数字化发展

与调研总体企业实装信息系统数据相比，本次调研中的 7 家汽车企业水平均保持较高的信息化系统水准（如图 4 所示）。7 家汽车企业均实装了 OA、ERP 系统并保持长期使用。对于很多企业，他们并未实装如 CRM 系统的原因并非没有资金或是缺乏技术条件，大多数企业定制了个性化的系统并将其重新命名，也有的企业将系统整合进 OA 系统来减少开支增加效能。大部分汽车企业的数字化处于安徽省外贸企业中的较高水准。

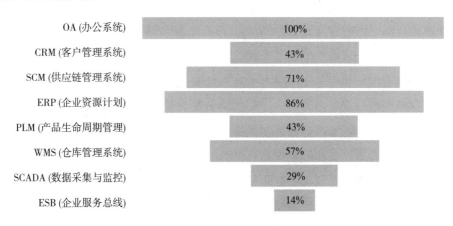

图 4　调研总体企业实装的信息系统情况

四、影响因素分析、企业管理模式研究、普适性信息分析等

（一）相关影响因素分析

不同的企业面临的数字化转型问题不同，在数字化转型的过程中所需要应用的手段和方法也有不同。本小组调研的 10 家企业认为其数字贸易发展环境重要影响因

素，主要体现在 6 个方面（如图 5 所示）。

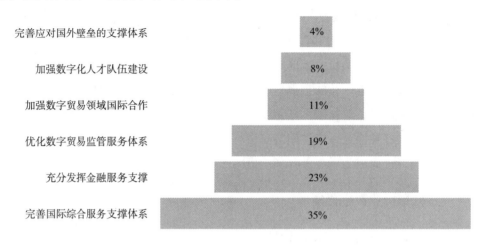

完善应对国外壁垒的支撑体系　　4%

加强数字化人才队伍建设　　8%

加强数字贸易领域国际合作　　11%

优化数字贸易监管服务体系　　19%

充分发挥金融服务支撑　　23%

完善国际综合服务支撑体系　　35%

图 5　受访企业所关注的数字贸易发展环境重要影响因素

有 35% 的企业认为数字化的发展需要完善国际综合服务支撑体系；23% 的企业认为数字化的发展要充分发挥金融服务支撑作用，推动对数字贸易领域的投资；19% 的企业认为数字化的发展要优化数字贸易监管服务体系；其余部分企业认为数字化的发展要从优化数字贸易监管服务体系、加强数字化人才队伍建设、加强数字贸易领域的国际交流与合作这三方面加强。

首先，对于对外开放水平逐渐升高、质量显现的中国市场来说，数字化是保持我国经济中高速增长和迈向中高端水平的重大举措，是推动新一轮高水平对外开放、增强国际竞争优势的重要内容之一。在国际贸易方面，企业在数据的流通、交易方面遇到了很多问题，需要推进数字化国际产能合作，有助于提高我国企业的数字化发展能力，形成利用外资和对外投资双驱动的发展格局，发挥我国企业的比较优势。加强的数字化发展服务要发挥金融服务支撑作用，增强发展后劲，围绕数字化经济发展，加强金融的流转效率，加强与监管部门沟通，加大金融领域投资力度，加强企业金融业务、数字化业务和实体经济结合。

其次，数字贸易监管服务体系亟待优化。目前，全球数字贸易的发展。主要呈现五大特征：一是通信、云计算、人工智能等 ICT 技术与服务先导作用凸显；二是基于数据驱动发展的大型数字平台和平台服务体系支撑作用明显；三是知识产权成为数字贸易的保护核心要素；四是"研发＋生产＋商业＋金融"的跨界融合数字化生态链加速形成；五是跨境数据和数字服务给国际经贸治理带来新的挑战。完善政府对数字贸易的监管，提升数字化治理水平，重点补齐在数字鸿沟、延迟反馈、数据孤岛、数据安全等方面的管理短板。明确数字贸易的内涵与外延，规范其具体统计监测口径。健全数据开放法律法规，明确数据权属。健全数据开放收益补偿机制，强化数据的制度性保护与管理。把数字贸易纳入商务、海关、税务、外汇等监管范围，从立法和技术层面加强对数字贸易的监管。我们需要加强贸易监管服务体系、人才队伍、领域的国际交流与合作建设，完善数字化配套措施，加强人才培养。

（二）企业管理模式研究

企业管理模式是在较长的实践过程中，企业逐步形成并在一定时期内基本固定下来的一系列管理制度、规章、程序、结构和方法，是企业文化的体现。

企业根据客户需求和互联网的发展，定制出了新的企业管理模式。信息化办公系统的建设使现在的审批流程、订单处理情况变得透明化、扁平化、高效化，ERP系统使企业的发展运营管理摆脱人工依赖等。其中，大部分企业都利用了现代信息化管理工具ERP，ERP以系统化的管理思想，为企业决策层及员工提供了决策运行的管理平台。ERP系统通过融合数据库技术、图形用户界面、第四代查询语言、客户服务器结构、计算机辅助开发工具、可移植的开放系统等对企业资源进行了有效的集成。

类似于ERP的信息化管理工具对企业的效率改变是革命性的。在日新月异发展的今天，随着业务需求的变化，ERP能够涵盖公司所有的流程，财务包括风控、运营，业务包括客户管理，采购包括供应商管理，供应包括成本控制。信息化管理工具的发展已经能够覆盖大部分的企业生产经营场景，类似ERP的信息化管理工具可以缩短周转的时间，加快物流与资金流的集成，加强物料和生产计划，模拟不同市场状况对生产计划、能力需求计划、物料采购计划和储运等工作的影响，增强企业对经营环境改变的快速反应能力，实现管理层对信息的实时和在线查询，为企业决策提供更加准确、及时的财务报告，及时提供各种管理报告、分析数据，系统本身具有严格的内部控制功能。这些都是信息化时代为企业管理模式提供的便利。

（三）普适性信息分析

企业应该具备一定的信息化管理资源和信息化处理能力，不过在采购信息化设备和培养信息化人才方面，各企业都遇到了一些困难。

在采购信息化设备方面，对于规模上万人的企业或者上市公司来说，ERP价格至少是上百万元甚至是千万元。上万人的上市公司对于生产需求更高，比如，智能工厂、智能生产和智能物流等，企业可以选择自己开发，或者就找做过同等行业的大型ERP软件公司开发。如果企业自身规模不到上千人，ERP的价格在几万元到几十万元不等。规模大的公司，一般在行业里面都做得不错，订单量也不错，对生产过程要求比较高，对信息化管理需求会比较高。

培养信息化人才需要周期，在信息快速发展的时代，信息化发展的速度远远超过了人才的培养速度。事实上，紧缺的是那些既能够将现代信息技术融入商务管理，又具有实际操作能力的复合型人才。企业如果能解决了这两个主要问题，信息化的普适性就会非常高。

五、现存问题分析与应对措施

（一）摸清家底，转型之始

企业数字化转型的首要工作是在启动转型前"摸清家底"，通过全面扫描自身情况认清两个问题：企业需要数字化转型来解决哪些问题和企业实施数字化转型的基础有哪些。如何开展这项工作可以看作是企业在转型前必须要开展的自我洞察行为。

一是检查企业健康状态，包括企业的组织架构、财务、人员状况以及各个板块业务流程，把握企业的实际情况；二是评估现有数字化基础，主要考量企业目前已经具备的数字化能力，包括现有 IT 架构、硬件设备、软件系统、企业已有数据及其存储状态与融合状态、IT 人才储备及擅长领域等，从各个方面定位企业 IT 水平；三是收集企业对数字化转型的需求，需求的收集范围要覆盖企业的研发、测试、生产、营销、人事、办公采购、客服、运维等全流程与全部门，整合分析后进行分类聚焦，明确核心需求，为企业数字化转型提供方向，避免盲目转型。

通过自我洞察，企业根据自己的实际情况和阶段性目标，从具体环节入手渐进地进行数字化转型。对大部分企业，拓客增收是第一需求。企业可以通过搭建门户网站、投放广告等方式扩大自己的品牌声誉，打通更多的连接渠道，增大与客户的触达面，也可以运用数字管理工具进行数据采集、管理和分析，实现精准营销。

（二）关山难越，矛盾重重

企业在数字化转型的过程中仍存在诸多矛盾。从企业进行数字化转型的流程来看，我们可以将其过程分成三个部分——投入环节、内环环节、输出环节。

投入环节包括前期的 IT 咨询以及采购软硬件和服务，这是企业数字化转型的基础和准备；内环环节包括企业对购入的软硬件进行内部配置和学习，使其能够融入企业原有的工作体系和流程中，这是企业数字化转型的核心和关键；输出环节包括企业在研发和生产实际使用转型升级后的 IT 软件系统，并在上下游产业以及合作伙伴生态中进行推广和应用，这是企业数字化转型的产出和结果。

1. 舍本逐末，未达期待

企业在投入环节对"无形产品"购买意愿低，将咨询与培训简单视作"附赠品"，看重产品本身的功能，忽视定制化咨询的作用。企业更倾向于使用免费的软件，而非加强对付费咨询服务的投入。中国的 IT 产业结构和全球平均水平相比，无论是软件还是服务占比都显著较低。国内 IT 市场服务企业提供的产品已经呈现出较高的同质化趋势。企业若想要在数字化转型过程中切实摸索出最适合自身的发展道路，就不能忽视咨询和培训的作用。

2. 拜新踩旧，好大求全

企业在投入环节挑选产品时"拜新踩旧"。企业购入新兴的数字化工具时对传统软件不屑一顾。ERP 等基础信息化软件在国内得到了广泛认可并持续发展，相较于云计算、大数据、物联网、人工智能、移动互联网等其技术较为传统，然而对于数字化转型初期企业而言，基础工具提供的广泛功能以及普遍的适用性能够满足企业日常经营的绝大部分需要，它们与企业商业逻辑的契合程度决定着其便捷程度、影响着员工的工作效率。

3. 墨守成规，急于求成

企业在内环环节也存在着一些问题。首先，是 IT 部门的职能转变，对于很多非网络技术企业而言，IT 部门长期被视作"类后勤部门"，未来要承担"类业务部门"的职能；其次，数字化转型的最大效用往往被认为是提升企业效率，但对于效率的理解不同层级的人会有一定偏差。员工往往从工作的角度出发考虑，认为提升软硬件性能是提升工作效率的最佳方式，期待公司大力支持和赋能。管理层更加强调 KPI 构建，对软硬件性能支持的重视程度相对偏弱。企业管理层的日常工作既偏向战略决策、客户商谈，又有基层员工代劳操作计算机系统的缘故，故而对方便这一属性的体会不够直接，从而导致管理层偏爱的数字化工具却可能会给基层员工的日常工作带来更多的麻烦。

另外，一些企业错误地将数字化视作最终的结果，许多企业将数字化看作一段时间内的项目升级，这有违数字化转型的长期战略意义。数字化是一个持续的过程，企业应该注重长期而非短期效果，任何技术升级、管理模式的变更都会带来各方面短期的不适，如果过于注重这些问题，就容易忽视企业长期的战略方向。

（三）合理认定，全局归因

企业应建立适当的 ROI 认定模式，不把数字化转型作为一个独立项目去衡量收益与投入比，否则会有损企业长期战略意义。采用全局归因衡量收益，为了正确衡量数字化转型的成效，应该采用科学的方法，充分考虑转型给企业收入带来的影响。

企业在输出环节存在的问题有：数字化转型的领先或许会拉开与客户的距离，由于合作伙伴尚未实现相应的转型升级，企业采取了更加先进的业务流程、商业理念和交流模式，反而会给供应链上的其他企业及产业合作伙伴带来不适，从而带来业务流程和沟通方面的摩擦，降低了业务效率。这一方面是由于其他企业的数字化进程相对滞后，另一方是因为各企业的员工都需要时间来习惯新的工作模式。企业可以在数字化转型期间考虑适当放缓的转型步伐，通过向传统技术及业务模式倾斜来降低这类成本，减少各种摩擦，使企业顺利向数字化过渡。

（四）道阻途艰，困难重重

目前，全球经济处于下行区间，叠加 2020 年新冠肺炎疫情的影响以及近年来互联网经济的蓬勃发展对传统产业的挤压，无论是提高人才素质、提升产品价值、降低经营成本还是拓宽市场渠道，都面临着一定的风险。

迫于行业共识的被动数字化往往收效甚微，企业的技术水平不高与员工的习惯思维都需要改进。为解决这些难题，企业需采取多种解决方案。

（1）整体策略中，总体规划、局部先行，需求驱动布局企业数字化进程

中小企业参与数字化进程，不具备足够的人力、财力和思维技术要进行全面的改进。同时，其所处的市场环境也并非十分紧迫，往往动力不足、无从下手，因而处于观望者的角色。企业可以从业务部门出发，针对明确的需求和痛点，利用数字化工具，解决相应的问题，为该部门带来直接的收益增加、成本削减和效率提升。即使是已经进行了数字化转型的大型企业，也需要调整和更新，继续深化自身数字化能力。

（2）在数字时代，数字化转型是企业发展的必经之路

首先，客户需求成为企业进行数字化转型的直接动因，客户要求改变业务、产品的形态和交付方式，需要企业与时俱进，提供更好的服务；其次，竞争优势成为企业进行数字化转型的核心驱动力，直接竞争对手会通过数字化转型获得竞争优势，而新兴企业会借助新一代数字技术优势快速拓展市场；最后，品牌的社会影响力、合作伙伴与供应商潜移默化的影响等因素都进一步促进了企业的数字化转型。

（五）曲折发展，任重道远

企业数字化转型是一个漫长曲折、螺旋式上升的过程。在观望期，企业会缺少数字化思维、文化、人才和技术，还会有预算短缺，甚至会缺少管理层支持；在实施期，企业会遇到来自部分管理层的阻力，且存在业务不熟练等问题，还会可能有

战略设计的失误、技术落地难、上下游产业衔接失灵等问题；在调整期，企业会面对实施数字化转型不及预期的落差、追溯原因的难度、整改的阻力、数据迁移的难度和预算约束等难题；在成熟期，企业需要来自各方面的及时反馈，与业务、市场流程保持一致，而面对快速的技术迭代，专业的新兴技术人才可能会缺失。为解决这些难题，企业可以采取如下措施：

（1）根据企业特点，选择适合自己的数字化工具

对中小型企业和初创型企业，可以直接采用成本较低、快捷易用的 SaaS 和 aPaaS 产品，几十人的团队一年往往只需要几千元到几万元的价格和较短的部署时间，是企业开启数字化的低门槛之选；对于已经具备一定信息化基础的大型企业，可以在原先的 ERP、CRM、OA、HR 系统上做进一步的打通和改进，以增强企业数字化能力。

（2）采用 ERP 系统等作为企业数字化能力构建的基石

ERP 系统有大量高质量、高价值的历史数据，有经过实践检验的标准化流程，并且在数字化转型时仍能解决企业大部分内部管理问题。但在转型过程中，ERP 系统也会有局限：流程不再适应快速变化和扩张的业务，会造成大量无用的工作，加重员工负担；原先的 ERP 不能和外部平台、市场很好的链接，会造成信息缺失。为此，企业可以对 ERP 系统进行改进，运用 API 打通各系统间的数据，使用其他软件和服务实现集成，能够识别新的业务并及时响应，通过人工智能和机器学习进行调整，缩小系统间的配置差距，提高响应速度，改进整体效率。

（3）外包模式成为企业数字化转型规避风险、降低成本的最优解

第三方专业厂商在数字化转型链条的某些环节或者整体设计方面具有经验丰富、专业性强的优势。其可以帮助企业压缩学习新技术的时间和招聘新人才的费用，使得企业可以专注于其核心业务。通过多年的深耕，其积累了较多的行业经验，可以帮助企业合理规划路线、快速进行转型、及时调整方案，提高数字化转型成功率；通过外包形式，企业相当于将前期的试错步骤转移到了第三方机构，合理规避了风险。

（4）企业需提升在数字化转型中的自主性，支持从低代码切入

企业作为转型的主体，需要进一步提升自主性。外包模式在企业 IT 力量不足、专业人才缺失、投入资金有限、数字化转型经验缺失的条件下，是最优的解决方案。但是不容忽视的是，第三方会出现"反馈不及时、调整不敏捷和安全隐患"的问题。首先，理解企业的业务、梳理流程都需要一定的时间；其次，受限于空间隔离和有限周期，第三方在感知业务变化和反馈方面会存在一定的时间差，在敏捷性和及时性方面较弱；最后，在信息安全和数据迁移方面也存在一定的隐患。因此，企业在数字化转型的过程中，尤其是后期，需要提升自主性，不能完全依靠第三方厂商。对

于 IT 力量较为薄弱的企业，"低代码"提供了相应的解决方案。

（5）重视管理层的支持和员工层的反馈，提升企业整体数字能力

数字化转型强调数字化技术驱动企业管理模式的转型，不可忽视人的重要作用。对于领导层而言，其主要作用是转型的顶层设计和推动支持。领导层需要深度参与企业数字化整体战略方向的规划、数字化系统的设计和对数字化实施节奏的把握；对于员工而言，需要增强自身的数字化相关能力并及时反馈。数字化转型是一项长期的工作，因而一线员工需要不断提升自身的数字化相关技能和数字化思维，从而更好地运用数字化工具，为自己的工作赋能，给予企业数字化转型足够的力量。

（6）从数字化营销入手，链接下游，为企业带来直接收入增长

具有客户画像、忠诚度分析、流量监测、市场分析、广告投放、预测分析等功能的数字化营销工具，可以帮助企业提高目标客户的触达程度和转化效率，提高客户体验，直接创造商业价值。数字营销可以在短期内快速展现数字化转型结果，在企业内建立信心，有助于下一步开展其他部门的转型业务，最终推动全局的数字化。

（7）通过数字化采购链接供应商和企业内部，降低相关成本

采购部门对外连接供应商，对内连接各职能部门，是企业供应链的管理核心。采购部门遇到的难点往往在于信息不对称。采购对外部门需要花费大量的时间与供应商、渠道商、分销商等环节打交道来搜集信息，还要考虑与单一厂商绑定的风险；采购部门对内往往难以及时得到各部门的需求反馈，为保证大批量采购压价往往牺牲了部分的适用性。数字化以其特有的链接优势，帮助采购部门打通供应商和企业内部，同时，其可以还提供分析和预测功能，进一步帮助企业降低采购成本。

（8）落实数字化管理，以数字化赋能各环节提高效率

利用数字化相关技术和工具，将企业的业务量化后，通过管理数字进行内部管理。数字化将企业内的各个部门、组织都联系起来，改变了传统的组织工作形式，打破了企业内部的"数据孤岛"，使各部门实现真正地协同办公。在数字化的企业里，端到端的流程极大程度地降低了工作的冗余，可以在整体上减少工作时间。

（六）聚焦数据，困难重重

在数字化过程中，企业会面对很多数据问题。一是缺乏权威的数据标准。制造业企业每天会产生和使用大量数据。工业设备种类繁多、应用场景较为复杂，不同环境有不同的工业协议，数据格式差异较大，难以转化为有用的资源。二是数据安全有待保障。工业数据的安全要求远高于消费数据。工业数据涵盖设备、产品、运营、用户等多个方面。数据如果被篡改，可能会导致生产过程发生混乱，甚至会威胁城市安全、人身安全、关键基础设施安全乃至国家安全。目前，各种信息窃取、

篡改手段层出不穷，单纯依靠技术难以确保数据安全。三是数据开放共享水平尚待提高。随着数字经济发展，企业对外部数据需求呈现上升趋势，包括产业链上下游企业信息、政府监管信息、公民基础信息等，将这些数据资源进行有效整合才能产生应用价值。目前，政府、事业单位等公共部门的数据仍处于内部整合阶段，对社会公开尚需时日。为解决难题，企业需要采取如下措施。

（1）推动工业数据标准制定与应用，促进数据的开放共享。引导行业组织、企业研究制定工业数据的行业标准、团体标准、企业标准。加强标准体系与认证认可、检验检测体系的衔接，促进标准应用。加快公共数据开放进程，促进数据资源的高效利用。建立健全社会数据采集、存储、交易等制度，保障数据有序、规范应用。

（2）加强数据安全保护体系建设。强化工业数据和个人信息保护，明确数据在使用、流通过程中的提供者和使用者的安全保护责任与义务；加强数据安全检查、监督执法，提高惩罚力度，增强威慑力；严厉打击不正当竞争和违法行为，如虚假信息诈骗、倒卖个人信息等，引导、推动行业协会等社会组织加强自律。

（七）汽车行业数字化转型

（1）高新技术和智能城市助力车企转型

车联网技术发展和应用的普及、5G智能城市发展、跨界的参与，促使汽车行业的数字智能化得到了快速的发展。数字化车企为用户提供了更高的价值。汽车行业数字化转型需要车企需以用户为中心，通过不同的触点触及用户，提供其真正所需的产品及服务。车企数字化转型重点在于应对市场和消费者需求变化。

年轻化。汽车电商行业用户画像显示（如图6所示）。相比2019年，2020年24岁及以下以及25～30岁人群占比有大幅度提升，这说明年轻汽车用户正不断成为未来汽车行业的助力消费人群。

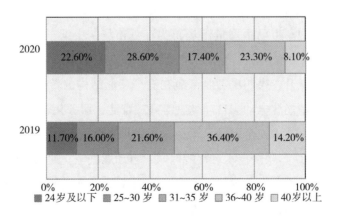

图6 汽车电商行业用户年龄画像

个性化。个性化正在成为消费新趋势，年轻的消费群体对汽车需求和偏好也更与众不同，个性化元素深受年轻消费者青睐（如图7所示）。

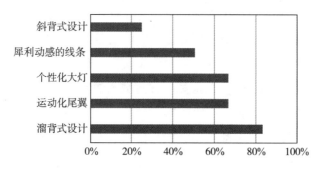

图7　年轻消费者汽车造型元素偏好

智能化。智能化汽车让消费者能更好地使用车内空间和时间，如进行娱乐休闲、休息和办公等。同时，智能汽车能辅助驾驶者操纵车辆，有效地降低交通事故率（如图8所示）。

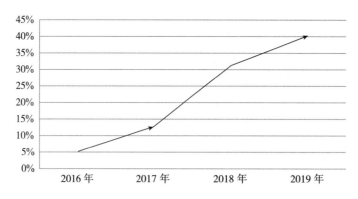

图8　中国智能汽车新车型渗透率

（2）各项驱动也在助力汽车行业数字化转型

产业驱动。中国车市已由增量市场转为存量市场，中国车企面临"高端失守，低端混战"、市场占有率回落、整车出口乏力、企业利润降低的局面，车企急需加快向价值链中高端跃升。第四次工业革命在汽车产业结构的转变方向中，已然明晰可见汽车产业正向新能源电动、自动驾驶等高端智能、服务化转移。

技术驱动。数字技术正全面融入车企全生命周期的运营体系，深度重构汽车价值链及运营模式。5G车联网技术对智能网联、自动驾驶等交通行业应用产生了深远影响。大数据、云计算、人工智能驱动汽车企业寻找打造汽车硬件和软件的智能汽车全线解决方案。传感技术使"人、车、环境"之间的智能协调与互动愈发频繁，构造出多模态人机交互系统。

市场驱动。车企的销售压力倍增，新客户的获取越来越难，倒逼车企转向精细化运营。汽车行业竞争不断加剧，变化结构加快、强弱差距在拉大、智能化程度不断提高。只有持续践行数字化转型，企业才能保持竞争力。

研发环节众多，环环相扣，且各部门越来越专业化，不同部门之间的协同壁垒越来越高。

总体来说，当汽车行业的数字化达到一定水平后，可以分为四个环节，分别是发起、概念生成、量产准备和扩产。

第一个环节是发起。在这个环节首先需要进行项目的启动，企业需要确定战略、定价和销量目标，完成对创新和趋势的筛选；其次，企业需要框定项目范围，明确技术、财务和销售目标，框定项目成本；最后，企业需要对项目的可行性进行判断，如果切实可行，则在批准后立即确定生产基地。

第二个环节是概念生成。在这个环节首先需要做的就是概念批准，企业需要完成规格书，确定总持有成本；确定基础设计和安置方案；确定主供应商；其次，进入设计阶段，确定内外表面设计，确认可制造性，启动工装作业，推出设计原型；最后，只需要发布采购需求，选取供应商，启动系列工装生产，发布数字化整车。

第三个环节是量产准备。首先，在这个环节要做的是投放确认，确保供应商和车间对一些标准的理解相同，消除两者之间的分歧；其次，进入系列生产，在互联系统中生产系列零件，引入适量的劳动力，启动 JIS 流程，批准完整车辆的生产；最后，就是开始生产，审查和完成营销用车，获得环保认可。

最后一个环节是扩产。在这个环节企业仅需要做到车型的精准投放，批准安全概念，提供新车用于客户展示，实现满负荷生产，完成备件目录，启动需求产能管理。

经过对比，我们不难发现传统供应链模式具有以下困局：涉及多个主体协作，信息交互成本高，动态适应性差，执行不灵活；业务效率低，物流、信息流、资金流相互牵制；数据碎片化，全链可追溯能力弱，合规性难保证。而数字化打通了研发及后链流程，使研发设计更贴近用户需求，智慧能耗的精准预测，可以缓解用户的里程焦虑。企业生产的数字化转型是物联网、大数据、云计算、人工智能等多种数字技术的集群式创新突破及其深度融合，对整车生产车程进行全流程、全链条、全要素的改造，充分发挥数据要素的价值创造作用。数字工厂实现了生产过程的实时可视化，生产设备的动态预测模型使得制造过程得以精益升级，生产质量管理让全生命周期质量得到保障（如图 9 所示）。

数字时代车企积极为营销及销售数字化赋能，车企快速地从传统以网点为中心的销售转向以消费者为中心的业务模式。随着数字商城、智能门店、全渠道营销等

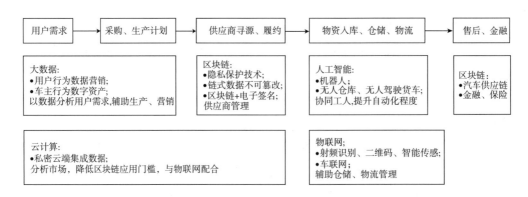

图9　供应链可应用的数据化技术

方式的快速发展，当前的汽车营销正在通过各种数字化技术打通数据壁垒。在重构线上线下零售场景的同时，优化消费者全渠道购物体验，通过将消费者数据转化为效率，成功实现汽车零售。精准广告投放，突破传统汽车营销模式；数字化内容营销助手，好内容带来好销量；以数据驱动业务发展，实现消费者精细化运营；智能辅销帮助线下实体店实现数字化；建立数据驱动的线下4S店精细化管理。

六、结论与建议

企业在数字化的过程中都会或多或少面对一些问题。有的企业在转型前自我认识或者动力不足，被行业标准与时代风向裹挟而转型，成效微弱；有的企业数字化转型急躁，急于求成，局限性大而舍本逐末，导致转型结果未达预期；有的企业在技术方面转型较为顺利，但仍面临很多的数据问题，共商共享共建合理的数字营商环境则是亟待解决的决策道路。针对这些问题，我们提供了一些建议：转型前，正确认知，摸清家底；转型时，合理规划，稳中求进；转型后，着眼未来，聚焦发展。

（一）完善综合服务支撑体系建设

对于对外开放水平逐渐升高、质量显现的中国市场来说，数字化是保持我国经济中高速增长和迈向中高端水平的重大举措，是推动企业增强国际竞争优势的要素之一。在国际贸易问题上，受访企业遇到的问题主要可以归纳为两种。一是因关税、物流等因素而导致的成本上升，二是业务拓展以及数据获取方面的问题。如何在国际贸易摩擦中保护国内企业利益，拓展海外市场，实现品牌强国战略，对综合服务支撑体系的建设是必不可少的。

安徽省自贸区深入实施创新驱动发展、推动长三角区域一体化发展战略等要求，是安徽省推进建设国际性服务支撑体系的一次好的试点。自由贸易试验区的建设深化了投资领域改革，提升了对外投资合作水平，完善了境外投资政策和服务体系，为优势产业走出去开拓多元化市场提供了优质服务。在访谈过程中，企业对于自贸区的建设都表示了支持态度。安徽省应该继续推进自贸区建设，全面推广成功的自贸区改革政策，为企业在国际贸易操作方面提供有力保障。

（二）统筹协调降低数字化定制成本

数字化转型升级是渐进式的发展演变过程，重点是把有限的资源集中于产品的前端研发和后端用户服务上，建立以产品为本、以客户为中心的智能制造体系。访谈中，不少的企业都已经充分使用 ERP 等系统，构建了较完整的数字化体系，实现数据的互联互通。我们也了解到一些企业的数字化十分依赖外包，数字化成本给企业造成一定的负担，人才的匮乏打击了中小企业推进数字化的积极性。

企业数字化转型是一个循序渐进的过程，最终要靠企业自身努力规划、积极建设。政府应该发挥自身宏观调控的优势，注重引导启发企业开展数字化转型，更多地引进协调数字化服务商，尽可能地降低企业独立定制数字化的成本，让企业感受到数字化所带来的效能提升，从而最大化地激发企业自身能动性，探索数字化之路。

（三）推进构建数字化安全发展环境

当数据成为市场资源与要素，企业对数据信息的安全保障需求愈发强烈。多家企业表达了对于数据获取的担忧，尤其是数字化转型已经较为成熟的企业，企业需要更多的数据来构建企业的整体数字化生态。

对于数据安全，国家在 2020 年出台了《数据安全法（草案）》的征求意见稿，将为数据安全提供法律保护。草案的发布体现了国家对于保护数据安全的重视，但构建安全的数字化发展环境仍需要政府更多的支持。政府部门除了要立法保障数据信息安全以外，更应该推广宣传数据安全的重要性，切实提高企业的数据安全防护意识。政府应该加大对于网络安全企业的支持力度，推进国家的网络安全硬实力的发展。同时，发挥政府的统筹协调优势，为数字技术企业与亟待数字化转型的企业牵线搭桥，给企业提供有效的网络安全解决方案。同时，也需要确保业务需求与风险控制有良好的平衡，在保障业务发展和业务敏捷度之间找到合理的度量，才能有效推进数据安全治理的进程，实现有效护航企业数字化转型。

参考文献

[1] 王玉柱．数字经济重塑全球经济格局——政策竞赛和规模经济驱动下的分

化与整合 [J]. 国际展望，2018，10（04）：60 – 79 + 154 – 155.

[2] 王庆喜，武谨，胡安. 数字经济与长三角区域一体化发展——基于空间面板模型的分析 [J]. 浙江工业大学学报（社会科学版），2020，19（01）：39 – 46.

[3] 徐德顺，强监管重服务推动数字贸易发展，中国商务新闻网，2021 – 01

[4] 郭良涛. 后疫情时代中小企业数字化转型面临的机遇，挑战及对策 [J]. 信息通信技术与政策，2020，No. 316（10）：66 – 69.

[5] 杨继刚. 传统企业数字化转型的三大真相 [J]. 中国工业和信息化，2020，28（10）：70.

[6] 顾春燕. 关于大数据时代企业数字化人才培养的思考及探索 [J]. 经济师，2018，000（006）：256 – 257.

[7] 周志明，崔森. 制造型企业数字化转型的研究 [J]. 管理观察，2014（21）：80 – 82.

[8] 汪祖柱，许皓，程家兴. 中国企业数字化管理探析 [C] //2005 年"数字安徽"博士科技论坛. 2005.

[9] 常好丽，杨海成，侯俊杰. 面向集团企业数字化管理的综合集成模式 [J]. 计算机工程与设计，2010，31（001）：102 – 105.

[10] 柯清超，李克东. 企业数字化学习的理论与实践研究——企业数字化学习体系的构建与案例分析 [J]. 中国电化教育，2008（02）：14 – 17.

附 录 调研感悟

（一）指导教师调研感悟

1. 张建新

"访万企，读中国"实践活动第三季，第 12 组师生 10 人，通过赴安徽省合肥市与宣城市实地调研、线上会议访谈和问卷调查等方式，对 10 家外贸企业进行了主题为"长三角一体化战略下的贸易数字化发展"的调查研究。来自安徽省外贸企业一线的声音、调研团队的协同工作、同学的工作热情与工作能力给我留下深刻的印象。感谢组内的 7 位同学，也感谢我的同事范登峰和柯蓉老师的完美合作。

2021 年受访企业的数字化水平明显提高。但是，新冠肺炎疫情导致海运价格高悬、贸易摩擦引发大量汽车因"缺芯"滞留在工厂大院、欧盟等国际组织对于个人数据跨境流动的严格保护等因素使外贸企业受到巨大冲击。我们进而思考的问题是：企业需要什么样的数字化？企业需要什么样的人才？我们能够为企业做些什么？

调研工作纵横交错，在张君鸿的协调之下井井有条；联系企业颇具挑战性，在何磊同学一次次反复沟通后逐渐落实；吴政振、庞伟良设计的访谈提纲，针对企业具体情况深度挖掘，令人眼前一亮；对企业嘉宾访谈时，主持人林毅楠既沉稳有序又灵活风趣，相当精彩；周鹤凡的推送，从关于人物逐字逐句地修改到准确呈现 3W 演进快速；"各种车票请及时交给潘傲然"，他耐心管理着我们小组的财务资料。调研工作时间紧、任务重、要求高，能够高效率地完成工作，全组师生的高度协同、至关重要。

2. 柯蓉

安徽省企业的调研工作已经接近尾声，通过这段时间对合肥、宣城、芜湖等地不同高端制造以及外贸相关企业的线下线上调研，对这些企业数字化应用案例的搜集和分析，大家意识到了新冠肺炎疫情下不同类型企业数字化转型现实存在较大差异。大型企业可以自主开发一些数字化平台，但大多数还是购买相关软件。本次调研让我重新审视企业数字化转型的道路，在当今的数字化发展道路上，不同模式可以有效地帮助不同企业去实现振兴。

同时，在短短的近 1 个月调研中，我感受到了同学们的热情和潜力。调研的任务繁杂且零散，但因为这 7 个学生一起分工和协调，调研的各项任务有条不紊地开展，每个同学都有不同的思考，头脑风暴碰撞出的各种火花让马上要踏入社会的同学对社会有更深的认识。这将对学生们以后的生活和学习带来有益的影响。这次调研也给我们这些指导教师更多认识同学无限潜能的机会。

3. 范登峰

2021 年与张建新、柯蓉两位老师共同作为"万企调查"第 12 组的指导教师，与 7 位小组同学一起，调研位于安徽合肥、宣城、芜湖等地的一些具有代表性的企业。通过这段时间对不同高端制造以及外贸相关企业的线下线上调研，进一步认识到新冠肺炎疫情下不同类型企业数字化转型现实存在较大差异，在当今的数字化发展道路上，不同模式可以有效地帮助不同企业去实现发展和振兴。

在近 1 个月的调研中，困难与挑战并存，但更多的是看到同学们的成长和收获。经历是最宝贵的财富，也是最令人难忘的。这既有专业的提升和再认识，也有思想和意识的深刻变化。每位同学都进行了深入的思考和不断的尝试，头脑风暴碰撞出的各种火花和相互启发，印证了实践出真知的哲理。希望同学们带着这些收获和体会，在今后的日子创造更广阔的世界。

（二）小组成员调研感悟

1. 张君鸿

第二次参与万企调查活动，团队中三位优秀的指导教师、七位团结积极的小伙伴都是我们调研中不可或缺的一分子。我很荣幸能担任小组组长，带领第十二组完成调研。第二次作为组长，我对工作的安排更加游刃有余。本次调研中小组成员发挥个人特色，穿插于文案组、采访组、准备组、联络组等各工作小组，每位成员都广泛参与各项任务，在调研访谈中收益良多。同时，撰写报告以及各类材料专业性强，访谈记录文件也关注到各方各面，可以说是交上了满意的答卷。在调研中，我也开阔了自己的眼界，为我未来的发展提供了指引。

2. 吴政振

在整个过程中，我们了解到企业数字化转型的现状与问题，了解到了聚焦数字化转型的层面上企业面临着哪些困难，并完成了调研报告。

在走访企业的过程中，每个企业都独具特色，有的在贸易端研究水平较高，有的在生产端智能化较高，有的在商业模型上具有很大的创新亮点，这些对我产生了深远的影响，开拓了我的视野。同时，也让我意识到实践才是检验真理的唯一标准，只有实践才能让一个事物的本质浮现出来。本次访万企实践活动，就让我们深刻认识到企业数字化转型的发展情况和现状，对我未来的学习方向和研究方向产生了深刻影响。希望访万企社会实践活动能够继续扩大其影响力，也希望以后能够再次参与访万企实践活动！

3. 何磊

今年很荣幸能够跟随张老师，柯老师和范老师三位指导教师参加"访万企，读中国"暑期实践活动。通过这次活动我感悟到了很多，在学习课本知识的同时要联系实际。"纸上得来终觉浅"，在活动过程中，我对制造类外贸企业有更多的了解，感受到了中国制造业发展体现的巨大潜力以及其在国外高科技垄断情形下的困境。这次实践活动也让我对团队合作有了更深的理解，众人拾柴火焰高，大家的共同努力与合作让整个活动过程行云流水。

4. 庞伟良

很幸运能通过"访万企，读中国"活动实地考察安徽省的一些典型的外贸企业。企业是经济往来的外在主体，但其内部的核心仍然是人的主观能动性。一方水土养一方人，不同地域的企业经营风格都具有不同特色。这些特色有时会在冰冷的数据报表中体现，但只有实地去观察当地的环境、氛围，实际与企业经营者会谈才能更好地把握企业的特点，让我们对企业还有当地的经济运行、政策执行有一定的了解。千里之行始于足下，迈开脚步我们才能获得更切实的调研结果。

5. 林毅楠

通过参加"访万企，读中国"专项社会实践活动，我们对长三角一体化和数字化转型都有了更深的理解，积累了不少经验，感谢学校给我们提供的实践机会，也感谢三位指导老师的支持和关怀。讲得一事，即行一事，行得一事，即知一事，所谓真知矣。徒讲而不行，则遇事终有眩惑。本次的调研活动给了身在"象牙塔"的我们一个机会，接触到了身在企业的一线工作人员，学到一些在学校里学不到的东西。在未来，我们应该把学到的理论知识，运用到客观实践中去，使自己所学的理论知识有用武之地。

6. 潘傲然

通过这次的调研，我学习到了很多。同学间默契的配合使得调研工作能够顺利推进，通过不同的分工，不论是线下调研进入企业工厂实地参观，还是线上调研做主持人或是记录人，我都经历了许多过去未曾有过的新鲜体验。

"访万企，读中国"社会实践也给我提供了一种新的看世界的视角，调研工作既能让我领略到企业的运作、数字化的转型，又能让我近距离观察行业在中国乃至世界遇到的难题以及处理的方式。相信同学间默契的配合加上指导老师对问题精确而深远的指导定能让此次调研画上完美的句号。

7. 周鹤凡

在此次调研活动中，通过联系企业、深入企业，我对数字化转型有了更深刻和更清晰的了解。同时，也感受到了理论与实践的差距。在与企业高层交流中，接触到企业在生产、营销以及人才培养等多个方面的一些战略和决策，使自己学到的理论知识有了更进一步的升华。与此同时，访谈企业让我更深刻地感受到长三角一体化对企业的影响，了解到各个企业数字化的发展战略，收获颇多。

外部不确定性下企业内外贸转换的现状及原因

於欣澄　许歆怡　唐汝佳　戴传辉　王鹤婷　郑思睿
指导教师：　汪建新　范彩云

摘 要

通过与不同行业、从事外贸业务的企业管理人员进行访谈，辅之以问卷的形式了解在中美贸易摩擦、新冠肺炎疫情等外部不确定性因素的情况下，企业的外贸转型是否根据国家"双循环"政策的指示进行内外贸一体化或内外贸转换，以及在此过程当中企业采取的模式是否有所创新。本组调研发现，大中小型企业对于内外贸转换的应对程度各不相同，但相同的是其普遍欠缺自主转型升级的意愿。为此，海关关检融合等间接帮助和政府出台减税降费等直接政策皆可有效帮助企业进行内外贸一体化转型升级。

关键词：外部冲击；外贸企业；现状分析；内外贸一体化

一、调研背景和意义

《中共中央关于制定国民经济和社会发展第十四个五年规划和二〇三五年远景目标的建议》提出"完善内外贸一体化调控体系，促进内外贸法律法规、监管体制、经营资质、质量标准、检验检疫、认证认可等相衔接，推进内外贸产品同线同标同质"，将完善和衔接内外贸法律法规作为"十四五"时期的重要工作之一。

2021 年两会期间，中央提出将逐步形成以国内大循环为主体、国内国际双循环相互促进的新发展格局。以国内大循环为主体，意味着着力打通国内生产、分配、流通、消费的各个环节，发挥中国超大规模市场优势，以满足国内需求作为经济发展的出发点和落脚点。在内外贸运输"风水轮转"的背景下，外贸企业将如何面对新的机遇和挑战？

（一）新冠肺炎疫情下的外贸企业状况

各国纷纷采用关闭国境的方式来应对新冠肺炎疫情的暴发。管控航班、限制出入境、取消集会等措施使得国家之间的贸易往来大幅度减少。物流的流通困难使得全球的供应链受到冲击，加之生产型企业生产停滞，进出口行业进入"休眠期"。贸易量的降低为外贸企业的发展带来巨大障碍，例如，订单的履行、需求的变化、市场的运行等方面。许多中小企业面临破产清算，即使是龙头企业若无国家扶持也难以维系。

然而，2020 年我国货物贸易的进出口总额依旧呈现上升的趋势，为此做出贡献的是出口额的明显增长。在新冠肺炎疫情的巨大冲击下，宏观进口额的增加在微观上对企业而言未必都是利润的增加，而部分企业的实际情况是否与宏观环境相一致，正是我们需要探究的话题，如图 1 所示。

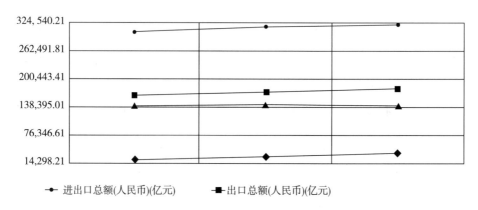

图1　2018—2020年中国货物进出口总额变化趋势

（二）课题的意义

本次调研以上海市外贸企业为例，从企业模式创新的视角探究在外部不确定性情况下企业内外贸一体化的可行性，分析内外贸转换和企业模式创新的内在联系，有助于深入了解双循环政策对于外贸相关企业的作用机制，为实现企业优化资源配置、帮助政府完善现有制度法规、增强企业内外贸转换创新氛围提供理论指导。

同时，运用所学知识探索可推广的且有利于外贸企业的数字化创新驱动环境的建设方向和模式，有利于认识我国外贸企业的创新现状，为提升我国外贸企业技术、渠道、营商环境和资源体系的发展水平的相关研究提供参考，希望为我国其他行业的发展提供建议和可借鉴的经验，为企业提供更多关于大环境与行业发展以及政策走向的信息，通过调研了解企业的需求进而让企业更从容地发展。

二、调研方案与实施

（一）调研内容

（1）了解近年来企业外贸业务的发展情况。

（2）了解相关部门对外贸企业转内销的支持力度以及具体的政策支持。

（3）了解企业在转内销的进程中遇到的困难。

（4）了解外贸企业对转内销的态度。

（5）了解在不同行业内外贸企业转型升级的创新和驱动。

（二）调研目标

（1）外部不确定性下企业转型的态度、进程、现状。

（2）企业内外贸转换的目的、原因、思路。

（3）企业内外贸转换及转型升级的思考、计划。

（4）企业对"产供销一体化"模式的态度。

（三）调研对象

本次调研覆盖了制造业、交通运输、仓储和邮政业、批发和零售业及其他行业，共计9家企业。其中，其他行业包括生物医药、科技等。

（四）调研任务分配

表1　小组成员分工

小组成员	工作内容
於欣澄	监督调研进度、对接活动方老师、各类素材收集、问卷制作、收集并整理企业资料、访谈后制作推送、撰写调研成果
许歆怡	监督调研进度、分配调研任务、制作调研计划、问卷制作、访谈提纲整理、联系企业、主持访谈、制作证明材料、撰写调研成果
唐汝佳	各类素材收集、问卷制作、联系企业、访谈提纲整理、收集企业资料、会议和访谈记录、撰写调研成果
戴传辉	问卷及电子版问卷制作、收集企业资料、联系企业、访谈计划整理、撰写访谈记录、撰写调研成果
王鹤婷	各类素材收集、问卷制作、联系企业、撰写调研简报、制作证明材料、撰写调研成果
郑思睿	各类素材收集、问卷制作、联系企业、主持访谈、宣传材料制作（推送、文稿等）、制作证明材料、撰写调研成果

（五）调研时间安排

（1）第一阶段：前期准备（7月6日—7月21日）

参加学校组织的培训（7月6日），召开小组会议商讨后续安排，而后撰写项目计划书并进行修改（7月7日—7月12日），收集资料准备制作问卷（7月13日—7月17日），对问卷进行完善（7月18日—7月21日）。

（2）第二阶段：中期正式调研（7月22日—8月20日）

小组成员通过问卷与线上会议对各个企业进行访谈调研。同时，根据各企业的独特性修改访谈提纲使得调研更有针对性，全面地考察被采访企业的内外贸转换情况。记录每次访谈内容并制作简报和推送，用微信公众号进行展示。

（3）第三阶段：后期总结分析（8月21日—9月5日）

小组成员根据实际调研情况，通过问卷收集的数据进行分析、汇总、归纳，并针对其中的典型企业案例进行深度地分析。最后小组成员分工完成调研报告，并根据指导老师的建议进行修改，形成最终成果。

三、问卷调研结果统计分析

（一）样本基本情况

本组调研主要聚焦服务型企业和生产型企业，这两类企业总占比高达78%，如图2所示。图3展示了企业所处行业，本组调研覆盖了制造业（占34%）、其他行业（占33%）、交通运输、仓储和邮政业（占22%）、批发和零售业（占11%）。其中，其他行业包括生物医药、科技等行业。同时，约45%的企业员工规模超过1000人，33%的企业员工规模为20~200人，如图4所示。

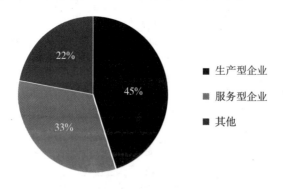

图2　企业所属类型

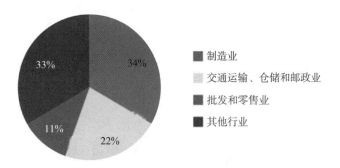

图 3　企业所处行业

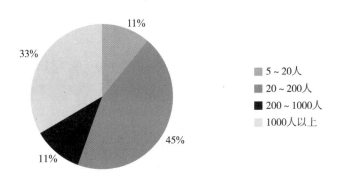

图 4　企业员工人数

图 5 展示了企业在 2020 年的年销售收入情况。大部分企业（占 67%）的企业 2020 年销售收入在 10000 万元以上。

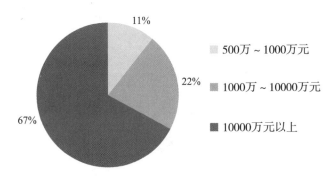

图 5　2020年企业年销售收入

（二）企业业务情况变化

图 6、图 7 和图 8 对受访企业 2020 年进出口额占比情况进行分析，所有企业的出口额在销售总额中的年平均占比不低于 30%，20% 的企业出口额在销售总额中的年平均占比高达 80% 以上，且根据调研结果，较 2019 年同期样本企业的出口额占

比均为正增长。其中，大部分企业（占比56%）对主要市场未来1年的出口预期为持平，其余企业（占比44%）为增长。

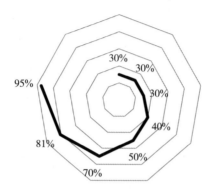

图6　2020年企业出口额在销售总额中的年平均占比

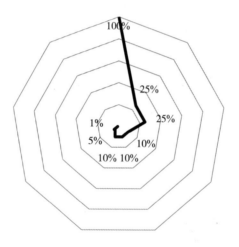

图7　2020年企业出口额占比较前年同期增长占比

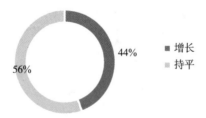

图8　未来1年企业对主要市场的出口预期

图9和图10展示的是国内外市场的订单变化情况。2020年，45%的企业国外市场订单增多，44%的企业与2019年持平；而45%的企业国内市场订单持平，44%的企业订单下降。

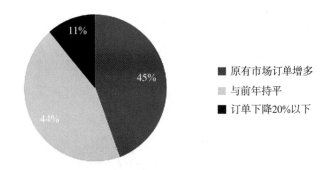

图9　2020年企业国外市场的订单情况

- ■ 原有市场订单增多
- 与前年持平
- ■ 订单下降20%以下

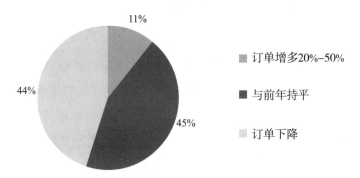

图10　2020年企业国内市场的订单情况

- 订单增多20%-50%
- ■ 与前年持平
- 订单下降

图11和图12显示企业自有品牌的持有情况，受访企业中超过一半的企业（56%）拥有自有品牌，且大部分拥有自有品牌的企业（80%）中自有品牌出口额在总体出口额中的占比超过50%。

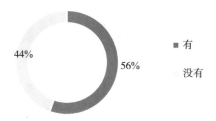

- ■ 有
- 没有

图11　企业自有品牌的持有情况

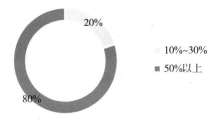

- 10%~30%
- ■ 50%以上

图12　自有品牌出口额在总体出口额中的占比

　　从企业进出口业务情况变化状况来看，受访企业出口业务呈稳健增长的态势，而国内业务出现相对停滞的状况。随着国际贸易形势的日益严峻，进一步提升外贸在经济增长中的作用和地位显得十分急迫。

　　此外，仅有三家企业参与了相关产品标准的制定与修订，A 公司（生产型企业）和 B 公司（交通运输型企业）参与了该行业标准的制定与修订，而 C 公司（物流企业）参与了相关国家标准的制定与修订。从调研结果来看，这三家企业 2020 年销售收入均大于 10000 万元，2020 年国外市场的订单情况呈持平或增长之势。

（三）企业内外贸转换分析及影响因素

1. 企业内外贸转换现状

　　受访企业中，大部分企业对内外贸转换有一定了解，并学习或着手制定相关规划。根据调研结果，可以了解到大部分企业开始企业的内外贸转换计划（如图 13）。其中，34% 的企业内外贸转换计划开始于 2018 年中美贸易摩擦升级之后，22% 的企业则始于新冠肺炎疫情全面爆发之后，而所有受访企业内外贸转换主要是进行内外贸占比不同的内外贸一体化。

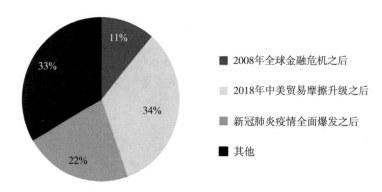

图 13　企业内外贸转换计划时间

　　如 A 公司，作为一家日本跨国公司全额投资的中国区总部，全权负责大中华区的生产、技术、销售及营运。该公司对于该行业内其他企业有一定影响力，所以其的变化具有代表性。该企业内外贸转换计划基于企业经营国产化推进的考虑，规划进行内外贸占比不同的内外贸一体化，开展内销主要是开拓国内和国际两个市场。

　　图 14 所示的是企业开展内销的主要规划情况，绝大多数的企业（占 89%）主要规划的是开拓国内国际双市场，仅 D 公司（物流企业）选择的是短期去库存。这一定程度上是企业性质和企业主要业务不同所导致。

图 14　企业开展内销的主要规划

2. 企业进行内外贸转换的影响因素

从企业对影响内外贸转换的因素的看法（如图 15）来看，影响企业内外贸转换的因素首先是企业发展规模（占比 67%），其次是产业结构升级（占比 44%）和外商投资偏好（占比 33%）。内外贸转换是外贸企业在当今经济全球化及新冠肺炎疫情等形势下推动企业发展的必然选择，是涉及企业经济生态的重大决策。从访谈中也可以发现，企业自身的发展规模是企业决策的出发点。首先，企业必须以企业内部形势为基础来规划内外贸转换；其次，对于外贸企业，外部环境中产业结构的升级和外商投资偏好变化会带来税费、技术设备、投资倾向及资金链等的变动，从而影响企业内外贸的决策方向。

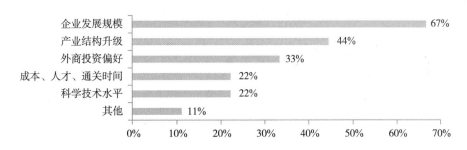

图 15　企业对影响内外贸转换因素的看法

大部分企业（占 89%）认为内外贸转换的难点首先是国内、国外市场需求存在差异性；其次是内外贸业务风险不同（占比 33%）、渠道建设不完善（占比 22%）。从调研中发现，外部环境对内外贸转换的影响较大，如图 16 所示。

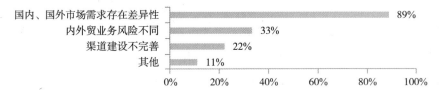

图 16　企业对内外贸转换的看法

而在推进内外贸转换的过程中，大部分企业（占比78%）暂无任何投资计划或有规划但尚无专项预算（如图17所示），仅有22%的企业有专项预算并计划2年内在相关领域进行投资或者有专项预算且已在相关领域进行投资。在针对内外贸转换企业设置相应职能和团队的调研中（如图18所示），仅有22%的企业设置了跨部门的负责中央统筹协调的专职工作部门或者设置了跨部门的负责中央统筹协调的兼职工作团队，而78%的企业有计划对相关架构进行调整但尚未实施，甚至无相关调整计划。调研中，2家企业有专项预算并计划2年内在相关领域进行投资或者有专项预算且已在相关领域进行投资，对于他们内外贸转换较其他调研的企业在设置相应的职能和团队上程度更深。

图17　企业在内外贸转换方面的投资计划

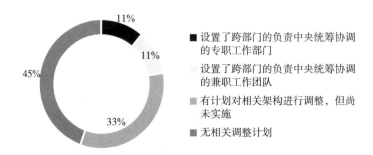

图18　企业针对内外贸转换设置的职能和团队

3. 内外贸转换的相关政策

本组调研的大部分企业认为，国家相关政策显著改善了企业融资环境（如图19所示），通关效率、海关查验率、出口检验检疫效率和出口退税效率有所提升，区域通关一体化、行政审批环境大大改善。关于在减税降费政策中降低社会保险费率方面（如图20所示），受访企业均减少企业支出500万元及以上。减税降费政策减少了企业的支出，减轻了企业负担，有利于企业应对新冠肺炎疫情、助力其快速发展。

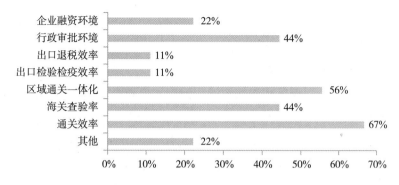

图19　2020年以来企业对政策环境的看法

图20　企业关于降低社会保险费率的看法

受访企业希望政府在以下方面加强帮扶：提高贸易便利化水平（占67%）；营造公平竞争的营商环境，继续清理进出口环节收费，降低经营成本，支持企业创新加大对研发、国际营销和品牌培育等的支持力度（均占44%）；加大金融支持力度、缓解融资难融资贵问题、进一步规范进出口秩序、进一步降低五险一金缴存比例、加大政策宣讲和培训力度（均占22%），如图21所示。其中，大部分企业认为提高贸易便利化水平还需要加强帮扶，通过减少单证、优化流程、提高时效、降低成本、整合数据等举措，进一步缩短进出口通关时间，使得贸易更加快捷便利，企业成本得到一定程度的降低，效率得到大大提升，这是企业目前最期盼的。比如，A公司认为这一项是排在期望帮扶政策之首的。

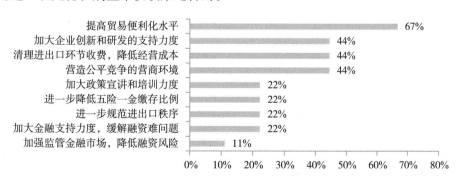

图21　企业认为政府还需要加强帮扶的方面

（四）企业内外贸转换现存问题分析

1. 国内和国际市场需求存在差异性

由于地域、文化、习惯等因素的影响，国内和国际市场需求存在很大的差异性。企业所设计的产品一般以面向某个特定市场为主。比如，E 公司的电器产品针对欧美市场，而 A 公司的轴承则以国内销售为主。从而在内外贸转换时会面临产品国内和国外生产标准不一致的问题，比如，国内电源插座规范、变压器标准等与国外不一致。由于市场需求的差异导致企业所供给的产品也存在很大的差异性，但企业生产标准难以改变，这种供给与需求的不平衡导致以代工企业为代表的出口企业实现"出口转内销"难度加大，建立新的营销渠道需要高额的成本。内外贸转换时企业需要进行有针对性的调整和改造，这样会导致生产成本增加。另外，由于市场需求的差异，也会导致产品定位存在差异，企业需要重新进行市场调研以充分了解市场情况。

2. 内外贸转换相关政策及政府部门支持力度不足

面向双循环的内外贸一体化，旨在促进企业出口转内销，进口转出口灵活机动，从而带动企业双向发展。但在政策落实方面，目前出台的内外贸易管理文件仍不能满足市场、企业的需求，给企业的内外贸转换及融合带来阻力，给内外市场的对接带来障碍。同时，有关部门的协调性有待加强，配合力度不够导致企业申请相关证书难度较大，由于政府长期缺乏统一管理和相互配合的手段，使得管理局面较为混乱，难以起到规范市场的作用。调研中，多数企业表示希望政府提供更多的支持，帮助其更顺利地进行内外贸转换。

3. 企业内外贸转换意愿不足

调研显示，大多数企业暂无内外贸转换方面的专项预算，且没有设置对应的职能部门，说明企业在进行内外贸转换时意愿不足。特别在外贸转内销过程中，企业面临着产品改良成本高、国内市场渠道难以开拓的困境。一方面，产品生产标准不一致导致企业需要对生产线进行重新设计，聘请相关生产、研发、管理人员也会提高企业的生产、经营成本；另一方面，内销渠道需要企业重新拓展合作商、经销商等渠道。同时，原有的本土企业所拥有的线下和线上市场份额都已趋于饱和，导致国内市场渠道难以打通。这些难题使得企业没有较强的意愿进行内外贸转换。

4. 潜在的知识产权纠纷牵制内外贸转化进程

加工代工类产品在出口转内销过程中面临的知识产权问题，可能会涉及专利侵权、著作权侵权、商标侵权以及不正当竞争等问题。外贸企业理论上可以与国外委托方保持友好的沟通，提前协商解决"出口转内销"的方案，包括不限于市场分割、利益共享等机制，但受制于知识产权的所有权不在外贸企业，众多的中小型企业难以预估和承担这样的时间、费用、人力等成本，很多内外贸转化最后无疾而终。政府相关部门应支持外贸企业与品牌商协商出口转内销产品涉及的知识产权授权，做好专利申请、商标注册和著作权登记等工作，切实打消外贸企业的顾虑。

5. 数字化转型难以赋能于内外贸转化

调研企业中，一部分已上线数字化系统但没有进行内外贸转化，一部分没有进行数字化转型，这说明大部分企业都还没能通过数字化转型赋能于内外贸转换中。企业当前的数字化转型主要针对财务信息化、无纸化报关等。同时，企业普遍比较担心数字化转型带来的信息泄漏问题，目前比较好的解决方案是 A 公司所采用的设置 VPN 内网模式。

四、结论与政策建议

通过调研发现，中小型企业对于内外贸转换的知晓度和灵活度皆低于大型企业。即使有国家的政策扶持，外贸企业对于内外贸一体化的主动性仍然不高。对此，根据调研结果，总结出以下建议可供参考。

（一）商务部、海关总署等部门协助外贸企业拓宽国内外市场

1. 帮助拓展内销新渠道

针对外贸企业失去部分或大多数国外市场，以及无法在以往的国外渠道销售等情况，商务部可以结合自身工作职能，整合内外贸资源，精准对接国内消费者需求，组织开展专题活动。例如，依托各类网上购物节，设置外贸产品专区，开展线上转内销活动，充分利用广交会、中国加工贸易产品博览会等平台，帮助外贸企业拓展内销渠道。

2. 放宽企业内销限制

在简化便利手续方面，海关总署可以同商务部一起，进一步放宽对加工贸易企业内销限制。例如，按照2020年《关于促进消费扩容提质加快形成强大国内市场的实施意见》进一步放宽内销征税时限，由每月申报调整为最长可按季度申报，而且允许符合条件的企业可以每个季度结束后 15 天内申报，这将会极大地节约企业办理内销业务成本，促进外贸企业转内销。

3. 设立保税区

保税区是指一个国家在边境或其他地方划出的由海关监督对进出口货物免征关税的特殊区域。保税区是我国继经济特区、经济技术开发区、国家高新技术产业开

发区之后，经国务院批准设立的新的经济性区域。由于保税区按照国际惯例运作，实行比其他开放地区更为灵活优惠的政策，企业在这里开展进出口业务可以享受更好的投资环境，增强自身的竞争优势。

4. 推行电子报关一体化政策

推行实现电子报关，有助于提高报关效率，减少人工操作带来的差错成本，实现不同地区各个海关内部数据互通。报关行与海关之间统一使用同一个主系统，不同报关口岸之间可以使用多个分系统，由国家部门直接监管监控，这样可以加大政府对企业信息的保护力度，尽量减少数字化报关后带来的信息泄露。此外，在实施电子报关政策之后，海关可以通过微信群、线上视频会议等形式对企业进行相关方面的培训，通过海关大厅公告栏、邮件、微信群等方式及时与企业沟通并提供帮助，降低错误率。报关错误率会影响企业评级，因此，国家可以适当降低企业报关评级的标准，给予企业更多机会。这类政策可以促进主营业务为内贸的企业提高报关效率，企业可以更便捷地开拓外贸业务。

5. 推进长三角地区关检融合

在长三角区域发展一体化的国家战略下，推动中国海关与检验检疫机构的全面融合，对促进长三角经济发展有着非常重要的作用。此外，长三角一体化的发展也为部分跨区域综合性企业带来便利，小到员工的通勤出行、人才招募和保留，大到客户拓展、客户售后服务和物流便利化。因此，推进长三角关检融合对一些企业进行内外贸转换有一定吸引力。关检融合难点可以通过一系列科学高效的政策解决。比如，完善海关法律制度体系，推动海关人事管理协调配置等。

（二）直接助力企业内外贸转换

1. 加强内外贸业务融合

从调研企业反馈来看，内外贸分别管理的弊端明显，各自不同的行为规则严重阻碍了内外贸顺利转换，造成了企业的无谓损失。因此，进一步加强内外贸业务融合势在必行。从管理体制角度自上而下、全方面地实现管理内外贸一体化，规范政府流通管理职能。此外，可以借鉴国外内外贸统一管理模式和国际贸易规则，再结合国内国情因地制宜、取长补短，不断完善国内营商环境，打破内外贸市场分割的现状，构建新的管理体系，推动内外贸一体化发展。

2. 政府助力企业的数字化转型

受新冠肺炎疫情的影响，大部分客户选择将时间花在网络平台。因此，外贸企业需要多样化的渠道和方式运营，展开数字化营销。针对大部分出口企业缺少国内营销渠道及开发新营销渠道成本过高的问题，政府应为企业助力拓展新渠道。跨境电子商务连接着国内市场和国际市场，且进入跨境电商市场门槛相对较低。因此，政府可以通过支持跨境电商来弥补线下国际商品参展的缺失，帮助外贸企业建立和完善合适的线上渠道，使外贸企业的产品有效触达潜在客户。这也增强了国际贸易市场上信息的流动，可以帮助国内消费者获取真实的企业信息、了解企业产品。

3. 政府推动需求上升

外部需求可以通过与"一带一路"沿线国家开展贸易往来。同时，提升东盟成为我国第一大贸易伙伴，以应对与美国、欧盟贸易量的减少问题。国内需求由双循环政策拉动，国家应给予国内供给侧缺少的产品企业更多的政策帮扶。当国内贸易成本相对于加工贸易成本降低时，部分加工贸易企业会转向内销企业，这将会增加国内市场的产品供给，降低了国内市场产品的价格，拉动国内市场的内部需求。

4. 出台减税降费政策

通过减税降费政策，降低企业成本，提供资金补助支持。多数的大型出口企业适用国家现行的融资贷款贴息免息政策，然而中小企业由于缺少抵押担保的固定资产，需要国家更直接的资金补助政策。国家可以联合中国信保等保险公司推出短期的信用保险，帮助有潜力的外贸企业渡过资金难关。此外，政府可以通过投资基础设施建设以及实施结构性减税来降低国内贸易的可变成本，这不仅促进达成增加内部需求的目标，也帮助推动外贸企业出口转内销路径的有效实施。

参考文献

[1] 中共中央关于制定国民经济和社会发展第十四个五年规划和二〇三五年远景目标的建议 [N]. 人民日报，2020 - 11 - 04（001）.

[2] 黄晶晶. 新冠疫情影响下我国外贸进出口行业的现状及对策分析 [J]. 商展经济，2020（06）：8 - 10.

[3] 陈旭. 外贸企业推进内外贸融合开拓国内市场的思考 [J]. 现代商业，2011（36）：16 - 16. DOI：10. 3969/j. issn. 1673 - 5889. 2011. 36. 006.

[4] 黄睿涵，李紫，魏璇，刘宇霖，潘晨昱. 长三角一体化进程中关检融合的堵点、痛点问题研究 [J]. 产业科技创新，2021，3（02）：13 - 15.

[5] 刘海洋，高璐，林令涛. 互联网、企业出口模式变革及其影响 [J]. 经济学（季刊），2020，19（1）：261 - 280.

[6] 胡德宁. 新时期内外贸一体化发展策略研究 [J]. 价格月刊，2021（02）：30 - 35.

附　录　调研感悟

（一）指导教师调研感悟

1. 汪建新

近两个月的调研活动在许歆怡、郑思睿、王鹤婷、戴传辉、於欣澄和唐汝佳同学的辛苦努力下圆满结束，六位同学在调研活动中彰显了团队合作的巨大作用，每次问卷调查分工明确，问卷设计、采访、记录、拍照、总结等各项工作密切配合；各位同学在调研中善于与企业人员沟通，准确表达自己的思想，耐心倾听他人意见，辩证吸纳他人观点，互信互助。此次调研活动也彰显了选题的重要，调研紧密结合国家经济发展的需要，解决了当前新发展格局建设下存在的问题。各位同学在前期对内外贸转换问题花了很大力气，问卷设计问题尽量结合有实际意义的主题，对调研企业有帮助，对各位同学认知有提高。此次调研活动在新冠肺炎疫情下开展，各位同学克服了诸多不便，使得整个调研活动非常充实，为同学们走向社会搭起了一个桥梁，也是同学们人生的一段重要经历，所学到的经验和知识更是同学们人生中的一笔宝贵财富。

2. 范彩云

为期近两个月的"访万企，读中国"暑期调查实践接近尾声，参加活动以来，感悟颇多。从访谈前的准备规划、访谈过程中的灵活变通，到访谈结束后的总结整理，都凝聚了师生大量的心血和汗水，同学们为此都付出了巨大的努力。在此次贸易数字化访谈活动中，企业领导不仅和我们分享公司的发展历程、发展现状、未来规划以及整个行业的情况，还从业界的角度毫无保留地给出同学们在学习和工作等方面的建议，我们也从中进一步体会到企业家的不容易，他们所具备的担当和奋斗精神、所拥有的敏锐洞察力和前瞻性发展眼光是需要我们学习的。有付出就有回报，通过这次调研，不管是老师还是同学，都收获颇多，这个经历将对以后的工作和学习起到积极的促进作用。

（二）小组成员调研感悟

1. 於欣澄

近年来，随着国际贸易环境和国内政策形势的变化，内外贸转换对企业发展和中国经济发展的重要性日益凸显。通过暑假里对外贸企业的调研活动，我了解到了一些平时学不到的知识及经验，包括数字化转型，包括内外贸转换的相关知识，也包括外贸企业的业务具体操作，还包括团队合作的重要性。大家从零经验开始学习，查找资料、分配并完成自己的任务、联系各方、撰写报告。这次调研虽然短暂但是充实，大家都收获颇丰。在这个不断探索的过程中，我逐渐感受到团队的力量，如果没有团队的真诚沟通和认真合作，我们的调研活动必然无法推进。感谢我们小组成员的付出，感谢范彩云老师和汪建新老师的指导，感谢李佩瑾老师的答疑和帮助，大家辛苦了，很开心认识你们！

2. 许歆怡

很荣幸能够参与"访万企，读中国"的调研活动，非常感谢学校给我们提供了一个实践平台，以及各个组织机构的支持。通过全身心地投入这次活动，我的人际交往能力、管理能力、分析能力等都得到了提升。活动初期，成员们都对本次调研活动充满好奇与期待，然而需要在有限的时间里确定调研主题、撰写计划书、制作问卷，也让我们倍感压力。随着在访谈过程中不断积累经验，成员之间的默契和进步都显而易见，采访也渐入佳境。我们逐渐意识到如何跟企业解释主题才能使企业不被这些看似高大上的名词迷惑，也了解到哪些议题可以帮助企业有所发展，还能教会我们不断更正、不断挑战自己的过程远比最后的结果要来的重要。最后祝愿"访万企，读中国"活动越办越好，第十六小组的所有成员前程似锦，祝愿给予我们帮助的所有人万事如意！

3. 唐汝佳

在从学校跨入社会的阶段中，参与此次访万企活动令我受益匪浅，见识到了企业各级管理人员及他们更为实际的观点。同时，了解到不同行业的企业当下所处的发展阶段、数字化转型进展及相关发展规划，意识到数字化转型的重要性以及企业进行内外贸转换离不开数字化的发展。这次"访万企"调研活动从题材搜集、问卷设计，到联系企业、访谈企业，再到最后撰写报告，我们小组成员从互不熟悉到通力配合，明确的分工合作、成员们的尽职尽责在此过程中起到了决定性作用。感谢此次访万企活动的指导老师汪建新老师和范彩云老师，在我们调研选题时提供了明确清晰的思路，感谢小组成员们在联系企业不顺时主动利用身边资源提供帮助，通过这次访谈活动收获的宝贵的实践经验将使我终生难忘！

4. 戴传辉

参与本次"访万企，读中国"的暑期调研活动当中让我收获颇丰，感谢学校和各个相关机构的大力支持，为我们构建起了一个良好的实践平台。在本次调研活动中，我体验到了很多不一样的经历，也积累了各式各样的经验，使我各方面的软实力得到了极大的提升。例如，与企业人员的沟通能力、制作问卷的能力和整理会议记录的能力等。活动初期，组员们对本次调研既期待又倍感压力，但是通过团队合作，我们成功地化压力为动力，圆满地完成了前期的准备工作。随着访谈的不断推进，对于调研活动我们也越来越得心应手，大大地加快了整体调研活动的进程。在与企业人员的交流中，我们也收获了很多具有现实意义的建议，帮助我们更好地规划未来。最后，祝愿"访万企，读中国"暑期调研活动取得圆满的成功！

5. 王鹤婷

近几年来，中国经济环境经历了各种波动，企业也不断调整自身发展的方向和未来战略。在学校的我们更多学习的是课本上的知识，尽管老师在课堂上补充了近几年关于企业发展的相关典型案例，但无法给我们讲述最新的、最前沿的企业发展现状和企业在数字化转型中遇到的困难等。通过这次暑期"访万企"调研活动，我们更加深入社会中去，不再是基于课本的象牙塔式学习。虽然由于台风天气以及新冠肺炎疫情原因无法进行实地走访调查，但在学校以及海关总署等相关机构的支持下，我们成功联系到了多家企业。此外，通过与各个企业负责人的交流，我对长三角一体化政策的实施、海关报关一体化的推进有了更深的理解，也知道了不同类型企业受新冠肺炎疫情影响相差很多、如何推进企业进行数字化转型、数字化转型过程中企业需要作出怎样的改变等。"纸上得来终觉浅，绝知此事要躬行"。"访万企"调研活动让我们找到了理论与实践相结合的最优点，感谢学校提供的支持与帮助！

6. 郑思睿

此次"访万企，读中国"调研活动充实了我的暑期生活，让我度过了忙碌又充实的一个多月，学习到了许多新知识，获益良多。虽然受新冠肺炎疫情和台风影响，我们无法按原计划对企业进行实地调研，但是通过前期和企业负责人协商沟通、后期参与线上访谈，我收获了许多在课本上学不到的知识，知道了在当前大变局之下企业的发展情况和未来趋势，了解了不同公司的运营模式，大大拓宽了我的眼界。除此之外，此次活动不仅锻炼了我的公众号运营和推送文案的撰写能力，还让我感受到团队协作的重要性。之前我有过制作推送文案的经验，但这是我第一次创建和运营一个公众号，自己设计公众号LOGO、推送文案的开头和结尾等，成就感满满。总而言之，"实践出真知"，非常庆幸此次调研充实了我的假期生活，丰富了自己看待问题的角度，学会了如何更好地与团队成员通力合作。

大数据时代下长三角制造业企业数字化转型现状分析

陈志鹏　陈　皓　王梦云　俞新月

指导教师：肖　宇　杨小帆

摘　要

我国制造业规模庞大、体系完备。但随着生产力的不断发展，制造业大而不强的问题日益明显。尤其是传统制造业，自主创新能力不强、生产和管理效率低等问题愈发突出。随着信息化与工业化的不断融合，我国逐步发展成为制造强国。传统产业需充分发挥信息技术的重要作用，加强各个行业之间的融合与发展，突破传统模式的局限性，提高数据处理能力。长三角地区是我国信息化与制造业发展较快的地区之一。因此，研究长三角地区企业数字化转型对本地区传统制造业的影响尤为重要。本文在"访万企，读中国"调研问卷的基础上，运用统计方法，研究长三角地区制造业企业的数字化转型现状、困境、影响因素，并据此提出相应的建议。

关键词：数字化转型；制造业企业；影响因素；现状调研

一、调研背景和意义

随着经济全球化的深入，我国制造业发展迅猛，总体规模不断增长，主营业务从 2000 年的 7.15 万亿元上升到 2016 年的 104.65 万亿元，16 年间上升了近 15 倍。与此同时，我国工业增加值也从 2000 年的 43854.3 亿元上升到 2020 年的 313071.1 亿元，连续 11 年成为世界最大的制造业国家，我国制造业对世界制造业贡献的比重接近30%。党的十九大报告指出："加快建设制造强国既是全面建设社会主义现代化国家的重要支撑，也是高质量发展阶段增强我国经济质量优势的关键所在。"但是，我国制造业一直都面临着"大而不强"的问题。"Made in China"虽然塑造了中国制造业在全球形势下的格局态势，但背后也体现出制造业及其产品的低端特征。

伴随着经济全球化的发展，以大数据、云计算、人工智能和物联网、工业互联网为代表的新一代信息技术与经济社会生活的深度融合，也加速推动了我国数字经济的发展。作为制造业大国，我国若想实现从"中国制造"到"中国智造"的转变，就必须抓住数字经济发展这一重大机遇。

长江三角洲（长三角）地区是我国经济发展最活跃、开放程度最高、创新能力最强的区域之一，其制造业企业比国内其他地区的发展起步早、国际化经验积累多，具备鲜明的国际化特征，这就使长三角地区必然成为中国制造业的中心。因此，研究长三角制造业企业数字化转型现状、影响因素等对我国制造业乃至整个国家经济都非常重要。

在全球经济增长乏力的大背景下，数字经济已经成为各国提振经济发展的重要方向，互联网经济时代给全球经济增长带来了机遇与挑战。在新冠肺炎疫情的阴云还没有完全消散的今天，我国传统制造业的发展方向在哪里？这是急需解决的一个大问题。因此，本次调研从长三角制造业着手，探析传统制造业企业数字化转型现状、影响因素以及面临困境，试图以点知面，总结我国传统制造业企业转型的模式，为企业数字化转型提供参考意见。

二、调研方案与实施

（一）调研方案

1. 调查内容

本小组通过线上访谈和问卷调查相结合的方式，从研发设计、生产加工、物流配送、市场营销等方面，对制造业企业各个环节数字化转型进行深入了解，进而知晓长三角地区制造业企业数字化转型现状，了解企业数字化转型的困境和影响因素。

2. 调研方法

（1）问卷调查法。前期与企业对接后，利用专业动作开展问卷调查，用于了解企业数字化的基本情况。

（2）线上访谈法。根据问卷以及需要制订访谈提纲，在约定的时间通过腾讯会议开展线上视频访谈，深入了解企业各环节数字化转型的现状与问题。访谈期间采用录音、录屏等方式记录会议的内容，并在会议后进行总结、分析。

（3）文献调查法。通过查阅相关文献，从专业角度对调查结果进行分析，并形成最终的报告。

（4）网络应用法。通过企查查、企业官网、官微等渠道寻找企业信息、照片、新闻报道等对企业进行全面了解。

（二）调研对象

以下为参与调研的企业名录：

（1）杭州某实业有限公司

（2）浙江某护理用品有限公司

（3）海南某石化有限公司

（4）杭州某化工有限公司

（5）杭州某供应链管理有限公司

（6）上海某科技有限公司

（7）芜湖某新材料股份有限公司

（三）调研项目

（1）公司的基本状况。

（2）公司数字化转型所处阶段、转型契机。

（3）公司对制造业企业数字化转型的看法。

（4）政府对企业数字化转型的政策支持。

（5）公司各部门如研发部门、生产部门、市场营销部门等数字化转型的基本情况。

（6）公司数字化转型的瓶颈、难点以及解决措施。

（四）调研任务分配

表1　小组调研任务分配

职责	具体工作	人员
联络工作	调研指导教师	肖宇、杨小帆
	统计与信息学院学生	俞新月、王梦云、陈皓、陈志鹏
过程管理	会议主持人	陈志鹏
	网盘资料管理	俞新月
	录音、录屏、截屏	陈皓
	新闻及推送制作	王梦云
文字撰写	报告	陈志鹏、陈皓、王梦云、俞新月

（五）调研工作安排

表2 小组调研工作安排

时间	安排	备注
7月11日—7月19日	（1）确定访谈的企业 （2）确定调研方向和内容 （3）撰写调研提纲	前期准备
7月20日—8月25日	（1）7月20日海南某石化有限公司 （2）7月30日杭州某化工有限公司 （3）7月30日浙江某护理用品有限公司 （4）8月11日上海某科技有限公司 （5）8月12日杭州某供应链管理有限公司 （6）8月18日芜湖某新材料股份有限公司 （7）8月25日杭州某实业有限公司	中期采访
8月25日—8月31日	（1）完成调研报告 （2）典型案例报告 （3）调查记录单 （4）整理打包所需材料	后期总结

三、问卷调研结果统计分析

（一）样本基本情况

本次调研以"问卷＋访谈"的形式进行。其中，问卷共包含40个问题，范围包含企业生产基本情况、数字化转型程度、转型影响效应、政策需求四个方面。截至2021年8月30日，调研收集到了183份有效规范问卷（含本组调研的7家企业

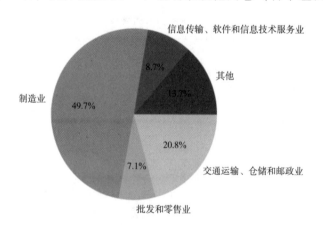

图1 企业所属行业饼图

填写的规范问卷）。首先从企业所在行业、所属类型与数字化转型程度等几个方面对样本进行总体特征描述。对 183 份规范问卷进行统计，我们发现样本涵盖行业领域较为广泛。其中，制造业（49.7%）和交通运输行业（20.8%）占比较大（如图 1 所示）。从企业类型来看，受访企业中外贸生产企业（38.3%）和非外贸直接相关企业（22.4%）占比较大（如图 2 所示）。从数字化转型情况来看，受访企业中认为企业目前处于数字化转型初始期（29.0%）和处于业务流程数字化转型期（23.0%）占比较大；剩余 8.7% 的其他企业中，一半企业认为本企业完全未开展数字化转型并且目前没有意愿进行数字化转型，另一半企业有数字化转型意愿但未实施（如图 3 所示）。从企业营收规模上看，有 47.5% 的企业 2020 年收入在 4 亿元以上，这部分企业中有 24.1% 的企业认为本企业数字化转型与创新已成为常态（如图 4 所示）。

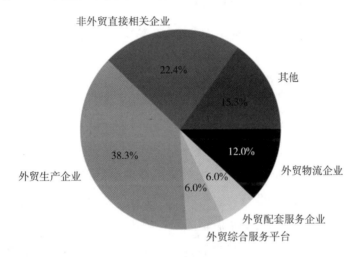

图 2　企业类型情况

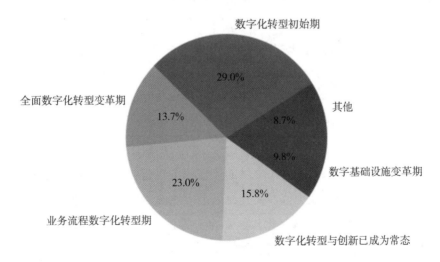

图 3　企业数字化转型情况

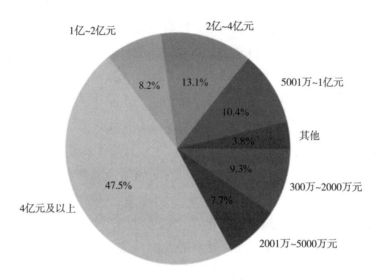

图4　企业营业收入状况

（二）数字化转型基本观点

　　在对待数字化转型的态度上，制造业不同领域的企业对数字化转型都持有较高期待的态度。

　　本次采访中，浙江某护理用品有限公司高管表示，在高度竞争的市场环境下，企业认识到数字化是解决企业管理问题的重要工具，企业真正的核心竞争力是管理和运营能力。因此，企业需要不断借鉴国内外制造企业的先进经验。此外，影响企业数字化推进的最大问题是人认知的落后。目前，企业还处于数字化转型初期，只是找到了方向，但对转型成果的扩大还需要政府的大力支持。

　　而另外一家化工类型制造业老总则结合自身实际表明了其对公司数字化转型的态度。公司于2016年开始推进数字化进程，并且一直朝着数字化转型这个方向逐步推进。后续公司也会有一些专门的团队，比如，通过大数据的分析来参与整个销售、生产的过程。虽然企业在推行数字化进程中会先支付高额的费用，但从长期的成本摊销来看，这些成本是值得付出的。

　　杭州另一家大型化工企业刘总认为，企业出口的数字化转型目前还只是处于起步阶段，只是通过环球慧思等公司提供的数据服务对行业内部数据进行了分析。央企的数字化程度比民营企业更好，究其原因是一些政府机构对本地区有相关的政策扶持，而大多数民营企业的数字化只能靠自身推进，这样就比较困难且进展缓慢。因此，希望政府加大对民营企业数字化的支持。

　　除此之外，杭州一家供应链管理有限公司管理人员则表示企业特别重视数字化。

目前，公司的数字化系统在不断升级完善的阶段，需要持续投入，后续将会产生收益。企业的瓶颈问题是缺乏数字化人才，特别是熟悉在线零售业务的数字化运营人才，这是公司人才引进的重点方向。对此，公司在人才引进、培养、职业发展通道等方面逐步完善人才管理体系。企业所需的政策支持包括数字化投入的补贴、投入成本的降低、数字化人才的招引等方面。

从这几家公司高管的访谈中，我们不难发现，大多制造业企业对数字化还是持有比较开放且积极的态度，愿意在数字化转型上投入更多的资金，也看好数字化转型的前景。但对政策引导、人才培养、资金支持等转型实际举措方面，企业普遍感到比较困惑和迷茫。

（三）数字化转型重点

据调查问卷显示，所有企业包括制造业企业，数字化转型的重点都聚焦四个方面：数字化运营、数字化治理、数字化平台、数字化客户体验（如图5所示）。

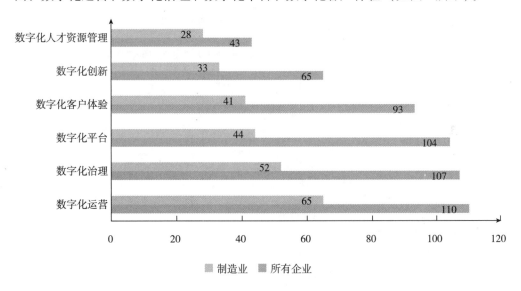

图5　企业数字化转型重点

1. 数字化运营

数字化运营是指打通从研发、销售、交付、售后、方案资产化的端到端流程，是数字化转型的基础。其本质是通过大数据加算法，自动智能地化解复杂环境的不确定性，优化资源配置效率，创建企业核心竞争优势。

2. 数字化治理

数字化治理是指提升现有信息化能力，完善数据治理体系。数据治理中的"治"是整治，即关注数据质量，保障数据稳定性、准确性，合理控制数据的生命周期，降低成本。"理"是梳理和管理数据的基本信息、状态、关联关系等，目标是理清哪些数据、如何获取，最终用到什么地方。数据治理的目的在于确保数据的质量、可用性、可集成性、安全性和易用性。随着数字化转型速度加快，企业的数据量呈指数型增长。据国际数据公司 IDC 预测，2020 年全球数据总量预计为 44ZB，我国数据总量将达到 8060EB，占全球数据总量的 18%，成为名副其实的数据资源大国和全球数据中心。面对如此庞大的数据，如何打通数据、消除"数据孤岛"、做好数据治理、挖掘数据价值、更好地利用数据已经成为企业数字化转型的关键。

3. 数字化平台

企业数字化转型本身是一场技术革命，因此，必须要引入先进的数字技术。问卷结果显示，企业数字化技术使用率排在前三的分别是大数据（71.4%）、电子商务（53.1%）和云计算（38.3%）。其中，91 家制造业的数字化技术主要是大数据、电子商务和物联网，使用率分别是 59.3%、49.5%、40.7%。由此可见，在企业数字化转型中，大数据是决定性的技术手段（如图 6 所示）。

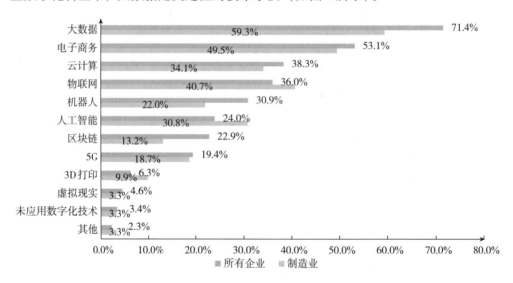

图6　企业数字化技术使用现状统计图

大数据为何如此重要？原因主要包含两个方面：首先，大数据是解锁数字化客户、渠道以及市场的关键所在。企业之所以进行数字化转型，一是顺应时代潮流，二是满足客户需求。大数据为企业提供了一个机会，让他们可以对客户进行更加深入的了解，了解客户的需求以及这些需求背后的深层次原因，并为客户提供最佳的体验。其次，大数据对于数字化企业的运转也起到了关键作用，数字化转型与大数据之间的连锁反应会改变传统业务模型。大数据在企业中应用广泛，在研发创新、生产经营管理、物流配送等环节都需要进行数据分析与应用。随着数据挖掘与分析技术的进一步优化，未来企业将在更多的应用场景中发挥大数据分析的价值，从而提升企业效益与核心竞争力。

具体到信息系统部署方面，问卷结果显示半数以上的企业都部署了 OA（办公系统）、ERP（企业资源计划）和 CRM（客户管理系统）。其中，OA 使用率最高，达到 75.4%。OA 协作办公系统不仅可以改变企业的办公状态，还可以使数字化赋能办公，在帮助新冠肺炎疫情防控、提升工作效率、升级传统产业方面也显示出巨大的潜力（如图 7 所示）。

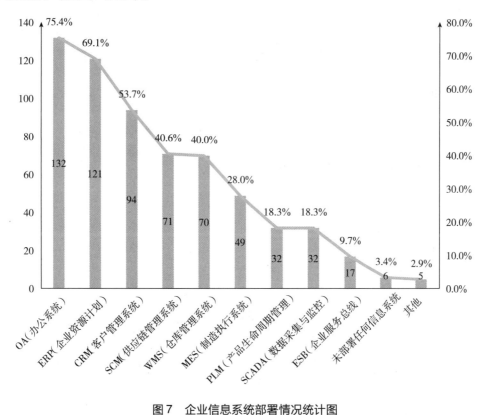

图 7　企业信息系统部署情况统计图

4. 数字化客户体验

数字化转型迫使企业改变商业模式，适应新的市场，其背后的真正推动力是客户。在信息极度透明、产品同质化严重的今天，企业的核心竞争力开始从产品导向向客户体验导向偏移，这也使很多企业管理者面临着巨大挑战。因而，无论是传统企业还是互联网企业，都在积极探索创新方案和具体措施，从而提高客户的数字化体验，更好地为客户创造价值，保证企业可持续的发展。在以客户体验为核心的时代，企业需要洞察人的需求，在精准开发产品的同时提供因人而异的差异化服务，企业需要具备精细化运营的能力，做到一人千面或千人千面。在这个过程中，科技化的手段不可或缺，但更重要的是从"心"出发、从细微之处出发，提供满足用户需求的产品和服务。

四、转型阶段与影响因素分析

（一）数字化转型阶段分析

在受访企业中，大部分企业认为本公司仍处于数字化转型初期或业务流程数字化转型期（如图8所示）。22.4%的企业有系统的数字化转型规划并且按步骤实施，有36.6%的企业初步制订了相关规划和路线图，但是仍在探讨完善过程中，还有18.6%的企业正在学习和制订相关规划中（如图9所示）。

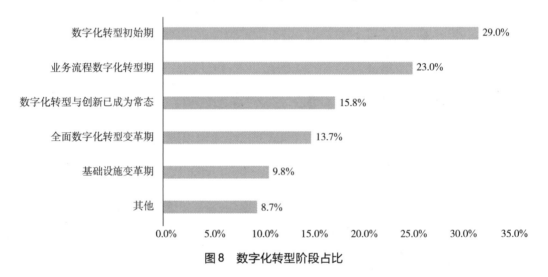

图8　数字化转型阶段占比

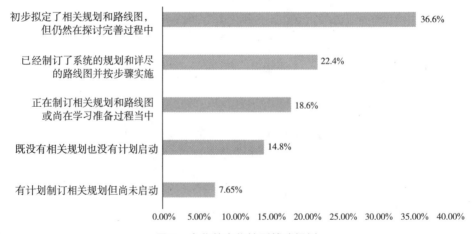

图9　企业数字化转型战略规划

这说明在调研企业中，大多数企业有意愿并积极响应数字化转型的号召，但在转型措施或者转型阶段上，尚未形成统一的认知。更多的企业处于转型的初步阶段，缺乏明确的指引，靠着自己的摸索或其他同类型公司的经验迈出转型的每一步。

除此之外，企业对于数字化转型的态度还是较为谨慎的。36.6%的企业初步制订了相关规划和路线，但是仍在探讨完善过程中，这些公司对于企业数字化转型这一趋势是完全认同的，但更关心的是如何使企业数字化转型过程更加平稳。

（二）影响因素分析

当下，全球正处于一个经济数字化转型的时代，数字经济和实体经济正在高度融合，传统企业的数字化转型已是大势所趋。但是，传统企业数字化转型的步调并不一致。不同的企业所处的行业不同，所处的发展阶段不同，所处的信息化建设阶段不同，对数字化转型的认知程度不同，开展数字化转型的动因不同，企业数字化转型的效用也就不同。

1. 大多数制造业企业数字化发展都是自发的、主动的

在进行数字化转型的 91 家制造业企业中，49.5% 的企业转型初衷是为了提高生产效率，24.2% 的初衷是为降低成本。不难发现，制造业企业的转型更多是从自身利益出发，自发、主动地去寻求转型，而不是传统意义上认为的将"数字化"当作任务，被动、强迫地去完成（如图 10 所示）。

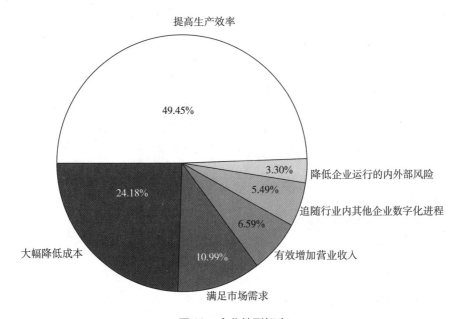

图 10　企业转型初衷

数字化转型内容包括营销数字化、采购数字化、生产数字化、管理数字化等。其中，采购数字化利用大数据、云计算等技术整合资源，构建一站式资源库和流程工具，实现内部流程可视化、可追溯，提高采购效率，降低运营成本；而生产数字化通过完全虚拟环境的建模、验证和仿真，将包括生产前端和后端数据集成到统一的数据平台，达到生产过程的柔性化和智能化。采购与生产是制造业最为关键的两个环节，其数字化转型的内涵又恰与制造业企业提高生产率的发展目标一致。因此，我们不难得出结论：数字化转型是制造业企业发展的必由之路。

世界经济论坛（WEF）发布的《第四次工业革命对供应链的影响》白皮书指出，数字化转型对不同行业企业的成本和收入均有显著影响。其中，制造业企业成本降低 17.6%，营业收入增加 22.6%。

2. 影响因素

结合问卷，我们选取属地性质、企业规模、职能团队、人才培养、投资经费五个因素探究其对企业数字化转型效用的影响。

我们选取问卷中"数字化转型对解决贵企业经营困难的效用如何？"一题作为制造业企业数字化转型效用的评价，剔除 4 家未开始数字化转型的企业，其余 87 家转型效用如图 11 所示。数字化转型能完全解决经营困难的有 1 家企业，较大程度解决经营困难的有 49 家企业。

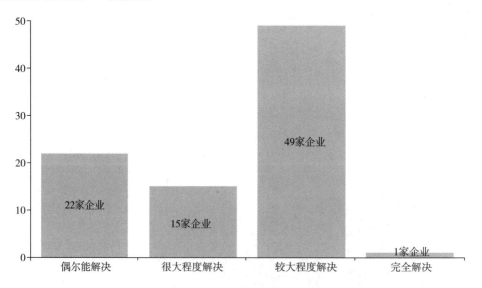

图 11　制造业企业转型效用图

（1）属地性质

这次访谈企业以本地企业为主、外资企业为辅，且绝大部分企业在数字化转型之后，都能较大程度的解决企业经营困难的问题。但不可否认的是本地企业以及外资企业在转型效用上成果更加显著，这可能与当地政府的政策有关，也与国家的数字化转型文化有关（如图12所示）。

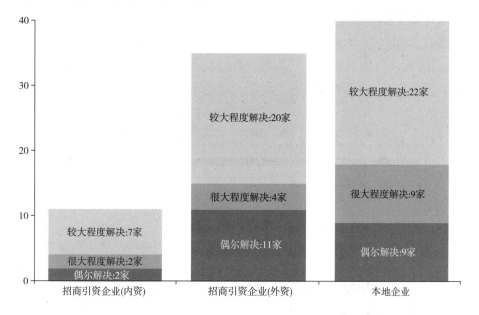

图12　影响因素：属地性质

（2）企业规模

我们按照企业去年营业收入将企业划分成微型企业（＜300万元）、小型企业（300万～2000万元）、中型企业（2000万～1亿元）、大中型企业（1亿～4亿元）、大型企业（＞4亿元）（如图13所示）。可以看出，本次调研以大型企业为主，但转型效用并没有因为企业规模而产生很大的差别。

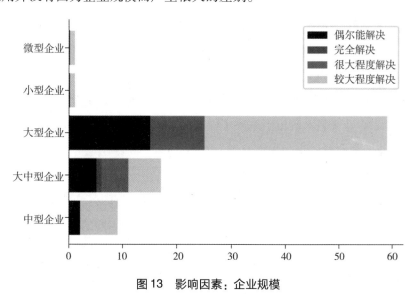

图13　影响因素：企业规模

（3）职能团队

随后，我们对"企业是否针对数字化转型设置了相应的职能和团队？"一题进行分析，可以比较明显地看出，设置相应职能和团队的企业转型效用明显优于未设置的企业。而设置相应团队的企业，到底是设置兼职团队、专职团队还是部分人员团队，对转型效用的影响不是特别明显。这也暴露出目前制造业企业中处于数字化转型初期的企业较多，数字化转型的专职人员未能完全发挥出应有的效能（如图14所示）。

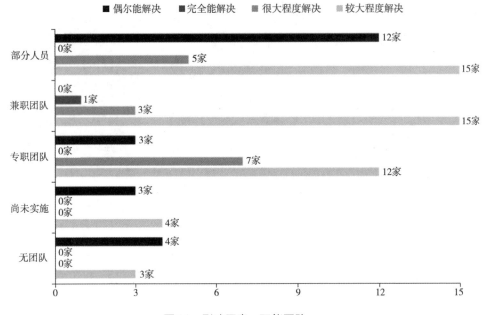

图14　影响因素：职能团队

（4）人才培养

针对人才培养方面，我们选取问题"在数字化人才培养方面，贵企业的情况符合以下哪一项？"进行统计分析，具体结果如图15所示。从图中我们发现：设置部分计划的企业最多，共有44家。而无计划的最少，只有9家企业。而设置部分计划的企业有29家企业在较大程度上解决了经营困难。这既与企业所处数字化转型阶段有关，又与企业数字化转型的初衷有关（如图15所示）。

（5）咨询费用

最后，我们选取问题"请问贵企业为数字化转型付出的咨询费用大致为多少？"作为影响因素——咨询费用的数据支持。未开展咨询的企业数量比较多，且大部分企业在咨询费用的投入较少。因此，取得的效用也基本处于比较初级的阶段。若企业想继续提升数字化转型效用，咨询费用的投入也需要增加（如图16所示）。

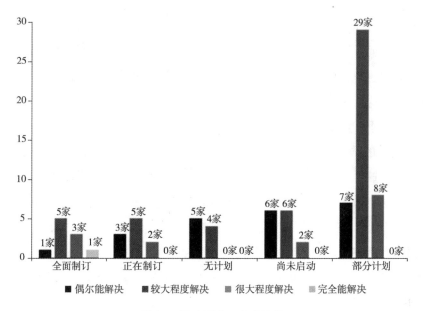

图 15 影响因素：人才培养

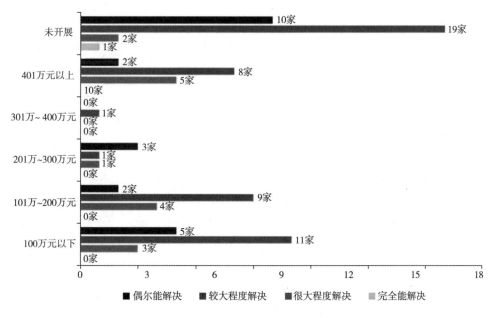

图 16 影响因素：咨询费用

五、现存问题分析

针对企业在数字化转型过程中的瓶颈这一问题，问卷中涉及的各选项内容主要有缺乏数字化的认识和意愿、缺乏专业的数字化人才、企业管理、组织架构与职能设置无法匹配数字化工作、缺乏信任与开放协同的互联网思维和文化、缺乏具有战略视野的顶层设计等方面。这是一个多选排序题，由企业负责人从这些选项中选择3个他们认为自己企业在数字化转型中所面临的困难，并按困难程度排序。在91份制造业企业问卷中，由于有4家企业完全未开展数字化转型。因此，在下面的统计分析中不考虑这4家企业。

步骤1：对选项进行各次序频数统计

13个选项的选择结果见表3。认为"缺乏数字化的认识和意愿"是首要困难的有22家（一选个数），占有效企业数（87家）的25.3%；认为该选项是第二位的有5家（二选个数），占有效企业数的5.8%，依此类推。知道了选择重点，并不等于知道了选择排序，我们无法判定是在一选中获得22家选择的"缺乏数字化的认识和意愿"比获得18家选择的"缺乏专业的数字化人才"更困难，还是在二选中获得21家选择的"缺乏专业的数字化人才"比获得5家选择的"缺乏数字化的认识和意愿"更困难。为了能够清晰地说明结果，还需要进一步引入"加权比例"。

步骤2：对选项进行加权比例统计

统计学认为，在统计中计算平均数指标时，对各个变量值具有权衡轻重作用的数值就称为权数，按照权数合理计算出来的平均数即为加权平均数。当各变量值的权数相等时，计算出来的就是我们常见的简单平均数。多选排序题中的一选、二选、三选就是变量值，为权衡其间轻重就需要进行赋权，以此表明一选重于二选，二选重于三选。在赋权数值上，应该是一选权数＞二选权数＞三选权数，运用赋予的权数进行的选择比例计算即为"加权比例平均数"。加权比例将三项选择比例综合为一项，按照最终得出的加权比例的大小来说明选项的重要程度。由于社会问题基本为定类问题，赋权也不需要十分精准，即进行最简单的赋权即可。如通常来讲，在限选三项时，一选取"3"作为权重，二选取"2"作为权重，三选取"1"作为权重。通过把每个选择比例与权数相乘后计算平均比例，最后得到总的加权比例，结果见表3。

步骤3：按照加权比例排序

有了加权比例后，我们依据加权比例的大小对这些选项进行从大到小的排序。此时，我们可以明显看出各选项的重要程度："缺乏专业的数字化人才"的加权比例为20.5%，位居第一；"缺乏数字化的认识和意愿"的加权比例为15.1%，位居第二。以此类推。至此，我们实现了对选项的排序，可以明确地回答企业在数字化转型过程中的瓶颈，被调查者认为首先是"缺乏专业的数字化人才"，其次是"缺乏数字化的认识和意愿"，再次是"缺乏具有战略视野的顶层设计"……最后是"系统规划导致后续项目需要不断返工"。

表3　多选排序题统计分析

选项	第1位	百分比%	第2位	百分比%	第3位	百分比%	加权比例%
缺乏数字化的认识和意愿	22	25.3	5	5.8	3	3.5	15.1
缺乏专业的数字化人才	18	20.7	21	24.1	11	12.6	20.5
企业管理、组织架构与职能设置无法匹配数字化工作	6	6.9	7	8.1	10	11.5	8.1
缺乏信任与开放协同的互联网思维和文化	9	10.3	18	20.7	4	4.6	12.9
缺乏具有战略视野的顶层设计	13	14.9	8	9.2	13	15.0	13.0
缺乏系统规划导致后续项目需要不断返工	0	0.0	3	3.5	5	5.8	2.1
缺乏转型升级所需资金支持	3	3.5	3	3.5	5	5.8	3.8
多信息系统间无法有效实现数字化集成与互联互通	3	3.5	10	11.5	7	8.1	6.9
标准化水平低、异种品牌设备并存，影响数据采集和协同效率	3	3.5	0	0.0	8	9.2	3.3
数据挖掘能力不足	3	3.4	5	5.8	9	10.3	5.4
数据安全问题突出	2	2.3	2	2.3	4	4.6	2.7
行业配套不足	1	1.2	4	4.6	5	5.8	3.1
其他	4	4.5	1	0.9	3	3.2	3.1
总和	87	100	87	100	87	100	100

　　这一结果在我们的访谈中也得到了印证，杭州某供应链管理有限公司的负责人表示，数字化人才，特别是熟悉在线零售业务的数字化运营人才的引进是公司目前面临的首要难题。对此，公司在人才引进、培养、职业发展通道等方面逐步完善人才管理体系，让人才能"引得进、干得好、留得住"。事实上，很多企业在数字化转型的过程中都会成立专门的数字化团队，但是这些团队成员要么来自IT团队，要么来自业务团队。因此，在转型的过程中造成了为了数字化而数字化、数字化业务停留在了表面的问题。企业真正需要的是复合型人才，这种人才既要熟悉业务端，又要会使用数字化工具，从而通过达到用最优成本和最高效率的方式来解决业务层面上的问题。

企业的成长与发展离不开人，数字化转型依旧如此。在企业数字化转型中比技术更难转变的，是人的思维和意识。浙江某护理用品公司高管在接受访谈时表示，国内企业数字化转型成功率落后国外企业的关键是认知的落后。很多中小企业的管理层并没有理解数字化的实质，跟风部署某一项或者某几项工具，并且觉得部署系统就是数字化转型成功，但其实工具只是第一步。很多员工不接受工作模式的改变，宁可在线下用 Excel 去做，也不愿意用数据分析的工具。如何提升员工的数字化思维，让员工意识到数字化转型可以重构商业模式、改变工作方式以及交流业务的方式是急需解决的问题。

六、结论与建议

（一）加强数字化人才队伍建设

根据问卷及访谈来看，企业数字化转型人才缺乏问题突出。企业一方面应根据需要引进数字化相关人才；另一方面要建立健全数字化人才培养制度，提高现有员工对数字化技术和管理的水平。政府应根据企业的具体需求，探索高效灵活的人才引进、培育、激励和保障政策，通过优惠政策鼓励中小企业增加在数字化专业人才上的投入，例如鼓励高校注重数字化技术相关人才的培育、利用专项资金补贴和落户政策等鼓励企业招募数字化专业人才。

（二）政府出面打破数据壁垒

数字化转型是传统制造业的大势所趋，但是企业却存在着数据不愿共享的问题而导致数据壁垒。受访企业中很大一部分企业都是从第三方购买行业数据而不愿意将自己企业的数据共享，这导致第三方数据公司收集数据效率低，收集到的数据实效性差，进一步扩大数据壁垒产生的影响。出现问题的原因主要在于企业缺乏数字化中"开放"的思维，缺乏有效的数据监管体系以及标准化的数据分享技术体系。针对这些问题，第一点是政府要出面完善相应数据监管法律法规，切实有效地保护企业的数据安全；第二点是政府要出面联合大型数据公司建立标准化的数据平台和数据接口，设置更严格的数据标准模式，使得企业能够安全有效的共享自己的数据；第三点则是政府应该给予数字化转型和共享数据的企业一定程度的财政上和税务上的支持，使企业能够更"无忧"。

（三）降低数字化系统成本，提高数字化转型效率

在数字化系统成本方面，中大型企业面临的生产、销售和物流环节过于复杂而

导致传统数字化系统构建的成本过高，而小微企业则会由于还处于发展阶段而选择简单的管理方式，而这种管理方式在企业发展成长后又会由于转换数字化系统而付出大量成本。基于此，企业应该重视数字化转型的最新技术在企业中的应用。例如，"无代码平台"和"低代码平台"，利用统一的数字化模板在小微企业创业之初便能用低廉的价格使小微企业能够通过数字化提升企业效率；而对于大企业，则可以在统一的数字化模板基础上进行二次开发，使得开发效率更高、成本更低，更有利于提高企业的数字化转型效率。基于此，政府应该重视新型的数字化转型技术和手段并加大扶持力度，由政府牵头将新兴的数字化系统提供商和制造业企业联手，构建廉价好用的数字化系统。

（四）加强数字化知识培训，激发企业自主能动性

传统企业现在仍处于数字化的初期摸索阶段，政府需要在此阶段给予企业积极的引导。政府应帮助企业进一步认识到数字化转型是企业思维方式、经营理念、发展战略、组织体系、运营方式等全方位的变革，是一项系统性的工程。

此外，政府应该尽可能地激发企业自身能动性。转型中的先行者往往可以占据同类型行业线上资源的先机。政府应该向企业说明其相应优势，鼓励企业发挥自身能动性，争做同类企业转型的先行者。

（五）加强对中小型企业的数字化建设支持力度

在传统制造业企业的数字化进程中，可以评选数字化标杆企业，并进行示范交流，以引领中小型企业跟进。基于信用大数据，制定面向中小型企业的短期融资或补贴政策，可向新冠肺炎疫情和贸易冲突时期信用良好的中小型企业快速提供低息的短期小额贷款。这样，一方面，帮助企业渡过因新冠肺炎疫情而导致的物流成本增加、回款时间延长的难关；另一方面，激励企业采购和使用数字化产品，增加销售机会和降低生产管理成本。此外，还可以制定中小型企业人才引进的补贴和激励政策，助力数字化转型。

参考文献

[1] 李春梅. 中国制造业发展质量的评价及其影响因素分析——来自制造业行业面板数据的实证 [J]. 经济问题，2019（08）：44－53.

[2] 柏隽. 制造业中小企业数字化转型"五步走" [J]. 中国工业评论，2018（04）：43－49.

［3］李炜. 企业数字化转型的动因、挑战和应对之道——暨 SIAM 管理方法论简介 ［J］. 网信军民融合，2020（08）：11 - 15.

［4］李四聪. 企业数字化转型：动因、现状与策略 ［J］. 邵阳学院学报（自然科学版），2021，18（04）：82 - 88.

［5］魏瑶. 统计调查中多选排序题的处理方法研究 ［J］. 市场研究，2015（11）：49 - 51.

附　录　调研感悟

(一) 指导教师调研感悟

1. 肖宇

这次万企活动过程可谓是一波三折，计划经历了多次调整。小组成员在整个过程中能够保持平稳心态，积极联系企业，最终完成访谈，得到了相应的锻炼。在项目启动时，对杭州部分企业的线下访谈活动，由于某些原因把访问时间放到了 7 月底。后来，在实际联系企业时，发现只有 2 家企业愿意接受线下访谈。此外，加上台风和新冠肺炎疫情防控的原因，线下访谈活动被迫终止。线上访谈陆续在 8 月份完成。在访谈过程中，我们了解到外贸企业在数字化转型过程中的难点。其中，印象最深的是有一家企业强调在数字化转型过程中人的因素非常重要。数字化技术可以用来提升企业的整体效率，但目前使用数字化技术的是企业员工。只有让员工从内心主动接纳新技术，技术才能发挥最大的功效。在之后的访谈过程中，这一论点也得到了其他企业的证实。因此，我们必须要重视外贸型企业员工对数字化技术的接纳，深入挖掘阻碍企业员工抵触新技术的原因。

2. 杨小帆

习近平总书记表示，要"加快数字中国建设"。在"十四五"开局之年，数字中国建设的蓝图已经绘就，加快数字化发展，推进产业数字化转型。在此基础上我们小组参加了此次"万企调查"活动，展开了关于"大数据时代下长三角制造企业数字化转型现状"的调研。

通过为期一个月的调研，我们走访了多家企业，挑战与收获并存，艰辛与成效同在。在调研过程中，我见证了同学们的成长：在前期的调研准备中，小组成员们不断改进与企业高管的对接方式，一封封石沉大海的短信和一声声漫长的电话待音没有磨灭同学们的意志，通过同学、老师、学院的多方努力接洽了多家企业；在访谈过程中，受新冠肺炎疫情和台风的影响，同学们及时调整工作安排，通过线上分工合作、齐心协力，完成了多次的采访和推送；在后期的报告撰写中，成员们克服了时间紧、任务重的挑战，力求报告的真实性与准确性。在小组成员的身上我看到了"统信青年"的优秀品质，并在调研过程中与他们共同进步。同时，在同组指导老师肖宇老师的身上我也学习到了很多，他对待学术的严谨与认真，对待企业的专业与友善，对待学生的亲切与包容，都值得我去学习。

通过此次调研，我们收获了企业第一手数据，收获了知识与经验，收获了深厚的友谊。

（二）小组成员调研感悟

1. 陈志鹏

从七月初到八月底，整整两个月的时间，我们万企001小队的访谈任务终于圆满完成。从联系企业时的焦虑到被企业拒绝时的感伤，从小组谈论的生涩到访谈企业的紧张，这些都在我们最后一场访谈结束后烟消云散。再回顾这两个月，我们收获更多的是喜悦、是成长。

作为组长，我很感谢这样的团队，感谢优秀的队友和老师。不管是办事的效率，还是思维的敏捷，抑或是谈吐的从容，我都从中收获良多，懂得了合作的重要性。

当然，我也很感谢有这样的机会参加这次"访万企，读中国"的活动。让我有机会走进企业，去了解我国企业的数字化转型进行到哪一阶段，去分析企业的数字化转型真正需要什么，也让自己明白该往什么方向努力。

2. 陈皓

毛主席说："没有调查，就没有发言权。"在"十四五"规划用四个篇章明确国家推进数字化的新时期，我们迎来了"大数据时代下长三角制造企业数字化转型现状"的调研之旅。这次调研活动对于我们小组来说是困难重重的，从初期的被杭州某单位拒绝提供企业联系方式，到后面被环球慧思提供的企业拒绝接受访谈邀请，再到南京市、杭州市暴发新冠肺炎疫情导致线下调研活动取消。这一个个困难让第一次进行调研活动的我们不知所措，这个时候指导老师及时给了我们帮助，教会我们如何进行调研提问，并且帮我们找到了优质的调研企业，让我们在一次次的调研活动中得到了成长。在和企业的一次次沟通中我们完成了从站在自己角度看问题到站在用户角度看问题的转变，了解到了企业数字化转型的目的、企业数字化转型面临的困境。在这个过程中，我在自我批评和更正中收获了很多。

3. 王梦云

两个月的调研活动在小队成员的共同努力下画上了圆满的句号，回顾此次调研过程中困难很多，挫折很多，但是收获更多，感悟颇丰。作为小队内的宣传员，通过这次调研我学会了如何做推送。同时，我也深刻意识到，做任何事情之前都要提前做好准备，只有提前充分了解企业，在访谈时才能有话可说，抓到重点，得到我们需要的信息。最后，真诚感谢两位指导老师这两个月的陪伴，谢谢老师在我们遇到困难时给予的鼓励与帮助。

4. 俞新月

回顾和小队成员以及两位指导老师一起参加的为期两个月的"访万企，读中国"项目，感悟颇深。前期，我们小组尽力联系了 16 家企业，但其中许多企业由于各种原因拒绝接受访谈，所以我们项目的前期工作开展得并不是很顺利。即使这样，我们也并没有放弃。每次采访前，我们小组成员都会一起查阅企业的相关资料，各抒己见，认真写好针对每个企业的采访文案。最终，随着我们采访的深入，理解、配合、支持我们的企业也越来越多！这给了我们极大的鼓舞！

期间，我们队长勇于担责、尽心尽力，指导老师细心指导，其他组员各尽其职，都尽力配合好队长的工作。本次调研活动，我们主要针对的是制造业企业。通过采访，我们认识到数字化是一种趋势，是一种潮流。只有紧跟时代潮流，顺应时代发展，公司才会有更好的发展。最后，希望我们所做的努力可以对"大数据时代下长三角制造业企业数字化转型"贡献一点绵薄之力！

数字战略驱动航运企业转型升级研究

顾 君 胡 庆 杜景潮 敬雅涵 李诗怡 尹智妍
指导教师：邵 扬 苏庆新

摘 要

数字化逐渐成为航运业的发展趋势，越来越多的航运企业将数字化转型升级纳入企业重点战略，但如何顺利实现这一目标并利用数字化工具为企业带来切实可持续的回报依然是业界的难题。此次调研通过线上线下、问卷访谈相结合的形式对长三角地区航运企业数字化转型情况进行了探究，我们研究发现航运企业虽数字化转型程度不一，但企业都十分重视数字化转型这一重要战略，且大部分航运企业已经可以熟练应用以电子商务为主的数字化技术开展在线交易，以寻找新的利润增长点。但目前航运企业也存在着缺少专业数字化人才、信息共享平台和健全的数字监管服务体系等问题，对此我们从企业与政府两方面提出了不同的建议以供参考。

关键词：航运企业；数字化转型；新冠肺炎疫情

一、调研背景和意义

（一）调研背景

当前，全球贸易自由化面临着严峻挑战，航运业传统的周期性规律失灵，通过水平整合来扩大业务规模以赚取利润的空间逐渐缩小。与此同时，产业链的数字化转型浪潮与一系列政策利好为传统航运物流企业带来了转型新方向。2019 年 5 月，交通运输部等七部门联合发布《智能航运发展指导意见》，要求加快高科技与航运要素的深度融合以培育和发展新型的智能航运；2020 年 8 月，国务院国资委印发《关于加快推进国有企业数字化转型工作的通知》，提出要通过推动新一代信息技术与传统产业的融合，加速我国各产业链的数字化转型。

实践方面也已有航运业巨头进行了探索。2018 年，迪拜环球港务集团主导成立了全球航运商业网络（GSBN），通过建立航运服务过程中各类文档的数字化标准进行成员间共享；2019 年，马士基主导成立了数字化集装箱航运联盟（DCSA），致力于改善航运业的数字化标准痛点；2020 年，香港 300cubits 公司完成了用数字货币作为舱位保证金，为船货双方从马来西亚运输到巴西的服务风险提供担保的试验。

因此，如何在保障原有客户习惯与体验的前提下，设计有效的航运物流企业数字化转型机制，应用数字化技术来推动业务模式的转变以实现降本增效，是当前航运物流企业发展需要研究的重要问题之一。在此背景下，我们针对上海部分航运企业的数字化转型问题，站在日常运营的视角，聚焦于服务信息的自动化可信匹配、运输货物的可靠跟踪监管与服务费用的快速结算，将以太坊区块链、智能合约与物联网引入航运服务交易中，为上海、安徽等地航运企业更好的数字化转型出谋划策，以供航运企业参考。

（二）调研意义

本次调研以上海市、安徽省马鞍山市等长三角航运企业为例，从企业数字化转型的视角探究航运企业的经营状况，分析企业数字化转型和航运企业质量的内在联系，有助于深入了解企业数字化程度对航运企业质量提高的作用，为实现航运企业数字化转型、完善现有数字化程度、增强航运企业数字化程度提供理论指导。同时，运用所学知识探索并推广航运企业数字化、智慧化的方向和模式，希望为我国其他航运企业的发展提供建议和可借鉴的经验。数字技术的应用有利于整合我国现有航运资源，形成大企业的技术集聚效应，进一步优化我国航运的结构。航运企业数字化转型是现阶段的一种必然趋势。但目前来看，我国航运企业在数字化转型的过程中并未形成一个固定的范式，同时也存在着较大的市场风险，这也导致部分航运企业始终未选择数字化转型道路。本次调研有利于认识我国航运企业的数字化现状，为提升我国航运企业数字化发展程度的研究提供参考。

二、调研方案与实施

（一）调研方案

1. 调研目的

在数字化转型成为引领经济社会新发展的重要推力的背景下，数字技术和资源已经与航运企业的运输流程、管理模式、被政府监管等各个环节产生了深度融合，在很大程度上缩减了企业间资源共享和信息交流的局限，可探索、可发展的空间巨大。又因为受到当下新冠肺炎疫情的影响，许多跨国交流和贸易运输遇到不小的困难，相关航运企业在企业内部结构、管理方法等不同方面也随之进行了数字化的转型。本次调研旨在通过与航运企业负责人的访谈交流，充分了解航运企业的数字化转型程度，梳理总结数字化战略对航运企业转型升级的驱动作用，发掘企业在数字化转型过程中的重点、难点，并对此提出针对性建议，为提升我国航运企业数字化发展提供参考。

2. 调研内容

小组成员通过查阅相关文献资料了解了长三角地区航运企业的数字化发展情况和总体数字化战略布局，经过一系列线下讨论和会议后，小组成员确立了调研主题，并分工制定了针对相关航运企业的访谈提纲，利用腾讯会议线上访谈、线下走访和问卷调查的形式深入了解各个企业的数字化转型程度。

访谈内容包括：

（1）了解相关航运企业现阶段数字化转型的情况和面临的数字化转型难点。

（2）了解相关航运企业开展数字化转型的初衷和效用。

（3）了解相关航运企业所运用的相关数字化转型举措和技术。

（4）了解相关航运企业在数字化人才培养方面的计划和目标。

问卷调查内容包括：

（1）问卷内容与上述访谈内容相近。

（2）了解相关航运企业工作人员对于数字化转型战略的认识。

（3）了解相关航运企业工作人员在数字化转型方面的可提升空间。

3. 调研方法

本次调研主要通过线上、线下访谈和调研问卷的形式收集数据信息。小组成员进行分工合作，和指导老师一起完成调研前期的准备工作、调研中期的联络、宣传和数据收集，以及调研后期的数据处理工作。

（二）调研对象

以下为参与本组访谈和问卷调研的企业名录：

（1）上海斯觅国际贸易有限公司

（2）江西伊西电气有限公司

（3）森罗商船（上海）有限公司

（4）上海某船务有限公司

（5）安徽中联海运有限公司

（6）马鞍山当涂县大洋水运有限公司

（7）马鞍山市江安航运有限责任公司

（8）马鞍山市徽航水运有限公司

（三）调研任务分配

表1　小组成员分工

小组成员	职务	工作内容
顾君	组长	监督调研进度、分配调研任务、编写新闻稿、主持访谈、记录会议、对接指导老师、撰写调研成果
胡庆	副组长	协助组长监督调研进度、分配调研任务、数据分析、主持访谈、记录会议、撰写调研成果
杜景潮	组员	数据分析、主持访谈、记录会议、撰写调研成果
敬雅涵	组员	推送新闻稿、主持访谈、记录会议、撰写调研成果
李诗怡	宣传员	编辑推送、主持访谈、记录会议、撰写调研成果
尹智妍	联络员	联络企业、主持访谈、记录会议、撰写调研成果

（四）调研工作时间安排

表2　调研工作时间安排

时间	调研内容
7月5日—7月10日	（1）线下会议确定小组选题及分工 （2）查阅资料，分工制定调研计划书
7月11日—7月18日	（1）联络企业，确定访谈方式及时间 （2）了解企业背景，拟定访谈提纲
7月19日—8月16日	（1）以各形式访谈企业，并完成会议纪要和日报送 （2）向企业发放和回收问卷 （3）同步跟进新闻稿、推送等宣传工作
8月17日—9月5日	（1）调研资料整理与汇总 （2）撰写调研报告，总结调研成果

三、问卷调研结果统计分析

（一）整体样本基本情况

本次调研采访了各个类型外贸企业的数字化转型程度。调研的主要对象为长三角地区外贸企业，此次全项目所有小组总共调研了183家企业，企业类型主要有外贸流通企业、外贸配套服务企业、外贸生产企业、外贸物流企业、外贸综合服务平台以及少量和外贸不相关的企业。本次调研主要以本地企业为主，但由于地处长三角地区，有许多外资企业。因此，在此次调研中，招商引资的外资企业也占很大一部分比例。招商引资内资企业占比最小，见表3。

表3　样本基本情况

行标签	本地企业	招商引资企业（内资）	招商引资企业（外资）	总计
外贸流通企业	8	0	2	10
外贸配套服务企业	9	0	2	11
外贸生产企业	28	8	34	70
外贸物流企业	19	0	3	22
外贸综合服务平台	11	0	0	11
其他	59	0	0	59
总计	134	8	41	183

（二）数字化转型基本观点

1. 数字化驱动作用显著，已成企业发展必需

森罗商船（上海）有限公司——周总

周总表示，若不推进数字化来完成相应的工作，单凭人工不仅无法胜任目前巨大的工作量，而且还会使时间效益降低、差错率上升，影响服务质量。数字化转型能够保质保量地完成迅速增长的业务量、优化人员结构、降低成本，为企业带来明显机遇和效益。公司从2005年开始就使用大数据技术，重视、收集客户信息，实现了服务产品的个性化和全球化，优化客户服务质量，高效高质量地管理舱单、航运服务的工具（船舶和集装箱设备），优化、降低运营成本，让利于客户，实时管理、核算运营的成本，掌握监控成本、盈利的临界点，企业也已经设置了专业、专职的部门来分析各种大数据，从而不断推进数字化战略。

2. 数字化转型带领航运企业迈入无纸化时代

上海某船务有限公司——某经理

海关已经有电子化报关平台，现在基本上各个环节实现了无纸化操作，利用无纸化、数字化技术来收集数据，通过大数据筛选来实现变现的最终目的。

3. 数字化转型就是一场"革命"，革自己的命

马鞍山市徽航水运有限公司——李总

数字化转型为企业带来很多机遇，如让运作方式敏捷高效、使组织结构高度整合、促进企业效率提升等。但这个过程肯定不是一蹴而就的，需要从理念逐步开始，

企业人员必须要有学习能力，同时，企业也面临着以客户为中心、构建生态合作思维、数据驱动、打造动态组织等挑战。

4. 水上运输特质为数字化带来特殊成效

马鞍山市江安航运有限责任公司——吴总

相比其他运输方式，水上运输的特点是速度慢、货运量大。数字化手段的采用对水上运输有特殊的成效，如在智能化无人驾驶方面的发展广阔。截至 2021 年 10 月，我国沿海港口货物吞吐量达到 83 万吨，内河货运量达到 38.5 亿吨。国家水运交通规划的出台和实施、不断加大的水运行业投资和有利的政策支持将带动水运行业不断发展壮大。国内水路运输的市场具有巨大的发展空间，水运行业发展前景广阔。

（三）企业经营状况

此次全项目所有小组调研的 183 家企业年营业额大体都在 2 亿~4 亿元，占比 90%，如图 1 所示，基本是处于外贸行业内领先的企业。其中，长三角地区出口额范围在一亿元以上的企业总共有 73 家企业，占比总调研企业的 60%，如图 2 所示。采访企业的总体贸易额达到了 100 亿以上，同时，其外贸出口在其营业额占比较大，占比在 20% 左右，都是长三角地区的重点企业。因此，受访企业可以大体反映长三角地区外贸企业的数字化转型状况，如图 2 所示。

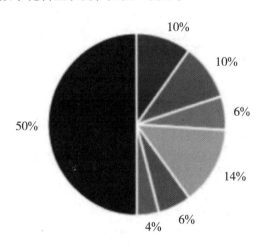

- 5001万~1亿元
- 1亿~2亿元
- 2001万~5000万元
- 2亿~4亿元
- 300万~2000万元
- 300万元以下
- 4亿元及以上

图 1　各个企业营业额

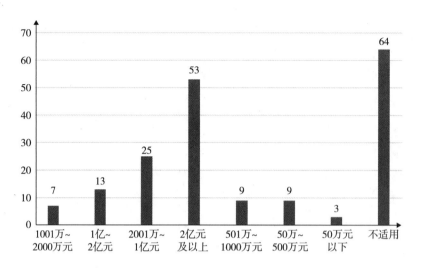

图2　各个企业出口额

（四）企业数字化程度

数字化转型就是利用数字化技术来推动企业转变业务模式、组织架构、企业文化等方面的变革。采取数字化转型的企业，一般都会去追寻新的收入来源、新的产品和服务、新的商业模式。因此，数字化转型是技术与商业模式的深度融合，数字化转型的最终结果是商业模式的变革。数字化转型是不断深化应用云计算、大数据、物联网、人工智能、区块链等新一代信息技术，激发数据要素创新驱动潜能，提升信息时代生存和发展能力，加速业务优化升级和创新转型，改造提升传统动能，培育发展新动能，创造、传递并获取新价值，实现企业转型升级和创新发展的过程。

在183家企业中，大多数企业都处于数字化转型初期，只有少部分企业已经开始全面的数字化转型，从图3中也可以看出，几乎没有企业是完全未展开数字化转型的。在调研的企业中，所有企业都开始了数字化转型的路程，只是由于各个企业规模的大小和行业的限制，其数字化转型的程度有所不同，但所有企业都明白在企业发展道路上数字化转型的重要性。同时，在调研中我们也发现有多数企业的数字化转型与创新已成为常态，虽然占比很少，但也说明了数字化转型的确为企业的发展提供了有力的帮助。

企业大多数使用大数据的方式来进行数字化转型，占比在65%，如图4所示。企业通过使用软件来记录各种业务数据、人力数据、财务数据等，来为企业数字化转型做准备。随着我国数字化进程的加快，现在企业的运营都离不开对大数据的运用。大数据分析及利用能够运用在了解用户、锁定资源、规划生产、做好运营、开

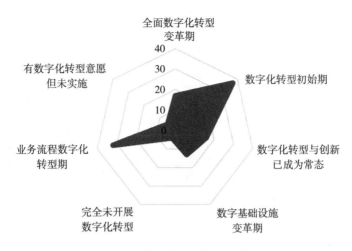

图 3　企业整体数字化程度

展服务等方面。数据已成为企业的核心资产，对数据资产进行有效的管理和使用是数字化转型的重点。管理使用、筛选数据是数据治理的难点，也是企业数字化转型得以可持续发展的基础。

同时，各个企业也设置了相关部门来辅助进行数字化转型。83%的企业进行了数字化转型部门的设置。其中，有25%的企业专门设置了跨部门的中央统筹协调的专职工作部门，可以看出这些企业非常重视数字化转型，也在极力推进发展数字化转型。只有17%的企业暂时没有进行数字化转型，但其都有一定的计划来进行数字化转型。同时，也希望获得外界数字化转型的帮助，如图5所示。

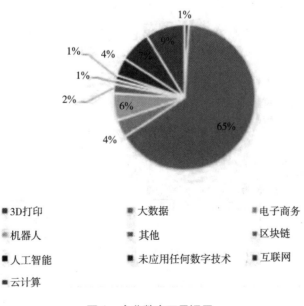

图 4　企业数字工具运用

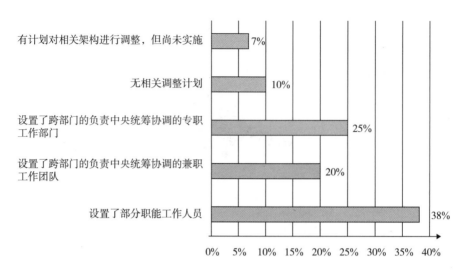

图 5　企业数字化部门状况

数字化不完全依赖信息化系统，但也离不开信息化系统，系统是非常关键的环节。很多中小企业，乃至一部分大型企业，理解数字化为花钱买多个系统，比如，OA 系统、MES 系统、ERP 系统，解决企业信息记录和流转的问题。这其实是一种线下业务的线上延展，将人工记录、计算和分析的部分搬到了线上。信息化本质，还是"线下为主，线上辅助"思维，系统为业务服务；数字化本质，则是"线上为主，线下辅助"思维，系统为企业服务。最核心的是连接能力，以及一整套企业数字化的解决方案。数字化系统可以真正意义上做到业务随时随地发生，信息随时随地记录，不再受时间和空间影响。在本次调研的企业中，大多数企业实现了 OA 系统的部署，也有部分企业完成了其他系统的部署，如图 6 所示。

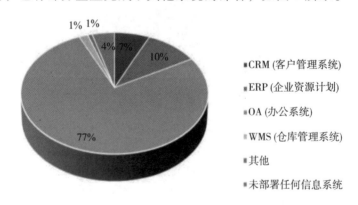

图 6　企业数字化系统状况

在项目各小组所有调研的 183 家企业中，大部分企业主要是根据工作实际对相关人群实施了数字化培养方案，很少企业全面制订了针对不同层级员工实际需求的数字化人才培养计划，说明现在企业数字化成本仍然较高。其中 175 家企业都在不同程度进行了企业人力资源的数字化管理，如图 7 所示。

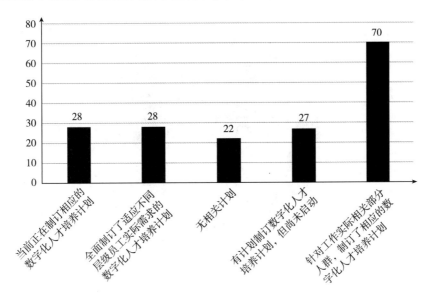

图 7　企业数字化人才培养状况

四、航运企业数字化转型现状分析

（一）航运企业数字化转型背景

受新冠肺炎疫情影响，2020 年以来航运企业面临着传统渠道订单量大幅削减的困局，随着数字化逐渐成为航运业的一大发展趋势，如何用数字化工具找寻新的业务增长点，为企业带来切实、可持续的回报成为大多数航运企业必须要解决的难题。在 183 家全体接受调研的企业中，有 15 家航运企业（含我组对接调研 8 家，别组调研 7 家，以下图表均针对 15 家航运企业分析）如图 8 所示，其中有五家企业仍处于数字化转型初期，有三家企业处于数字基础设施变革期，各有两家企业分别处于全面数字化转型变革期和有数字化转型意愿但仍未实施阶段，最后各有一家企业分别处于业务流程数字化转型期、数字化转型与创新已成为常态和完全未开展数字化转型时期。与非航运企业的数字化转型程度对比来看，处于完全未开展数字化转型期、数字化转型初始期和有转型意愿但未实施期的航运企业比例比非航运企业都要少，说明航运企业的数字化转型程度目前仍处于相对落后的程度，数字化转型仍有很长的路要走，如图 9 所示。新冠肺炎疫情是航运企业数字化转型的一大催化剂，对于传统业务中一直相当保守的航运企业而言，新冠肺炎疫情推动了航运企业去探索通过数字化来降低成本、解决紧迫问题并提高盈利能力的新方法。

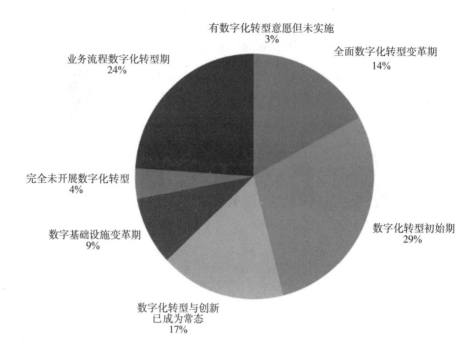

图8 航运企业当前数字化转型程度的总体评价

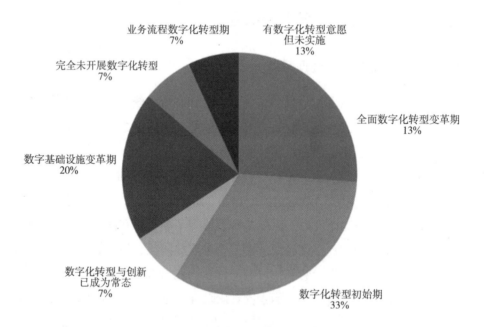

图9 非航运企业当前数字化转型程度的总体评价

航运企业数字化转型发展程度又与企业制定的战略目标息息相关。在这 15 家航运企业中，除 1 家企业未对数字化转型定位发表看法，有 1/3 的企业都将数字化转型视为企业重要战略，协同管理层调动各部门配合推动执行，还有超半数企业设置了专门的部门去推动自身的数字化转型,如图 10 所示。目前航运市场仍处在缓慢复苏阶段,数字化转型已经提升到了关乎航运企业生存的高度,许多航运企业主动加大对数字化业务的研究和投入,积极投入数字化转型的怀抱。以互联网、大数据、人工智能等为代表的现代信息技术日新月异,新一轮科技革命和产业变革蓬勃发展,智能产业快速推进,对经济发展、社会进步、全球治理等方面产生重大而深远影响。全球经济和产业高度重视智能产业发展,加快数字产业化、产业智能化,推动数字经济和实体经济深度融合,这是时代发展的潮流,也是世界发展的趋势。传统航运业只有顺应这个潮流和趋势,才有可能在新一轮科技革命和产业变革中走在前列。

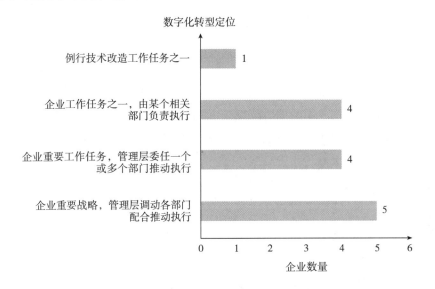

图 10　航运企业对数字化转型的定位

(二) 航运企业数字化转型现状

2020 年以来的新冠肺炎疫情对全球经济造成了冲击,但我们同时也看到线上消费、无人配送、共享行业等展现出的巨大潜力。瞄准新一代信息技术、人工智能、智能制造、新能源等世界科技前沿,加强对能引发航运物流产业变革的前瞻性、颠覆性技术的研究将成为航运物流产业创新发展的焦点。在资本和技术的牵引下,航运企业数字经济将快速增长,推动大数据、互联网、人工智能、区块链等新技术与航运物流行业深度融合,以促进航运企业数字化将成为大势所趋。在 15 家航运企业中,有超半数企业已始应用大数据技术到日常运营中,60% 的企业已经可以熟练运用电子商务技术寻找新的业务增长点,如图 11 所示。

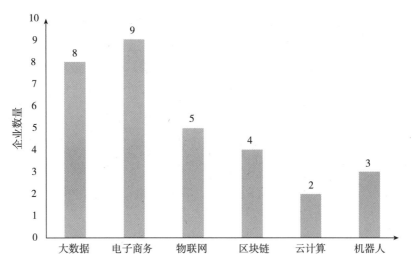

图 11　企业应用数字技术情况

对于企业为何开展数字化转型这个问题，调研表明，大部分企业是为了在提高企业的生产效率并降低成本的同时降低企业运行的内外部风险，有效增加营业收入也是企业重点考虑的因素，如图 12 所示。与其他传统制造业并无不同，航运企业进行数字化转型也是为了提高生产效率、降低产品成本，以及获取更大的市场份额并最终赚取更多的利润。

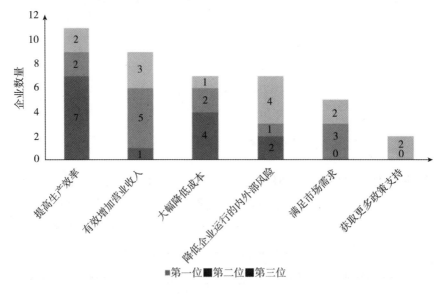

图 12　企业开展数字化转型的初衷

在航运企业的数字化转型阶段中，我们所调研的企业都有着不同的数字化转型情形。在 15 家航运企业中，有多家企业采用了不止一种转型方式，有 6 家企业通过在线交易销售实体商品，有 5 家企业着眼于数字化价值链转型，有 4 家企业注重数字化产品方面的转型，最后各有 1 家企业在原生数字企业的数字化重塑和业务流程再造等方面取得了进步，如图 13 所示。虽然企业数字化转型情形各不相同，但他们都是根据各自公司的实际情况选择数字化转型方向，为了"降本增效"这一共同的战略目标而努力。

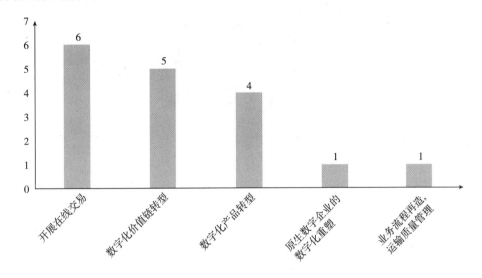

图 13　企业数字化转型情形

根据我们的调研结果，有 29% 的航运企业认为研发一个统一的数字平台，制定统一的应用开发标准是数字化转型中最重要的战略举措。例如，森罗商船的周总提到，目前，国内航运业缺乏一个整体有效的公共线上平台去打通航运流程中的每个"关节"，各个环节间容易出现沟通不够顺畅等问题，这样就容易导致行业整体效率的下降，希望海关能尽早出台相应的线上平台来助力航运业更好、更健康地发展。同时，还有 27% 和 17% 的企业分别认为提升数字化治理水平和优化数字化客户体验同样也是非常重要的数字化转型举措，如图 14 所示。客户是外贸企业生存之根基，一个稳定的客户群体是企业健康发展的重要前提。在数字化转型过程中，不论是航运企业还是非航运企业都要十分注重客户的相关体验，致力于以更加优秀的产品满足最广大客户的需求，如图 15 所示。

（三）数字化在航运企业日常经营管理中的应用

在这个万物互联的时代，航运企业在日常事务处理中需要数字化信息管理系统的支持。数字化信息管理系统将企业日常管理工作统一化、规范化、现代化，使管理者的现代化管理更加统一高效。在我们调研的 15 家航运企业中，超半数企业已经

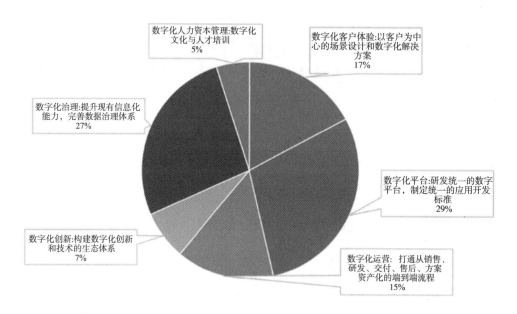

图14 企业数字化转型最重要的战略举措

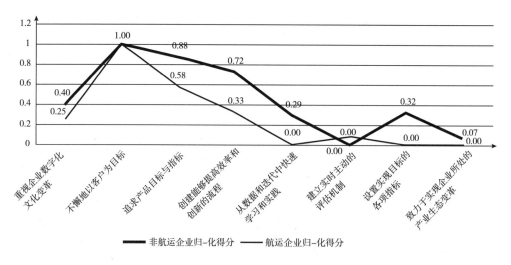

图15 航运企业的数字化倾向评价

部署了 OA（办公系统）和 CRM（客户管理系统），但多数企业还未部署更为专业的 MES（制造执行系统）或者 SCADA（数据采集与监控系统）等，如图16所示，符合大多数航运企业处于数字化转型起步阶段的现状。此外，一些企业还依靠具有行业特色的数字化软件处理日常事务。如森罗商船（上海）有限公司沿袭了母公司韩进海运的信息化管理系统；安徽部分航运公司利用与"马钢"合作的货物管理生态系统查看船舶货物交接情况。

根据航运企业日常事务处理的特点及我们调研所得到的数据和访谈纪要，接下来我们从物流运输、精准营销和人力资源三个方面对企业数字化转型的成效进行深入分析。

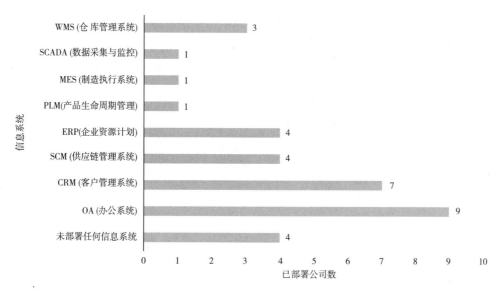

图 16　企业部署信息系统情况

1. 物流运输

物流运输作为航运企业最为核心的业务，是航运企业的"命脉"。在以前数字化程度较低的时期，航运企业往往利用电话与书面相结合的形式招标以及对船只进行管理。随着数字化越来越被航运企业所接受，在物流运输层面，各大航运企业已经开始了不同程度的数字化转型。例如，安徽中联海运有限公司将水运环节的数字化转型分为调度、燃油成本控制和采购成本控制三个环节。在调度环节，企业根据接到的计划，线上签订业务合同并传递业务数据；在燃油降本环节，企业根据不断收集的航线基础数据、每月线上进行评估和考核制定燃油标准。同时，在实际航线中计划到达时间，以降低航运耗油量；在采购降本环节，企业通过欧贝线上系统进行招标比价来降低采购成本。还有一些航运公司处于数字化转型的起步阶段，目前，仍通过微信、钉钉等软件进行航线管理，但他们非常希望行业或者政府能够整合资源推出更为一体化的数字化软件，来对航线进行更加高效的管理，以达到降本增效的目标。例如，上海某船务有限公司表示，目前国内航运各个环节仍未连通成一个整体，希望未来能尽早进入航运的全面无纸化时代。

2. 精准营销

精准营销作为新兴的一种营销方式，它依托于大数据技术，能极大地降低企业与消费者进行沟通的成本，且能够根据消费者的实际需求及时提供个性化产品及推荐，并通过数据收集与分析洞察消费者特点，发掘潜在客户，从而获得更加广阔的市场空间与更加丰富的商业机会。15 家航运企业中多数企业运用了多种数字化功能，有 6 家企业已经实现在产品拥有开放数据接口、通信模式进行远程控制的数字化功能，有 5

家企业已经实现在自建平台开展销售服务，如图 17 所示。为了应对新冠肺炎疫情给航运企业带来的营销压力，航运企业都积极投入数字化转型的建设中，通过寻找新的线上平台拓宽自己的营销渠道来增加自身的营业收入。例如，马鞍山徽航水运有限公司在新冠肺炎疫情后就通过在互联网上制作宣传小视频吸引新客户，以拓宽自身的营销渠道。

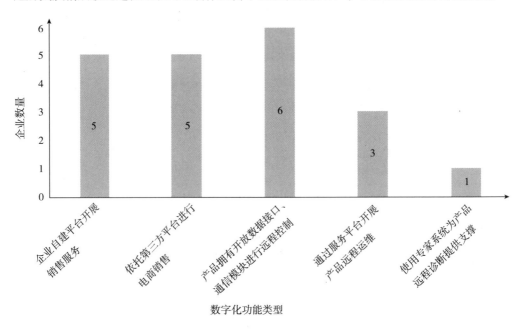

图17　销售服务环节企业已实现的数字化功能

3. 人力资源

对于企业而言，想要更好地进行数字化转型，拥有一批专业的数字化人才是必不可少的。优秀的数字化企业不仅可以大大增强企业自身的实力，还能吸引更多优秀的人才加入，推动企业数字化转型朝着更快更好的方向迈进。在我们所调研的 15 家航运企业中，有过半数企业已经制定了相应的数字化人才培养规划，其中，5 家企业已经针对工作实际相关人员落地实施，还有 1 家企业正在制订相应的数字化人才培养计划，5 家企业表示暂未相关数字化人才培养计划，如图 18 所示。在这 15 家航运企业中，有 6 家企业表示已经设置了部分职能工作人员，3 家企业有计划对相关架构进行调整但尚未实施，还有 2 家企业设置了跨部门的负责中央统筹协调的专职工作部门，如图 19 所示。

虽然目前许多航运企业已经意识到数字化人才在数字化转型中的重要作用，但他们仍未制订相应数字化人才培养计划或者是有计划却从未实施。造成目前如此困境的原因主要是目前国内数字化人才的缺失，优秀的数字化人才不仅需要掌握系统的航运产业相关知识，还需要具备熟练的数据分析能力。对于广大航运企业来说，这样的高端数字化人才是可遇不可求的。但相信只要企业坚持数字化转型的战略，设置合适的职位匹配市场上的数字化人才，相应的数字化人才储备必将越来越丰富。

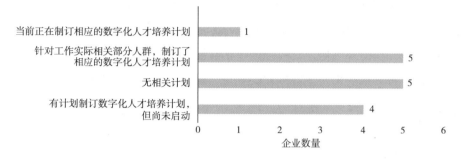

图18　企业数字化人才培养计划制订情况

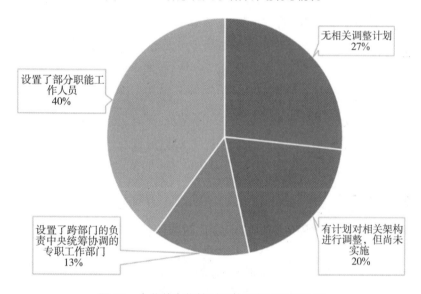

图19　企业数字化转型职能和部门设置情况

五、现存问题分析

（一）缺少具备数字化素养的专业型人才

航运企业要施行数字战略，将数字化手段落实到企业运营每一个节点，必须要求企业配备专业的数字化人才，而参与本组访谈调研的六家航运企业均表示缺少数字化项目经理、数字化企业战略领导者、数字化落地推动者、数字化市场营销专家等不同类型数字化专业人才。其中，数字化水平较高，已设置专人、专业部门或专业机构来分析数据、推进数字化转型的航运企业，遇到了缺乏具有战略视野的顶层设计的领导者、缺乏专业的数字化人才以及缺乏软件开发过程中的核心人才的瓶颈。

数字化处于起步阶段的航运企业也在对数字化专业型人才的需求和企业管理、组织架构与职能设置和数字化工作的不匹配上遇到瓶颈，甚至存在缺少高文化水平船员从而制约了企业数字化发展的难题。可见，航运企业数字化战略的推进需加大对专业人才培养的投入。然而在数字化人才培养方面，航运企业多数无相关计划或是有计划制订培养计划但未启动，仅两家企业正在制订或是已经制订了相应的数字化人才培养计划。可见数字化人才培养力度不足，表明一段时间内航运企业仍会存在数字化专业型人才缺口。

（二）缺少信息共享平台，数据准确度低，及时性差

大数据时代，企业实现数字化需要不断对自身乃至所处行业的数据进行采集与汇总，航运企业更需要货运、港口、物流等环节的全局信息以实现更优化的企业调配。部分参与调研的航运企业已经开始对数字化数据进行累积并建立数据库，但不少企业反映航运业信息平台各异，没有做到万物互联、数据互通，导致数据分散孤立，存在"信息孤岛"现象，缺少能够共享、监控整个航运业各地具体货运数据的咨询平台。国内部分经济欠发达地区无法做到信息及时上传、数据准确性较低，对企业管理效率造成了影响；对垃圾信息的筛选与处理也给企业当前的市场营销环境带来了挑战。因此，航运企业希望搭建标准化信息共享平台，以实现高准确度、可靠数据的集中和统筹。

（三）部分口岸开放程度较低，需优化数字监管服务体系

对于航运行业的企业来说，企业、港口、海关之间的交流合作在贸易运输的过程中起着重要的作用，尤其是在当下航运企业受新冠肺炎疫情影响较为严重的情况下，各处的相互配合会成为航运业复苏的关键。然而，在此次调研过程中，我们从一些接受访谈的航运企业处了解到，部分航运港口的开放程度较低，还未能达到几家港务集团同时独立运营的水平。多家企业负责人表示，当前的口岸存在过度监管的情况，在一定程度上影响了航运企业的业务流程，政府需要进一步优化数字贸易监管体系，为航运企业提供一个开放、便捷的运营环境。

（四）信息系统间无法互通互联，缺少统一的顶层设计与指导

现今，航运企业的数字化转型仍处于起步阶段，在数字化方面的技术缺失和专业人才的不足导致了企业内部的系统碎片化严重。一方面，虽然目前各大网络平台上都有提供一些航运相关的系统和软件，例如，识别系统（AIS）、信息监控管理软件船E行、传输管理系统（STMS）等，但是这些系统过于碎片化，没有一个现存

的能够整合大部分功能的系统，也不利于企业根据自身情况进行个性化处理，导致系统使用不便，信息出错率高；另一方面，企业如果自行开发一套完整的系统，如森罗商船（上海）有限公司，独立的企业系统需要花费较长时间进行设计，对专业人才需求高，企业成本也会大幅上升。调研结果显示，接近半数的航运企业提出，政府统一的信息服务平台以及数字化人才有所缺失，希望能够获得相应的数字化信息与指导。

六、结论与建议

（一）结论

根据调研结果，航运企业数字化转型程度各不相同，数字战略对不同企业转型升级的驱动效果也十分多样。总体来说，航运企业数字化转型之路并不平坦，针对处于转型不同阶段的航运企业应有相应的措施来帮助其实现数字化转型。

（二）建议

1. 政府牵头，实现行业贯通

如今航运行业数字化相关的扶持政策仍处于短缺状态，许多中小型航运企业面临着转型资金缺乏、技术缺乏、信息缺乏的困境。据问卷显示，有接近50%的企业希望政府能够在人才引进、技术、平台这些方面出台相关政策，有效落实中小企业的数字化转型计划。

此外，相较于其他行业，航运行业还处于"各自为政"的阶段，企业间相互沟通较少，行业信息传递较滞涩。在访问过程中，我们得知有一定数量的企业认为这样相互独立的局面已经给企业带来了如缺乏信任与开放协同的互联网思维和文化，缺乏具有战略视野的顶层设计等影响其数字化发展的问题。但航运行业还没有一个可以带领整个行业、促使集聚效应实现的单个企业。因此，希望政府能够在困顿局面中出手，牵头搭建航运行业互联互通的平台，以促进行业发展。

2. 线上监管，扶持激励，促进数字化转型

由于航运行业还没有实现集聚效应且行业内信息流通不畅，线下的政府监管会进一步导致受监管企业获取信息缓慢、企业间的信息不对称、行业不规范的问题出现。实施线上监管，在加快信息流通速度、增加信息透明度的同时也对航运行业数字化起到潜移默化的影响作用。此外，对于一些暂无数字化转型意愿、不明确数字化具体含义及实施过程的企业，有关部门应尽快出台激励政策来提高企业对数字化

战略的熟悉程度，引导企业迈入数字化转型道路。

3. 加强人才培养，多吸引高素质人才

许多企业存在人才短缺的问题，因此，企业需要一个更加完善的人才培养体系。政府可以根据大量的企业调研数据，进行精准培养。数字化转型虽然是大趋势，但是总体来看，大部分企业仍然处于转型的初期和中期。政府通过调研和对外贸企业数据的分析可以得到准确的相关信息，有利于人才培养。此外，人事部门对于人员招聘的门槛也要提高，加大专业化人才培养的投入，使企业员工具备更全面的数字化素养。

4. 企业加强公司结构调整，设置专业性岗位

目前，一些中小企业由于规模的问题，还未有专业性的数字化推进岗位。但是随着市场的逐步扩大，各个企业将会面临更大的风险与挑战。岗位的划分不定，人员工作的不明确，这些已经严重阻碍了数字化贸易的进程，使管理层搁置甚至放弃了数字化转型。通过公司结构调整，设置适配的专业性数字化岗位或部门，可以极大地降低企业在开展数字化转型中遇到的风险，使企业数字战略的布局和推行更顺畅高效。

参考文献

[1] 李琳. 加速推进航运企业数字化转型 [J]. 中国远洋海运，2019（12）：72 - 73.

[2] 蓝春海. 数字化转型助力航运企业高质量发展（上）[J]. 中国远洋海运，2019（10）：60 - 62 + 64.

[3] 蓝春海. 数字化转型助力航运企业高质量发展（下）[J]. 中国远洋海运，2019（11）：78 - 80.

[4] 王晓光，杨培蓓. 航运物流企业数字化转型设计与效果分析 [J/OL]. 计算机工程与应用：1 - 9 [2021 - 09 - 04].

附　录　调研感悟

（一）指导教师调研感悟

1. 邵扬

本次"万企调查"活动得到了团队所有成员的支持，同学们在调研过程中都能够各司其职，团结协作，取得了很好的调研成果。这次调研过程采用线上和线下两种调研方式，给调研工作带来了很大的挑战和困难，但也给同学带来了更多的学习机会。线上和线下调研前期联络工作是一项比较繁琐的工作，需要反复和企业协调时间，确保调研问卷的准确发放和回收，这些都锻炼了同学们耐心和与企业沟通交流的能力。同学们在每一次调研前，都能够做好充分的准备工作，详细了解调研企业的背景，针对我们调研的主题和调研企业对接人员的背景，做好各种预案，并做好各种突发情况的应对措施。同学们通过几次调研的实战，已经能够很好地掌握了线上和线下调研流程。尽管在调研过程中都会产生一些突发的状况，同学们都能够较灵活地应对。每次调研会议结束以后，同学们都会集中讨论总结经验，整理会议记录并做好数据采集工作。近两个月的调研工作，在各位同学的大力支持下圆满地完成了。感谢"万企调研"实践活动，给我们提供了这么好的实践平台，让我们有这样一个机会协作并深入企业获得宝贵的一手调研资料，从而更加深入地了解我国贸易数字化发展的进程。

2. 苏庆新

新冠肺炎疫情及台风高温等极端天气给本次调研带来诸多不便，但是团队同学充分发挥主观能动性，积极应对各种不利因素带来的影响，认真策划制订调研计划，灵活选择调研方式方法，高效执行各项调研安排，顺利完成本次调研工作。通过参加本次调研，相信大家都是收获颇丰，既锻炼了能力，又增长了见识，对我们将来的学习和工作都会是有益的帮助。

（二）小组成员调研感悟

1. 顾君

很荣幸能够在此次万企调查中担任小组长，这对于大一升大二的我是一次全新的历练，更是宝贵的经验积累。与企业高管面对面对话、协调全组调研进程……身为新闻专业的我第一次在媒体网站上看到自己写出的新闻稿，这些都是回想起来难得的体验，提升了我团队协作、随机应变、统筹协调的能力。

感谢项目组提供了这样一个优质的平台，让我提早接触了企业运营的状态，对"数字化"这一热词有了从模糊笼统到清晰的认知。感谢各位老师的帮助与支持，感谢邵扬、苏庆新两位带队老师指导与配合，感谢为我们提供了调研支撑材料的各家企业，感谢"六人访万企"小队每一位组员的积极投入。

2. 胡庆

很开心在这个盛夏能够有机会参加此次"万企调查"的调研项目。在这次调研中，我们小组成员互相配合，共同进步，不仅圆满完成了此次调研任务，还很好地锻炼了我们各方面的能力。在这次调研中，让我印象最为深刻的就是第一次主持会议的时候了。虽然我事先稍有准备，但是当自己真正开始进行采访时，紧张的情绪依旧挥之不去。每次接话的时候我总会担心自己表达得不够确切与具体，然而越是忧虑就越是感觉表现不尽如人意。在采访结束后，我对自己的主持部分进行了一个复盘与总结，从中我收获了许多宝贵的经验。相信若能参加下次的"万企调查"活动，我将表现得更为出色。

恍然间一个多月的万企调研活动就要结束了，我们调研任务的顺利完成离不开每位小组成员的辛勤付出，离不开两位指导老师的细心指导，离不开各家航运企业的耐心配合。祝大家万事顺遂，平安喜乐！

3. 杜景潮

这个暑假，我们进行了为期2个月的"访万企"活动，由于受到新冠肺炎疫情的影响我们采取了线上访谈的方式。我们本次活动的目标企业主要为航运物流企业，总共收集了10家长三角区域的企业进行调查。在确定调研企业后，小组成员进行分工合作，确定了各自的职责之后就开始进行企业的调研。在企业的调研过程中，我们遇到了许多困难，有些企业由于公司自身的原因不愿意接受采访，通过我们与老师的沟通，换取了另外几家可以接受采访的企业。采访过后，我们整理了采访的内容与记录，并推送到了公众号进行展示。通过此次活动，我们小组了解到了航运物流企业的数字化现状与其存在的问题，提升了自身的采访能力。

4. 敬雅涵

这次调研对我来说是一次非常好的机会。通过本次调研，我对航运行业有了更深的理解和研究。希望我们的调研能为航运行业的发展提供些许建议。

本次实践调研中，我们精心做好了前期的准备，明确实践活动的主题和调研方式、调研内容、组员的任务安排等。在组员分配上，我们也是各用所长，充分利用自身资源。在做好前期准备后，实践中也出现过一些不合理的地方，比如，修改了一些调查内容又在报告内容中增加了一些新的想法等。实践活动并不是一蹴而就的，它的完成需要根据实际情况反复修改，这些都需要我们的耐心和互相帮助。我们也在不断进步中获得了不错的成绩,来自企业的感谢和中国新闻网、都市网的关注报道都使得我们信心倍增。

最后,感谢学校为我们提供的这次机会,使我们学到了很多知识,拓宽了自己的眼界。感谢队友们一路上的帮助和照顾。通过本次专业的实地调研,我们了解了航运行业的发展与不足,获得了可以融入今后学习和生活的体会和心得。

5. 李诗怡

社会实践使整天与理论知识相伴的我们有机会与企业接触交流,此次社会实践让我们受益匪浅。非常感谢指导老师苏庆新老师和邵扬老师的指导与帮助,他们都是带队经验丰富的老师,给了我们许多采访时候的经验。感谢我们团队的所有成员,我们从最初的素不相识,通过不断磨合,到如今的配合默契,我们不仅仅是组员,更是朋友。我们在社会实践中不断成长,联络企业、调研采访、宣传推送,一次次地尝试,逐渐变得轻车熟路。本次社会实践让我们收获了很多,我们了解了如今航运企业数字化转型进程,积累了采访时候的经验。如今本次活动接近尾声,无论我们最终结果如何,都没有关系,因为重要的往往是过程而非结果。最后,希望老师和同学们前程似锦!

6. 尹智妍

此次访万企社会调研活动,让我了解到了许多不同方面的知识。在校内通常以理论学习为主,我将很多事物认为是理所应当、轻易就能完成的,然而这次真正意义上踏入社会,从企业的负责人口中得知,数字化转型并非理想的那么一帆风顺。由于社会是个互联互通的整体,一个企业的数字化转型还需要考虑到其他行业的因素。同时,作为联络员,我学习到了该如何与企业进行有效沟通,在和组员讨论交流问题时也慢慢能自由积极地表达想法,不断地认识到自己在团队合作中存在的不足之处,并努力学习组内其他成员的优点和思维方式来提升自我。

外贸企业数字化转型影响因素研究

章小燕　浮怡岚　郭晓雪　解欣宇　咸小凤
指导教师：李　睿　岳怡寒

摘　要

在大数据时代，数字经济已经成为不可忽视的存在。访谈根据相关问题主要了解企业在数字化转型的过程中所面临的困境和需求。研究发现，传统的发展模式已经无法适应企业未来发展的趋势，企业数字化转型是必经之路，不同行业都在尝试与自身契合的数字化路线。不同类型的企业数字化转型的程度不完全相同，所面临的困难也不完全相同。对于一些传统的制造业，他们还停留在简单地使用一些信息化系统（如 ERP）进行数据整合的阶段上。而绝大多数企业都采取了适应企业本身的数字化工具，并取得了一定的阶段性成果。在人才的选择上，企业向我们传达的意愿不尽相同。因此，本文通过分析各个企业的数字化发展情况、数字化人才选择以及政府政策，从零售行业、制造行业以及食品行业分别给出相应建议。

关键词：数字化转型；人才需求；政策建议

一、调研背景和意义

数字化已成为全球经济的主要形态。在数字经济的浪潮和新冠肺炎疫情的冲击下，传统企业，尤其是中小企业，发展越来越困难，它们和已成功数字化转型企业之间的差距也越来越大。外贸企业在竞争激烈的国外市场也缺少优势，处境艰难。企业若想求生存，数字化转型必不可少。

我国经历四十多年的改革开放后，经济已转入高质量发展阶段，面临着产业结构调整、社会资源分配等挑战。2021 年 3 月 12 日，《中华人民共和国国民经济和社会发展第十四个五年规划和 2035 年远景目标纲要》正式发布，其中发布了"加快数字化发展，发展数字经济"的纲领，采取"实施'上云用数赋智'行动，推动数据赋能全产业链协同转型"的进程，具体包括建设若干国际水准的工业互联网平台和推进企业数字化转型进程。这个时代背景给中小企业带来了很大的机遇与挑战。能否把握住各种机会，成功数字化转型将深切影响企业未来的发展。传统企业如何数字化转型？如何降低数字化转型的成本？又如何制订合理的数字化转型规划？如何引进或培养专业化人才？一个个问题有待深入地探索和解决。

本次调研以长三角对外贸易企业（主要以宁波市制造业）为例，从数字化转型的角度分析企业的发展状况，研究企业数字化转型中的价值创造路径和数字化转型在企业中的应用和实际的生产力提升，并探究数字化转型的影响因素与内在联系，针对数字化转型过程中暴露的问题找出原因并解决，探究企业的未来发展方向。同时，为其他数字化转型中的企业和政府解决相关问题提供借鉴意义。

二、调研方案与实施

（一）调研方案

1. 调研目的

（1）通过联系海关提供的企业，对企业的中高层人员进行调研，并以发放问卷的形式作为辅助调研以及数据收集的渠道。调研主要针对宁波企业数字化转型方面进行了解分析，并且针对不同类型的企业进行不同方向的探究。

（2）通过与宁波不同类型企业人员的线上交流，从企业发展现状步步深入，研究企业数字化转型程度、数字化转型的困难和机遇、数字化转型中人才的需求以及政府方面支持等问题，并且针对新冠肺炎疫情对企业产生的影响提出了有关问题。后续将相关情况进行详细记录，以推送、论文等形式进行总结，根据所记录的内容对不同企业的问题提出有效的建议。

2. 调研内容

小组成员在调研前查阅大量文献资料，根据海关推荐的企业有针对性地了解现阶段企业数字化转型的主要问题，并经过多次讨论后确定调研主题。在每一次访谈前对每一家不同的企业做单独的访谈提纲，在线上腾讯会议访谈之前联系企业并将提纲转达企业。另外，利用问卷收集相关更为标准化的数据反馈。最终，通过总结访谈内容和问卷选项对企业进行整体的了解。访谈相关内容包括：

（1）了解现阶段企业基本情况。

（2）了解当今形势下企业数字化转型程度以及企业所在行业的数字化转型进程。

（3）了解企业对数字化发展的关注程度。

（4）了解企业数字化转型前后的差异，预期效益与现实效益的差异以及贸易流程的变化。

（5）了解企业数字化转型过程中的技术来源。

（6）了解企业在人才需求方面企业的要求。

（7）了解政府的相关部门对于企业数字化转型的相关政策以及支持力度。

（8）了解新冠肺炎疫情对于企业数字化转型的影响。

（9）了解企业数字化转型面临最大的困难以及企业未来发展的规划和方向。

问卷相关内容包括：

（1）问卷与访谈内容相近。

（2）了解企业生产经营基本信息。

（3）了解企业数字化转型程度。

（4）了解数字化转型的影响效应。

（5）了解企业在数字化过程中的政策需求。

（二）调研对象

以下为参与调研的企业名录：

（1）宁波立得购电子商务有限公司

（2）宁波今日食品有限公司

（3）宁波世茂钢业股份有限公司

（4）宁波舜宇光电信息有限公司

（5）A 新能源股份有限公司

（6）上海家化联合股份有限公司

（三）调研项目

（1）企业数字化转型程度。

（2）企业数字化转型的人才需求。

（3）政府政策以及企业数字化期望的支持。

（4）数字化转型的困难和挑战以及未来规划。

（四）调研任务分配

表1　团队成员分工

第十三小队	分工
李睿老师 岳怡寒老师	会议主持，复核调研提纲以及问卷，微信推送，统筹组队安排
章小燕	撰写项目计划书，录屏并整理访谈纪要等
郭晓雪	撰写新闻宣传材料，与宣传组对接等
浮怡岚	撰写企业访谈提纲，会议访问等
解欣宇	联系企业，整理会议记录等
咸小凤	收集企业基本情况，宣传推送等
共同完成	访谈主题以及撰写调研报告等

（五）调研工作时间安排

表2　调研工作时间安排

负责人	企业名称	访谈时间	会议平台
杨海根	宁波立得购电子商务有限公司	7月16日10：00—11：30	腾讯会议
竺辉	宁波今日食品有限公司	7月17日10：00—11：30	腾讯会议
鲁炎艳	宁波世茂钢业股份有限公司	7月28日	文件交流
陈小姐	A新能源股份有限公司	7月28日13：30—15：00	腾讯会议
顾燕萍	宁波舜宇光电信息有限公司	8月6日	文件交流
徐蔚	上海家化联合股份有限公司	8月20日14：00—15：30	腾讯会议

三、问卷调研结果统计分析

（一）样本基本情况

截至2021年8月30日，调研收集到了183份有效规范问卷和6份有效的访谈问题回馈。本组调研的企业分布行业较分散。

（二）数字化转型直观感受

1. 数字化转型是大势所趋

上海家化联合有限公司——徐先生

在"十四五"规划施行期间，国家将提升自主品牌影响力和竞争力，并率先在化妆品等消费领域培育出属于中国的高端品牌。这意味着，2021 年将是化妆品行业高速发展的一年。上海市委书记李强指出，全面推进城市数字化转型是上海事关全局、事关长远的重大战略，要全力打造具有世界影响力的国际数字之都。上海政府正在推进美丽健康产业的发展，满足人民群众美好生活的需求，体现城市时尚特质、传播城市品牌，增强上海城市的吸引力、创造力和竞争力。上海家化也将顺势而为，力争成为行业的领先者、领导者。

2. 相关行业企业之间交流更紧密

宁波舜宇光电信息有限公司——顾小姐

2020 年，企业完成了 ERP 系统升级和多系统（PLM/MES/SRM 等）集成项目，打通上下游产业链的数字化连接，与业内合作伙伴的联系更加紧密，市场最前沿的动态最高效地传导到总部，转化为生产力。当地政府多次组织企业高层管理干部参加跨行业的横向培训与交流活动。

3. 相关软件应用更广泛

宁波世茂铜业股份有限公司——鲁小姐

在多年以前，公司的 ERP 系统只用于财务做账，但是随着信息化要求的不断提升，现在 ERP 系统贯穿公司各个部门，销售订单、发货、采购订单、仓库货物的扫描都直接录入系统，减少了人工改动。

4. 更好地为高层决策服务

A 新能源有限公司——陈小姐

因为传统的数据文件都是 Excel、Word 这种格式，但现在实行数字化之后，利用大数据分析我们可以实时地将我们需要的数据提取出来，这样更有利于高层的决策。

5. 提高企业员工工作效率

宁波立得购电子商务有限公司——杨先生

在实行一些数字化管理之后，最直观的感受便是企业员工能做的事情变多了。因为企业在进行数字化管理之后，将一些工作、流程中产生的数据以及其他类型数据全部归类统筹之后，员工能做的事情会更多，工作效率也有提高。

6. 改善工人之间的关系

宁波今日食品有限公司——叶先生

企业在实施数字化转型阶段，投入很大，但这些投入是必要的，在一定程度上会起到积极的作用。第一，增强工人的稳定性。车间工人之间的矛盾大大减少了。第二，与之前的情况相比有很大不同。之前的状况是原材料很乱，没办法从源头进行追溯；现在的状况是车间的好多人工节约了。

（三）数字化转型现状分析

当前，中国正在经历着大变局。从国际格局到国内环境，都有极大的不确定性。新一代信息技术驱动的新一轮技术革命和产业变革正在加速推进。传统的发展模式已经无法适应时代变化和未来发展趋势。全面加速数字化转型，是新时代企业生存发展的必然选择。

1. 企业采取的重要举措

为了更好地迎接数字化时代的到来，各行各业都在积极地进行着数字化转型。在转型过程中，企业采取了各种各样的举措。如图 1 所示，相较于其他举措，数字化运营和数字化治理在总体中占有重要占比。而在占比较少的其他选项中，运用数字化系统（如 ERP 等）进行数字化转型也是企业采取的重要举措之一。

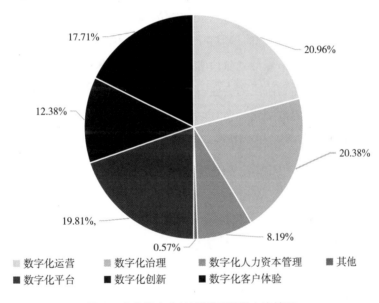

图 1　企业数字化转型重要举措占比情况

2. 企业的数字技术应用情况

企业目前采取的数字化技术手段，如图 2 所示。首先，使用最多的技术是现下最流行的大数据技术；其次，是电子商务、云计算和物联网技术、虚拟现实、3D 打印等。数字化技术手段正在不断地发展，并积极与企业的各个发展环节产生紧密联系。

3. 企业的数字化人才培养

在数字化转型进程中，企业面临着数字化人才的选拔与培养问题。没有人才的

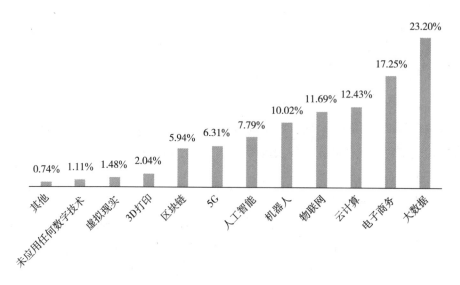

图2 企业数字技术应用占比情况

支撑,实现企业数字化转型就会变成一句空洞的口号。如图3所示,有40%的企业都针对工作实际相关的部分人群,制订了相应的数字化培养计划,企业处于当前正在制订相应的数字化人才培养计划阶段和企业员工全面制订适合不同层级员工实际需求的数字化人才培养计划阶段的企业占比均在16%,而无相关计划的企业占比最少。这表明大部分企业的数字化转型开端是从企业中的较少部门首先开展的,而不是一开始就全面开展数字化人才培养,并且在数字化转型阶段对人才的培养是必要的。

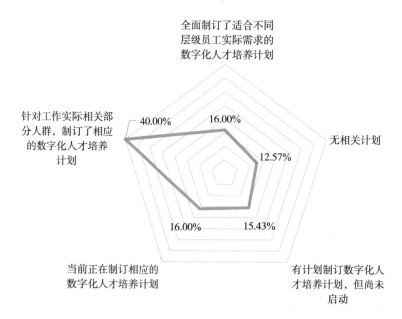

图3 企业数字化人才培养阶段占比情况

4. 企业数字化转型阶段

不同企业在数字化转型过程中处于不同的阶段。对于能否解决的问题，各个企业均有不同的情况。如图4所示，对于大部分企业处于的数字化转型阶段，问卷结果表明，进行数字化转型对企业解决有关问题是有帮助的，进一步显示出开展数字化转型是企业目前适应当前数字化环境的一个有效手段。同时，也有企业表示数字化转型对企业解决相关问题帮助不大。因此，我们在进行数字化转型过程中要结合企业的当前发展状况，来制定适合本企业的转型路径。

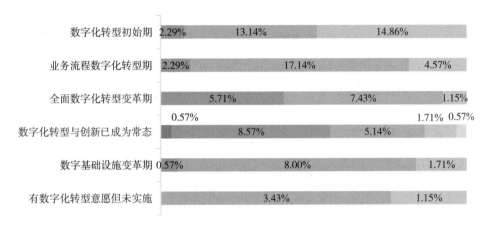

图4　企业数字化转型与能否解决企业问题占比情况

（四）本组情况分析

在（三）中我们分析了受访企业四个方面的总体情况，就企业采取的重要举措而言，在我们小组调研的过程中，发现大部分企业在该部分与总体特征一致，即在数字化运营与治理方面投入较多。

就企业的数字技术应用情况而言，电子商务占比较大。原因是，在2019年新冠肺炎疫情的影响下，全球经济处于停滞状态，大量的线下活动不能开展，导致各个行业的企业在线下营销、物流运输方面（主要是航运）遇到问题，进而转为线上营销。这其中用到最多的数字化工具就是电子商务。

就企业的数字化人才选拔和培养而言，宁波立得购电子商务有限公司的杨先生指出，他们公司现在更倾向于制作大数据平台以及大数据平台的数据分析，所以，在数字化人才选拔方面更倾向于这方面的人才。宁波世茂铜业股份有限公司的相关人员指出，他们公司是生产型企业，因此，主要希望引进一些管理性人才以及能改善产品技术、提高生产效率类的人才，同时，也需要强有力的销售团队。宁波舜宇光电信息有限公司的相关人员指出，他们公司更倾向于具备全局统筹观念和结构化思维能力的数字化人才。上海家化联合有限公司的徐总表示，上海家化现在取得的成绩离不开家化每位员工付出的努力。同时，面对日益增强的外部竞争，上海家化也面临着数字化营销能力弱于市场需求等挑战。上海家化采取的措施包括：①内部培养；②招募具有数字化思维的外部人才。

就政府提供帮扶而言，大多数企业均表示在数字化转型过程中，政府给予他们最大的帮助便是资金的帮扶。但是有个别企业指出，对于中小型企业以及传统企业，更多的是希望政府能够指导帮助他们进行数字化转型，即在政策实施方面能够有更好的解读，让他们能够更容易的理解以及实施。

四、影响因素分析

（一）基本情况解析

由此次访万企活动的所有调查问卷的数据情况来看，所有地区的企业类型分布情况中，制造业占比最大，零售业、运输业以及信息技术服务业占比相当，如图5所示。

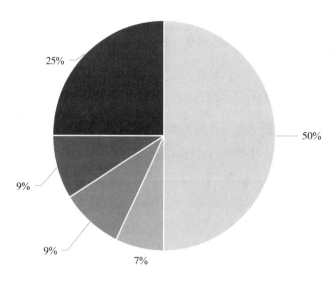

制造业　零售业　运输业　信息技术服务业　其他

图5　所有地区企业类型分布情况

本次活动中，本组的活动范围主要聚集在浙江省宁波市。由于宁波市的数据较少，因此，采用浙江省的数据进行分析，如图6所示。其中，制造业占比最大，其次是零售业。

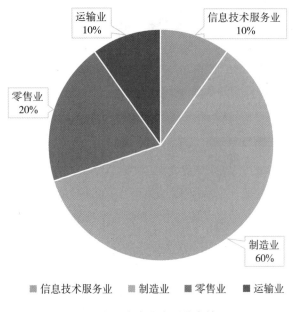

图6 浙江省企业类型分布情况

本文对企业数字化转型的初衷进行统计分析。如图7所示，企业进行数字化的主要原因首先是要提高生产效率，其次是为了降低生产成本并有效地满足市场需求。因此，把握企业数字化转型的原因就可获得企业数字化转型的影响因素。对于任何数字化转型项目来说，第一步都是要确定"原因"，也就是为什么要进行数据化转型。确定原因会在这一过程中为其他决策提供信息。但许多企业跳过了这一步骤，而将更多的精力放在其数字化转型项目的"实施"或"内容"上，却忽略了数字化转型的实际目的。数字化转型并不是"魔杖"，能够在突然之间就会获得价值。企业只有了解在数字化转型中真正需要的内容，并确定数字化转型最终起到重要作用的原因，才能获得这一价值。

此外，本文对采取数字化转型后的企业是否解决了其经营困难的问题进行了统计分析，如图8所示，大部分企业在采取数字化转型的相关措施之后企业获得较大的改观。在商业领域，数字化转型在两个变量之间变化。第一，衡量与竞争对手相关的每个行动的收益。第二，利用技术为客户增加价值。这两种方式都在让客户体验更容易获得，并控制整个供应链。随着技术的进步，数字化优化和改善了企业和消费者之间的关系，这有助于根据目标反应做出更好的营销决策，使整个供应链处于受控状态。然而，数字化转型不仅仅是技术对业务的颠覆，它还涉及这些技术创新是如何被采用和利用的。据此，到2022年，全球用于推动数字化转型的技术和服务支出预计将达到约1.97万亿美元。

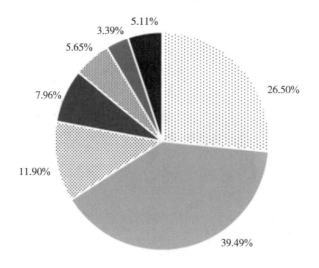

::: 大幅度降低成本　　　　　　　　▨ 提高生产效率
▨ 满足市场需求　　　　　　　　　▨ 有效增加营业收入
▨ 降低企业运行的内外部风险　　　▨ 追随行业内其他企业数字化进程
■ 其他

图 7　企业数字化转型的初衷

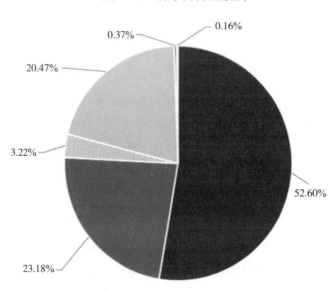

■ 较大程度解决　■ 偶尔能解决　▨ 其他　▨ 很大程度解决　■ 完全解决　■ 不能解决

图 8　数字化转型对解决企业经营困难时的效用

　　通过问卷分析浙江省相关企业对于营造良好数字贸易发展环境至关重要的举措，不难发现排在首位的是完善应对国外壁垒的支撑体系，推动解决企业业务在海外拓展中遇到的困难和问题，如图9所示。数字贸易发展对经济的影响具有两面性。正面角度，信息技术的广泛应用使贸易开展过程更便捷高效。中小企业有机会参与到全球贸易中，国际市场供给和需求潜力进一步释放，全球化分工进入更高水平阶段；数字产品和服务融入全球价值链体系，推动世界经济数字化转型，提高全球经济运行效率，更大范围内释放数字化红利。负面角度，高度联通的虚拟网络与经济影响巨大的贸易网络相互交汇，信息流加剧了全球市场竞争，互联网马太效应通过数字贸易向世界经济各个领域蔓延；数字化、自动化、人工智能等新兴技术的出现解放和替代了劳动力，全球价值链分配可能进一步向前后两端的数字化的产品和服务转移，发展中国家的劳动力优势被削弱，需要积极寻找新的参与分工方式。浙江省应紧跟国家与时代发展浪潮，稳步推动数字贸易的发展。一是推动跨境电子商务持续快速发展，建立多主体联动的电子商务生态，完善跨境电子支付体系，提升物流通关服务能力；二是拓展数字服务贸易广泛发展空间，促进信息通信网络互联互通，共建共享数字化发展成果；三是探索构建数据要素开放市场，健全数据开放法律法规，明确数据权属，建立数据开放收益补偿机制，强化数据保护与管理；四是积极参与数字贸易国际规则制定，维护多边贸易体制，共建国际网络治理体系；五是营造数字贸易良好发展环境，优化数字贸易监管服务体系，完善国际综合服务支撑体

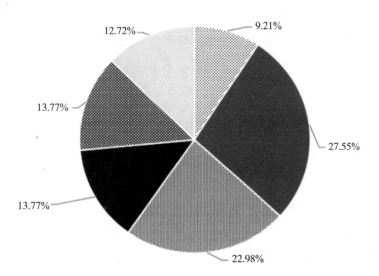

※ 完善应对国外壁垒的支撑体系，推动解决企业业务在海外拓展中遇到的困难和问题
■ 优化数字贸易监管服务
▦ 充分发挥金融服务支撑作用，推动对数字贸易领域的投资
■ 加强数字贸易的国际交流与合作
▨ 加强数字化人才队伍建设
▦ 完善国际综合服务支撑体系，建立政府服务信息平台，为数字贸易企业提供国际信息和指导

图9 浙江省相关企业对于营造良好的数字贸易发展环境至关重要的举措

系，加强国际交流与合作。

（二）相关影响因素分析

基于以上对浙江省企业的基本情况分析，我们可以得到以下内容。

1. 大多数企业的数字化是在大环境的推动下开展的

消费升级倒逼企业服务升级，信息技术的发展正在驱动企业建立"以人的需求为中心"的商业模式。新形势下，企业数字化转型的成功不仅要求企业对内部 IT 基础设施进行升级，更需要对企业组织结构、业务流程、管理模式的重塑。

现代企业大部分都会存在一个特点：他们往往是组团进行运作的。每个企业各自负责自己的部分，最后形成一条产业链。上游企业负责技术支持以及生产指导，而下游企业负责生产，这样一个产品被生产出来。当下游企业的技术程度提高时，他们的生产效率会提高，而这时如果上游企业不进行数字化，往往会赶不上下游企业的生产计划。所以这些上游企业不得不开始寻找一种方法来提高自己的效率，而目前对他们来说，数字化就是最好的也是最方便的方法，并且下游企业的技术程度越高，对上游企业的倒逼作用更大。

对于大部分生产型企业来说，他们的产业链十分完整，所以对数字化的要求更高。在前期需要更精密的总体规划，中期部署需要更专业的人士指导，后期需要更多的人员来维护保养。规划对技术方的要求极高。即使企业在数字化领域有着多年经验，但只有把这些经验转为实践，才能实现更加彻底的数字化。

2. 数字化转型的关键因素

（1）对前端的需求

在数字化转型中，前端能否起到较大的引领作用，指导企业主动进行正确的数字化，是企业成功推进数字化转型的一个重要前提。随着大数据、物联网、AI 技术通过连接赋予了万物感知的能力，企业与终端消费者、企业与产品、产品与消费者、企业与经销商、消费者与消费者之间的连接和互动日益密切。以人为中心构建新型的客户关系管理模式，是企业数字化转型的必经之路。

（2）对行业需求的准确对接

对于企业与技术提供方来说，会存在一种极其尴尬的局面，就是在技术与行业知识中只了解一方面，而对另一方面并没有多少了解。这就要求企业与技术提供方之间要有足够的沟通与协调，而其中技术提供方需要有更加个性化的服务，对不同的行业要有不同的解决方案，将自己的服务变得更加多彩多样而不是普遍适应。各类传统企业都在与互联网发生深度融合，互联网成为渠道商、服务商获客和服务的重要途径。以联想零售商为例，线上零售商（联想官方商城、京东网店、淘宝网店等）销量占比超过了 30% ，有的品类甚至接近一半以上。而很多客户找联想服务商，往往也是通过百度、联想官网、58 同城、大众点评等平台获取信息。同时，供应商、渠道商、服务商专业化分工越来越细致。以开通一个联想电脑京东网店为例，至少需要店长、采购人员、仓库管理员、客服人员、发货人、财务、商品运营、流量运营等角色。为了将商品送到客户手中，还需要调用物流公司司机、快递公司配送人员等。而为了协调这些资源，平台还需要一系列的人员提供服务，确保零售商能把店开起来。每一个订单的背后，往往涉及几十个人在提供服务，但是成本又需要控制在非常有限的范围之内，这就对各个环节之间的沟通效率提出了非常高的要求。

2001—2020 年消费互联网的发展，主要解决的就是这个分工问题。2021—2030 年产业互联网将重点解决生产商、品牌供应商、物流仓储服务商、渠道商、零售商之间的互动和效率问题。

（3）对提供商的要求

数字化转型提供商需要对企业有深刻的了解，技术要足够好用，功能、场景要足够丰富，不仅要懂得企业的行业知识，更要掌握多门智能制造技术，这样才能贴近企业进行个性化的转型服务，进而帮助企业进行彻底的数字化转型。各行各业的传统大中型供应商、渠道商都面临着巨大变局。从需求角度看，由于客户需求重点从原来强调"多快好省"的"多和省"，开始重点向"快和好"转移，因此，产品质量、品牌知名度、服务美誉度、快速物流体系、高效服务沟通平台等成为必备体验要素。移动互联网作为新型传播媒介，以其网状、高效、信息推送等传播特性，让"信息流"传播效率大幅度提升，让客户感觉越来越"快"。商品价格的透明化，也让价格竞争模式难以为继，竞争模式从以往拼价格逐步升级为拼质量、拼服务，让客户感觉越来越"好"。

（4）对政府政策的需要

当前，我国政府对企业数字化转型的政策支持力度比较大。首先，企业可以得到较大的资金补助，来弥补资金链的短缺；其次，政府搭建平台，向企业提供相应的服务，但如果企业对政策的理解太过泛泛，得到的帮助与现实中遇到的问题往往会有较大的差距。此外，时间成本太高，企业在数字化转型的报关流程上仍需简化。更重要的是政府数据共享和安全利用没有取得实质性进展。政府数据通常仅在收集它的政府机构内部使用，很难实现共享，并且这些数据的收集也存在重复、重叠甚至相互矛盾的问题，使跨政府部门边界的数据共享进展缓慢。跨部门、跨终端服务实现状况不容乐观。当下，政府提供的多是单部门在线服务，但政府数字转型战略需要多部门的相互支持、协同，需要跨越企业边界以实现更好协作。

五、现存问题分析

（一）数据信息不够全面，影响数字化转型的发展速度

部分企业的数据信息都依赖母公司直接提供，或是平台本身的交易记录，而很多出口产品的数据也基本来自海外客户提供，这样往往会有些偏差，难以详细地搜集到精确的销售信息或反馈。比如，宁波立得购电子商务有限公司，平台直接拿到的前端数据不是很多，大部分都是海关跨境数据、平台交易信息或是母公司提供的信息。因为信息范围不是很充足，在保障了平台的维护后难以进一步根据问题有针对性地扩大，数字化转型也仅仅带来的是工作效率提升。

（二）数字化转型成本高，数字化转型达不到降本的目标

受新冠肺炎疫情冲击，许多企业尤其是中小型贸易企业，本身资金不是很充裕，营业额也不是很高，虽然政府有一定的补贴，但设备的采购与维护成本极高，特别是一些制造业、食品加工业等企业。比如，宁波今日食品有限公司，作为一个水产企业，生产车间高盐度、高湿度、高腐蚀性的环境对数字化设备的损耗极大，故障率极高。此外，一些数字化设备更新换代很快，投入的大量成本也导致很难兼顾生产和数字化转型，有悖"降本增效"的目的，很多同类企业甚至暂时放弃了生产车间的数字化转型。

（三）缺乏明确的转型方案，数字化转型实践困难大

部分行业没有数字化转型成功的案例，导致部分企业缺乏明确的数字化转型目标，缺少一个总的战略性目标。比如，A 新能源有限公司，以前数字化转型推进工作只是各个部门各自进行转型，各自建立系统，虽然效率是增加了，但因为缺乏统筹管理，部门之间出现部门墙，部门之间数据相没有做到完全透明流通，数字化转型效果与预期相比不佳，浪费了许多人力物力。两年来，企业详细制定了明确的方案，集中推进，建设一个总的信息平台，落实自身信息的搜集与处理，情况才有所好转，数字化转型的速度才有所提高。

（四）数字化人才稀缺，企业缺乏有效培训

数字化人才十分稀缺，大部分企业都急需数字化人才的加入，但部分企业都没有自己的解决方案，寄希望于政策帮扶和人才引进，忽视了企业本身的人才培训。

这也导致部分企业数字化转型依赖定制专业机构的系统，而没有自己的研发部门，企业本身对数字化缺乏了解，自然难以发现问题所在并加以改进。此外，一些系统的定制是低于企业预期的，这也影响了企业数字化转型的规划。部分企业除了政府开设的宣讲会和培训会，找不到培训员工的有效方法，造成了企业数字化人才的短缺，因而企业数字化进程滞后。

六、结论与建议

通过此次对浙江省宁波市相关外贸企业的调研和分析，我们得到以下结论，并提出相应建议：

（一）结论

本次调研发现在零售行业、企业与消费者之间的信息交流不充分，并且由于受新冠肺炎疫情的影响，企业线下销售渠道受阻；在制造行业，大部分企业管理还停留在传统层面，进行数字化改革困难重重，数字化人才匮乏；在食品行业，由于企业产品的特殊化，导致企业数字化转型效果与预期存在较大差异，政府还要加大对相关企业的政策帮扶。

（二）建议

1. 零售业数字化进程的建议

公司应该以消费者为中心，并与其他机构、大数据平台开展合作，全面洞察消费者的需求并对此采取相应的对策，以此推动产品的研发和数字化进程。

（1）在品牌创新方面，公司可以通过消费者体验、聚焦行业趋势和未来判断、聚焦大数据、聚焦营销和资源投放模式创新的方式来打造优良的产品及服务，可以打造多维度内容矩阵，构建品牌壁垒。

（2）在渠道进阶方面，公司可以通过策略合作、数字赋能、智慧零售、私域运营、模式创新五大核心举措推进渠道创新。同时，通过新渠道、新场景、新消费等方法不断去捕捉未来新衍生出的市场机会，也可以通过多渠道招募新旧用户，搭建口碑裂变的私域生态圈，还可以通过数字化转型不断打造私域运营能力，盘活新旧用户。

（3）基于信用大数据，政府可以制定面向中小微企业的短期融资补贴政策，同时，向新冠肺炎疫情时期信用良好的中小微企业，快速提供低息的短期小额贷款融资。一方面可以帮助企业渡过因为新冠肺炎疫情导致的物流成本增加、回款时间延长的难关；另一方面，也可以激励企业采购和使用数字化产品增加销售机会和降低生产管理成本。

（4）在数字化转型变化过程中，培养数字化转型人才，可以统一组织一个训练营，第一是为了聚集公司内部的中高管，对数字化的定义与定位达成共识；第二，企业在数字化转型时，无论是业务人员还是技术人员，可以通过学习新兴的技术或者管理的方式和模型来应对出现的问题。

（5）公司需要以用户为中心，基于实际的业务场景，根据用户的真实需求、用户的一些痛点去做产品与服务的创新。

2. 制造业数字化进程的建议

（1）可以深入挖掘具有全局统筹观念和结构化思维能力的人才，制定中小微企业留住人才和人才引进补贴激励政策。引导二三线城市的中小微企业引进本土人才，增加本土人才留在当地就业的意向。进行人才分析，设计"数字化人才"培养方法、制订人才发展计划，推动"数字化人才"的持续培养与发展。

（2）在企业数字化转型中寻求数字化人才，进行选拔与培养。首先要制定标准，测试盘点，借此了解企业人才发展现状，了解公司是否有充分的人才储备进行企业数字化转型，发掘企业中那些具有高潜质的"数字化人才"。

（3）政府可以通过搭建与数字化发展水平相匹配的资源供需平台、引领行政区域内企业的数字化发展、引进数字化高端人才到当地就业、开展先进数字化技术培训等措施来更好地促进企业的数字化发展。

（4）企业数字化未来可以往物联网方向发展，有企业级物联网、产业链级物联网、行业级物联网。目前，大部分企业正处于企业级物联的阶段，未来可以通过SRM、SCM 的实施逐步向产业链级延伸。

3. 食品行业数字化进程建议

（1）宁波市政府能够对中小微企业进行一些资金、技巧方面的补贴，因为数字化也是国家大力扶持的项目。当地经济和信息化局也可以召开培训会、政策宣讲会。

（2）企业主动抓住机遇，从自身做起，评选数字化进程标杆企业，并进行示范交流，以引领中小微企业跟进。

（3）可以扩大招收员工条件，多方面挖掘引进人才并多采取激励政策，增加本土人才留在当地就业的意向，也多对各年龄层面员工进行技术培训。

（4）公司可以针对不同客户进行传统与数字化发展的生产布局调整。对于数字化平台，企业要多研究了解不同平台的玩法和规则，根据不同营销手段的优势，利用现有的条件来发挥最大的优势，根据所面临的问题及时进行动态调整，大胆探索传统与数字化的完美结合。

参考文献

［1］邓晓蕾「行业观察」企业数字化转型下一程，打通前端需求链［N］．经济观察报．2018 － 09 － 20.

［2］吴涛 传统企业数字化转型痛点与典型模式［EB/OL］．https：//36kr.com/p/1378449444535681.2021 － 8 － 31.

［3］桂杰 新时代背景下政府数字化转型的思考［EB/OL］．http：//ah.workercn.cn/zt/ahswh/30446/201810/22/181022142308318.shtml.2018 － 10 － 22.

［4］夏琳（冠郡资讯数字化创新顾问 & 合伙人）Ti2019 质量竞争大会《数字化转型的变革人才培养》主题演讲。

附　录　调研感悟

（一）指导教师调研感悟

1. 李睿

第三届的"访万企、读中国"暑期实践活动即将结束，由于新冠肺炎疫情的影响，多组通过线上方式和企业进行沟通和交流，相比线下访问，虽然缺少了身临企业的体验感，但访谈过程更具有形式的多样性和时间的灵活性。同时，在有限时间内可能对更多的企业完成访谈，在一定程度上提高了访谈效率。

调研第十三组由 2 位指导教师和 5 位同学组成。调研中分工明确，组织有效，调研内容准备充分，调研过程气氛活跃。此次调研，涉及的企业类型较多，包括钢铁、新能源、食品和日化等。正是因为这样，我们从不同行业的角度了解到企业数字化转型的需求与现状、挑战与机遇。因此，此次调研对同学而言既是一个聆听和分析的过程，是一次学习和思考的融合，更是为将来工作积累的一次宝贵经历。

2. 岳怡寒

从七月中旬至今，从调研问卷设计、联络企业访谈，到调研报告撰写，2021 年"访万企，读中国"社会实践已经到了尾声。在这近两个月的时间里，我深深感受到了团队合作的力量。章小燕、浮怡岚、郭晓雪、解欣宇、咸小凤五名学生热情、有朝气，在调研中有条不紊地分工协作、密切配合，努力圆满完成每一次访谈，在加深对企业数字化转型的认知外，也提升了人际交往沟通的能力。李睿老师专业细致，总能在访谈中从新颖的角度给予指导意见。

很荣幸遇见这样一支团队，和他们的相处轻松愉快，也让我受益匪浅。在今后的工作中，我要不断加强专业知识和技能的学习，勇于创新探索，进而可以更好地指导学生开展社会实践，努力成为学生成长成才的人生导师和健康生活的知心朋友。

（二）小组成员调研感悟

1. 郭晓雪

暑假期间，我参与了"访万企，读中国"社会调研项目，对目前我国外贸企业数字化转型的现状和趋势有了基本的了解。在这个过程中，不论是访谈内容还是后面的数据整理与分析都让我收获颇丰。特别是访谈阶段，每次访谈任务都在大家的认真准备与相互配合下圆满完成。"访万企"活动给我一个走进企业、拓展知识的机会。与此同时，访谈企业让我更深刻地感受到新冠肺炎疫情对企业的影响，了解到各个企业对新冠肺炎疫情作出的应对措施。这也让我切身感受到理论和实践的差距，只有与企业面对面，亲身了解企业的结构、生产、营销，才会真正了解新冠肺炎疫情影响下企业的困境、数字化转型对于企业的机遇与挑战以及新技术对于老传统企业的掣肘。广泛的调研给了我们更高的视野，得以全面深刻地理解这一切。

2. 浮怡岚

研一有幸参加了上年度"访万企，读中国"的报告会，在台下了解到学姐学长们对调研活动的介绍以及对调研结果的展示，他们的经验分享让我对 2021 年的活动充满了期待。

我们小组的访谈是线上模式进行的，虽然没能线下走访，但每一次面对面的线上访谈都受益良多，印象最深的还是最开始我们准备并不是很充分，幸好有指导老师在旁边补充以及主持，会议才得以顺利进行。后续的会议我们小组也做得越来越得心应手，直到结束最后的访谈，我觉得自己成长了很多。而对企业数字化的调研，这与我们生活中所谈论的数字化不大相同，也让我对数字化转型有了更加深入的了解，对企业数字化转型未来的发展也有所期待。另外，对企业人才需求方面的访谈，也更让我们小组成员对未来工作方向以及社会需求有所了解。总之，这次调研活动无论从生活中还是学习工作中都让我受益颇多，非常充实。

3. 章小燕

一个半月的调研活动在大家辛苦的努力下也接近尾声了。在这段时间内，收获很多，感受很多。

①这次调研活动让我亲身体会到团队合作的巨大作用，个人的能力毕竟有限，只有以团队形式进行配合才能事半功倍。我们这次正式进行访谈前期，进行大量的讨论，将每个人的任务分配下去，大家的密切配合，使调研活动能成功完成并趋于完善。

②我们表达的水平得到提升，在和企业人员交谈中注意语境和语气，及时纠正不得体的地方，在访谈过程中要学会大胆地说、自信地说，不能胆怯。

③在访谈正式开始之前，要充分了解相关企业，抓住我们要调研的重点，做到有的放矢。

4. 咸小凤

在参加"访万企"这个项目之前，我只是听说过数字化这个名词，却从未对它有深刻的理解。而经过这将近两个月的实践，我终于有了自己的理解。而在这当中，我和我的队友们一起并肩努力，刚开始联系企业，我显得十分紧张，几乎想放弃这个活动，但是幸好有可爱的队友和老师一起陪着我，到后来，我们一起讨论调研主题、一起采访企业、一起做推送、一起写报告，我们不断地积累经验，克服了一个个困难，我学会了怎样与他人谈话、怎样做推送、怎样撰写报告等。通过采访那些企业，在新冠肺炎疫情影响下数字化转型时的一些痛点和难点，这说明对于大部分企业来说，数字化转型并不是一蹴而就的事情，而是一个长期艰巨的工程。

5. 解欣宇

参加本次调研活动，我最大的收获便在于接触了平日里很多不甚了解，甚至接触不到的事物。无论是对数字化的相关知识储备，还是与企业的工作人员或是领导交流访谈，我几乎都是从零开始。不过在组员和老师的帮助下，我也渐渐掌握了更多的知识、更多的技巧和方法。在整个访谈中，我们遇到的困难并不少，尤其是遇到我一开始负责联系的企业拒绝接受采访时，我也深深地感到沮丧和无力。但是，在我们团结一心的努力下，我们还是完成了对其他企业的访谈。在此次调研中，我也遇见了很多很热情、愿意配合我们的人。不仅如此，一些专业人士详细地回答与讲解，让我们更直观地学习了身边的数字化知识。这一次的调研活动，不仅让我直接深刻地接触到了社会和企业，累积了与人交流的经验，还充分认识到了国家、企业为改变我们的生活做出的努力，认识到了时代在我们生活里的前进和改变。也希望未来，我们也能为这种改变付出自己的力量。

第三部分

数字化转型对企业经营的影响

长三角地区制造业企业数字化投入
影响经营绩效的调研

朱妍妍　吕阳阳　贾　堃　祝艺真　沈容轩　陈鸣翀
指导教师：齐佳音　王思语

摘　要

2021 年，国家"十四五"规划指出加快建设数字经济，以数字化转型整体驱动生产方式变革。数字化转型已成为传统企业实现高质量可持续发展的重要途径。然而在数字化转型的浪潮之下，很多传统企业面临着"不敢转型"或"不会转型"的现实困难，造成这一现象的原因是企业不清楚数字化转型的绩效、作用和机制。因此，本次调研以数字化投入对企业经营绩效的影响为调研主题，以长三角地区制造业企业为调研对象，通过访谈调研结合问卷调查的方式来了解企业数字化转型的成效以及数字化投入如何影响企业绩效。对访谈和问卷数据的分析结果表明，企业数字化转型能显著提升企业的经营绩效，其有效路径是：企业数字化投入应转化为数字化资源，数字化人才运用数字化资源形成数字化能力，继而提升企业经营绩效。

关键词：数字化投入；企业经营绩效；制造业数字化转型

一、调研背景及意义

随着新一轮信息技术的发展，数字经济呈现爆发式增长，全球进入了数字化社会。中国信息通信研究院发布的《中国数字经济发展白皮书》显示，2020 年，我国数字经济规模达到 39.2 万亿元，较上年增加 3.3 万亿元，占 GDP 比重为 38.6%，占比同比提升 24 个百分点，有效支撑了疫情防控和经济社会的发展。"十四五"规划也指出要激活数据要素潜能，加快建设数字经济、数字社会、数字政府，以数字化转型整体驱动生产方式、生活方式和治理方式变革。数字化转型是一个组织变革的过程，企业在此过程中将物联网、大数据、人工智能等数字技术应用于业务流程、产品和服务创新，推动企业生产方式重组变革。

制造业作为中国国民经济的支柱产业和经济增长的主导部门，在国家政策的支持下也逐步开展了数字化转型，以保持在数字时代的市场竞争优势。特别是受到新冠肺炎疫情的冲击，众多制造业企业纷纷加快了数字化转型步伐试图冲破发展困局。尽管数字化转型已得到了很多企业的重视，但埃森哲《2020中国企业数字转型指数研究》显示，仅有11%的企业数字化转型的成效显著。数字化转型实际成效与企业预期不相符的现实困境，在一定程度上阻碍了企业数字化转型的积极性和主动性。因此，厘清数字化转型对提升企业经营绩效的实际效果和企业的数字化投入如何影响企业的经营绩效是紧迫和必要的。

针对以上问题，调研小组以数字化投入对企业经营绩效的影响为调研主题，聚焦我国经济发展最活跃、开放程度最高和创新能力最强的区域之一的长江三角洲（长三角）地区，对具有代表性的企业展开访谈，探究这些企业数字化转型的成效。在此基础上，通过问卷调查分析数字化的投入如何影响企业经营绩效。希望通过展示长三角地区制造业企业的数字化转型成效及可行的数字化转型路径，为相关企业的数字化转型和政府政策的制定提供参考经验。

二、调研方案与实施

（一）调研方法

调研采取线下与线上访谈和问卷调查相结合的方法。首先进行小范围的深度访谈以了解长三角地区制造业企业数字化转型的成效、现状以及存在的问题，再大范围发放线上问卷以得到更多制造业企业的数字化转型相关数据，用于后续建模分析。

线下访谈需前往企业实地考察，对实地参观中发现的问题进行客观记录，在后续访谈中结合访谈提纲进行访谈，这样使访谈更有企业针对性。受新冠肺炎疫情影响，对于不能线下访谈的企业则采取线上访谈的调研形式。访谈结束后，给企业发放问卷并回收，以弥补访谈中回答模糊的问题以及遗漏的部分。

使用访谈和问卷调查相结合的调研方法，调研小组试图实现小样本访谈数据和大样本问卷数据的相互佐证，首先通过访谈资料发现长三角地区制造业企业通过哪些数字化投入实现了怎样的绩效提升，然后通过更大样本的问卷数据验证数字化的投入如何实现绩效的提升。

（二）调研对象

1. 访谈调研对象

调研小组依据代表性和可操作性原则选取长三角地区 10 家制造业相关企业为调研对象。其中，有 2 家粮食及食品制造业企业、3 家装备制造业企业、1 家家具制造业企业、1 家汽车制造业企业、1 家化学制品制造业企业、1 家仓储物流企业及 1 家人力资源数字化科技公司，基本覆盖生产和生活的方方面面，详细企业情况见表1。

表1 访谈对象概述

细分行业	公司名称	公司简介
粮食及食品制造业	A 有限公司	A 企业从事中式面点速冻食品的研发、生产与销售，是一家以"连锁门店销售为主，团体供餐销售为辅"的中式面点速冻食品制造企业
	上海 B（集团）有限公司	B 企业是以粮食生产、加工为主的一家企业，业务板块分为是储备粮（市级储备粮）及米、面、油的生产、加工、销售（围绕着大米、面粉和油脂的生产加工销售）和零售
装备制造业	C（上海）有限公司	C 企业是全球领先的基材处理、印刷和加工设备及服务供应商，为中国包装设备市场提供高质量服务
	D（上海）有限公司	D 企业是美国艾默生工业自动化下属公司，是全球材料焊接和精密清洗行业的翘楚，国内领先的综合性超声设备生产和技术开发企业
	上海 E 有限公司	E 企业主要生产液压马达，国内许多生产挖掘机的重工企业都是该公司的客户
家具制造业	F（上海）有限公司	F 企业是一家大型木材加工集团的子公司，主要生产适合国内市场需求的封边机、排钻机、砂光机和双端铣等设备
汽车制造业	上海 G 有限公司	G 企业主要生产摩托车的开关和电气配线，以及生产汽车零配件。致力于开发电动车应用技术，是从事智能平衡车研究及生产的企业之一
化学制品制造业	上海 H 有限公司	H 企业是从事特种纤维研发及技术咨询服务的专门机构。经过 10 多年的发展，现已成为新型化工、纤维开发、研制、化学分析于一体的科研机构
仓储物流	上海 I 有限公司	该公司主要业务是仓储物流，目前主要业务有食品、防疫物资、小型五金件的仓储及运输
人力资源数字化科技	上海 J 有限公司	该企业是一家专注于人力资源领域线上、线下服务的综合解决方案提供商。拥有招聘、培训、咨询、HCM - SaaS 系统等涵盖了人力资源全生命周期的业务模块

2. 问卷调研对象

调研小组依托"访万企、读中国"暑期调研活动，在除以上 8 家制造业企业外，另外收集了长三角地区 60 家制造业企业的问卷数据，丰富了除原有访谈企业之外的样本数据，试图使调研分析成果更具普遍性。

（三）调研时间安排

调研任务前期主要有了解企业情况、设计调查问卷、针对企业设计访谈提纲等工作；在访问调查期间及时撰写访谈纪要、访谈简报和公众号推文，及时保存信息，为后续的典型案例分析报告的撰写做准备。调研任务时间安排如图1所示。受到访谈期间新冠肺炎疫情和台风因素的影响，部分企业采用线上访谈的形式，访谈具体的时间安排见表2。

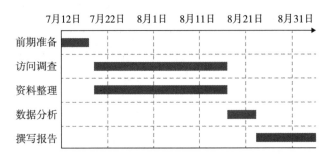

图1　调研时间安排甘特图

表2　企业访谈计划表

时间	企业	访谈形式
7 月 19 日	A 股份有限公司	线下
7 月 20 日	C（上海）有限公司	线下
7 月 21 日	上海 G 有限公司	线下
7 月 21 日	上海 I 有限公司	线下
7 月 22 日	D（上海）有限公司	线下
7 月 23 日	F（上海）有限公司	线上
7 月 27 日	上海 E 有限公司	线上
8 月 9 日	上海 H 有限公司	线上
8 月 15 日	上海 J 有限公司	线上
8 月 16 日	上海 B（集团）有限公司	线上

（四）调研任务分配

在指导教师王思语的带领下，组长朱妍妍统筹安排，根据小组成员各自特长安排分工，使访谈活动可以高效率、高质量的进行。具体任务分配见表3。

表3　调研任务分工

任务	职责	人员
联络工作	调研指导教师	齐佳音、王思语
	宣传	吕阳阳
	联系企业	朱妍妍
过程管理	会议主持人	朱妍妍、祝艺真、沈容轩、吕阳阳、贾堃、陈鸣翀
	资料网盘管理	朱妍妍
	录音	贾堃
	截屏	朱妍妍
	录屏	陈鸣翀
	会议简报	朱妍妍、吕阳阳
	资料整理	祝艺真、沈容轩、陈鸣翀
	资讯制作	吕阳阳、贾堃
	内容核验	朱妍妍
文字撰写	论文报告	朱妍妍、祝艺真、沈容轩、吕阳阳、贾堃、陈鸣翀

三、调研结果

（一）访谈内容分析

通过分析归纳8家制造业企业的访谈数据得到其数字化投入与经营绩效提升的详细内容，详见表4。从中我们可以看出，这些企业在数字化进程中完成了数字化人才投入或信息系统等数字化资源投入，且在管理时间成本、资金流动率、人力成本、生产误差率、沟通效率等方面取得较好的效果。

然而，在数字化人才队伍的建设上这些企业存在较大差异。有3家企业还未专门设置匹配数字化转型的职能部门，它们都是大型集团的下属子公司。其中，D企业的上级集团早已部署数字化战略，D企业更多依靠上级集团的信息化部门来完成本企业的数字化转型且其数字化水平较高，尤其体现在销售及售后管理上。由于其主要生产大型定制化的制造装备，所以没有设置制造自动化生产线，但使用了智能叉车等自动化工具。另外，其余2家企业也是依靠其上级公司实施数字化转型，但其上级集团较低的数字化程度导致它们的数字化进程相对缓慢。

表4　制造业企业数字化投入与经营绩效提升

企业名称	数字化投入	绩效提升
A 股份有限公司	（1）人才投入：成立专门的信息化部门，协助数字化转型方案的实施 （2）信息系统的投入：以 SAP 系统为核心，在采购、生产制造、销售环节完成数据采集；财务、人资管理也使用相关数字化手段；自研销售软件和大数据分析平台	（1）采购周期缩短，采购数量更加精准，实现了减存 （2）实现产品条码化和生产追溯，方便质量管理 （3）客户订单稽查，发现客户需求变化 （4）实现快速回款，减少财务人力成本 （5）实现出勤、绩效、工资的核算，实时生成各种人力资源报表
C（上海）有限公司	（1）人才投入：总部及上海分公司都设有数字化相关部门 （2）信息系统投入：采购方面使用专门的供应商管理系统；销售环节使用 sales force 平台；人资管理使用 HR Connect 系统；财务上使用 tableau 系统	（1）采购效率提升 3%~5% 左右 （2）销售双平台使公司各部门协作无间，帮助顾客迅速识别其所需产品，减少购买时间 （3）HR Connect 系统像组织中所有人展示人工信息，使得组织扁平化，避免层层沟通造成的信息流失 （4）Tableau 可以免去财务人员的繁琐工作，让其去做更有价值的工作
上海 G 有限公司	（1）人才投入：没有单独的信息化部门，数字技术的引入由日本总公司统一协调 （2）信息系统投入：生产管理系统完成订单接收、调配订单、零部件采购指示、生产指示；人资管理系统实现了考勤系统和人事系统联动，直接生成报工人报表	（1）生产管理系统节约了生产流程的时间成本和人力成本 （2）人资管理系统使得人员流动率大、数据难以统计的困难得到解决，同时减少了人工计算的错误率
D（上海）有限公司	（1）人才投入：没有专门的数字化部门，但有相关数字化方案 （2）信息系统的投入：订单管理系统将设备制造到某个节点的各种问题进行数字化管理；引入自动化仓库；使用数字化头盔实现远程售后服务	（1）大大提升了长周期项目的管理效率，和与客户的沟通效率 （2）仓库的物料准确率至少提高了 10~20 个百分点，空间利用率提高了三倍；既解决由于疫情或专家不够而无法上门指导的困难，又提供了节约了人力成本，提升了顾客售后体验
F（上海）有限公司	（1）人才投入：设有相关数字化部门 （2）信息系统投入：以 SAP 系统为核心完成采购、生产、财务的数字化系统部署；引入 CRM 系统掌握每台机械设备装机情况	（1）生产的异常问题会及时反馈到各个环节和管理层，便于纠错，提升问题排查效率 （2）财务 RPA 系统能自动过滤出人工需要检查的问题，做到无人化 （3）CRM 大大减少了数据偏差、丢失、更改的问题，实现大数据分析客户应用、客户采购的趋势 （4）现金流资金周转率从以往的一年 7 次，到现在的一年 12.6 次

续　表

企业名称	数字化投入	绩效提升
上海 E 有限公司	（1）人才投入：与数字化科技公司合作 （2）信息系统投入：研发、采购、生产制造、物流、财务、人力资源系统都是在 SAP 的大框架下补充开发的；引入自动化的生产车床	（1）采购上免去了复杂、不准确、繁琐的沟通，采购周期缩短 25% 且采购链更加灵活，采购人员能做更多的工作，间接提高了工作产能 （2）产品不合格率由 2%～3% 下降到 1%
上海 H 有限公司	（1）人才投入：无相关部门 （2）信息系统投入：采购上使用数字化手段；引入财务系统和钉钉考评系统	（1）实现精准采购，避免库存积压 （2）奖惩、激励机制、监督考核等规章制度都在办公系统中变得更加完善，实现人资精细管理
上海 B（集团）有限公司	（1）人才投入：设有信息化部门 （2）信息系统投入：引入数字化粮仓；使用物流管理系统	（1）抽样检测时间从 4 小时降至 1.5 小时 （2）管理效率、生产效率提升，对消费者影响力的扩大

在进行数字化转型的动因方面，受访企业谈到主要是受到行业竞争、"互联网＋"等成熟的数字化环境外部因素和内部发展需求因素的影响。B 公司提出，其在互联网发展成熟、消费习惯改变的环境下被迫进行数字化转型，希望通过数字化手段更好地实现粮食安全质量管理、销售管理等。C 公司和 E 公司是行业的领先者，试图通过数字化手段快速高质量解决客户的需求问题，以保持其在行业竞争中的领跑地位。

（二）问卷数据描述性统计分析

除了收集制造业企业的访谈数据，本调研报告还使用问卷调查的方式收集更多的制造业企业数字化转型数据。问卷发放对象集中在长三角地区的制造业企业，调研对象是此类企业的中高层管理者。问卷数据由问卷网收集，共回收 70 份制造业企业样本数据，剔除无效数据样本 1 份、填写时间小于 5 分钟的样本 1 份，获得有效样本数据 68 份。问卷数据的描述性统计分析如下：

调研企业的选取考虑现阶段我国制造业的经营现状和行业分布比重。如图 2，问卷调研制造业企业共计 68 家，分布于 21 个制造业细分行业，这表明问卷样本具有代表性。

参与调研的企业在数字技术上的投入如图 3，可以看到企业使用最多的数字化技术是大数据、物联网。大数据技术经过数年的飞速发展，从数据采集、数据挖掘到数据分析产出报告和决策支持已经有了成熟的技术配套系统。物联网的大

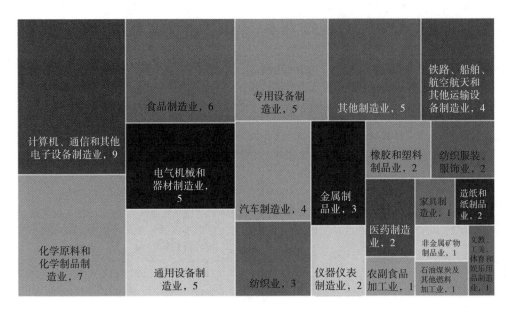

图 2　制造业细分行业数

规模应用与国内信息通信技术的领先地位是分不开的，如果企业不接入产业配套的物联网系统，很多业务甚至不能展开。企业使用最多的信息系统是企业资源管理系统和办公系统。

图 3　实现数字化使用的技术及系统

问卷设置的打分量表通过以下五个维度的评分了解企业针对其内部数字化激励机制的建设程度：提供内部创业机会、提供员工持股机会、提供职业晋升机会、获得丰厚的报酬、为数字化转型团队设立单独的 KPI 考核。通过数据处理得到 68 家企业在五个维度上的平均分，并绘制在不同得分区间的企业所占比例。如图 4 所示，仍有 48% 的企业认为其数字化激励制度建设水平在 3 分以下，这表明公司内部对作为数字化转型支撑体系之一的管理体系建设不足，这一不足在我国制造业企业进行数字化转型的初级阶段较为普遍。

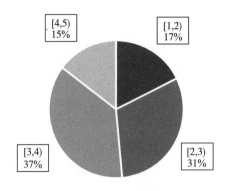

得分区间：■[1,2) ■[2,3) ■[3,4) ■[4,5)

图4　企业数字化激励制度建设水平得分及企业占比

（三）基于问卷数据的模型构建与数据分析

孙晓琳等（2009）提出信息技术影响企业绩效的整合模型，指出信息化投入转换为信息化资源和信息化能力，继而对组织绩效产生影响。本报告提及的数字化属于信息化的子范畴，因此使用该模型中的相应变量来表示数字化指标。此外，刘涛等人（2021）提出中小企业存在市场竞争大、技术创新难和用工难等经营压力。肖静华（2020）指出新一代数字技术、竞争模式、商业模型和新型人力资本的变革以动力和压力两种方式推动企业数字化转型。在企业访谈中也得知，行业数字化进程等外部环境和企业经营困难的内部因素会影响企业数字化转型。

综上所述，本报告针对所收集的68份制造业企业关于数字化投入和经营绩效的调查问卷，建立以下数字化投入影响企业经营绩效的模型，如图5所示。

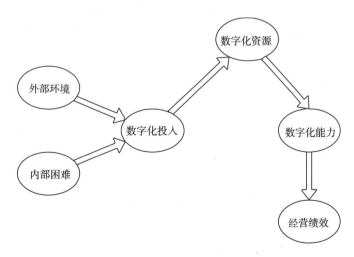

图5　数字化投入影响企业经营绩效模型

1. 模型解释

环境因素。环境因素包括外部环境和内部困难，本报告使用行业竞争、行业基础设施、行业信息化水平三个观测变量反映外部环境，供应链压力、用工难、技术创新难和市场竞争压力四个观测变量反映内部困难。

数字化投入。模型指出信息技术投入的测量指标有三，即人员投入、硬件投入和软件投入。企业信息化实现了计算机设备和通信设备等的硬件投入。因此，硬件投入作为数字化的基础将不被纳为针对数字化而产生的投入，故本报告采用人员投入和软件投入作为数字化投入的测量指标。另外加入数字化激励机制和数字化咨询投入指标，以更全面地描述数字化投入。

数字化资源与数字化能力。企业数字化投入直接促进企业数字化基础设施的建设，即产生了相应的数字化团队和数字化技术或软件，形成数字化资源。在企业的生产经营活动中，数字化资源进一步转化为数字化能力。数字化能力是企业动员和配置数字化资源，使之与企业其他资源和能力进行整合的能力。根据理论模型，数字化投入必须转化为数字化能力才能对企业经营绩效产生影响。因此，选取企业软件资源和数字技术作为数字化资源的测量指标；选取销售能力、数据分析能力、市场洞察能力和业务流程优化作为数字化能力的测量指标。

经营绩效。本报告选取信息技术影响企业绩效的整合模型中的财务指标、顾客满意度、企业创新能力、内部业务指标作为企业经营绩效的测量指标。企业出于保护商业机密的考虑无法向调研小组提供准确的利润率等信息。因此，本问卷采用降低成本程度作为财务指标的观测变量。在与制造业企业的访谈中，受访者普遍指出生产流程的数字化和规范化使产品的质量和一致性提升，从而客户投诉大幅减少，因此，本问卷中采用产品竞争力作为顾客满意度的观测变量。

根据模型观测变量设计问卷，并最终回收 68 份有效问卷数据用以完成模型分析。

2. 问卷数据信度及效度检验

本报告使用 IBM SPSS26 及 AMOS26 软件进行数据处理和分析，将 68 份有效问卷数据导入 SPSS 进行标号及变量分类。问卷数据信度检验见表 5，克隆巴赫 α 为 0.879，数据信度较高。探索性因子分析得出 KMO 为 0.782，巴特利特检验显著性小于 0.01，主成分分析降维后得到 6 个主要成分且累计总方差解释率大于 74.979%，这表明问卷中的观测变量能有效代表模型中的 6 个主要因素。

表 5   数据信度及效度检验

度量范围	度量指标	检验数据	可接受范围
信度	克隆巴赫 α	0.860	>0.6，0.8~0.9 可信度高
效度	KMO	0.804	>0.6
	巴特利特显著性检验	0.000	<0.01

3. 结构方程模型构建及拟合度检验

根据数字化投入影响企业绩效的概念模型在 SPSS AMOS26 软件中构建结构方程模型，导入已处理完成的问卷数据并将观测变量与模型潜变量一一对应，计算得出模型拟合度相关指标数据。

验证性因子分析得到卡方自由度比为 1.337，介于 1 到 3；GFI 为 0.78，可接受；CFI 为 0.906，大于 0.9；TLI 为 0.891，可接受；RMSEA 为 0.071，小于 0.08，可接受。由验证性因子分析可知，模型拟合度较好，见表 6。

表 6   模型拟合度检验

度量指标	检验数据	可接受范围
卡方自由度比	1.337	1~3
GFI	0.779	近似 0.8 可接受，越高越好
CFI	0.906	>0.8 可接受，越高越好
TLI	0.891	>0.8 可接受，越高越好
RMSEA	0.071	<0.08 可接受，越低越好

4. 结构方程模型结果分析

利用 SPSS AMOS 26 完成结构方程模型构建和检验，输出运行结果如图 6 所示，表 7 显示了各个影响路径的标准化系数及其显著性。

表 7   结构方程模型标准化路径系数及其显著性

路径	标准化系数	P 值
数字化投入←内部困境	−0.280	0.132
数字化投入←外部环境	0.370	0.261
数字化资源←数字化投入	0.847	＊＊＊
数字化能力←数字化资源	0.586	＊＊
经营绩效←数字化能力	0.739	＊＊＊
经营绩效←数字化投入	0.33	0.035
经营绩效←数字化资源	0.45	0.180

＊＊＊表示 P 值无穷小；＊＊表示 P 值小于 0.01。

由此可知，经营困难的内部环境会阻碍企业进行数字化投入，而行业内的数字化水平等因素会正向影响企业的数字化投入，但其影响效果都不显著。另外，数字化投入和数字化资源的水平都会正向影响企业的经营绩效，但其影响效果没有显著性。数字化投入会显著地正向影响企业的数字化资源水平，且数字化资源显著地正向影响数字化能力水平，因此，数字化能力显著地正向影响企业经营绩效。

值得注意的是，数字化投入或数字化资源不会直接对企业经营绩效产生作用，必须通过数字化能力这一中间过程。由此可知，数字化的投入不会直接给企业带来经营绩效的提升，人的劳动参与才能将企业的数字化投入及资源转化成为能够提升绩效的数字化能力。因此，在企业数字化进程中应该更加重视对于数字化人才的培养。

综上所述，本报告的理论模型得到了问卷数据的支撑，确定了数字化投入影响企业经营绩效的有效路径，即企业数字化投入包括对人才、软件和科学管理系统的投入，经历其转化为数字化资源和数字化能力的中间过程，通过数字化能力直接影响企业的经营绩效。在此过程中，数字化能力是数字化投入作用于企业绩效的重要环节。因此，企业不但要注重数字化转型中的科技创新投入，也应重视管理制度的创新以适应人才管理的需求，达到更好的数字化转型成效，从而提升企业经营绩效。

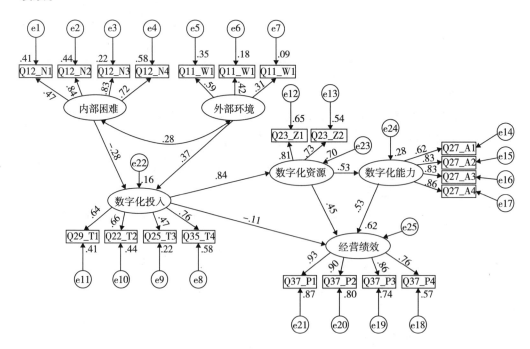

图6　结构方程模型运行结果

（四）结果分析

调研小组通过对 8 家制造业企业进行访谈发现，数字化转型过程中数字化的投入确实能为企业带来经营绩效的提升，且发现了制造业企业数字化转型是由行业竞争压力等外部环境和保持公司竞争优势等内部需求所共同驱动的。同时，也发掘了企业对经营绩效的不同看法，如企业认为节省人力成本不是单纯地减少相关雇员，而是要让省下来的人力去做更有价值的事情。总之，调研小组通过访谈制造业企业中高层管理人员深入了解到其数字化转型的动因，以及数字化为企业带来的绩效的提升。

在了解企业数字化转型详情的基础上，调研小组进一步通过问卷调查发现企业数字化转型的具体路径，即数字化投入是如何影响经营绩效的。本报告依托"访万企，读中国"项目收集其他 60 份制造业企业的问卷数据，通过构建数字化投入影响企业绩效的结构方程模型，发现企业数字化投入转化为数字化资源、数字化人才运用数字化资源形成数字化能力来直接影响企业经营绩效的具体路径。其中，数字化人才的劳动是企业数字化投入发挥作用的关键。

四、现存问题分析

在调研过程中，通过访谈和问卷调查发现制造业企业数字化转型中存在着相同的难处。利用已回收的 68 家长三角地区制造业企业的问卷数据，对企业所面临的数字化转型困难进行计数排序得到图 7。

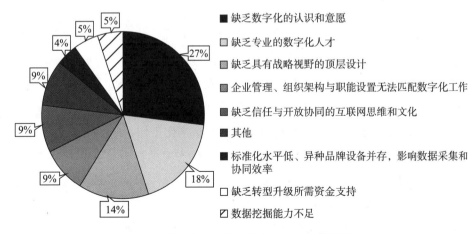

图7　制造业企业数字化转型中存在的问题

由图 7 可知，缺乏对数字化的认识和意愿是企业最大的问题，这反映出制造业企业对本行业的数字化何去何从、该转型成什么样的困惑，而这和企业内没有专业的数字化转型的人才和具有战略视野的顶层设计是密不可分的。本报告将调研问卷数据与企业访谈数据相结合，总结出制造业企业在数字化转型过程中存在的四个内部问题和两个外部问题。

（一）企业内部问题

1. 对数字化转型认识或意愿不足

在企业数字化进程中，制造企业的高层管理人员对数字化转型的理解不深入，没有感受到转型的必要性和迫切性，成为企业数字化转型的瓶颈。企业高管仍然持传统的观念，认为转型只是对 IT 系统进行升级，实际上数字化转型不是依靠一个 IT 系统就能完成，需要转型推动者的领导，自上向下逐步推进。

例如，某家受访企业表示，其生产还处于劳动密集的状态，较少使用自动化或数字化手段，近年来，企业受到行业竞争压力才开始陆续部署数字化转型方案。在此过程中，企业还存在重自动化、轻数字化的状况，重视生产线的自动化和少人化，以求提升效率和节约成本。但其设备联网和数据采集的基础差，车间没有真正实现可视化和无纸化，也缺乏在新信息技术应用上的投资。

2. 缺乏专业的数字化人才和数字化顶层设计

问卷回收数据显示，企业最缺乏数字化企业战略领导者和数字化落地专家。然而，在企业数字化转型过程中，数字化人才的劳动参与才能将企业的数字化投入转化为直接提升企业绩效的数字化能力。由此可见，在企业数字化进程中，数字化人才缺乏阻碍了企业数字化发展。首先，领导者缺乏数字化思维，不能敏锐感受到外部环境的变化，不能及时从上到下推动企业进行数字化变革；其次，企业内部人员的知识结构不合理，很多技术人才缺乏云计算、大数据、人工智能等新 ICT 知识的储备和应用经验，不能很好地将新兴技术与业务进行融合。

多家受访企业表示，其员工与新兴数字化技术磨合期较长，且公司长期求助于科技公司。此外，中小型制造业企业难以招聘到合适的数字化员工。

3. 企业管理、组织构架与职能设置无法匹配数字化工作

数字化转型会给企业带来业务流程的改变及生产力的提升，且必然会造成企业管理需求的改变。但传统制造业企业在漫长的发展历史中形成了较为固定的部门及职能单位，其层级制度明显，要想进行科学的组织架构变革并非易事。另外，传统的制造业企业难以招聘到合适的数字化人才，以至于企业不具备相应的人力基础去单独成立相应的数字化职能部门。

在我们的受访企业中，只有 3 家制造业企业成立了有专门的数字化部门，并已完成数字化方案部署及实施。问卷回收数据结果如图 7 所示，企业管理、组织构架

与职能设置无法匹配数字化工作是目前制造业企业数字化转型中亟待解决的问题。问卷描述性统计分析部分提到，大约一半的企业都还未建立匹配组织数字化目标的管理体系等支撑体系，这些都会导致企业数字化转型进程受阻。

4. 缺乏信任开放协同的互联网思维和文化

由于数字化投入使用的时间差与部门的差异，导致公司内部异构以及多个软硬件平台的信息系统同时运行。这些系统数据相互独立，无法实现数据共享，由此产生了"数据孤岛"。随着数字化进入了全新的发展阶段，企业对外部信息需求呈现不断上升的发展趋势，包括产业链上下游企业信息等，企业需要将这些资源进行整合，实现行业信息共享。信息共享受阻的制造企业运用的信息系统比较多，各个系统之间不能进行信息的共享，因此，存在"数据孤岛"的现象，也导致了企业数字化转型无法顺利推进。造成这种现象的原因多是企业内部的老系统在升级迭代的过程中不能很好地适配新的业务场景，它们又和新投入使用的自研或采购系统不兼容或接口不适配导致的。这也会造成部分企业内部业务往来仍然需要大量纸质材料，给企业管理造成不便。

（二）环境及行业问题

1. 行业数字化设施不完善

因为制造行业内部还有细分行业，每一个细分行业在价值链上所处位置不同，转型的突破口也不同，对于制造行业来说，进行数字化转型并没有可以直接照搬的模板。而自研或定制又涉及投入资金过大的问题。目前，市场上的方案多是通用型解决方案，无法满足企业和行业的个性化以及一体化需求。更为重要的是，对很多中小企业而言，市场上的软件、大数据、云计算等各类业务服务商良莠不齐，缺乏行业标准，选择难度较大。如某家企业谈道，其需要为不同的客户提供不同的服务系统，不同客户的系统数据 API 不统一，导致该企业数据一致性程度低，难以进行标准化管理。

2. 产业协同水平较低

传统产业数字化发展不平衡不充分问题比较突出，大多数中小企业数字化水平低，网络化、智能化基础薄弱，尽管有强烈的愿望，但受限于人力和资金的约束，普遍"心有余而力不足"，大中小企业间的数字鸿沟十分明显。行业覆盖面、功能完整性、模型组件丰富性等方面相对滞后，与行业内存在的数字鸿沟有较大关联。龙头企业仍以内部综合集成为主入口开展工业互联网建设，产业链间业务协同效果并不理想，平台针对用户、数据、制造能力等资源社会化开放的程度普遍不高。

五、结论与政策建议

调研小组通过对 10 家制造业相关企业的访谈数据发现企业数字化转型可以显著提升企业创新能力、工作效率等经营绩效，进一步利用长三角地区 68 家制造业企业关于数字化转型的问卷数据，依据"信息技术影响企业绩效的整合模型"建立数字化投入影响企业绩效的模型，并通过结构方程模型完成数字化投入影响企业经营绩效的路径验证，得出了企业数字化转型的可行路径。问卷调查数据显示，企业所遇到的数字化转型三大瓶颈分别是缺乏数字化人才、缺乏数字化的认识和意愿、企业管理、组织架构与职能设置无法匹配数字化工作，这些困难同时也在访谈数据中体现。如何有效解决此类阻碍制造业企业数字化进程的问题是十分必要且重要的，因此，调研小组分别从企业视角和政府视角给出了相关建议。

（一）企业视角

在企业战略层面重视数字化人才的招聘和培养。首先，面对企业缺乏数字化人才的问题，从远期来看，企业应制订好相关人才培养计划，按照企业发展需求和数字化转型需要设立相应的数字化人才岗位，并在人才招聘中落实这一计划；从短期来看，企业可以与科技公司合作，让科技公司帮助企业员工熟悉数字化工具与流程并解决技术难题。其次，企业可挑选有资质的员工鼓励他们进行数字化培训，为企业培养了解业务流程和组织结构的数字化人才，以便他们可以更好地帮助企业完成企业数字化转型。

重视企业管理体系等数字化转型支撑体系的建设。除了重视对数字化技术手段和人才的投入，企业数字化转型也应建设好相应配套支撑体系。传统企业进行数字化转型必然面临组织架构的跨越性改变，虽然难度和风险很高但机会和空间也很大。因此，企业必须做好充足的人才和资源储备、完成较全面的转型方案设计和咨询，以迎接这一机遇与挑战。一方面，企业引入管理信息系统之后，会导致企业部分人事结构的变化，并且在采购、生产、销售和财务等业务流程上会产生大量的数据，设置新的职能部门来有效利用这些数据以实现降本增效是必要的；另一方面，数字化转型是大势所趋，但企业也应量力而行，实现精益生产是制造业企业数字化转型的前提，如果不顾自身实际情况就盲目跟风进行数字化转型是得不偿失的。制造业企业要根据自身的发展进度稳扎稳打。不能只是打着数字化转型的噱头为了数字化而数字化，这样只会增加企业的负担。

（二）政府视角

规划引领，构建完善数字经济发展的良好生态。本报告数据分析结果显示，数字化转型确能帮助企业降本增效和提升业务创新能力。中小企业在市场中占据主体地位，但风险防控能力处于弱势地位，数字化转型失败的风险使得中小企业望而却步。因此，政府应该加强引导和扶持中小制造业企业进行数字化转型，释放政策红利。"十四五"时期国家和各省市将陆续发布数字经济相关的发展规划，逐步形成国家—省—市三级的数字经济发展规划布局和具体任务部署。接下来，应进一步加强数字经济发展的产业融合与区域协同，加快推进数字经济相关标准规范的制定，加强数字经济发展水平的统计核算和评估评价，统筹数字经济发展要素，推动数字经济蓬勃发展。

此外，众多中小型制造企业面临着"不会转型"的问题，政府应加强建设数字化生态，支持建设数字供应链以带动上下游企业加快数字化转型。同时，树立企业数字化转型标杆，综合利用数字经济试验区等试点示范项目开展先行先试，在数字经济新型生产关系、新型监管手段、新型工作机制和新型营商环境等领域开展探索。总结数字化转型的成功案例，为中小企业数字化转型提供经验，引领整个行业或产业链上的中小企业的数字化发展。

最后，针对传统人才发展的速度难以匹配企业战略迭代速度的问题，政府应加快数字化人才培养以弥补这一缺口，充分发挥行业协会、高校和科研机构等在数字化人才培育中的作用，培养出具备转型领导力、商业洞察力和数字化意识的数字化人才，为企业输送高水平的数字化管理人才、数字化技术人才和数字化创新人才。

参考文献

［1］胡青．企业数字化转型的机制与绩效［J］．浙江学刊，2020（02）：146－154．

［2］孙晓琳，王刊良．信息技术对组织绩效影响研究的新视角［J］．中国软科学，2009（03）：76－83．

［3］刘涛，张夏恒．我国中小企业数字化转型现状、问题及对策［J］．贵州社会科学，2021（02）：148－155．

［4］肖静华．企业跨体系数字化转型与管理适应性变革［J］．改革，2020（04）：37－49．

附　录　调研感悟

（一）指导教师调研感悟

自新冠肺炎疫情在全球暴发以来，数字经济作为引领未来的新型经济形态，已成为推动经济社会发展和影响国际竞争格局的重要力量。随着我国数字经济与实体经济融合不断加深，数字化将对提升全球产业链强链、补链、稳链、延链起到重要作用。我国数字经济正在深刻改变着传统产业，从以互联网平台、信息技术为主导的"数字产业化"阶段，发展到以人工智能、大数据等为支撑的"产业数字化"阶段。数字经济以全新的技术经济范式从根本上改变着全球价值链（GVC）各环节的空间布局与价值分配，发挥了网络连接效应、技术溢出效应、成本节约效应和价值创造效应。

在此背景下，我和这几位学生采用线上与线下调研结合的形式，切实感知了"访万企，读中国"的作用。学生在调研活动中展现的热情、张力与缜密的逻辑分析能力，为调研的顺利推进做出了贡献。感谢统计学院，感谢我们的团队，希望该项目能够继续传承下去，让全校更多学生与老师参与进来，把理论与实践研究做到祖国大地上！

（二）小组成员调研感悟

1. 朱妍妍

没有调查就没有发言权。在此次"访万企，读中国"社会调研活动中，我们小组实地访问多家企业，并与企业进行面对面交流，这让我们有机会将自己所积累的数字化转型理论知识付诸实践，并发现了企业经营中落实数字化转型的细节部分。

在此过程中，我们也能意识到自己在实践中存在不足之处。比如，在企业的数字化转型绩效方面，我们之前一直片面地认为企业很看重利用数字化手段来降低人力成本，实际上企业更在乎利用数字化手段让现有员工发挥更大的价值，而不是简单的减少雇佣员工。另外，通过实践我们懂得了收集调查数据的不易，因此，在设计调查问卷之前必须打好理论支撑的基础，否则就会对问卷数据的可用性和有效性造成不良影响。

最后，作为本次调研小组的队长，我是第一次参与社会调研活动，在组织和规划工作上还存在一些问题，比如，调研进度安排不很合理等。我也会积极吸取本次调研活动中的经验教训，争取更上一层楼。

2. 吕阳阳

"访万企，读中国"社会调研活动对于我来说是一次很宝贵的机会，让我能走出校园，到企业去了解中国企业的数字化转型的实际情况。通过小组成员的齐心协力，我们对松江地区的10家企业进行了调研。随着调研的不断深入，我们对数字化转型的理解从学术上不断延伸到企业的实践中。有些企业是基于客户的需求进行数字化转型，有些企业则是立足于长远发展战略进行数字化转型。我印象最深刻的是某家企业谈到的一个点，即在制造业中，首先要做到精益生产，数字化转型就是水到渠成的事情，不能为了数字化而数字化。如果连精益生产都还没做到，就急于跟风进行数字化转型，只会给企业的发展带来负担。所以企业要根据自身的情况以及业务的需要进行数字化转型，这样对于企业来说才会是锦上添花。

通过这次调研活动，我更加深刻地认识到，学术研究应该结合社会的发展，扎根在祖国大地上，通过洞察企业实际，总结理论规律，给企业实践提供参考，做一些有意义的研究。

3. 贾堃

经过了一个多月的"访万企调研"活动，第八组圆满完成了任务，这次调研从确立选题、下发采访任务、设计调研问卷、规划访谈内容到后续的报告整理和研究内容，最终建立模型进行分析完成最后的调研报告，都是在齐佳音老师和王思语老师的指导下，小组成员齐心协力，有序分工合作下完成的。

一个多月的时间，组员们分头查阅搜集文献及各式资料，经过头脑风暴的碰撞确立了选题。而后就是一起朝着这个选题深入地学习、请教。得益于两位指导老师在商科领域深耕的知识储备和对企业现状实际的观察经验，使我们从中取得了满意的进展和课堂上学不到的知识。在企业的访谈中，在与多位企业管理者的对话中，小组成员看到了新型集食品加工、加盟、直营门店、物流、文创等一体的食品企业；看到了高度数字化、全球协同化的跨国企业；也看到了被数字化转型困扰着的无数传统制造业企业，也看到了各地各级政府以多种方式推动鼓励着传统行业的数字化转型。

制造业的数字化转型是一个漫长的过程，但这一趋势是势不可挡的。我们相信"本次万企调查"活动定能助推企业的数字化转型进程，帮助企业少走弯路！

4. 祝艺真

通过本次"访万企，读中国"社会实践活动，一方面，锻炼了自己的能力；另一方面，为社会做出了自己的贡献。但在实践过程中，我们也表现出了经验不足、处理问题不够成熟、书本知识与实际结合不够紧密等问题。

我们会更加要珍惜在校学习的时光，努力掌握更多的知识，并不断深入实践中，检验自己的知识，锻炼自己的能力，为今后更好地服务社会打下坚实的基础。并且这次的实践让我更好地了解了社会，锻炼了自己，感受了社会就业的现状，体验了一下工作的乐趣。虽然时间不长，但我觉得受益匪浅，基本上达到了自己的目的。

"纸上得来终觉浅，绝知此事要躬行"。通过实践，原来理论上模糊和印象不深的知识得到了巩固，加深了我对基本知识的理解和消化。

5. 沈容轩

实践出真知。这次万企调研提供了一个绝佳的平台，便于我们实地考察、展开课题研究，让我们受益良多。小组成员实地和线上考察了囊括装备制造业，食品加工业，物流业等许多企业，顺利开展了课题研究，做到了问卷与访谈相结合。组里每位同学都负责一到两个企业的资料收集、访谈问题撰写等，也负责相应的会议主持，可以说每位同学都得到了锻炼，收获了经验，提高了知识技能。

在此次万企调研的过程中，我们也克服了许多困难，大家一起攻坚克难，依次完成了确立选题、撰写开题报告、设计调研问卷和访谈问题以及后续的数据整理和报告收集、最终的调研报告等工作。

"不积跬步无以至千里"，这次万企调研活动是我在大学的社会实践迈出的第一步。希望今后我能不断努力，攻坚克难，朝着求知的山峰更上一层楼。

6. 陈鸣翀

此次暑期调研，我随队伍一起以线下和线上的形式调研了 10 家企业。从设计问卷、工作协调，到实地了解，再到访谈环节，整个团队齐心协力，在指导老师的帮助下顺利圆满完成了此次任务。实地考察是我之前没有接触过的，这次调研我和队友一样都很兴奋。此次调研我不仅增加了线上办公、交流等一系列经验，还在线下实地参观了解了真实的生产线，又认识了优秀的学长、学姐。总的来说，这次调研是一次令人难忘的经历。

长三角地区制造业数字化转型进程与成长瓶颈探究

张元华　李祈萱　范佳敏　吴　旻　付馨宁　田孟非

指导教师：刘　凌　冯　越

摘　要

　　在全球经济增长乏力的大背景下，中国制造业正面临着原材料、人工成本上涨的危机，降本增效成为企业发展的重要战略。数字经济的蓬勃发展为各行各业带来全新的经营管理模式，大大提高了生产、运输、管理、营销等方面的效率，在此背景下，制造业企业数字化转型成为各企业重点关注的问题。在深度访谈与问卷分析的基础上，本文探究了长三角地区制造业企业数字化转型现状与成长瓶颈，以及数字化对企业发展的积极影响，并给出相关结论与建议。

　　关键词：长三角；数字化转型；制造业

一、调研背景和意义

　　制造业一直是中国经济增长的重要引擎，近20年来占国家生产总值（GDP）比重的30%左右，是对中国GDP贡献最大的行业。但随着制造业市场环境变化的加快、不确定性的加大、人口红利的消失、外部发达国家和新兴发展中国家的"两端挤压"，中国制造业转型升级面临重重困难，急需高质量发展的新方式、新动力。如今，数字化赋能对促进企业的智能化和敏捷化具有重要作用，已成为制造业转型的关键。越来越多的制造业企业通过技术咨询、技术开发、系统集成等对数字化要求极高的高端服务市场，提供为客户解决问题的整体方案获取高额利润，构建自己的竞争优势并从中获取新的利润增长点。

　　本文以长三角地区中小微制造业相关企业为研究样本，采用定量和定性相结合的探究方法，重点分析了长三角地区制造业企业数字化转型进程及其面临的问题，以期为制造业乃至实体经济的整体发展提供有效的参考依据。

通过与企业探讨制造业面对新冠肺炎疫情所导致的出口订单减少、产业链和供应链运转受阻、对外贸易成本上升、企业资金链承压等问题在数字化方面所做出的积极举措，分析制造业企业数字化转型所面临的压力，让我们更加深入了解了后疫情时代制造业所面临的困难和挑战。同时，我们也希望运用所学知识进行数据统计和分析，为服务国家开放战略提供理论支持。

二、调研方案与实施

（一）调研方案

小组成员通过查阅大量文献了解制造业企业数字化发展趋势、企业架构、现有数字化工具等问题，从不同角度思考主题，经过多次讨论后确定调研主题和初始访谈提纲，并利用腾讯会议进行视频访谈活动，利用问卷网收集标准化数据，了解企业团队在新冠肺炎疫情期间的经营现状和切实所需，将相关情况进行详尽记录。

具体方案如下：

（1）通过选择合适的企业，对企业内中高层人员进行深度访谈，并对相关人员进行问卷的发放，作为辅助的调研方式。将企业应对新冠肺炎疫情带来的困难作为切入点，以访谈为主、问卷为辅的形式深入企业在新冠肺炎疫情期间所面临的困难和挑战的研究之中。

（2）通过对相关企业的线上深度访谈，了解企业团队在新冠肺炎疫情期间的经营现状和切实所需，将相关情况进行详尽记录，以报道、论文等形式进行总结和反馈，根据实际情况提出行之有效的建议和解决方案。

访谈内容包括：

（1）概括所访谈企业的主营业务。

（2）了解企业所在行业的竞争强度和数字化水平。

（3）探索企业文化对员工凝聚力、企业形象、运作效率等方面的影响。

（4）调研企业数字化技术在营销、管理、售后等方面的应用。

（5）了解企业在数字化赋能过程中遭遇的瓶颈与挑战。

（6）探索制造业企业数字化转型规划。

（7）整理相关部门对外贸企业数字化转型的支持力度和相关政策。

（8）探索制造业企业的融资情况和企业周边的数字化配套设施。

（9）收集企业对政府在推动数字化进程中优惠政策的需求。

（二）调研任务分配

表1　调研任务分配

小组成员	分工	工作内容
张元华	组长兼联络员	监督调研进度、分配调研任务、安排调研计划、进行会议记录并与指导老师和活动方进行对接、消息转达、撰写调研报告
李祈萱	副组长	协助组长监督调研进度、分配调研任务、安排调研计划，并参与撰写调研报告
吴旻	宣传员	负责推送排版、审核工作、负责撰写调研过程中阶段性成果的宣传材料（推送、新闻文章等）、撰写调研报告
范佳敏	组员	进行会议记录与访谈录音工作、资料网盘整理、撰写调研报告
田孟非	组员	财务规划、进行会议记录与访谈录音工作、撰写调研报告
付馨宁	组员	参与主持调研访谈、进行会议记录整理、撰写调研报告

（三）调研时间安排

表2　调研时间安排

时间（2021年）	地点	调研内容
7月6日—7月10日	线上	参与专题培训，确定调研目的，部署大致的调研方案。成员分工查找资料，搜集企业主营业务、规模等信息。确定调研主题、修改并制定访谈提纲、合理分配调研预算
7月15日—7月25日	线上	联系企业，进行线上调研。发布问卷，并定期追踪企业问卷填写情况，与企业负责人保持即时性沟通。复盘整理访谈内容、推广宣传阶段性成果
7月26日—8月25日	线上	进行访谈纪要整理，完成数据分析的相关工作。划分工作内容，与指导老师沟通后撰写报告。成果提交及成员复盘

三、调研结果

本文结合海关数据，对"万企调查"项目组调研的70家制造型企业的反馈数据进行了整理分析，探究了制造业企业数字化转型的现状，包括企业数字化自评、数字化转型定位与初衷，数字化转型具体情形、数字化技术与信息系统运用以及数字化转型的主要瓶颈。同时通过分析企业数字化转型相关激励措施和企业数字化倾向来简要判断企业数字化转型难易程度。最后分析了数据分析能力对数字化转型的影响，探究了两者之间的相关关系。具体分析如下：

（一）制造业企业数字化转型现状分析

1. 样本描述性分析

中国信通院数据显示，2019 年，长三角地区数字经济总量达到 8.6 万亿元，占全国数字经济的 28%，而且占当地 GDP 规模的 41%。数字经济对制造业的积极影响不言而喻。通过发展数字经济，不仅能优化制造业产业自身，而且可以优化传统制造业结构，促进产业升级。选取"万企调查"项目组调研的长三角地区 70 家制造业企业进行分析，结果如图 1 所示。

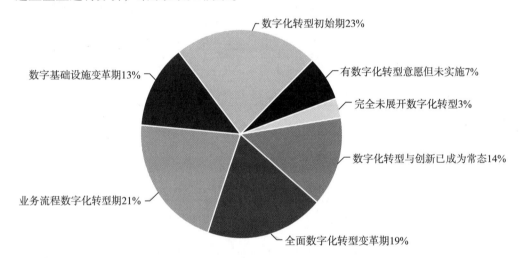

图 1　企业数字化转型自身评价

（1）企业数字化转型自评

目前，长三角制造业数字经济发展整体处于中期阶段，发展良好。未实施、未开展数字化转型的企业仅占样本 10%，超过半数企业普遍处于进行业务流程、基础设施变革等数字化转型初期、中期。这一方面得益于当前中国互联网发展的良好态势，绝大多数行业面临大数据、信息时代的风口，需要主动迎合市场，追赶行业发展前沿，确保在市场经济中不落后；另一方面，国家发展政策向高新技术产业和数字经济发展倾斜更多资源，使企业获得了更多发展资源。在访谈深耕企业信息化服务领域的汉得信息技术有限公司时（以下简称汉得），企业首席运营官黄总向我们介绍说：自 2006 年起，以 ERP 系统为代表的管理信息系统风生水起。可以想到，经过近 15 年的发展，绝大多数企业已经完成 ERP 等基础部署，具备了一定的数字化管理运营能力，进入了数字化转型初级阶段乃至中级阶段。这与图 1 信息重合，再一次印证了国内数字化转型的高热度与必要性。

（2）制造业企业数字化转型定位

只有当企业管理者重视数字化，才能推进各行各业数字化转型升级。在了解数字化转型战略在 70 家制造业企业中的战略定位后，我们发现，97% 的企业将其作为企业的日常工作去推动实施，其中 46% 的企业将其作为公司发展的重要战略。数字化转型与发展在国家政策层面与企业内部的重要地位基本一致。以小组访谈的上海某化妆品公司为例（以下简称企业 A），作为美妆产品研发商、生产商、供应商，企业 A 实现了数字化生产，并利用线上平台大力开展数字营销，数字化转型无疑是其重要的战略部署，需要多个部门共同合力发展运营和营销数字化。小组访谈的上海某轴承机电承销商（以下简称企业 B），由于其"承销"的属性，企业 B 高度重视数字化营销和售后服务，投资网络商城，引进一体化售后检测产品质量，数字化转型是其重要工作，如图 2 所示。

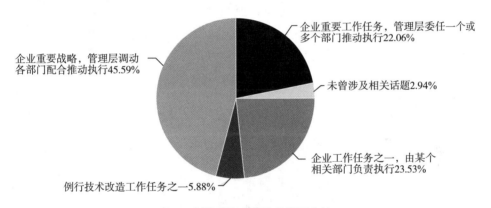

图 2　制造业企业数字化转型定位

（3）数字化转型初衷

绝大多数企业开展数字化转型是为了提高生产效率，而焦勇、沈运红等学者也证实数字经济可以优化传统制造业结构，促进产业升级。除此之外，降低生产成本、满足市场需求也是企业主要考虑的要素。尽管国家在多个层面倡导企业数字化发展，但对于企业来说，获取政府支持并不是其主要的初衷。以小组访谈的湖州某机电公司（以下简称企业 C）为例，该企业隶属制造业，受疫情等多方面因素影响，原材料价格不断上涨，人工成本居高不下是其面临的主要困境。在此困境之中，企业 C 选择数字化转型提高生产效率，利用数字化运转降低人工成本，如图 3 所示。

（4）制造业企业数字化转型情形

企业可在产品研发、设计、制造、销售等多个方面进行数字化转型。从本次调

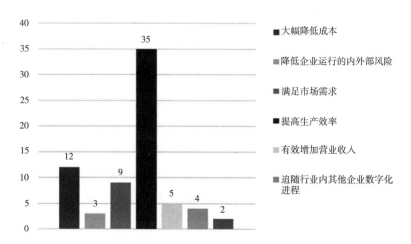

图3　制造业企业数字化转型初表

研结果来看，数字化价值链、数字化产品、数字化销售等三方分别占据转型类型的前三名，并且三者差异并不明显，说明目前制造业企业已经在产品制造、销售终端和价值链等多方面实现转型升级，但是真正从底部进行数字化重塑的企业占比较少。以化妆品公司企业A，电机制造公司企业C为例，利用数字化手段重构产业价值链，提高营销与生产效率是其主要目标和运作方向，如图4所示。

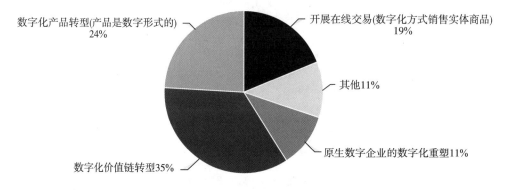

图4　制造业企业数字化转型情形

（5）数字化转型主要瓶颈

当前，制造业企业转型的现状仍然称不上十分顺利。本文调查显示：制约企业数字化转型的主要瓶颈是管理者及员工缺乏数字化的认识和意愿。同样，数字化转型也需要依靠企业的战略性顶层设计以及适应时代发展的企业组织管理架构与职能设置。当顶层管理者不具备数字化转型意识时，企业数字化转型的内生动力往往不足。从外部因素来看，数字化人才培养具有滞后效应使数字人才出现断层，无法及时跟上企业的超前发展。在小组访谈过程中，我们重点向访谈企业询问数字化转型过程中遇到的主要瓶颈问题。企业信息化服务商汉得黄总认为，企业管理者认知水平、企业的管理水平和员工的行为习惯是制约数字化转型的三大要素。企业管理者的水平在很大程度上决定了企业发展的方向与节奏，第一代创业者更倾向于人管人的传统模式，一般到第二代接班人，这种情况会出现明显改善，实现由人管人的传统模式向数字化运营的过渡与转变。企业的管理水平一定程度上影响数字化转型进度。低效率的管理和不完善的基础工作致使企业无法短时间内实现数字化转型；员工的学习成本过高阻碍数字化转型。员工作为一线执行者，数字化转型必定对其原有的工作模式产生较大的冲击，其行为习惯难以短时间内做出改变以适应数字化节奏，这也是企业数字化转型面临的巨大问题，如图 5 所示。

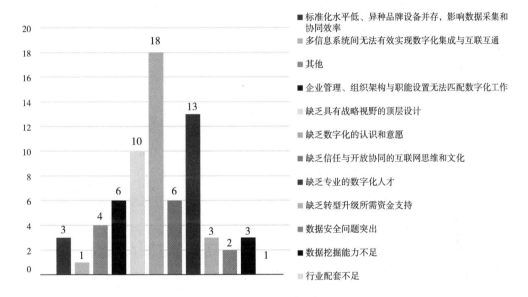

图 5　数字化转型最主要瓶颈

由此可见，当前企业数字化转型依然困难重重，对于企业内部数字化认识不足、企业顶层设计不到位等问题仍需要企业自己慢慢探索，对于外部的人才需求缺口、行业配套等问题未来可以通过政企合作进行消解，而精通数字化的企业领导者将成为各大制造企业的共同紧缺人才，数字化营销专家、项目经理、数字化落地助推者等人才体现了企业对于营销、产品设计、底层框架搭建等方面由内而外的多重需求。未来，政府与企业的人才引进应当逐渐向区块链专家、工程师等方面侧重，如图 6 所示。

2. 激励措施与数字化倾向对数字化转型的影响

激励措施在某种程度上能够激发员工的创造力与积极性。企业内部员工与管理者对数字化的认识与意愿极大程度上影响了企业的数字化转型难易程度。

（1）企业数字化倾向

从企业营收规模来看，营收规模 4 亿元以上的企业，数字化转型倾向均值最低，

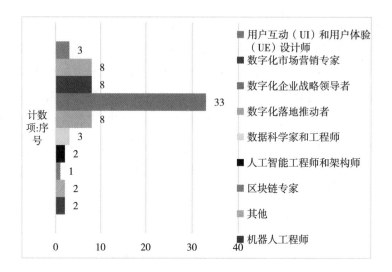

图6　最缺乏的数字化人才

而企业营收在300万元以下的企业数字化倾向反而比其他企业更高，但两者总体差异保持在5分以内，相对较为均衡。从企业个体来看，小组访谈的公司企业A，其营收规模较大，但数字化转型倾向要比营收规模较小的企业B高。

按企业研发经费区分，研发经费支出占比处于中间段的企业数字化转型倾向都较高，而两极的评分都相对较低，整体呈现"锥形"。对于产生这种情况的原因，一方面，研发经费占比较高的企业本身就对数字化技术有一定应用，当前企业对于数字化转型没有更高层次的需求，因而数字化转型倾向保持在保守的区间范围；另一方面，研发占比较低的企业，对于研发等技术需求不高，因而数字化转型倾向得分也较低，如图7所示。

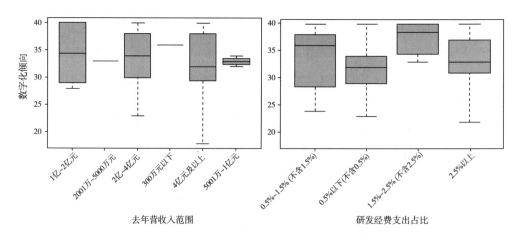

图7　营收范围、研发经费支出对数字化倾向的影响

（2）企业发展的影响效应

按照研发经费分类，整体研发经费投入占比超过 1.5% 后，投入越多，越能提升对企业的影响效应，但提升的影响变化幅度并不大。同时，也看到研发经费支出占比在 1.5% ~2.5% 的企业，企业发展影响效应的数据分布较为分散。但总体来看，研发占比越大，对企业发展影响的效应也就越大。对于企业个体而言，以小组访谈的企业 A 为例，随着研发投入占比越来越大，该企业的营销额、社会声誉、净利润等指标均有不同程度的提升，如图 8 所示。

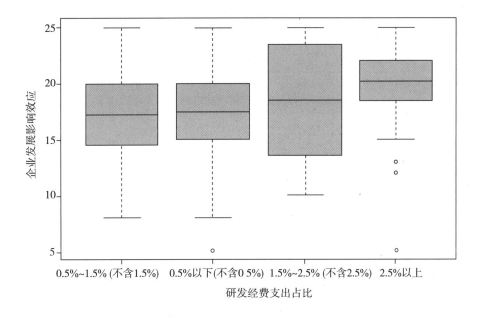

图 8 研发经费支出对企业发展影响效应

（3）企业平均年利率对产业发展和区域发展的影响

企业年均净利率超过 5% 以后，年均净利率越高，对于产业发展的影响效应就越大，表明企业逐渐成为行业内的代表性企业。年均净利润额越高，企业越有能力及早进入数字化转型阶段，以实现解放生产力，实现降本增效的目标，如图 9 所示。

（4）不同规模企业对比分析

将不同规模的企业分别以不同形状进行描绘，探究不同规模下，企业鼓励措施对数字化转型倾向的影响。圆点代表 1000 人以上大规模的企业，＋号代表 300 ~ 1000 人的较大规模企业，三角代表 20 ~300 人的中等规模企业，而 20 人以下的小规模企业则用实心正方形表示。如图 10 所示，我们可以发现无论规模大小，企业加大鼓励措施，都将提升企业内部人员对于数字化转型的倾向。图中较为明显的是 300 ~1000 人左右的较大规模企业，对于这部分企业来说，数字化鼓励较低的企业，

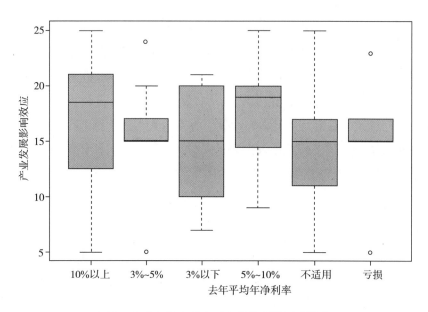

图9 企业年均净利率对产业发展的影响效应

整体数字化倾向也在 23 左右，而加大数字化鼓励后，数字化倾向的分布都集中在 30 以上，表明对于这类企业来说，加大鼓励的效果会更为显著。这一结果也给突破数字化转型瓶颈提供一些思路。例如，企业可以通过积极的激励政策和更好的数字化鼓励快速发展其数字化进程。

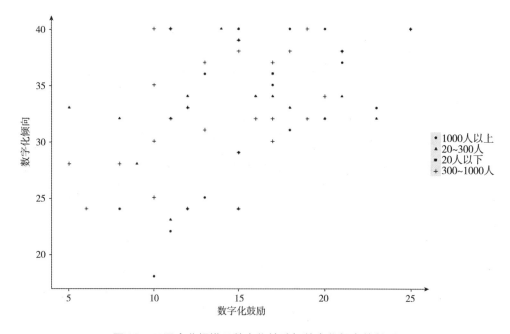

图10 不同企业规模下数字化鼓励与数字化倾向的关系

3. 数据分析能力对数字化转型的影响

数字经济促进了以 5G、云计算、大数据等为代表的新一代信息技术的演进，同时，也推进了数据要素的流通与开发利用。管理并使用好数据的能力将会成为企业发展的助推器。

（1）不同企业规模的对比分析

对于出口净利润率 5% ~ 10% 的企业来说，数据分析的能力与企业发展存在显著正相关关系。随着数据分析能力的提高，企业的发展效应也越高。对于出口净利润率 5% ~ 10% 的企业来说，其本身就具有较高的营收能力，这与管理、技术等息息相关，因而提升企业数据分析能力带来的边际效应并不明显；对于出口净利润率 3% ~ 5% 的企业来说，数据分析能力的提升将会带来企业发展效应阶跃式的增长。由此表明，数据分析能力未来将成为促进企业增长的核心能力之一，如图 11 所示。

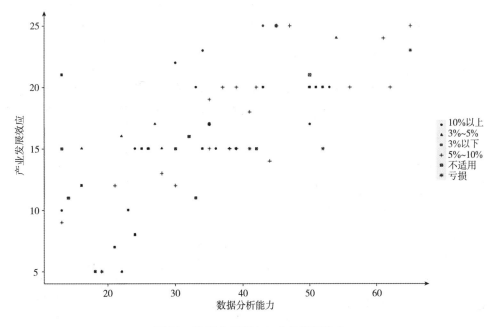

图 11　数据分析能力与企业发展效应

（2）数据分析能力与产业发展效应

对于出口净利率额较高的企业来说，数据分析能力的提升会显著促进了其产业发展效应的提升，但是其他净利率较低的企业的数据分析能力与产业发展效应的相关关系非常微弱。通过访谈我们得知，对于规模较小、净利润较低的企业，其企业基础构架、人员组织与管理更为重要，如图 12 所示。

（3）数据分析能力与区域一体化

对于出口净利率超过 5% 以上的企业来说，数据分析能力的提升将会有效促进

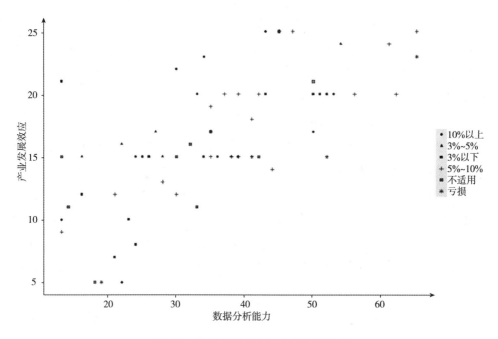

图 12　数据分析能力与产业发展效应

企业本身在长三角区域一体化中的融合能力，更好地利用与整合资源，以促进企业自身的发展。这一结果也从侧面反映了数据分析人才的重要性与稀缺性，再一次印证了数字化人才是企业数字化转型的基石，如图 13 所示。

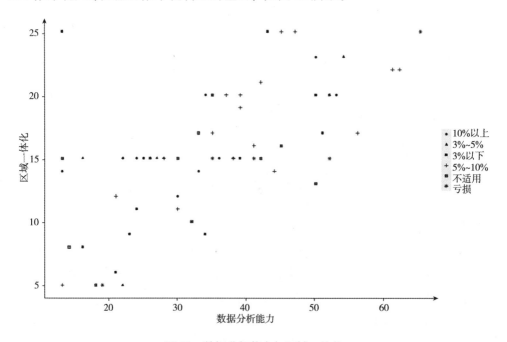

图 13　数据分析能力与区域一体化

4. 小结

数字赋能经济高质量增长背景下，制造业企业也在积极探寻数字化转型之路。得益于国家对于制造业和数字经济发展的资源倾斜和国内互联网发展的良好态势，长三角地区制造业企业数字化转型发展处于中期阶段且势头良好。数字化转型不再是一句空口号，逐渐落地成为各家企业的常态化举措和日常化工作，并落实到产品研发、设计、制造、销售等多个方面。云计算、互联网等技术手段和信息系统的基本全覆盖优化了企业收集、管理、利用数据的方式，并以此赋能制造业转型升级，达到企业提高生产效率、控制成本的目的，最终实现经营绩效的提升。尽管如此，目前，制造业企业转型的现状却并不十分顺利，管理者及员工数字化认识的缺失、高层管理架构与职能的设置缺失、人才供应不足极大影响了数字化转型的速度。大规模企业、技术投入程度较高的企业、收益率越高的企业数字化转型倾向越高；对于小规模企业和盈利额较低的企业来说，数字化转型倾向相对较低。但无论企业规模营收如何，加大鼓励措施都能有效提升企业人员数字化转型的意愿。数据分析能力是企业发展的助推器，无论企业营收和利润情况如何，数据分析能力的提升都将对企业的发展产生积极的影响。

四、数字化对于企业发展影响的结构方程分析

结合研究目的以及数据的可获得性，本文假定的潜变量及测量变量为：（1）数字化倾向：选取问卷中第 15 题量表题——您对贵企业数字化倾向评价，将八个评分指标作为企业数字化倾向的测量变量，具体内容见表 3。（2）数据分析能力：选取问卷第 32 题量表题——对贵企业目前数据分析能力的评价，将 13 个子问题作为数据分析能力的测量变量，测量变量的具体内容见表 3。

表3　数字化倾向与数据分析能力的测量变量

数字化倾向	重视企业数字化变革
	不懈地以客户为中心
	追求产业目标和指标
	创建能够提高效率和创新的流程
	从数据和迭代中快速学习和实践
	建立实时的评估机制
	设置实现目标的各项指标
	致力于实现企业所处产业生态数字化

续　表

数据分析能力	企业能独立开发大数据分析软件平台
	企业能实时获取企业内外各种数据
	企业能不断学习，更新大数据分析挖掘技术
	企业能迅速从外部引进优秀的大数据技术人才
	企业拥有并掌握各种大数据分析软件和工具
	企业能对文本、语音等非结构数据实时分析
	企业能从海量数据中分离出有潜在价值的信息
	企业大部分决策依赖于大数据分析的支持
	企业能基于大数据实现对市场的实时洞察
	企业能基于大数据实现对竞争环境的准确预测
	企业能基于大数据了解和预测客户行为
	企业能基于大数据对舆情进行预警分析
	企业能基于大数据实现对竞争对手行为的预测

同样，我们选取 Q37：数字化转型对企业发展的影响评价、Q38：数字化转型对产业发展影响效应的评价、Q39：数字化转型对区域一体化影响效应的评价分别作为企业发展影响、产业发展影响、区域一体化发展影响的测量变量，具体测量变量见表4。

表4　企业发展影响、产业发展影响、区域一体化发展影响的测量变量

企业发展影响	数字化转型提升了企业生产效率
	数字化转型促使企业降低成本
	数字化转型促使企业产品更具备竞争力
	数字化转型使企业销售渠道拓宽
	数字化转型促使企业创新能力提升
产业发展影响	数字化转型促使企业拓展新业态、新商业模式
	数字化转型促使产业融合
	数字化转型带动产业升级
	数字化转型促进产业体系完善
	数字化转型促使产业结构优化
区域一体化影响	数字化转型促使劳动、资本等要素的区域间流动
	数字化转型促使空间集聚
	数字化转型促进区域间合作

续　表

区域一体化影响	数字化转型提升政府治理能力
	数字化转型促使金融服务能力提升

结构方程模型需要模型整体拟合度较好，且各个变量都要显著。经过调整后，本文得到一个最佳模型，本文仅展示最终模型的结果。

c^2 值易受样本量大小的影响，样本量越大，c^2 值越大，容易导致模型被拒绝。因此，选用卡方自由度之比进行判断，同时需要加上其他适配指标进行分析，详见表5。

表5　模型适配度

拟合指标	c^2/df	PNFI	RMSEA	IFI	CFI
参考临界值	1 – 3	>0.5	<0.05	>0.9	>0.9
检验值	2.415	0.566	0.005	0.754	0.748

总体来看，模型的所有拟合指标基本达到标准，该结构方程模型对原始数据拟合程度较好。因此，可以对潜在变量的回归系数进行分析，验证数据分析能力、数字化倾向对于企业发展、产业发展和区域一体化发展的影响，路径系数作为变量间相关程度的度量。

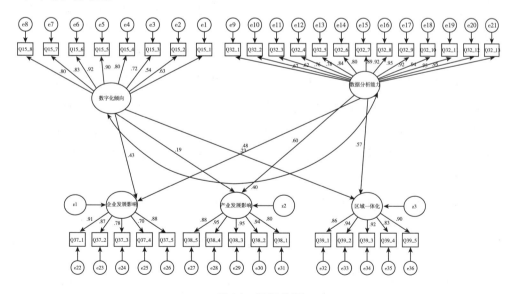

图14　路径分析

结合模型来看，数字化倾向和数据分析能力都对企业发展、产业发展、区域一体化发展产生正向、显著影响。数字化倾向对于企业发展的影响和区域一体化影响的效果要明显大于对产业发展的影响,两者都达到了0.4以上。而数据分析能力对于产业升级转型和区域一体化的影响明显大于对微观企业的影响,两者都达到0.5以上,如图14所示。这表明企业获得良好的发展必然少不了内部管理者、员工的支持,提升员工和管理者的数字化意识是企业数字化转型的重点。当前,长三角区域一体化战略仍在不断推行和落实,要想更快更好的促进长三角企业融合发展,就需要抓住数字化的助力,利用云计算、大数据、5G等平台和技术,突破行业和产业之间的壁垒,加强数据平台的协同与开放,实现生产、销售、制造等多部门的协同以及企业和客户之间的双向触达。

五、现存问题分析

在访谈过程中,我们针对企业面临的困境、瓶颈进行了深入的探讨,总结如下:

(一)半成品零部件线上和线下销售进退维谷

相比成品,专营半成品、零部件等的制造型企业在线上和线下销售受阻。部分零部件制造企业通过线上网络商城等途径销售,前期成本投入过高,而后期收益较少,收益甚微;线下通过参与展会等途径展示产品,客户无法精确捕捉到产品优势,无法体验实际效果。在实际经营中,零部件制造企业仍然采用传统的拜访客户的方式推销产品,签订合作合约。相比服装、化妆品、食品等产品,半成品、零部件的销售情况不甚乐观。在小组访谈中,企业C通过线下展览的形式推广产品,收效甚微。企业经理认为相比展会推广和全网络平台推广,拜访客户更加直接高效,该企业凭借过硬的产品质量和完善的售后服务体系与下游企业搭建了良好的贸易往来,但在进军新市场和新客户开拓方面仍然乏力。企业B专营轴承、五金等产品销售,在销售半成品与零部件的过程中也遇到了线上和线下推广乏力的情况,企业经理对产品销售表示担忧,尤其忧虑资金链断裂。对于此类企业,资金链的完整流通格外重要,一旦出现大额资金链断裂的情况,将对企业造成巨大的冲击。

(二)中小微企业在"行业链垄断"中艰难前行

成熟的高端制造业时刻走在前沿,利用强大的资本打造了全世界范围内的"行业链"来实现降本增效,提高利润点。在众多高端制造业的"排挤"下,中小微企业很难形成完善的产品上下游链条,只能在夹缝中求生存。在人工成本,原材料价格"疯涨"的情况下,维系原有的经营水平是企业的战略方向,而投入数字化建设则不利于资金周转,容易把企业带入"死胡同"。在小组访谈中,企业C经理表示,在机电制造方面，格力、美的等国内大型企业几乎垄断了高端市场和各大专利技术，没有强大的资金支持难以改变当下的格局，无法冲击国内外高端市场，更无法瓜分高端市场的产品红利。企业想要生存必须要谋求降本增效之法，数字化转型便是关键一环，但引进相关技术的成本又令不少中小微企业望而却步。

（三）数字化引进与学习成本令企业望而却步

无论是企业自主研发数字化系统，还是从外部引进都需要支付高昂的成本，但对于决心进行数字化转型的企业，阻碍他们数字化转型的"拦路虎"往往不是资金不足，而是企业员工的行为习惯。员工作为一线执行者，在引入新的设备和信息系统后往往需要一段时间的适应。数字化带来的生产与管理方面的巨大变革冲击了员工原有的行为习惯，习惯重构的过程可能需要两到三年的时间，在这期间可能会给企业带来巨大的损失。汉得黄总认为，员工的行为习惯是数字化转型的巨大障碍，在访谈中，黄总举例在新冠肺炎疫情期间个人健康状况打卡这一事项，员工就有将近三个月的适应期，这是难以想象却真实发生的。企业引进新型的数字化技术不仅要考虑高额的费用，还要考虑员工的学习成本。

（四）系统底层逻辑冲突导致的不兼容

体系庞大的公司在经营管理、生产制造、营销售后等方面会使用多种数字化产品，这些数字化系统可能有着不同的底层逻辑，但却在处理着相同的业务。如何实现不同系统的兼并融合、实现效率的提升是IT服务业急需解决的巨大难题。引入成本与产品产出的不平衡问题在一定程度上限制了数字化的发展，实现逻辑的兼并融合还有很长的路要走。在访谈过程中，某经理为我们介绍国内某知名通讯企业的财务管理系统数目有60余项之多，但不同的系统在程序语言设计、应用界面、底层逻辑等方面存在着很多差异。在引进系统，搭建数字化体系的过程中，企业不仅仅要考虑边际效用，还要考虑如何实现"1＋1＞2"的问题，以便于企业更好地实现数字化转型。

（五）数据错综冗杂利用效率低下

在大数据时代，每个人的生活都被数据重构。大量的数据被采集应用到各个领域。其中，数据的筛选与甄别成为数据变现的一道门槛。凭借一家企业的力量很难实现对所有数据的筛选和甄别，需要联合多方力量，破译数据密码，实现互利共赢。因而政府要牵头做好数据转化处理，提高数据的准确性与可应用性。

六、结论与建议

本文专注于长三角地区制造类企业，通过深度访谈与问卷分析探究其数字化转型进程与成长瓶颈。结果表明，在经济发展最活跃、开放程度最高、创新能力最强的长三角地区的制造业企业数字化转型意愿明显，且整体已进入数字化发展中期，发展态势良好。由于数字化转型依托于大数据、云计算、人工智能、金融科技等高新产业的发展，引进成本高、学习成本高成为企业数字化转型的主要瓶颈。同时，企业缺乏配套人才也限制了其进一步转型发展。据此，本文提出如下建议：

（一）全面推动提高金融服务质效，为制造业发展提供资本加持

针对广大制造业企业数字化转型困境，建议各地政府与金融机构全面对接，推动金融机构对政府规划重点发展的制造业领域给予全面支持。政府相关部门给予明确的合作范围和企业清单，包括重点制造业客户、重点的产业园和工业园集群等，而银行则在定价、规模、效率、条件等方面给予支持。建议政府对制造业相关经济主体给予一定扶持，包括提供财政补贴、政府风险补偿基金、给予优惠的土地政策、税收政策等，以促进当地基建、产业建设，协助资本机构实现对经济主体的资金监控、担保权益落实等。

（二）加强风险补偿机制建设，扶持重点领域、产业链发展

由于制造业涉及细分行业多、领域广，中小企业为制造业领域的主要经营主体，此类企业具有经营规模小、抗风险能力弱以及"零、散、差"的特性，特别在目前经济周期下行阶段，信用风险相对较高、缺乏有效担保。可以尝试以政府风险补偿基金的形式开展业务，解决中小企业担保不足的问题。但根据访谈情况，政府对企业的征信措施还是缺乏统一的政策，各地、各级政府的做法各有不同，给银行带来一定困难。建议出台统一的政府征信政策，明确各种模式在业务流程、准入标准、补偿比例、贷款要求等方面的做法，支持制造业重点领域、产业链，建立完善的系统性风险分担机制。

（三）为中小型企业提供基础数字化公共服务

数字化不仅能有效减少企业的生产成本，更是将企业管理变得更为高效。因此，数字化转型是众多企业已经或正在实施的重要事件。对于较为大型的企业，他们的数字化转型基本完成，相关的数字化服务建设也相对完备。而对于中小型企业来说，

他们缺乏足够的资金和能力，政府如果不进行公共服务和引导，初创企业的数字化发展难以起步，后续发展将较为艰难，不利于未来整个行业的竞争环境。

因此，为了鼓励并帮助初创企业，政府可以在工业园区为起步企业建立一套公共系统，便于他们进行财务和订单管理。在提供这类基础数字化公共服务的条件下，中小型企业才有可能突破资金和能力上的瓶颈，更好地在大环境下发挥其自身的价值，让整个市场变得更加多元化。

（四）支持制造业创新产业链，完善创新生态

目前，我国制造业发展遇到的瓶颈需要依靠创新和科技进步来解决，技术升级主要依靠企业自主研发或者引进，国内在科技研究、成果转化、产品量产、市场投入的整个"产学研"链条建设方面还没有成熟机制。一方面，实验室里的创新技术可能因为缺乏产业转化的经验和人脉、缺乏制造渠道，无法转化为生产力。另一方面，制造业企业可能由于缺乏对科技前沿技术的了解，无法跟上市场发展的数字化步伐。规模较大的企业可以通过自行设立研发中心，解决技术更新换代的问题；规模较小的企业，则由于资金、人才等资源的缺乏，很难自主研发。建议政府牵头推动完善"产学研"链条建设，为科技研发、技术转化为生产力提供制度和环境保障。

（五）加强人才引进与人才培养

当前，企业数字化转型最大的障碍不是技术，而是管理和技术人才。访谈和调研的结果充分表明，企业当前普遍面临数字化人才匮乏的境地。《制造业人才发展规划指南》等系列文件均指出，人才短缺问题已成为制约制造强国战略顺利实施的瓶颈，急需健全包括经营管理人才、专业技术人才和高技能人才的多层次制造业人才队伍。人才是国家和企业发展的内生动力，政府应该在现阶段帮助企业加强人才引进，对于高新技术人才给予一定补贴。未来，基于制造业技术领域进行细分后，需要确定数字制造技术领域的具体工作岗位以及现在和未来所需的职业角色，形成智能制造数字化人才的整体职业布局、院校针对数字化人才布局，从而有针对性地进行人才培养。

（六）促进产学研一体化发展

企业家要与科学家携手，推动创新要素向企业集聚，促进产学研深度融合。现代企业创新，需要企业家和科学家有效地结合，走协同创新之路。应该说，现代企业的创新，如果没有和科技战线紧密结合，其创新是难以完成的。而科技的创新如果不落实在生产力上，不为企业的发展所需要，也就无所谓创新。只有科学家和企

业人员之间能够毫无保留地进行创新思维、创新理念、前沿科技的及时分享，才能真正实现应用基础研究及新技术等成果转化，才能形成强大的生产力。

参考文献

［1］廖信林，杨正源. 数字经济赋能长三角地区制造业转型升级的效应测度与实现路径［J］. 华东经济管理，2021（6）：22 – 30.

［2］张振刚，肖丹，许明伦. 数据赋能对制造业企业绩效的影响：战略柔性的中介作用［J］. 科技管理研究，2021（10）：126 – 131.

［3］孙新波，苏钟海. 数据赋能驱动制造业企业实现敏捷制造案例研究［J］. 管理科学，2018，31（5）：117 – 130.

［4］焦勇. 数字经济赋能制造业转型：从价值重塑到价值创造［J］. 经济学家，2020（6）：87 – 94.

［5］王彬燕，田俊峰，程利莎等. 中国数字经济空间分异及影响因素［J］. 地理科学，2018，38（6）：859 – 868.

［6］丁志帆. 数字经济驱动经济高质量发展的机制研究：一个理论分析框架［J］. 现代经济探讨，2020（1）：85 – 92.

附 录

（一）指导教师感悟

1. 刘凌

这次作为"访万企"活动的指导老师，感觉非常荣幸。在这次调研过程中，有一些心得是非常宝贵的。

第一，前期规划是美好的，但现实是残酷的。因为我们所要调研的数据有些是企业的核心数据，在每次调研的过程中，企业不大愿意透露，所以有一些数据很难从企业这里得到。另外，企业相关负责人非常忙，有可能到了约好的访谈时间又有其他的事情没办法参加，等到要下一次访谈的时候，他又觉得很麻烦，即把整个访谈给推掉。所以，我深深感觉到这次调研非常不容易。

第二，学生的热情难能可贵。在整个调研过程中，同学们充满着热情，锲而不舍。碰到问题或者困难，都是非常努力地去克服。把原有的害羞和矜持都抛开了。同学们，尤其是组长在整个调研中得到了极大的锻炼，收获非常大。

第三，调研有助于老师的教学和科研。调研让老师能够深入祖国大地的第一线，看看企业在整个大经济环境中，有哪些困难、如何克服、未来发展如何。同时，也可以实事求是地思考国家政策的有效性和前瞻性。

2. 冯越

此次"万企调研"活动为期2个月，在我们小组成员的共同努力下终于告一段落。实践内容较为丰富，小组围绕"长三角地区制造业数字化型进程与成长瓶颈"这一主题开展调研，与企业积极沟通联络，通过实践较好地锻炼了学生们的团队协作能力，提高了沟通技能和应变能力。

由于受新冠肺炎疫情的影响，此次调研小组成员主要是以线上为主。作为指导教师参与学生的调研活动之中，在调研之前我会提前了解被调查企业的基本情况，做好预案。协同小组成员一起做好任务分工。在与企业线上交流中，同学们能够较好地与企业负责人员沟通，围绕"数字化转型"展开探讨，在沟通中不仅使学生们的眼界得到了拓展，我也学到了在高校之外的知识，对我本人也是一种提升。

在调研过程中，我们也遇到了一些困难。在7月下旬，由于对接的企业负责人恰巧在外出差，无法接受小组成员的采访，致使小组的调研进度一度停滞，在焦急地等待企业负责人信息的同时，我们也在积极地寻找其他方式联系企业，希望有所突破。小组成员多次开会，报告近期调研的情况，总结经验。我作为指导老师，鼓励组员积极调研，在同学们的共同努力下，我们小组也取得了阶段性的成果，完成了调研任务。

在调研中学习，在调研中成长。本次调研是我第三次作为指导教师参与的"万企调研"活动，每次都能感受到学生们对调研的激情，对问题解决的渴望以及勇于克服困难的团队协作精神。作为指导教师，我深刻地感受到了社会实践的魅力，每一次实践都是一次难得的提升自我能力的机会。

（二）小组成员调研感悟

1. 张元华

时间飞似箭，收获留心间。为期近两个月的"万企调研"活动已落下帷幕，企业数字化转型却从未停下脚步。这次调研，我们感受到外贸企业面对困境迎难而上的勇气和魄力，总结了数字化转型的魅力与痛点，在企业的案例分享中学习了企业管理运营的全新知识。这次调研，我们不再拘泥于教材中的知识点，将视野扩展到实践中去，打通了知识与实践的壁垒，真正做到了学有所用。这次调研，不是只靠一个人的力量，而是依靠整个调研团队，全体成员精诚合作，积极配合，大家分享了很多新奇的想法和思路，相互鼓励，永不言弃，调研路上一片欢声笑语。非常感谢企业对"万企调研"活动的大力配合，感谢组织活动的各位领导、老师和同学们的付出，感谢指导老师们两个月的陪伴与支持，感谢小组成员的通力合作。这段经历要结束了，可是我们心中的希望、求知的渴望将永远延续，我想再许下一个约定：来年暑假我们再相见！

2. 李祈萱

为期2个月的社会实践终于在这个夏天结束了。回想整个过程，有团队入选时的激动、前期讨论的热情、中间采访的周折、最后收尾的感慨。活动开始时，我和小伙伴们一起针对数字化转型展开了激烈的讨论，从模糊的概念到搭建出完整的框架，每个人都不辞辛劳地查论文、想方法，怀抱最大的美好期望。访谈前期，每个同学都尽心尽力地进行联系、准备访谈提纲和线上采访，哪怕遇到了挫折也绝不轻言放弃，坚持不懈。在访谈过程中，每个人都能够完成自己的任务，大家配合很默契。我们都尽到了最大努力，也获得了最大程度的锻炼。整个活动让我对数字化有了更深刻的认识，特别是对汉得信息股份有限公司黄总的采访，让我从一个宏观、前沿的角度对数字化转型进行了深度剖析，收获良多！最后，非常感谢老师们给予的指导与帮助，感谢组长张元华给予大家的鼓励与支持，感谢每一位小伙伴们付出的劳动，非常感谢在这个夏天能够与大家有一段珍贵而又美好的回忆。

3. 范佳敏

为期 2 个月的调研在大家的共同努力下圆满结束了，虽然也存在很多的遗憾，比如，由于一些原因，我们的调研活动不得不改成全程线上的形式，和当初想象的不一样，组员之间也少有见面的机会，但大家都在很努力地克服困难，为了这个团体活动而努力。在对企业调研的过程中，从联系企业、获取访谈机会、正式访谈、总结访谈记录到微信宣传推送，大家都很认真地在完成着自己的任务。其中，不仅需要大家的默契配合更需要大家的团结，短短两个月全线上的形式，我认为大家已经很优秀了。联系企业的时候大家都或多或少地遇到了困难，企业联系不上、遇到企业拒绝，包括企业地区遭受了暴雨、新冠肺炎疫情等，因此失去了与很多家企业的访谈机会，但在对争取到的企业访谈中，不仅我们组员在认真准备，受访企业也特别耐心地配合，我也感受到了不同企业优秀的企业文化。同时，也了解到现在长三角地区一些制造业企业的数字化现状以及转型困境，发现我国中小型企业的数字化转型仍然任重而道远。再次感谢活动中结识的优秀的小伙伴以及遇到的企业负责人。

4. 付馨宁

参加"访万企，读中国"专项社会实践活动让我们对企业、数字化和数字化营销都有了更深的理解。从前期确定主题时的信息搜集与筛选到联系企业及会议访谈过程中的沟通交流，再到访谈后纪要、新闻稿、推送等工作。进入访谈期以后，很多问题接踵而来。多家企业在确认访谈时间以后又在访谈前不久临时改变时间，同时调研小队内部成员的时间也难以统一。此外，部分企业负责人无法抽出时间而被迫取消访谈，使我们不得不寻找其他企业。不过一次次的拒绝没有让我们放弃，我们互帮互助，在挑战与收获中不断学习与成长，使调研在一路坎坷中成功推进。

最令我印象深刻的是访谈过程中一位企业负责人说："国家给再多的支持，想要长远地走下去，企业自身需要做得更多。"在调研过程中，我们为企业数字化营销大趋势和多家企业的积极举措开心，为企业数字化营销经验和技术水平不足而担忧，这或喜或忧之后是我们对数字化营销和市场环境更深的理解以及对自己未来规划的进一步确定。

5. 吴旻

通过参加本次"访万企，读中国"调研活动，我很荣幸能认识五位优秀的队友，在大家的共同努力和相互鼓励下，顺利完成了本次调研。在调研前期准备中，既有屡次联系企业却依旧遭到拒绝的失落，也有回收答卷带来的喜悦。在企业访谈的过程中，我了解了企业数字化转型、战略规划和人才需求等多方面知识，进一步认识到企业未来数字化发展趋势及"理论"和"实践"之间的鸿沟。在后续撰写的过程中，我们各自取长补短，发挥团队合作的力量。总而言之，从前期准备到调研报告的完成，每个阶段都有一段难忘的感受和体会，最终汇成的成长让我受益匪浅！

6. 田孟非

通过这次的访万企社会调研活动，深入了解了我国长三角地区外贸企业的数字化转型进程与遇到的瓶颈，了解了不同外贸企业所遇到的困难以及应对措施。采访能够顺利进行离不开团队中每一个人的努力，各个成员分工明确，竭尽全力完成任务，在两位导师的指导下结合实际情况顺利完成调研。在与企业管理人员交流时，我们对数字化也有了全新的认识：数字化应用在工业上可以有效提高效率，减少人力成本，增加产量，数字化营销更能细分市场，抓住目标群体。数字化转型既是国家政策、发展方针，也是市场选择的大趋势。但外贸型企业或因资金人才，或因时间精力等原因无法推动转型升级。这就对高校人才培养提出要求，急需掌握数字化领域的人才推动企业发展。此次调研也让我明白大学生更需要去了解社会，去锻炼、去提高自身的实践能力，才能更好地融入社会。

企业数字化的人才需求

——以制造业为例

刘华岳　沈昭天　李商羽　封冰悦　张冰倩　陈淑玲
指导教师：王利娟　闫　辛

摘　要

当今世界正处于百年未有之大变局，数字化浪潮正深刻改变着经济社会各领域。科技手段、数字经济、新的业态、新的社交方式等日新月异，为企业数字化转型起了助推作用。在企业数字化转型如此快速推进的背景下，数字化人才成为必不可少的财富，是一个企业能否成功实施数字化转型的关键。无论是在数量上还是在质量上，数字化时代对这种新型人才都有了更高的要求和定位。本文以长三角地区制造业企业为调研对象，基于统计数据，利用统计分析和相关分析讨论数字化人才短缺情况。

关键词：企业数字化；人才需求；制造业

一、调研背景和意义

1. 企业数字化转型发展的必要性

党的十九届五中全会提出，要加快数字化发展，建设数字中国。党的十九大报告指出，要推动互联网、大数据、人工智能与实体经济的深度融合，加快建设制造强国，支持传统产业转型升级。

中国制造业在改革开放之后发展势头很强，2007 年，中国的制造业附加值就已经与日本并列第二。中国逐渐变成一个制造大国，但并未达到智造大国的水平。在目前竞争激励的国际大环境下，中国制造业大部分仍处于制造环节，附加值较低，中国在全球市场中的竞争能力也受制于此。因此，制造业企业必须加快数字化转型的步伐，这是中国制造型企业发展的必由之路，亦是中国迈向智造大国的关键性一步。

十九届五中全会通过的《中华人民共和国国民经济和社会发展第十四个五年规划和 2035 年远景目标纲要》，将数字经济发展和数字化转型目标与作用提到了国民经济的高度，提出要加快建设数字经济、社会及政府，以数字化转型激活数据要素潜能，驱动生产方式、生活方式和治理方式整体变革。党的十九届四中全会也将数据确认为劳动、资本、土地、知识、技术和管理之后的第七种生产要素。同时，大量研究表明，信息技术尤其是新一代数字技术在各行业的深度应用，已经成为经济增长的重要推动因素。在这种理论共识和数字经济发展战略的背景下，企业数字化转型日益成为学术界关注的热点问题。

2. 数字化转型引领经济社会新发展

在全球新冠肺炎疫情防控与经济增长较乏力的大背景下，数字经济成为各国提振经济发展的重要方向。科技手段、数字经济等日新月异，不断发生着翻天覆地的变化。面向未来，只有随机应变，才能变中求生。正如西班牙经济学家何塞·马丁·莫伊塞斯·卡雷特罗所说："危险不在于数字化，而在于非数字化。"互联网经济为全球经济增长带来了前所未有的机遇与挑战。数字化、网络化、智能化的信息通信技术使现代经济活动更加灵活智慧。从企业视角看，全方位的数字化通过重构产业链和企业价值链，可以达到优化传统贸易链条、建立数字化信息生态、简化流程、提高效率、降低成本、拓宽贸易渠道的效果。大力推进数字化进程，渐成举国共识。数字化转型并不是一个加分项，而是一个必选项，是企业获得未来生存发展的"入场券"。把握企业数字化转型进展与问题，明确数字化发展关键因素，考察数字化转型对企业高质量发展的影响效应，是进一步释放数字经济活力的重要举措。

3. 数字化时代呼唤数字化人才

数字化转型关乎技术，但更关乎人才。技术是要以更少的付出做更多的事情，诚然，只有将技术与适当的人力资源相匹配，才能行之有效。数字化时代，企业的发展逻辑也随之发生了根本性变化。数字化时代下的企业具有两大特征：一是时间线变得非常短，企业寿命、产品周期、争夺用户的时间都在以不可思议的速度变短，各个行业逐渐被重新定义；二是商业环境变得不可预测，断点、突变、不连续性、不确定性成为常态。

数字化人才的短缺是企业数字化转型过程中面临的一大难题。目前，我国人工智能人才总数有 5 万多人，但人才需求量却达百万以上，供不应求的问题十分严重。还有许多企业本身对数字化转型的理解有待加深，仍被原有文化束缚，或是企业融合机制尚未完善，导致人才难以融合、最终离职的悲剧，这些现状都发人深省，给人们带来很多思考和反省。因此，随着互联网、大数据算法等技术的飞速发展，市场正发生着翻天覆地的变化，企业数字化人才的培养与选择也需紧跟形势，聚焦新技术新趋势，前瞻性地培养面向未来的人才能推动企业加速前进，促进企业蓬勃发展。

4. 调研意义

数字经济已成为各国提振经济发展的重要方向，数字技术与资源也正不断融入企业发展过程的各个环节。互联网、云计算、大数据、物联网、金融科技与其他新数字技术逐渐广泛应用于信息的采集、存储、分析和共享过程，数字经济的规模正在不断扩大中。中国信息通信研究院发布的《中国数字经济发展白皮书（2020年）》指出，2019 年我国数字经济增加值规模达到 35.8 万亿元，占 GDP 比重达到36.2%，占比同比提升 1.4 个百分点，按照可比口径计算，2019 年我国数字经济名义增长 15.6%，高于同期 GDP 名义增速约 7.85 个百分点，数字经济在国民经济中的地位进一步凸显。而数字化人才的短缺是我国企业进行数字化转型过程中最大的挑战，供需比例严重失衡。数字化人才的增长速度匹配不上数字经济规模的发展速度，是我国数字经济发展的一个重大隐患。为研究数字化人才在制造业企业发展过程中短缺的具体严重程度，本小组将目光聚焦于我国长三角地区的制造行业企业，采用线上调研与线下走访相结合的形式，与各企业的相关负责人进行了线上或线下的会议访谈，深入了解企业数字化人才现状与政策落实等相关问题。

同时，除了解企业在人才短缺方面的具体情况外，事实上，本小组在采访过程中侧重了解企业对其现有数字化人才缺口的情况做出的应对措施，以及措施实行的效果是否符合企业的预期。另外，本小组还通过网络全面了解我国在培养数字化人才方面推出的相关政策，结合这些信息尝试与受访企业一起讨论应对数字化人才缺失的相关措施。

本次调研在调研所得数据信息的基础上，结合小组成员自身专业知识，通过数据分析准确、明晰地展现数字化转型对企业相关人才的具体影响情况以及企业做出应对措施后的改变情况。调研结果可为正在进行数字化转型的企业或即将进行数字化转型的企业提供具体案例参考，使其有解决对策可以借鉴，从而帮助更多企业将数字化人才缺失问题带来的影响降至最低，吸引更多企业加入"数字中国"的建设中来。

对企业数字化转型过程的探索，也使新时代青年增强了对数字化知识的了解，丰富自身见解，了解时代发展趋势。另外，国家政府应与更多企业一起关注数字化人才缺失的问题，共同讨论解决该问题的措施并予以实施，促进我国数字经济的发展，加快"数字中国"的建设进程。

二、调研方案与实施

（一）调研方案

1. 调研目的

本次调研以长三角地区的制造行业企业为研究对象，从企业发展的视角分析研究企业数字化的人才需求。本小组利用数据分析、数据挖掘等知识，结合通过调研企业所获得的一手真实数据，分析企业在进行数字化转型过程中对数字化人才的需求与培养情况。我们通过对企业数字化转型过程的全面探索，深入了解企业进行数字化转型过程中的运营机制，学习到更多数字化知识，丰富自身见解，了解时代发展趋势。同时，本文为有计划进行数字化转型或正在进行数字化转型的企业提供理论建议和可借鉴的经验，促进更多企业加入数字中国的建设进程中。

2. 调研内容

本次调研主要分为两个部分。第一部分为访谈调研，此部分针对上海市松江区部分企业的工作人员，以实地访谈的方式，了解近年来企业业务的发展情况；了解近年来企业的数字化进程、数字化过程中遇到的阻碍以及解决办法；了解企业今后的数字化路径规划；了解当前地区的税收政策以及一些创新制度；了解地区相关政府职能部门有关企业行政许可、投资审批等业务的情况；了解近年来企业对研发及技术人才的引进情况，是否存在人才引进困难的情况，是否有和当地高校进行人才输送、定向培养的计划；了解地区企业间的协同发展合作情况；了解地区的社会资本准入限制情况；了解地区企业的融资情况、企业周边配套设施等。

第二部分为问卷调查，调查对象仍为上海市松江区部分企业工作人员，问卷重要内容与实地访谈内容相近。通过问卷数据，了解近年来地区在营造良好环境所采取的措施；了解近年来地区营商环境的变化以及可提升的空间。

（二）调研对象

（1）上海某种业公司

（2）上海某医药公司

（3）上海某炭素工业公司

（4）上海某工业技术公司

（5）上海某教育发展公司

（6）上海某医疗器械公司

（7）上海某信息技术公司

（三）调研项目

企业在进行数字化转型规程中对数字化人才的需求与培养——以制造业为例

（四）调研任务分配

联络人：刘华岳

主持人：封冰悦

采访人：沈昭天

记录人：张冰倩

宣传员：陈淑玲

安全员：李商羽

参与人：王利娟、闫辛、刘华岳、沈昭天、李商羽、陈淑玲、张冰倩、封冰悦

（五）调研工作时间安排

（1）上海某种业公司　2021 年 7 月 19 日

（2）上海某医药公司　2021 年 7 月 21 日

（3）上海某炭素工业公司　2021 年 7 月 22 日

（4）上海某工业技术公司　2021 年 8 月 3 日

（5）上海某教育发展公司　2021 年 8 月 16 日

（6）上海某医疗器械公司　2021 年 8 月 19 日

（7）上海某信息技术公司　2021 年 8 月 23 日

三、问卷调研结果统计分析

本次问卷共收集 183 个样本。其中，开始数字化转型的制造业企业有 87 个。本节将对这 87 个样本进行分析。

（一）企业属地性质和所属类型

大多数公司的属地是本地企业或是外资招商引资企业，而外贸流通企业又是大部分招商引资企业（外资）的所属类型，如图 1 所示。

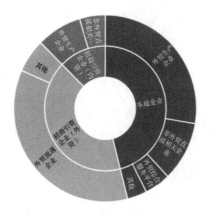

图 1　企业属地性质和所属类型

（二）企业数字化进程的自我评价

有 54% 的企业认为自己处于数字化转型初始期或是转型期，而有 41% 的企业认为自身的数字化转型已取得一定成效并积极推进，只有 5% 的企业认为自己尚未实施数字化转型。可以看出，大多数企业都认为自己已经开始了数字化转型的进程，如图 2 所示。

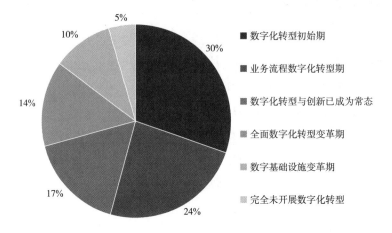

图 2　企业数字化进程的自我评价

（三）企业的数字化人才培养

有 51% 的企业已经根据实际情况制订了特定的人才培养计划，这与之前企业对于"为数字化转型团队设立单独的 KPI 考核"的倾向是吻合的。而其他四种情况的企业分布则比较平均，如图 3 所示。

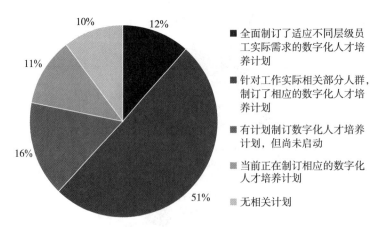

图 3　数字化人才培养计划

（四）企业针对数字化转型制订战略规划与转型升级路线图的情况

将 39% 的企业初步制订了相关的规划和路线图，而 26% 的企业已经制订计划并开始实施。这表明大多数企业愿意和有能力积极跟随数字化转型潮流，如图 4 所示。

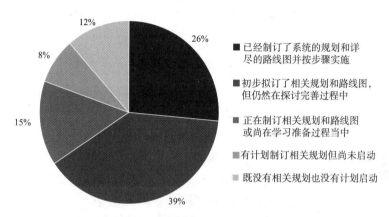

图4　企业针对数字化转型制定战略规划与转型升级路线图的情况

（五）企业为数字化转型付出的咨询费用情况

37% 的企业没有产生过相关费用；而在有相关费用的企业中，两极分化又比较严重——小于 200 万元的企业和大于 401 万元的企业占多数，而中间的费用则比较少。这可能是因为大数据有集聚效应，越大的公司越有数据处理和分析的能力和需求，进而咨询费用也水涨船高；而小企业由于数据较少或数据不完整等原因，相应的咨询机会也可能较少，如图 5 所示。

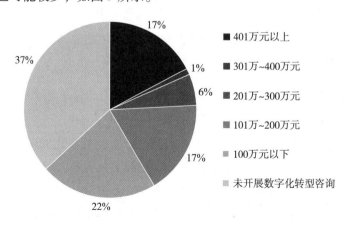

图5　企业为数字化转型付出的咨询费用

（六）企业推动数字化转型过程中的瓶颈

企业认为最重要的四个瓶颈分别为：企业管理、组织架构与职能设置，缺乏数字化的认识和意愿，缺乏具有战略视野的顶层设计，以及缺乏专业的数字化人才，如图6所示。其中，前三者可以通过提高管理层的数字化转型意识或引进相关领导层人才来解决，这与上一节的答案分布是吻合的；而第四点则是所有行业和企业都会面临的痛点，因为这一类的技术门槛相对较高，而数字化又需要与企业相关知识结合。因此，这样的复合型人才比较少见。

另外，其他选项也或多或少地体现了现阶段大多数企业在领导层和专业的数字化人才方面的困境。

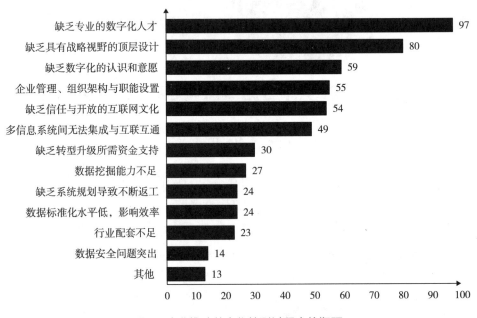

图6　企业推动数字化转型过程中的瓶颈

四、企业数字化评价指标分析

本节将分别从客观环境、企业数字化的动力、企业数字化的应用程度和企业对于数字化影响的看法这四个角度来分析企业对于数字化的看法和评价。

由于这些题目都是对多个小题的评分量表题，本文先做以下数据预处理：计算每一大题下所有小题的平均得分；由于得分是离散的，并且分数在1~5分之间，因此将分数以0.5分为间隔，分为10组，计算每一组内平均分达到相应水平的公司个数，并做直方图。

（一）客观环境和公司架构

1. 组织结构扁平化程度

扁平化管理是指通过减少管理层次、压缩职能部门和机构、裁减人员，企业的决策层和操作层之间的中间管理层级尽可能减少，以便企业快速地将决策权延至企业生产、营销的最前线，从而提高企业效率的一种富有弹性的新型管理模式。扁平化管理存在诸多优势：企业管理层次可以大幅减少，控制幅度大幅扩展；企业适应市场变化的能力大幅提高；优秀的人才资源更容易成长；有利于节约管理费用的开支等。

本节的数据来源于问卷中的"Q10_ 您对贵企业组织结构扁平化程度评价如何？"，问题需要对"组织结构扁平化""组织结构柔性化"和"组织文化参与性"分别评分，这里取以上指标的平均分作为最终的评分。

大多数企业认为自身的扁平化程度较高。总体而言，企业对于组织结构的灵活性、能动性和协作性比较有信心，如图7所示。

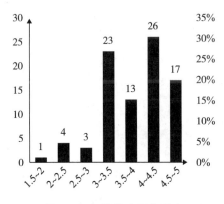

图 7　组织结构扁平化程度

2. 外部环境评价

企业外部环境是对企业外部的政治环境、社会环境、技术环境、经济环境等的总称。企业战略重新评审不仅要对企业当前使命、目标、战略、政策进行评价，而且要对企业环境进行分析，以确定其中所存在的关键战略要素。企业外部环境由存在于组织外部、通常短期内不为企业高层管理人员所控制的变量构成。在企业的数字化进程中，企业的外部环境显然会产生不可忽视的作用。因此，探究企业对于外部环境的评价将有助于探究企业的数字化转型进程。

本节的数据来源于问卷中的"Q11_ 您对贵企业面临的外部环境评价如何？"，问题需要对"行业竞争激烈程度""行业基础设施配套不足"和"行业内信息化水平较高"分别评分，这里取以上指标的平均分作为最终的评分。

认为外部环境竞争性在 3~3.5 分之间的企业较多，并且企业对于外部环境竞争性的评估总体较高。大多数企业认为，无论是数字化，还是自身的业务方面，都将会面临比较激烈的竞争，如图 8 所示。

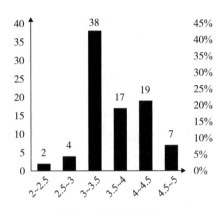

图 8　外部环境评价

3. 生产经营中面临各项困难的程度

在企业运营的过程中，会遇到各种各样的困难，而这些困难都会从不同程度上影响和阻碍企业的数字化转型。同时，这些困难也会在企业数字化转型的过程中有所体现。因此，了解企业在日常运营过程中遇到的困难也是十分必要的。

本节的数据来源于问卷中的"Q12_ 贵企业在生产经营中面临各项困难的程度?"，问题需要对"融资困难""供应链压力""用工难""技术创新难""企业转型压力""市场竞争压力"和"其他困难"分别评分。这里取以上指标的平均分作为最终的评分。

认为总体困难在 3~3.5 分之间的企业较多，并且以此评分段为轴，两边相对对称。总体而言，企业对于外部困难的评估既不过分乐观，也不过分悲观，对于各项困难的预估也比较中性，如图 9 所示。

4. 企业数字化倾向

在数字化的浪潮下，绝大多数企业都对数字化改革兴致勃勃。但是一些企业对于数字化的认识不够全面，或者只是对数字化的部分内容比较感兴趣。因此，本节通过将数字化改革拆解成多个方面，并分别向企业询问兴趣程度，来更加全面地衡量企业的数字化倾向。

本节的数据来源于问卷中的"Q15_ 您对贵企业的数字化倾向评价如何?"，问题需要对"重视企业数字化文化变革""不懈地以客户为中心""追求产品目标和指标""创建能够提高效率和创新的流程""从数据和迭代中快速学习和实践"

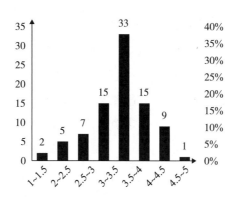

图9   生产经营中面临各项困难程度

"建立实时、主动的评估机制""设置实现目标的各项指标"和"致力于实现企业所处的产业生态数字化"分别评分，这里取以上指标的平均分作为最终的评分。

大多数企业对数字化十分感兴趣。无论企业的性质和规模如何，大家对于数字化都十分重视。一方面，数字化能够大大提升企业的运作效率；另一方面，客观环境的变化也加速着各企业数字化的进程，如图10所示。

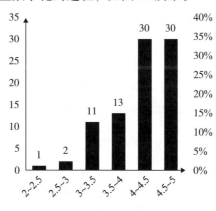

图10   企业数字化倾向

（二）企业数字化的应用程度

1. 获取用户数据途径及频率

企业获取用户数据的途径及频率直接决定了企业能够获取的用户数据量的大小以及数据质量。企业获取用户数据的途径是多样的，本问卷较完整地囊括了各种常见的线上线下收集用户数据的途径。

本节的数据来源于问卷中的"Q30_您对贵企业获取用户数据的途径及频率的评价？"，问题需要对"企业官网""国内社交媒体：微信、微博、QQ等""国外社交媒体：Facebook、WhatsApp、LinkedIn""海关数据""电子邮件""爬虫程序""企业移动 App""数字化产品终端""电话短信""电商平台""线下问卷调查""面对面访谈"和"其他线下传统途径"分别评分，这里取以上指标的平均分作为最终的评分。

大多数企业对于自身获取用户数据途径及频率的评价是中等偏下的，这表明各企业在获取用户数据以及与用户的有效沟通上还有着较大的提升空间，如图 11 所示。

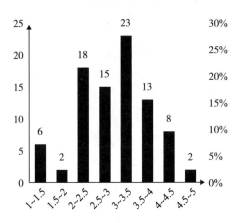

图 11　获取用户数据途径及频率

2. 获取的用户数据量

企业获取的用户数据量是企业开展数字化转型的基础，企业应重视自身获取的用户数据量的多少。企业对于自身获取的用户数据量的评分则表明其获取用户数据的能力。

本节的数据来源于问卷中的"Q31_对贵企业获取的用户数据量的评价？"，问题需要对"用户基本特征数据""用户网上行为数据""用户交易数据""用户使用数据""用户偏好数据"和"用户场景数据"分别评分，这里取以上指标的平均分作为最终的评分。

企业对于自己获取的用户数据量的评价分化比较明显：分数的分布不像正态分布一样平滑，而是集中在差、中、好三个区域。这表明不同企业之间获取用户数据的能力差别较大，如图 12 所示。

3. 数据分析能力

企业的数据分析是指企业利用收集到的用户数据去进行数据处理、统计、监控、分析等活动的过程，而企业的数据分析能力是在多个方面体现的，企业在数字化转型初期往往对此缺乏完整的认知。因此，这里从多个角度对企业的数据分析能力进行评价。

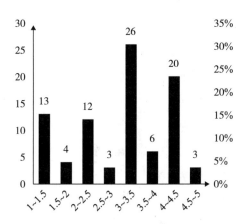

图 12　获取的用户数据量

本节的数据来源于问卷中的"Q32_对贵企业目前数据分析能力的评价?",问题需要对"企业能独立开发大数据分析软件平台""企业能实时获取企业内外的各种数据""企业能不断学习、更新大数据分析挖掘技术（如数据挖掘技术、分析技术等）""企业能迅速从外部引进优秀的大数据技术人才""企业拥有并掌握了各种大数据分析软件和工具（如：Hadoop、HPCC、Storm 等）""企业能对文本、语音等非结构数据实时分析""企业能从海量数据中分离出有潜在价值的信息""企业大部分决策依赖于大数据分析的支持""企业能基于大数据实现对市场的实时洞察""企业能基于大数据实现对竞争环境的准确预测""企业能基于大数据了解和预测客户行为""企业能基于大数据对舆情进行预警分析"和"企业能基于大数据实现对竞争对手行为的预测"分别评分,这里取以上指标的平均分作为最终的评分。

大多数企业对自身目前的数据分析能力评价是中等偏下的。由于进行数字化转型有一定的门槛,不同企业的数字化转型进程参差不齐,对于数字化的投入也不尽相同,因此,多数企业的数据分析能力还有不少的提高空间,如图 13 所示。

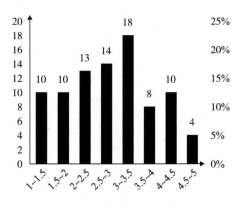

图 13　数据分析能力

4. 用户数据使用情况

企业的用户数据使用情况评价指的是企业对于收集到的用户数据的分析是否达到其预期目的，而这正是企业数字化转型的根本目标。

本节的数据来源于问卷中的"Q33_对贵企业用户数据使用情况的评价？"，问题需要对"利用用户数据指导创新研发""利用用户数据配置业务流程""利用用户数据优化物流配送""利用用户数据提供精准营销"和"利用用户数据提供个性化服务"分别评分，这里取以上指标的平均分作为最终的评分。

大多数企业对于自身用户数据使用情况的评价是中等偏上的。由于各行业性质有所不同，一些行业对于数字化程度的要求暂时不是很高，也有一些行业暂时无法大刀阔斧地进行数字化改革。因此，多数企业对自身用户数据的使用情况相对比较满意，如图 14 所示。

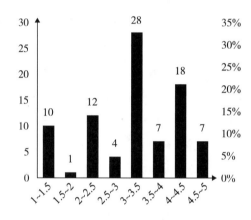

图 14　用户数据使用情况

（三）企业对于数字化影响的看法

1. 数字化转型对企业发展影响效应评价

本节的数据来源于问卷中"Q37_以下关于数字化转型对企业发展影响效应的评价，请选出最符合贵企业情况的判断"，需要对"数字化转型提升企业生产效率程度""促使企业降低成本程度""使企业产品提升程度""使企业销售渠道拓宽程度和使企业创新能力提升程度"进行评分，我们取五个指标评分的平均分作为最终的评分。

86% 的企业给数字化转型对企业发展的影响效应的评分高于 3 分，说明绝大多数企业认为数字化转型能给企业带来积极的影响，如图 15 所示。

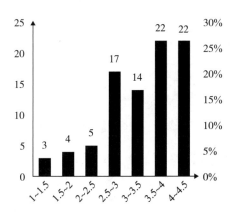

图 15　数字化转型对企业发展的影响效应

2. 数字化转型对产业发展影响效应评价

本节的数据来源于问卷中"Q38_以下关于数字化转型对产业发展影响效应的评价，请选出最符合贵企业情况的判断"，需要对"数字化转型促使企业拓展出新业态新商业模式程度""促使产业融合程度""带动产业升级程度""促进产业体系完善程度""促使产业结构优化程度"进行评分，我们取五个指标评分的平均分作为最终的评分。

大多数企业对于数字化转型对产业发展的影响效应的看法是谨慎乐观的。这可能是因为制造业的许多细分行业现阶段相对比较传统，无论是数字化转型进程，还是享受数字化改革福利的过程都会相对比较缓慢，如图 16 所示。

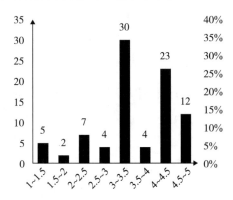

图 16　数字化转型对产业发展的影响效应

3. 数字化转型对区域一体化影响效应

本节的数据来源于问卷中"Q39_以下关于数字化转型对区域一体化影响效应的评价，请选出最符合贵企业情况的判断"，需要对"数字化转型促使劳动、资本等要素的区域间流动程度""促进空间聚集程度""促使区域间合作程度""提升政府治理能力程度"和"促使金融服务提升程度"进行评分，我们取五个指标评分的平均分作为最终的评分。

大多数企业对于数字化转型对区域一体化的影响效应的看法也是谨慎乐观的，因为许多企业的运营模式并没有因区域一体化而受到很大的影响，这可能导致这些企业难以感受到数字化转型对区域一体化的影响，如图 17 所示。

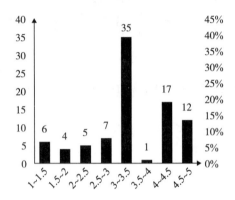

图 17　数字化转型对区域一体化的影响效应

（四）各项指标相关程度分析

根据每个量表题的数值，计算不同题目之间的 Pearson 相关系数，并且根据相关系数矩阵做热力图，颜色越深则代表两者之间的关系越大。

无论企业认为自身遇到的困难程度有多大，都不会影响企业对数字化进程的评估和进行数字化的倾向，这表明数字化是大势所趋，大多数企业也十分认同这一点，如图 18 最左侧和最上方所示。

企业对于客观环境的评价一致性比较高，不过这些指标与其他指标的关系不大，这表明企业所处的客观环境对于企业的数字化进程的影响相对较小，如图 18 左上角虚线方框内数据所示。

企业对用户数据的使用评价一致性很高，并且与右下角虚线方框内的指标有着比较强的关联性，这表明企业对用户数据使用的观点和对数字化影响观点的一致性比较高，如图 18 中间虚线方框内数据所示。

企业对于数字化的各种影响效应评估一致性十分高，并且几乎与所有指标都有着比较强的关联性，这表明企业对于数字化影响的宏观评价会对企业对于数字化的微观视角有着比较大的影响，如图 18 右下角虚线方框内数据所示。

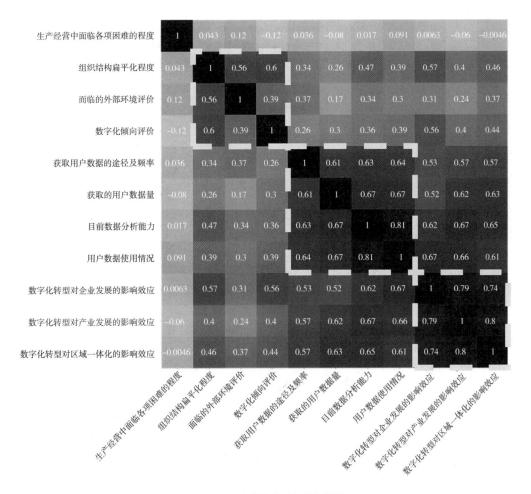

图18　各项指标相关程度分析

五、企业数字化人才需求情况分析

在第四节的分析中，我们可以看出在企业对数字化的态度是比较积极的，数字化意愿较强；而在第三节的分析中，我们可以看出企业在数字化转型过程中最大的瓶颈是数字化人才的缺失。所以，本节将对数字化人才需求情况进行分析。

问卷中对企业缺乏的数字化人才进行调研，共有十一个选项，被调查者需从中先后选出三个类型作为回答。由于回答中的三个类型分先后，我们对每一个提供的选项进行评分，如果该选项被选为第一位，则加三分；如被选为第二位，则加两分；如被选为第三位，则加一分。在最后的统计结果中，评分最高的三个类型分别为数字化企业战略领导者、数字化落地推动者和数字化项目经理，如图19所示。

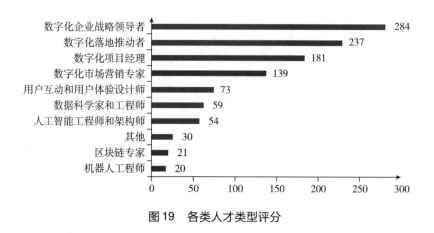

图19　各类人才类型评分

六、结论与建议

（一）结论

1. 企业看好数字化转型前景

大多数企业看好数字化转型前景并积极推进数字化转型，但数字化能力大不相同。上海某工业技术公司高管表示，在高度竞争的市场环境下，企业真正的核心竞争力是管理和运营能力，而数字化是解决企业管理问题的重要工具。大多数制造业企业对数字化还是持比较开放且积极的态度，愿意在数字化转型上投入更多的资金，也看好数字化转型的前景。

2. 大多数企业认为数字化转型不可避免

从数字化转型战略规划来看，数字化转型意愿最强的行业是信息传输软件和信息服务业以及制造业和零售业。特别是信息传输和信息服务业，参与调研的全部企业都表示已经有了数字化转型的意愿并正在着手转型。大多数企业对于数字化转型还是谨慎的。其中，26%的企业有明确的、系统的数字化转型规划，并且在系统地按步骤实施，39%的企业初步制订了相关规划和路线，还有15%的企业正在学习和制订相关规划中。这些公司认为数字化转型不可避免，而数字化转型如何平稳有序地进行也是大多数企业所关心的。

3. 人才缺失是企业数字化转型面临的最大瓶颈

从问卷结果来看，缺乏专业的数字化人才、缺乏具有战略视野的顶层设计、缺乏信任与开放协同的互联网思维和文化、缺乏数字化的认识和意愿是企业在数字化转型过程中遇到的最多的几个问题。其中，缺乏专业的数字化人才是几乎所有行业和企业都面临的瓶颈，而且其他几个瓶颈都可以通过提高数字化人才数量和水平来解决。由此看来，人才缺失是数字化转型面临的最大瓶颈。

4. 企业缺乏领导型数字化人才

上海某工业技术企业高管表示，公司在转型过程中遇到的最大瓶颈是缺乏领导型数字化人才为企业指明数字化转型方向。从问卷结果来看，缺乏专业的数字化人才是所有行业和企业都会面临的痛点。其中，数字化企业战略领导者、数字化落地推动者和相关的数字化项目经理是企业最缺乏的三种人才。这三种人才都指向了领导层，说明大多数企业缺乏从宏观角度为企业指明方向的领导型数字化人才。

（二）建议

1. 建立高层次数字化人才培养体系

首先，政府方面应当鼓励国内院校注重数据科学领域学术型人才和复合型人才的培养，培养出理论与实践都精通的高层次数字化人才；其次，企业与政府需进一步统筹规划，提供就业培训并加强相关方面社会保障体系，吸引更多人才往数字化相关领域集聚。

2. 吸引海外优秀人才

企业应当大力吸引海外优秀人才。欧美国家的数字化人才数量众多，资深人工智能人才是中国的几十倍。由于资深的数字化人才短时间内难以培养，企业可从国外吸引相关领域的人才。

3. 企业要建立数字化人才培养体系

企业不仅要从外界吸收优秀的数字化人才，还应当将内部的员工培养成优秀的数字化人才，这样的员工对企业内、外部环境更为了解，能为企业提供更合适的路径指导，也更容易推动企业数字化的进程。

4. 加强企业数字化的政策引导

相当一部分企业看好数字化，并积极推进数字化。但是由于数字化领导型人才的缺失，企业对数字化的路径不明确。如果政府可以提供企业数字化的政策引导，企业数字化将会得到更快的推进。

5. 尽快建立起数字化平台的统一标准

有企业表示，在对接企业或政府部门更换了不同的数字化系统后，系统之间不能进行对接。如果数字化系统供应商能建立起数字化平台的统一标准，这样的情况就可以避免，企业可以减少不必要的损失。

参考文献

[1] 黄群慧，余泳泽，张松林．互联网发展与制造业生产率提升：内在机制与

中国经验 [J]. 中国工业经济，2019 (08)：5 –23.

　　[2] 肖静华. 企业跨体系数字化转型与管理适应性变革 [J]. 改革，2020 (04)：37 –49.

　　[3] 巨强. 数字化时代呼唤数字化人才 [J]. 农业发展与金融，2021 (04)：97.

　　[4] 吴军. 数字化人才发展的问题及对策 [J]. 人才资源开发，2021 (05)：22 –24.

　　[5] 顾春燕. 关于大数据时代企业数字化人才培养的思考及探索 [J]. 经济师. 2018 (06)：256 –257.

　　[6] 中国信息通信研究院. 中国数字经济发展白皮书（2020 年）[R]. 2020. 7.

附 录 调研感悟

（一）指导教师调研感悟

1. 王利娟

我非常荣幸能够参与第三季"访万企，读中国"的社会调查活动。我和闫辛老师是我们第三组的带队教师。我们这一组的组员主要来自两个学院：统计与信息学院和工商管理学院。小组成员通过实地走访了 3 家企业，线上访谈了 4 家企业，了解到各企业数字化转型中的差异性。比如，上药某医药公司的数字化转型做得就比较完善，公司每年会投入一笔资金用于系统的开发以及完善。也有些公司的数字化转型处于刚刚起步阶段。通过调研，我们也发现企业在数字化转型过程中多多少少都存在着一些亟待解决的突出问题，也感受到企业对数字化人才的渴求。

学院组织的"访万企，读中国"社会实践项目旨在让同学们在实践中吸收营养，真实地了解企业运营中有待解决的问题。项目以增强学生服务国家服务人民的社会责任感、勇于探索的创新精神、善于解决问题的实践能力为宗旨。

2. 闫辛

在本次"万企调查"活动中，本小组针对企业的数字化转型进行了调研，主要涉及制造业、教育等行业的企业，调研通过线上和线下相结合的方式开展。在调研过程中，本小组主要对企业的概况、数字化现状、预期转型方案、相关政策影响等方面进行深入了解。可以看到，数字化转型已经成为大部分企业需要考虑的问题，如何更好地实践和开展还需要企业结合实际情况进一步规划。通过访谈和实地参观，学生对不同行业有了更多的认知，能够结合自己的理解对不同行业的发展现状与方向进行分析与研讨，提出自己的看法，在知识和技能上都有了很大的提升。由于调研过程中天气和新冠肺炎疫情都出现了一定的变数，使调研方案受到一定影响，但学生们能够及时对调研方案进行调整，尽最大努力克服困难完成调研，进一步提升了交流和团结协作能力。

（二）小组成员调研感悟

1. 刘华岳

作为小组的组长，我对我们组的指导老师和同学们表示由衷的感谢。

本次"万企调查"项目让我收获颇丰，感慨颇多。我们组的企业大多是我联系的，我从刚开始有些胆怯，到后来熟悉且应对自如，锻炼了沟通与交际能力。访谈时的主持工作也大多是我做的，在与受访人交流的过程中，我提高了自己随机应变的能力。在每次访谈的最后，我都会问一个问题——贵公司最需要什么样的人才？得到的回答五花八门，但都有一个共同点，就是要善于沟通。这个项目恰恰锻炼了我的沟通能力，让我接触社会、了解社会，为今后步入社会打下基础。

2. 沈昭天

本次调研我很高兴能和几位老师、同学一起合作完成所有的任务。在调研过程中，我主要担任采访企业负责人的职务。在采访公司负责人的过程中，我学习到了许多公司各方面管理的知识，也了解了有关数字化转型的一些具体流程，同时，也获得能和公司管理者交流互动的宝贵经验。在整个调研过程中，小组所有成员分工明确，互相合作，也增加了我在一个团体中完成本职工作的经验，体会并提升了团队精神。我也很高兴并感谢能参与本次调研活动中，让我极大地提升了社会实践水平。我希望在今后能获得更多参与社会实践的机会。

3. 李商羽

时光如梭，两个月的"访万企，读中国"社会实践活动一晃而过。在这个过程中，我们经历了向企业学习的兴奋，体验过吃闭门羹的苦涩，小组成员也从陌生拘谨到渐渐熟悉。这次社会实践活动让我难以忘怀，也让我收获了许多。

在这次调研活动中，我的表达能力和综合素质得到了提高。从一开始的考虑不周和怯场，到之后的精心准备和落落大方，我们都在逐渐进入角色。在这样的过程中，我也慢慢地更加善于表达自己，也更加善于帮助他人表达自己。

在这次调研活动中，我们的团队也十分团结。大家遇到问题都会互相鼓励，积极讨论；从拜访企业时活跃气氛，到访谈后的论文撰写，甚至是平时的寒暄，老师都在关心和帮助我们。这让我感受到了团队的力量。

暑假的时光短暂而充实，而这次社会实践活动更是让我颇有感悟。在数字化的浪潮下，作为统计专业的学生，我们更要学好专业知识，提高综合素养，进而为祖国的发展贡献一份自己的力量。

4. 陈淑玲

个人的能力毕竟有限，团队合作才会事半功倍。在这次访万企活动中，我们主要活动都以团队的形式开展，实践调查分工明确，访前准备、采访、记录、拍照、访后总结等任务都会均匀分配给每一位成员。正是由于大家的密切配合，我们小组的调查活动才能成功地完成。这次访万企活动使我们亲身感受到了团队精神和魅力，也使我们提高了自己适应团队的能力，认识到了团队和协作精神的巨大潜力和作用。在这之前，虽然在书本上多次看到过这个词语，老师在课堂上也多次强调过团队的精神，但没亲身经历的东西毕竟不能深深地印刻在脑海中。从中我也学到了要善于与他人沟通，准确地表达自己的思想，耐心倾听他人的意见，合理吸纳他人的想法，还有一点是绝对不能忽略的：相信小组成员，建立双方的互信关系。另外，通过本次对企业数字化转型相关问题的调研，我们了解到了当今的国际形势以及数字经济的重要性，丰富了自身见解，也帮助我们学习到了更多有助于个人职业发展的信息。总之，这次访万企活动让每个人都受益匪浅。

5. 封冰悦

本次调研收获甚多！实地调研与线上采访相结合，能力提升与知识拓展彼此穿插，项目书、推送、采访稿、会议记录、主持采访、公司背调、论文撰写等众多环节带给我前所未有的体验。当然，对于调研主题我也有了深入的理解。当今世界正处于百年未有之大变局，数字化浪潮正深刻改变着经济社会各领域，制造业亦然，从中国制造到中国智造的道路，企业数字化转型是必选项！对多家企业的深入调查采访让我深刻意识到，数字化转型需要从多个层面同时深入。首先，是管理层与全体员工理念的转变，这决定了战术规划、顶层设计上企业变革程度；其次，企业需要精准定位自己的角色，亦需要全局性的数据管理，数字流是企业生存命脉，企业大数据中心和敏捷高效安全的企业信息系统则是根本；最后，企业在进行数字化转型过程中需要科学技术作为支撑，无论是系统还是科学技术，都离不开数字化人才的培养与发展。因此，我们要着力成为适应时代发展的具备高素质和高能力的人才！

6. 张冰倩

经过一个月的努力，企业访谈活动完美结束。在此次实地访谈中，我可谓收获满满。

首先是准备阶段。为了实地访问，我们做了许多准备工作，联系企业、确定访问细节、了解企业信息、提出相应问题等。在访问结束后，我们整理问题回复，完成企业推送。活动的完成离不开每一个人。

其次是实地访问过程。我们亲自来到企业访问，面对面了解企业数字化转型的情况，还能参观企业的整体环境。在访谈中，我们与企业管理人员互相交流，还提前了解可以了企业对招聘者的要求，为自己未来的发展打下基础。管理人员也十分和蔼，对于我们的问题都给出了满意的回答。

当然，作为一名学生，初次参加活动便是实地访问不免有些紧张，幸好老师的帮助为我们营造了一个温和的氛围，让我们能更好地发挥，让访谈活动可以正常顺利地进行。

总之，有经历才会有收获，这次活动必然会为我以后的人生提供宝贵的经验。

数字化转型之于现代企业发展的运用与启发

叶韩辉　郑皓文　朱辰天
指导教师：胡　光　刘华玲

摘　要

　　党的十九届五中全会提出，要加快数字化发展，建设数字中国。"十四五"规划将数字经济发展和数字化转型目标与作用提到国民经济的高度，数字技术的发展已经从互联网、大数据迈入人工智能时代。在数字化对社会经济的冲击下，互联网企业独领风骚，传统企业的总体表现迄今为止不够理想。本文着重从访谈企业及问卷分析数字化企业对现代化产业的影响，以企业数字化转型为目标，以长三角一体化战略为导向，对现代化产业的企业进行调研，从进出口、报关、数字化发展等方面入手，得出运用和启发，为政府政策扶持和其他企业发展提供参考。

　　关键词：数字化；现代化产业；长三角

一、调研背景和意义

（一）调研背景

　　在全球经济增长乏力且大多数国家受新冠肺炎疫情冲击的背景下，数字化经济成为各国发展的主要目标。尤其是抗击新冠肺炎疫情和发展数字化之间的矛盾愈演愈烈，我们可以看到很多企业启用了云办公、云招聘、云采购等方式，这些和企业的数字化转型密切相关。党的十九大报告中提出要建成"数字中国"，国家也加大了对企业数字化转型的扶持力度。长三角是我国经济发展最为活跃的区域之一，在长三角一体化战略下，江苏、上海、浙江和安徽大力发展数字化经济，加快进行数字化转型，为实现中国的数字经济发展目标携手共进。

　　企业数字化转型话题，已经是企业站在时代路口的选择。互联网的崛起，对企业来说，存在选择疑虑的问题，甚至大部分企业对在线化的方式是盲目的、被动化的选择。当今，企业数字化转型是必须要做出的选择，否则将落后于时代的发展。特别是，本次企业数字化转型不再是一个模块，而是涉及企业的方方面面的改革。只有这样，才能更好地实现数字化转型之后的经济发展目标。

在《智能商业》中有这样一段话：身处互联网时代，你有没有联网，有没有在线，是最重要的一步。你连上了互联网，所有的优势才能为你所用；如果你跟互联网完全没有关系，这个世界只会离你越来越远。只有懂得如何将物理世界转换映射到互联网上的虚拟世界中，你才会有在这个时代中立足的根基，这也是微软能够20年一直在榜单中占据一席之地的原因。

在本次调研活动中，我们访问的大多是生物、新能源汽车、信息科技等行业的企业，它们都属于现代化产业。现代化产业的核心在于数据，数据是企业数字化转型的核心部分，如何利用这些数据让现代化产业发展是一个重要问题，数据在大数据技术突飞猛进之后可以得到有效的利用。打造企业数字化的核心能力，主要包括企业数字化基础设施建设、数字化应用、大数据分析等，覆盖了物联网、人工智能等行业领域。

（二）调研目的及意义

团队基于长三角一体化战略背景，调研目标企业的数字化转型情况以及未来的展望，总结国家在数字化转型方面的政策需要，探索长三角企业在数字化转型路上的困难，寻找解决方案以期为企业提升数字化转型，为国家的"十四五"规划和"中国制造2025"提供参考。解析数字化转型关键影响因素，把握企业数字化转型发展的关键环节。

二、调研方案与实施

（一）调研方案

本项目主要针对"长三角一体化战略下的贸易数字发展"，以研究长三角企业的数字化转型为主，深入了解企业对于推动外贸数字化的实际情况，对企业采用线上访谈和填写问卷的方式。本次调研以企业数字化转型为主题，以长三角一体化战略为导向，对现代化产业的企业进行调研，从进出口、报关、数字化发展等方面入手。

（二）调研对象

团队共调研了 4 家企业，全部是线上访谈，涉及的行业领域有汽车行业、新能源汽车行业、生物行业、信息科技行业。其中，大多是外贸企业，但有的企业数字化程度不高，我们从外贸、进出口、报关等方面进行访谈。

（三）调研任务分配

本小组仅有三位同学，叶韩辉同学负责联系企业并传达信息以及整理工作，郑皓文同学负责访谈后的调研内容记录，朱辰天同学负责宣传工作。具体内容见表 1 所示。

表 1　小组成员分工

小组成员	职务	工作内容
叶韩辉	组长	监督调研进度、传达信息、联系企业、安排调研计划、进行会议安排、与教师和活动负责人进行对接及信息传达
郑皓文	记录员	主持调研访谈，撰写访谈记录、联系企业
朱辰天	宣传员	撰写活动中的阶段性成果（推送）、与宣传负责人进行对接

（四）调研时间安排

表 2　小组时间安排

时间	安排	备注
7 月 8 日— 7 月 22 日	（1）撰写调研申请书 （2）联系企业 （3）撰写访谈提纲	准备工作
7 月 23 日— 8 月 15 日	（1）7 月 23 日奇瑞捷豹路虎汽车有限公司 （2）7 月 29 日潍柴（扬州）亚星新能源商用车有限公司 （3）7 月 31 日南通市伊仕生物技术有限责任公司 （4）8 月 14 日上海浪洪信息科技有限公司	调研任务
8 月 15 日— 8 月 25 日	（1）撰写调研报告 （2）准备材料	任务结尾

（五）具体调研情况

1. 奇瑞捷豹路虎汽车有限公司

奇瑞捷豹路虎汽车有限公司（以下简称奇瑞公司）的联系人接受了我们的采

谈，对企业进出口与市场调研等方向的数字化表达了自己的观点，并与我们进行了深入的探讨。

（1）数字化背景

通过对联系人的采谈，我们了解到，奇瑞公司数字化起始于2015年，辅助操作系统立项于2015年，于2016年正式落实，并每年进行维护。该企业数字化转型的初衷是解决进口零件的庞大数据量与人力损耗问题。大量的数据靠人力来处理的话容易出现差错，导致更多的人力需求也会带来经济上的损失。因此，联系人认为，对于大型企业来说，数字化的系统是必需品。奇瑞公司在选择第三方软件企业时要求对方对行业知识要有所了解，以便于系统逻辑的建立。这对其他软件与系统的公司来说也是可以借鉴的方面，软件公司不应该一味地在系统功能性上下功夫，了解目标行业的知识也很重要。

（2）数字化是企业运行利器

关于系统的功能，联系人认为主要是记录与对接，系统为主，人力为辅，通过数据库来记录大量的订单、零件型号、申报表等复杂的信息，从而大大提高了工作效率与准确度，减少了人力成本。

在对接方面，海关的对接系统极为强大，在货物没有问题的情况下，海关的审批速度极快，几乎为"秒审"。

在人才需求方面，系统的使用并不需要太多的计算机技术知识，通过简单的培训即可胜任，更重要的还是员工的专业能力，更新与维护交给第三方软件公司的人留驻在本公司进行处理。

此外，在内部管理方面，奇瑞公司依靠自己的管理系统对员工的绩效进行审核。

（3）进出口运营——节省成本最重要

在原材料的选择方面，由于是合资公司，并不需要大量的数据调研，大部分都是向总公司申请购买的。

在运输方面，有三个要点，即成本、运输条件和紧急程度。其中，海运费用是最低的，空运费用是最贵的。

在市场调研方面，通过线上线下相结合的方式在车展与4S店收集客户信息，线下会有员工与客户交流，线上则会通过问卷的形式搜集信息，并通过数据来判断信息的准确性，从而推出合理的需求，制订生产计划。

2. 潍柴（扬州）亚星新能源商用车有限公司

潍柴（扬州）亚星新能源商用车有限公司（下文简称"潍柴"）联系人基于数字化转型描述了企业的进出口贸易的数字化情况，从侧面展示了外贸企业对数字化的需求。

（1）进出口贸易中海运费用最节省

调研中，我们了解到潍柴目前的运营状况较为良好，主要合作客户来自尼日利亚、美国和日韩。其中，美国相关企业是潍柴主要的客户。潍柴的主要产品是运输类车辆，从事的业务大多是成品出口和国内原材料购买，运输方式主要是海运。

（2）新冠肺炎疫情对企业影响较大

调研中，发现疫情对潍柴的影响是比较大的。一方面，无法出差，客户无法进入中国，潍柴的员工也无法去国外公司实地考察，降低了合作效率；另一方面，因为国外的疫情控制情况较差，导致了运输业的萎缩。同时，也就导致了对于货运车辆需求的降低，影响了潍柴的订单数量。

（3）数字化并不适用于所有的领域

关于数字化转型，潍柴的数字化主要还是为公司管理服务。潍柴有使用 ERP 等软件帮助公司管理，同时还会利用各种网络上的资源去判断潜在客户的合作意向、可信度等指标。

此外，公司联系人向我们表示，数字化在一些领域并非是最好的选择。在汽车制造业领域，销售与市场开拓的实地考察是不可替代的。通过出差等方式的实地考察和交流可以提升交流的效率，了解客户与目标市场的情况，更有利于公司的决策。

3. 南通市伊仕生物技术有限责任公司（以下简称伊仕生物）

联系人在会议上向我们阐述了她对生物科学行业与数字化结合的看法和对生物科学行业前景的想法。

（1）公司背景

伊仕生物是一家专注于 IDV（In Vitro Diagnosis），即体外诊断产业。公司本身的运营状况良好，是一家技术驱动型公司，与一些德国的科技企业有着合作项目。同时，其也在毒品检测方面颇有建树，与国家、警方都有着交流与合作。后来，因为疫情的关系，公司的新冠检测试剂出口量增加，给公司带来了机会。如今，公司已经准备上市。

（2）数字化只用于内部管理

伊仕生物的数字化主要是公司内部管理和生产。在公司内部管理方面，伊仕生物主要是委托第三方公司进行 ERP 和 OA 两大操作系统的搭建和维护。新人在系统平台的学习很快会适应，且没有什么困难。在生产方面，联系人表示，伊仕生物的自动化生产程度相当高，几乎所有的实地生产都是由机器完成，员工需要做的是监管机器的运营情况。

公司其他方面对于数字化转型的意向并不大。因为是技术驱动的公司，伊仕生物在很多方面都选择了外包，将更多的精力投入研发之中。例如，在销售方面，联系人告诉我们，ERP 等系统在保证了流程稳定性的同时也降低了工作的效率，因为系统的操作并没有人为来得那么直接。由于伊仕生物的销售流程一般只跟踪到货物抵达港口，之后都委托给第三方公司进行跟单，所以订单跟踪的需求并不大。此外，在谈到关于宣传、市场开拓方面时，联系人也给了我们一些不一样的答案。在疫情之前，伊仕生物的主要宣传手段是参加各地的展会，同当地代理商交流，来吸引合作伙伴。疫情后，主要使用阿里巴巴平台来展示产品。

谈到行业未来的前景，联系人对生物科技的发展表示看好。联系人认为，生物科技领域的市场极大，活力很强，可探索、发展的方面还有很多。此外，国家对高新技术企业也大力支持，与国家相关机构的合作让他们受益良多。

4. 上海浪洪信息科技有限公司（以下简称上海浪洪）

（1）信息化建设

上海浪洪的联系人就公司的发展历史以及其本身的业务方面对数字化进行了一些探讨。目前，上海浪洪的主要业务是帮助客户公司搭建数字化、信息化的管理操作系统以及信息化工地的建设。联系人的介绍对我们有极大的启发意义，因为上海浪洪是本小组目前访谈的第一家以信息科技为主业的公司，这使得我们得以从技术开发者的角度来看待目前中国的数字化转型情况。

在信息平台的搭建方面，近几年来，由于受到中美贸易摩擦、美国欲封锁中国高新科技产品的影响，中国本土的操作系统及其他底层系统有了较大的突破。

在数字化转型方面，各个公司也更注重需求和与开发公司的合作，而不是看到有符合要求的就拿来用，数字化转型程度较大。

（2）"智慧工地"的数字化建设

此外，我们着重与联系人讨论了关于上海浪洪的特色，也就是他们的"智慧工地"项目。联系人强调，这是上海浪洪在成立之初就定好的目标行业，因为虽然建造行业是极为重要的实体性行业，但建造业的信息化、智能化、数字化程度非常低，并且据联系人介绍，建造业的客户公司的拥有者，有不少都是"包工头"出身，受教育程度低，对信息化建设不重视。但随着时代的进步，建造业的要求越来越高，管理难度也越来越大。因此，建造业的信息化有需求、有市场，且缺少竞争对手，很适合信息公司进入。

联系人向我们介绍了"智慧工地"的优势。首先，通过智能的识别验证来对每一位工人进行工时计算并直接发放工资，这避免了包工头卷款跑路、拖欠工资的行为；其次，智能建模帮助管理者知晓预期的成果与资金的流向；最后，智能检测还能判断工程的安全性，乃至工程完工后的安全性检测。

联系人也畅谈了关于未来智能化工地的设想。比如，高危工作由机器人来完成，建筑物内的照明灯光在人离开后自动关闭等。

三、问卷结果

（一）企业基本情况

本次问卷着力于调查外贸企业，比例为 74%，类型分别是外贸流通企业、外贸配套服务业、外贸生产企业、外贸物流企业、外贸综合服务平台，如图 1 所示。企业的属地性质如图 2 所示。

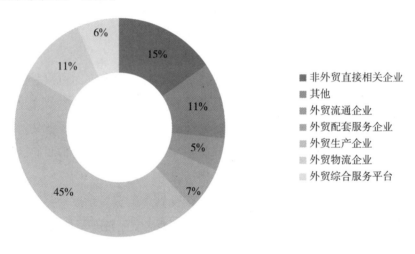

图 1　企业所属类型

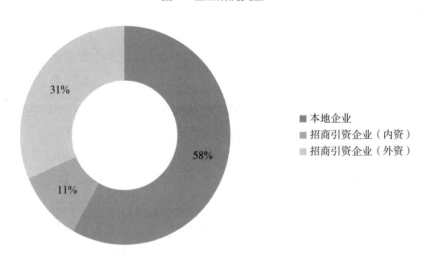

图 2　企业的属地性质

企业的所处行业覆盖了建筑业（2%），交通运输、仓储和邮政业（20%），教育（2%），居民服务、修理和其他服务业（2%），科学研究和技术服务业（2%），农、林、牧、渔业（1%），批发和零售业（6%），信息传输、软件和信息技术服务业（9%），制造业（56%），如图3所示。

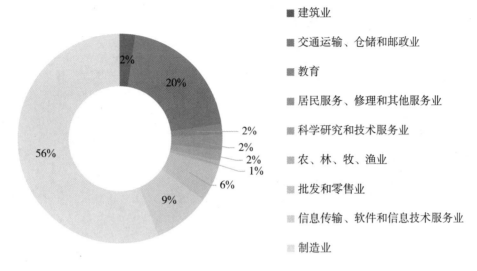

图3 企业所属行业

企业2020年的营业收入，50%的企业营业收入在4亿元及以上，还有少部分在5000万元以上，只有极少部分处于5000万元以下，企业收入与2019年持平，如图4所示。

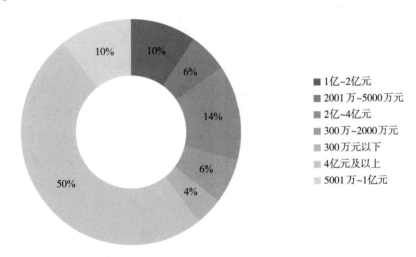

图4 企业2020年营业收入

企业2020年出口额范围有35%的企业出口额在2亿元以上，如图5所示。企业2020年的出口平均净利润率有18%的企业平均年净利润率在5%～10%，这个数据只有2019年的一半，说明在国外新冠肺炎疫情日渐严重的情况下，我国的出口量也在减少。另外，有4%的企业处于亏损状态，这个数据也比2019年高，说明企业的出口收入受新冠肺炎疫情的影响非常大，如图6所示。

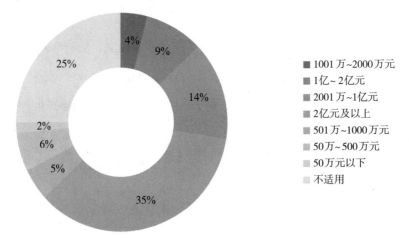

图5　企业2020年出口额

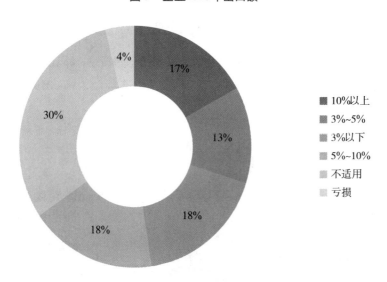

图6　企业2020年平均年利润率范围

（二）企业的数字化数据

尽管受新冠肺炎疫情的影响较大，部分企业仍在数字化方面进行相关的转型。36%的企业研究经费的投入占到了2.5%及以上，9%的企业的研究经费的投入有1.5%～2.5%，如图7所示。另外，在数字化程度评价上，14%的企业已经进入了全面的数字化改革期，13%的企业数字化转型和创新已经成为常态，如图8所示。

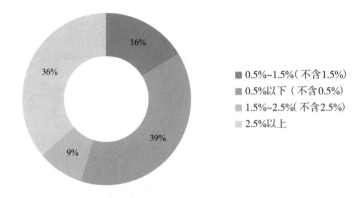

图 7　企业2020年的研发经费占主要收入的比重

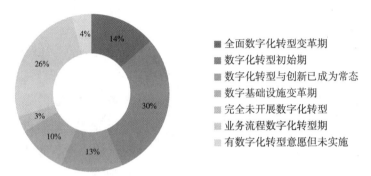

图 8　企业当前的数字化程度评价

　　尽管各个企业都处于不同的行业，但是企业在自己的数字化转型定位中，有23% 的企业是由某个特定的部门来执行，只有 6% 的企业不知道自己的定位或是未曾涉及相关话题，如图 9 所示。同时，从数字化转型的年份可以看出，有 45% 的企业数字化转型是在 2016—2020 年之间，这表明，在 2016 年之后，企业了解到了我国很多高科技行业被国外垄断，要发展我国自己的技术，在数字化转型上加大力度，为我国企业向数字化转型迈向更近一步，如图 10 所示。

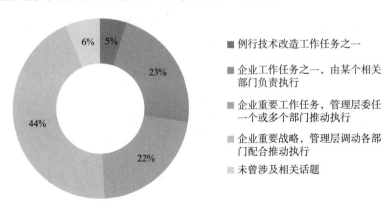

图 9　企业数字型转型的定位

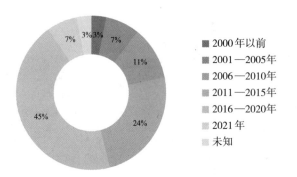

图 10　企业数字化转型的年份

（三）数字化对企业发展的影响

在科学技术日益发展的今天,数字化转型已经成为企业不可缺少的发展目标,如图 11 所示,54% 的企业表明数字化能较大程度解决企业的困难。这也从侧面表明数字化是企业发展中非常重要的一个环节,企业认为数字化转型是必做题而不是选做题。数字化对企业利润率的影响是良好的,有 31% 的企业在进行数字化转型后企业的利润是在持续上升的,只有 4% 的企业的利润在持续下降,这可能是因为企业的数字化转型并没有进行彻底或是方向不对,如图 12 所示。

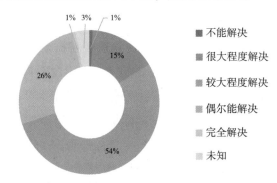

图 11　数字化对企业困难的解决程度

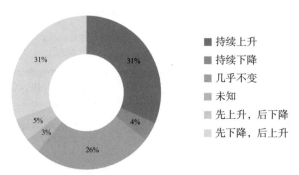

图 12　数字化对企业利润率的影响

（四）企业在数字化上的战略举措

各个企业的具体情况不同，所采取的数字化方式也不同。有数据表明，有 37.1%的企业设置了部分职能工作人员，只有 3.23% 的企业不知道具体情况，还有 9.68% 的企业无相关调整计划，这说明企业对于现代化产业的发展非常重视，采用了职能制的管理模式，让专门的人去负责相关行业的发展，这也符合管理学的基本理论。在数字化人才培养方面，41% 的企业针对工作实际相关部分人群，制订了相应的数字化人才培养计划，9% 的企业全面制订了适应不同层级员工实际需求的数字化人才培养计划，3% 的企业不知道具体情况。表明企业普遍认识到了数字化转型对企业的重要性，而且现代化产业需要数字化人才，需要制订针对性的计划来培养目标人才，如图 13 所示。

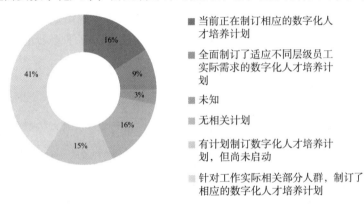

图 13　企业在数字化人才方面的培养

在数字化战略方面的情况就没有那么理想。只有 20% 的企业已经制订了系统的规划和详尽的路线图并按步骤实施，剩下的企业都是由于各种情况没有开始实施具体战略，如图 14 所示。此外，企业也没有意识到数字化咨询方面的问题，有 39% 的企业未开展数字化转型咨询，只有 19% 的企业在数字化咨询上的投入超过 200 万元，这说明企业的数字化转型并没有那么成熟，忽略了数字化转型需要咨询的问题，如图 15 所示。

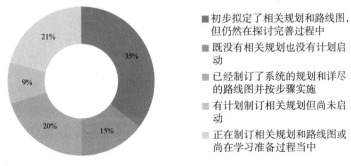

图 14　企业是否针对数字化转型制定了战略

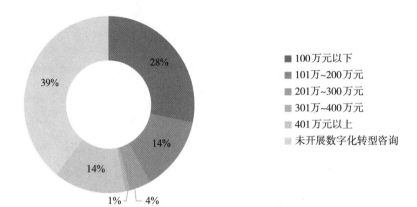

图15　企业为数字化转型付出的咨询费用

在数字化转型的投资方面，只有36%的企业进行了投资或是将要进行投资，剩余的企业是有计划还未进行投资或是暂时无计划，这也印证了企业的数字化转型思路并未很成熟，大部分企业只是盲目地进行数字化转型，如图16所示。

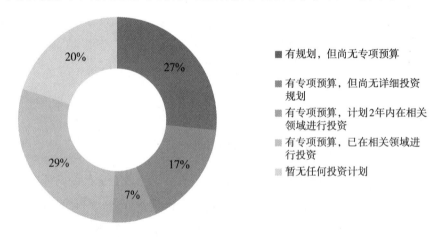

图16　企业在数字化方面是否有专门的投资计划

（五）数字化转型的具体体现

在企业运用的数字化技术上，大数据技术是使用率最高的，机器人技术其次，但仍然有8%的企业未使用相关技术或是不清楚企业情况。这说明数字化技术对企业提供了极大的帮助，传统的技术不能满足企业的需求和目标。但是在大数据时代下，很多问题都会迎刃而解，大数据的使用让企业发展数字化变得更容易。在现代化产业中，数字化技术的使用也非常重要。比如，在与上海浪洪的访谈中得知，"智慧工地"的很多方面都需要大数据技术的支持，所以大数据技术是企业未来发展的趋势，数字化转型则是大数据技术的产物，如图17所示。

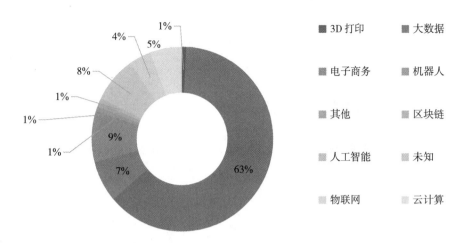

图 17　企业运用的数字化技术

在销售环节，企业实现的数字化功能主要是企业自建平台开展销售服务，其中，大部分企业也是在自建平台的基础上依托第三方平台进行电商销售，所以依托第三方平台进行电商销售占了近六成。另外，有 10% 的企业产品拥有开放数据接口、通信模块进行远程控制，1% 的企业使用专家系统为产品远程诊断提供支撑。6% 的企业通过服务平台开展远程运维，但仍然有 25% 的企业未实现任何功能或是联系人不知道企业情况，如图 18 所示。

通过访谈，我们可以知道，尤其是在新冠肺炎疫情暴发以后，电商渠道的销售变得越来越重要，鸿星尔克等国货的崛起让电商渠道和国货发展都进入了大众视角。

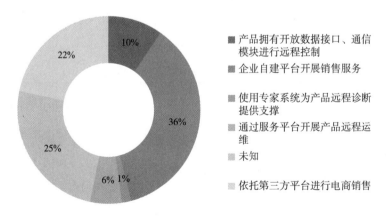

图 18　企业在销售环节实现的数字化功能

企业认为最重要（49%）的战略举措是数字化客户体验：以客户为中心的场景设计和数字化解决方案。另外，还有 28% 的企业认为是数字化平台：研发统一的数字化平台，制定统一的应用开发规范。我们可以知道，在企业眼里，数字化转型的最终目标仍然是为客户服务，没有客户就没有了利润来源。所以，我们认为数字化平台也是为了更好地方便客户，如图 19 所示。

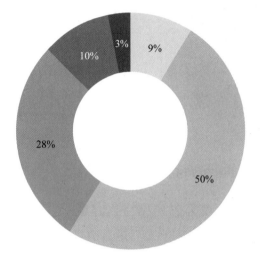

数字化创新：构建数字化创新和技术的生态体系

数字化客户体验：以客户为中心的场景设计和数字化解决方案

数字化平台：研发统一的数字平台，制定统一的应用开发规范

数字化运营：打通从销售、研发、交付、售后、方案资产化的端到端流程

未知

图 19　企业数字化转型最重要的战略举措

（六）多元逻辑回归分析

因变量为 2020 年出口额范围、自变量为 2020 年出口平均年利润率、2020 年研发经费占总收入比重、数字化转型后的利润率变化情况。

除了预测 2001 万~1 亿元和 2 亿元及以上的准确率较低以外，其他的准确率都在 80% 以上，而这两者在企业的占比又比较低，因此，此模型较为准确。其可以做适用模型的预测，见表 3 所示。

表 3　多元逻辑回归

分类								
				预测				
实测	1001 万~ 2000 万元	1 亿~ 2 亿元	2001 万~1 亿元	2 亿元 及以上	501 万~ 1000 万元	50 万~ 500 万元	50 万 元以下	不适用	正确 百分比
1001 万~2000 万元	4	0	0	0	0	0	0	1	80.0%
1 亿~2 亿元	0	9	0	0	0	1	0	1	81.8%
2001 万~1 亿元	1	2	8	3	2	0	0	2	44.4%
2 亿元及以上	3	5	2	17	5	5	0	7	38.6%

分类								
				预测				
实测	1001万~2000万元	1亿~2亿元	2001万~1亿元	2亿元及以上	501万~1000万元	50万~500万元	50万元以下	不适用	正确百分比
501万~1000万元	0	0	0	0	6	0	0	0	100.0%
50万~500万元	0	0	0	0	0	6	0	1	85.7%
50万元以下	0	0	0	0	0	0	2	0	100.0%
不适用	4	0	0	0	0	1	0	26	83.9%
总体百分比	9.7%	12.9%	8.1%	16.1%	10.5%	10.5%	1.6%	30.6%	62.9%

四、调研结果

（一）问题的提出

目前，现代化企业在数字化转型的过程中所暴露出来的问题有：数字平台已经成为数字化转型的助推器，而一般企业没有独自搭建数字平台的能力，需要与专业企业合作，但合作中存在的问题仍待解决；现阶段的数字化无法涵盖企业所需要的所有方面，一些传统方式存在着无法被数字化取代的特点，使得进一步推进数字化遇到瓶颈；企业上下层之间对于信息化建设难以达成共识，阻碍信息化建设的进一步展开。

（二）问题原因和分析

1. 数字平台

在本次调研对象中，所有企业不约而同地选择将数字平台用于生产和企业内部的管理，但大部分企业无法独自完成数字平台的搭建，需委托第三方公司完成如ERP、OA等系统的搭建和长期维护。同时第三方企业对委托方业务或需求的不熟悉会导致数字平台在实际使用中的不足或无用功能的出现。因此，企业如何在这一新型领域实现有针对性的沟通交流并完成合作显得尤为重要。

2. 企业内部环境

在企业数字化转型上，或者部分高层管理人员对数字化的理解不深入，没有意识到转型的迫切性和必要性，导致企业数字化转型被搁置；或者部分企业员工也对数字化感到担忧或不理解，并不配合数字化的推进导致企业数字化进展缓慢。同时，许多企业进行数字化转型时也没有可以直接照搬照抄的模板。

企业内部的这些问题极大地阻碍了企业数字化转型的步伐，而解决这一难题需要企业全体人员对数字化的态度和意识的转变。

3. 实际问题

在本次调研中，我们遇到企业依旧主要通过传统的方式来运营。比如，参加各地展会、出差与当地客户交流、实际考察与顾客交流等方式来完成企业产品的宣传和了解客户与目标市场的情况等。

数字化在这些方面无法代替传统方式，企业依旧继续选择他们认为效率最高的方式。显然，数字化无法覆盖这些企业的所有方面。

4. 新冠肺炎疫情影响

外贸企业自新冠肺炎疫情暴发以来，普遍面临着企业订单大幅萎缩的问题。在这样的市场低迷期，并不利于企业调动有限的资金与人力去推动数字化转型或者组建相应的数字化团队架构。

此外，企业数字化转型投资周期长，回报收益不显著，使数字化转型对企业的吸引力进一步降低。

五、建议及改进方案

（一）建议

1. 掌握符合数字化转型所需的技术基础

数字平台作为企业数字化转型的重要一环，其建设和应用能够促进企业内部和外部的资源流动与能力互补，促进数据、技术、资源、市场等全要素的互联和资源配置优化，驱动企业数字化转型的深入。而现在的主流方式是交由第三方企业来负责，被委托的信息公司可能由于信息不对称导致系统无法满足企业的需求。对于这个问题，除了企业间加强合作交流，随着这一市场的扩大，信息公司也应当形成自己特色的项目，专业服务于一类企业，实现和现代化企业间的双向选择。

2. 建设符合数字化转型所需的企业文化

合适的企业文化是一家企业的基础，也是数字化转型的基石。而塑造一个勇于创新、乐于接受新事物的企业文化往往始于企业的高级管理层。因此，只有自上而下，让企业的全体员工认识到企业数字化转型的迫切和必要性，才能将制定的转型路线走下去。

3. 提供辅助企业传统方式的平台

在数字化无法覆盖或取代的方面，企业依旧可以使用数字化的展销平台、通过视频会议等与客户沟通交流、在新媒体平台上投放广告等方式来展示运用数字化的成果，实现数字化对传统手段的升级，为企业进一步的全面数字化运营打下基础。

4. 提供符合数字化转型所需的政策支持

政府是企业数字化转型的重要力量，应当充分发挥其指导保障作用，出台相关的指导政策，搭建数字经济和结构转型交流平台，对数字经济相关重大项目及重点产业的发展进行支持，及时为企业转型遇到的困难提供帮助，同时，增加数字经济的研发投入，降低企业转型成本。

（二）改进方案

1. 技术方面

积极拓展企业的线上业务，使业务与技术相融合，充分运用企业数字化的成果，使数字化效能最大化。也可以借助新媒体平台，建立企业的公众号、微博等帮助企业扩大产品的推广销售面。在与海外客户等的沟通过程中，可选择更安全、更便捷的信息共享和交流方式，以提高沟通效率。

2. 企业文化方面

企业文化作为一个公司的精神支柱，塑造一个包容、创新的文化氛围更有利于推动企业和数字化有机结合。企业内部每位员工都应意识到数字化转型的重要性及必要性。通过组织团建类活动，可以在一定程度上传播企业文化，制定明确一致的目标，推动企业上下齐心协力前进。

3. 数字化建设方面

数字化平台与自动化生产线的结合是制造类企业实现数字化的重要环节。这要求企业推进机器设备的更新迭代，推进数字化模型在产品设计、试验、生产等方面的应用。推进数字化平台在监控整体产业和资源整合上的运用，合理优化资源配置，为企业转型打好基础。

4. 数字化经验方面

企业应加强对新型技术人才的引进和培养，招募在交叉领域有所建树的人才协助企业实现与数字化的对接；加强企业间的交流，加深企业间在数字信息方面的合作，携手共赢；利用数字化分析手段，寻找最适合自己企业转型的模式和道路，也可以与数字化转型程度较高的企业交流以吸取经验。

参考文献

［1］何帆，刘红霞．数字经济视角下实体企业数字化变革的业绩提升效应评估［J］．改革，2019（04）：137－148．

［2］MetaverseWorld："企业数字化系列课程：企业数字化转型升级的逻辑"，"https：//www.bilibili.com/video/BV16p4y1h7rY？from=search&seid=11125228336343057"，访问时间：2021年8月21日．

［3］笑看："一文看懂：什么是数字化转型，企业实施数字化转型3大难点如何解决"，"https：//zhuanlan.zhihu.com/p/349991715？utm_source=qq&utm_medium=social&utm_oi=1124865977900576768"，访问时间：2021年8月21日．

［4］RPA中国："新形势下，企业如何进行数字化转型"，"https：//baijiahao.baidu.com/s？id=1668655143924932046&wfr=spider&for=pc"，访问时间：2021年8月24日．

附 录 调研感悟

（一）指导教师调研感悟

1. 胡光

在此次调研活动中，调研小组针对企业数字化建设，从多个角度深入调研了多家企业，参加调研活动的各位同学工作非常认真努力。各位同学在调研活动正式开展之前就进行了各项细致认真的准备工作。比如，认真学习往届调研活动经验、精心设计调研问题、积极组织小组会议交流讨论等，这都为调研活动的顺利开展奠定了非常好的基础。在调研活动开展过程中，小组各位同学不断积累实践经验，提高实践技能，并且很好地解决实践中遇到的各项实际问题。小组各位同学将所学的专业知识和实践相结合，很好地提升了应用能力，并且体现了良好的团队合作精神。相信调研小组的各位同学通过此次的调研活动，在理论知识和专业实践中都进一步提高了自己，积累了宝贵的实践经验。同时，各位同学的辛勤付出是这次调研活动取得成功的基础，感谢各位同学的辛勤工作。

2. 刘华玲

在本次的调研实践活动中，本小组的老师与学生考虑现实环境和情况，设计了相关的问题，与多家企业通过不同的方式进行合作。各位同学与企业在开始访谈前对访谈主题、访谈内容、访谈时间以及企业的不同需求进行了交流，并根据需求调整了访谈的计划与内容。在本次的实践过程中，同学们与不同领域的公司进行了交流，对于校内学习的理论知识有了更深的理解，对理论的实践过程有了更直观的了解，为未来自己的学习与工作打下了基础。感谢胡老师与各位同学的辛勤付出，你们的付出是本次小组得以成功的决定性因素。

（二）小组成员调研感悟

1. 郑皓文

本次的调研实践活动给我印象最深的是怎样做一个好计划与一个好计划的重要性。因为一些客观因素，我们小组最初的计划不得不推倒重来，这导致我们最初的访谈没有明确的目的性，也得不到有用的结论，直到我们重新制订了计划后才有了明确的目标，知道了该做什么。就像平时写程序一样，需要的函数要封装在程序主体前，程序的编写才能顺利，如果需要什么写什么，想到什么用什么，这样写程序很困难，程序看起来会很会乱，可读性也很差。因此，一个有目的性的、细致的、有备选方案的计划对于目标的实现具有不可替代的意义。

2. 朱辰天

本次的调研活动让我切身体验到了将理论转化为实践的艰难，在本次的调研实践过程中，最困难的就是与企业建立联系这一环了。最开始，很多目标企业都表示对活动不了解，并拒绝了接受采访。小组同学通过电话、短信、邮件以及老师与校方联系等多种方式，最终和多家企业取得了联系，后续的沟通就顺利很多，这一过程是我们在做计划的时候并没有考虑到的。最后，感谢老师与所有同学的付出，为此次调研活动的成功打下了坚实的基础。

3. 叶韩辉

本次的调研活动从七月初开始，到八月中旬，我们的计划基本完成。纵观这一个多月的调研实践，我们更深入地理解了各种理论与各种现象背后的逻辑实质。我们了解了如何与企业方进行交流和在访谈过程中的一些注意事项。作为组长，我负责与企业方联系的任务，在与企业的交流过程中，我学习了很多交流的技巧。感谢校方与两位指导老师在活动过程中对我们的大力支持，感谢另外两位同学做出的努力。

第四部分

数字化转型对长三角
一体化高质量发展的影响

制造业数字化能力与高质量发展驱动路径研究

吴菁菁　谢漾波　吴雪菲　李欣怡　张僖围　龚芝华
指导教师：杨亚娥　郑　斌　李佩瑾

摘 要

推动高质量发展，制造业是主战场。工信部指出要推动制造业高质量发展，必须加快制造业数字化转型，在此背景下，越来越多的企业步入数字化转型浪潮。本文着眼于长三角地区，构建数字化能力指标体系以评估其转型现状，分析不同类型企业数字化模式，探索制造业高质量发展驱动路径。结果表明，长三角制造业数字化能力与数字化战略、数字化投入、数字化分析能力密切相关，地区及细分行业的数字化能力均体现出较大差异；企业的数字化模式可概括为"投入先行型""战略引领型""分析主导型"三种；数字化战略对高质量发展没有直接促进作用，而数字化分析能力是驱动高质量发展的重要路径，据此提出企业要部署个性化的数字技术和系统以提升数字化分析能力等建议。

关键词：数字化能力测度；制造业；数字化模式；高质量发展；路径分析

一、调研背景和意义

我国经济已由高速增长阶段转向高质量发展阶段，发展制造业是提升综合国力、保障国家安全、建设世界强国的必经之路。《中国制造2025》从国家层面确定了我国建设制造强国的总体战略，明确指出，要以加快新一代信息技术与制造业深度融合为主线，以推动智能制造为主攻方向，实现制造业由大变强的历史跨越。数字化转型是时代发展的大趋势，其为我国数字经济发展提供了新动能，激发了企业创新创业的活力。工信部指出，要推动制造业高质量发展，必须加快制造业数字化转型，推动制造业数字化、网络化、智能化发展，培育发展服务型制造新业态新模式，加快向产业链中高端迈进。长三角地区作为我国经济发展最活跃、开放程度最高、创新能力最强的区域，在我国经济格局中有着重要的战略意义。2018年11月5日，习近平总书记在首届中国国际进口博览会上宣布，支持长江三角洲区域一体化发展并将其上升为国家战略。推动长三角一体化发展对引领全国高质量发展、建设现代化经济体系意义重大。

数字化逐渐成为我国经济发展的主要动力之一，提升制造业的数字化能力是制造业突破发展瓶颈的方法。基于以上背景，本次调研聚焦长三角制造业企业，通过长三角制造业企业数字化能力的测度来把握其数字化转型现状，归纳不同类型企业数字化模式以了解不同类型企业数字化转型的基本思路和方向。同时，从企业发展、产业发展、区域一体化等多角度解析制造业高质量发展内涵，并探究数字化驱动高质量发展的路径。据此总结出长三角制造业企业数字化转型的现存问题，并给出相关政策建议，给制造业企业数字化转型提供解决思路与方案，也为相关部门的政策制定提供参考，具有一定的现实意义。

二、调研方案与实施

（一）调研方案

1. 调研准备

本次调研活动中，第9小组的调研企业分布在江苏省南京市和安徽省马鞍山市，行业聚焦在制造业。调研期间，小组共对2家企业进行实地调研，对8家企业进行线上访谈。调研前，小组成员通过查阅资料等方式初步了解将要进行访谈的企业，并基于对国家政策和相关文献的梳理，形成对数字化基本概念、中国企业数字化转型状况、政府对外贸企业数字化扶持政策等的初步认识。

2. 调研内容

在2021年"长三角一体化战略下的贸易数字化发展"的调研主题下，本小组聚焦制造业企业的数字化能力测度，并探索数字化对一体化高质量发展的有效驱动路径。为实现这一研究目标，小组访谈主要关注以下几个方面：企业数字化转型程度、数字化方面的应用、数字化给企业带来的益处、数字化对成本的影响、数字化对人才的需求、新冠肺炎疫情对企业造成的影响与企业的应对措施、政府对企业数字化转型方面的扶持政策以及企业未来发展预期等。

3. 调研方法

本小组采用的主要调研方式包括问卷调研、实地调研、访谈调研等。小组成员邀请受访企业填写问卷，使数据更加结构化，便于后续统计处理与分析。通过实地走访车间、工厂等，我们对企业的智能制造程度有了更直观的认识。通过与每家受访企业负责人进行长达一小时左右的线上深度访谈，我们对企业数字化转型的现状、契机、痛点、难点等有了更加深刻的了解。

本小组采用的主要研究方法包括调查法、文献研究法、实证研究法、个案分析法等。调查法帮助我们有目的、有计划地搜集有关长三角地区制造业企业数字化转型的相关资料；文献研究法使我们通过阅读文献寻找衡量数字化能力的指标和使数字化驱动高质量发展的中介变量；实证研究法帮我们研究各数字化指标对高质量发展的影响效应；个案分析法即从受访的企业中选出两家企业进行典型案例分析，使调查结果更加具有针对性。

（二）调研任务分配

小组采用分工协作的方式完成任务。在前期准备阶段，小组分工完成了项目计划书；指导教师联系企业确认访谈时间，并发送问卷和访谈提纲以便企业提前准备。访谈正式开始前，小组成员自行确定分工，采用轮岗制确保每位成员都有学习的机会：记录员负责对整场访谈进行录音，并在访谈结束后将访谈内容整理成纪要；宣传员负责针对访谈内容编制简报并制作微信推送来展示调研成果并进行宣传；安全员负责准备腾讯会议并录屏；主持人负责访谈的主持工作。企业访谈全部结束后，小组成员及老师商讨报告撰写相关事宜，将报告大致分为六个板块，小组成员分工完成报告。

（三）调研工作时间安排

表1　调研工作时间安排

前期准备	7月10日分工完成项目计划书 7月13日至7月15日分工查询各企业信息 7月15日创建小组公众号 7月15日至访谈开始前，联系企业确认访谈相关事宜并发送访谈提纲和问卷 7月19日线上听其他小组访谈过程，学习并完善访谈提纲
中期正式访谈	7月20日13：00-14：15线下调研南京A有限公司，14：45-16：00线下调研南京B有限公司 7月21日13：00-14：15线上访谈南京C有限公司 7月23日14：00-15：15线上访谈中核华誉工程有限责任公司 7月26日14：30-17：30线上访谈山鹰国际控股股份公司、宝武集团马钢轨交材料科技有限公司以及安徽国星生物化学有限公司 7月30日14：30-17：30线上访谈圣戈班管道系统有限公司、马鞍山市D有限公司以及金雪驰科技有限公司（马鞍山） 各企业访谈完成之后，相关记录员、宣传员完成纪要、简报及推送
后期报告撰写	8月16日至9月4日分工撰写报告

三、问卷调研结果分析

（一）样本基本情况

本次企业数字化转型调查涵盖长三角地区 17 个城市 183 家中外资企业，其中包含 4 家注册地为其他省份，但实际位于长三角地区的企业。本次调研主要采取线上访谈及收集问卷的形式。问卷采用李克特五级量表对企业数字化转型进程中 12 个维度 78 个因子进行 1~5 分赋值，调研共计回收 183 份问卷。

调查企业所属行业中制造业占比 49.73%，居首位；交通运输、仓储和邮政业次之，占比 20.77%；信息传输、软件和信息技术服务业占比 8.74%，批发和零售业占比 7.10%。按企业所属地区划分，101 家企业分布在上海，占比 55.19%，其余企业大致平均分布于江浙皖三省。

（二）数字化转型基本观点

1. 数字化转型适应现代社会信息化发展，是大势所趋

宝武集团马钢轨交材料科技有限公司：中国自主产业以中低端制造业为主，在整个供应链、产业链中处于中游，具有高成本、低附加值的特点，位于"微笑曲线"的底端。劳动力、资源、环境等过去价格低廉的生产要素成本上升使中国逐渐丧失过去的优势。不仅产业需要转型升级，国家的产业布局也需要转变，一是产业资本向能够获得更高收益的金融资本转型，二是产业向附加值高的供应链和价值链两端延伸。

中核华誉工程有限责任公司：数字化一定会降低成本。一方面，数字化可以节约物料成本，使用系统进行精细化管理可以严格控制材料量和设备量，从而节省大量材料成本；另一方面，数字化也可以节约人工成本，系统可以直接监控和分析工程进度，从而大大提高工作效率。

2. 数字化转型助推长三角区域合作，助力产业融合

南京 A 有限公司：企业融合后采用统一规划、统一研发、统一制造、统一采购、统一营销等方式，能够明显地节约成本并提升产量。

南京 C 有限公司：本公司在上海、苏州、南京都有工厂，三地都位于长三角地区。目前，这三地工厂所有的数据都相互独立，随着未来 5G 技术的发展，企业数据能集中备份存储并共享，可以节省成本。

3. 数字化转型的核心是组织结构重塑与管理思想融合

圣戈班管道系统有限公司（马鞍山）：公司在购买了一套信息系统的同时，也

购买了它蕴含的管理思想和逻辑。在进行数字化智能制造诊断后，公司对于软件设计和使用的思想正在转变，逐渐意识到数字化变革不只是上线一套系统那么简单。目前，企业"数据孤岛"现象较严重，归根结底在于使用的系统太多，但系统间没有连接，因为每个系统都有自己的数据库，数据"分家"会导致业务"分家"，从而形成"孤岛"，而数字化可以解决这个问题。

宝武集团马钢轨交材料科技有限公司：对于在市场和供应链中有明确定位的企业而言，其出路一是在管理上追求精益敏捷；二是在科学技术上追求智能制造，提升企业数字化、网络化、智能化水平，并且加强新技术、新方案以及既有技术在新领域的应用。

4. 从数字化应用到数字化转型是循序渐进的长期发展过程

数字化应用与数字化转型是两个概念，数字化应用偏向于操作层面上的改变，是一种岗位数字化，如纸质办公向无纸化的转变；再如企业执行的质量追溯系统，它通过网络连接把工业自动化中涉及的数据存储到数据库，可以自动抓取有效数据，为信息管理提供分析数据。而数字化转型强调的是公司体系化转型，包括思想、管理架构、组织等转变，最终通过平台软件得以实现。

南京 C 有限公司：数字化转型不能盲目，要与公司的实际业务、生产经营相结合。企业应在已有基础上，根据自身需求循序渐进、由上而下推动数字化转型。

5. 相关政策是风向标和灯塔，引领企业数字化转型

安徽国星生物化学有限公司：政策对马鞍山数字化、智能化、智能制造等方面都有不少帮助，促进了长三角一体化融合。2021 年出台的促进产业升级政策中，把智能制造和智能化产业设计单独列出，智能制造标杆示范产业也在抓紧建立，相应的还有一系列对数字化车间、智能工厂的补贴，这些都对企业的发展方向起到了引导作用。长三角地区也有定期的技术挂帅揭榜活动、技术交流会和数字化论坛，并邀请业内资深专家开展讲座。这给企业的发展指明了方向，有助于企业实现数字化转型。

宝武集团马钢轨交材料科技有限公司：企业希望政府能建立相关平台，一则指导和精准帮扶，带动相关资源参与到企业的数字化转型建设中；二则加强政策和资金引导，建设新基础设施，提高区域内企业整体数字化水平，企业能够彼此交流学习；三则推广企业在数字化转型中的建设成果，起到宣传品牌的作用。

6. 数字化发展过程中风险与机遇并存，企业要有清醒的头脑面对或有风险

进口设备和数字化系统在提高生产效率的同时，也带来了企业数据向设备提供方泄露的风险。南京 A 有限公司从日本进口设备，高度的数字化网络化使设备供应商能够获取生产过程中的一切数据。如何截断数据外泄的渠道，保护企业的生产隐

私和知识产权是未来必须重视的问题。

四、数字化能力、数字化模式与制造业高质量发展驱动路径

（一）制造业企业数字化能力测度

1. 指标体系构建与结果分析

为全面分析制造业企业数字化能力，本文采用熵权法，结合规定动作问卷构建了制造业企业数字化能力指标体系。该体系包括 5 个一级指标，分别为经营绩效、整体环境、数字化战略、数字化投入、数字化分析能力。其中，经营绩效描述企业收入、规模、运营等状况；整体环境描述企业所处行业的整体数字化现状和企业当前数字化现状；数字化战略描述企业战略层面的定位和规划；数字化投入描述企业在数字化方面的成本比重；数字化分析能力描述企业数字化基础设施、信息化程度和应用软硬件的能力。我们选取问卷中长三角地区的 83 家制造业企业，通过对文本型单选题进行量化，对量表题根据得分求平均值，对多选题统计个数等方法对问卷数据进行预处理，得到各指标权重，结果见表2。

表2　制造业企业数字化能力评价指标体系

一级指标	二级指标	规定动作问卷问题编号
经营效益 （0.060）	营业收入 （0.016）	Q5
	员工体量 （0.032）	Q6
	运营能力 （0.012）	Q10
整体环境 （0.055）	行业数字化程度 （0.032）	Q11
	企业转型时长 （0.023）	Q17
数字化战略 （0.260）	数字化定位 （0.024）	Q14
	数字化倾向 （0.018）	Q15
	团队建设 （0.037）	Q22
	激励机制 （0.033）	Q25
	数字化人才规划 （0.038）	Q26
	路线图 （0.044）	Q28
	投资计划 （0.066）	Q35
数字化投入 （0.256）	研发经费 （0.084）	Q9
	咨询费用 （0.172）	Q29

续　表

一级指标	二级指标	规定动作问卷问题编号
数字化分析能力（0.369）	数字技术（0.087）	Q23
	信息系统（0.037）	Q24
	销售服务数字化功能（0.084）	Q27
	用户数据获取情况（0.026）	Q30
	数据分析能力（0.040）	Q31
	用户数据使用情况（0.042）	Q32
	用户数据总量（0.053）	Q33

咨询费用权重最高，为 0.172，数字技术、销售服务数字化功能、研发经费权重均为 0.08 以上，说明这些二级指标对企业数字化能力做出的贡献极大；投资计划、用户数据总量权重均超过 0.05，说明这两个指标对企业数字化能力的影响次之。查找这些指标对应的一级指标发现，企业数字化能力与数字化战略、数字化投入、数字化分析能力密切相关，且数字化分析能力的权重高达 0.369。由此可知，数字化分析能力是当前评价企业数字化能力强有力的指标；同时，制定数字化战略、加大数字化投入也是简单有效提升企业数字化能力的途径。

2. 制造业企业数字化能力综合指数及异质性分析

（1）综合指数

基于制造业企业数字化能力指标体系，结合规定动作问卷调研结果与熵权法权数测算结果，本文构建了制造业企业数字化能力综合指数。首先对 21 项指标的具体数据使用熵权法，测算出这 21 项指标各自的合理权重，再使用 21 项指标的具体数据与各自的权重相乘，最后对该乘积进行平均得到计算结果，见表 3。

表3　地区、行业标准下制造业企业数字化能力综合指数测算结果

标准	细分	综合指数
整体	—	3.03
地区	安徽	3.49
	上海	3.05
	浙江	3.27
	江苏	2.55
行业	轻纺工业	3.71
	资源加工工业	2.73
	机械、电子制造业	3.02
	其他制造业	2.92

（2）地区异质性

长三角地区总面积仅占中国国土面积的 4%，其人口总量仅占全国人口的 10%，却创造了全国近四分之一的经济总量。因此，本文聚焦长三角地区，对安徽、上海、江苏、浙江四个地区分别计算综合指数，结果如图 1 所示。安徽、上海、浙江三地的综合指数均超过了整体综合指数，说明这三个地区的制造业企业更为重视数字化转型，且数字化能力也相对较高。此外，在所有制造业企业中，数字化能力由高到低排序为安徽、浙江、上海、江苏。其中，安徽省数字化能力最高，达到了 3.49，而江苏省最低，只有 2.55。

可能的原因如下：首先，本文研究重点在于制造业的数字化发展水平，虽然浙江、江苏在整体数字化发展方面处于第一梯队，但制造业是安徽省的主要产业，资金投入更高，这让安徽的数字化更早且更快地发展了起来。同时，根据赛迪研究院《2019 中国数字经济发展指数白皮书》，在工业化指数方面安徽居于首位，浙江居于第二位，与本文结果相符。其次，可能存在调研样本有偏的情况，马鞍山市受访的企业前期经当地经济和信息化局筛选，大多为细分行业内的龙头企业。同时，安徽省的企业中收入超过四亿元的占比为 62%，这也说明安徽省受访的大部分企业为大型企业，其数字化发展程度普遍较高。最后，由于本文研究基于调查问卷，问卷结果受主观因素的影响，也可能导致结果偏差。

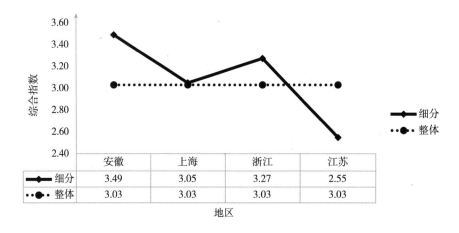

地区	安徽	上海	浙江	江苏
细分	3.49	3.05	3.27	2.55
整体	3.03	3.03	3.03	3.03

图 1　地区细分下制造业企业数字化能力综合指数测算结果

（3）行业异质性

基于问卷 Q4，我们依据"国民经济行业分类 GB/T 4754—2017"将本次调研的制造业企业分为 31 种，在此基础上再归为四类：一是轻纺工业企业，包括食品、服装等，占比约为 30.2%；二是资源加工工业企业，包括石油化工、化学纤维等，占比约为 33%；三是机械、电子制造业企业，包括机床、专用设备等，占比约为

35.5%；四是其余制造业企业。分别计算四类企业的综合指数，测算结果如图2所示。

在所有制造业企业中，数字化能力由高到低排序为轻纺工业企业，机械、电子制造业企业，其余制造业企业，资源加工工业企业。其中，轻纺工业综合指数最高，且只有该类的综合指数大于整体综合指数。主要原因可能是轻纺工业是生产消费资料的工业部门，其产品大多是人民的基本生活资料，与大众消费者关系最为密切。因此，为了更好地服务大众，顺应消费者主权时代的潮流，发展数字化成为这些企业的重点投入部分。此外，企业对于与消费者相关的需求预测、计划运营等领域都离不开对数据的经营，对数字化能力的要求相对较高。而对于资源加工型企业，其大多数依靠自然资源进行生产，不宜轻易进行技术变革，相比较其他细分行业需要更长的时间进行数字化转型。此外，结合问卷Q27、Q29、Q31、Q32、Q33发现该类型企业得分均较低，可能原因是这些问题与消费者相关，而资源加工型企业生产的产品多数为中间产品，与消费者直接联系较薄弱，未应用相关数字化技术，数字化能力综合得分较低。

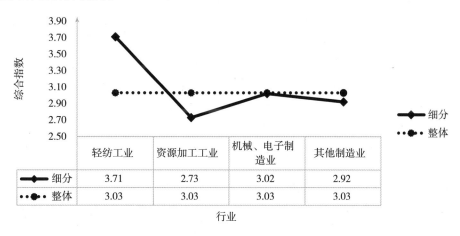

	轻纺工业	资源加工工业	机械、电子制造业	其他制造业
细分	3.71	2.73	3.02	2.92
整体	3.03	3.03	3.03	3.03

图2　行业细分下制造业企业数字化能力综合指数测算结果

（二）数字化模式归纳

随着信息化社会的到来，数字技术快速地融入了社会各行各业。从大规模引入信息化系统到对海量数据进行分析和建模，制造业整体经历着一场大的数字技术"洗礼"。不同类型的制造企业都在寻求着适合自己个性化的数字化发展模式，在这样的背景下，探索制造企业数字化发展模式十分重要。

当前，对于企业数字化发展模式的研究主要着眼于整个制造行业，较少有人将制造业行业内不同类别企业进行细分，针对每一细分企业类型探索其数字化发展模式。因此，本文主要采用聚类分析方法将制造业企业划分为不同类型，结合各类型企业的经营效益、整体环境、数字化战略、数字化投入和数字化分析能力进行探索分析，找出每类企业的典型特征，针对企业的数字化发展进程归纳出数字化发展模式，从宏观角度了解不同类型企业数字化转型的基本思路和方向，并将各类型企业的数字化发展特点进行对比，给出相关对策建议。

1. 制造业 K 均值聚类

首先对筛选出的 83 家制造业企业数据进行 K 均值聚类。根据肘部法则和多数投票法得到最佳聚类数目为 3 类，每类分别为 42、14、27 条数据，计算得到聚类轮廓系数为 0.303，聚类结果如图 3 所示。

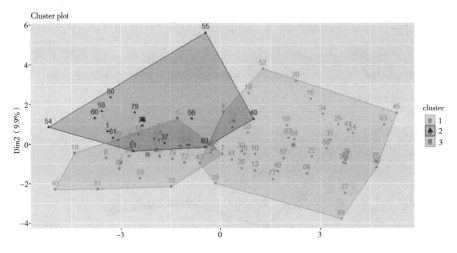

图3　聚类结果

2. 各类企业得分情况与模式归纳

使用熵权法计算出每个类别得分，第 2 类得分最高，为 3.84；其次为第 3 类，得分 3.65；第 1 类得分最低，为 2.28。第 1 类企业得分较高的为数字化分析能力和数字化投入，其中咨询费用占比较高；第 2 类企业数字化战略得分最高，二级指标中团队建设和数字化人才计划得分较高，同时咨询费用也较高，说明该类企业比较重视总体战略规划，且主要从数字化团队构建和人才引进方面开展转型；第 3 类企业一级指标得分最高的为数字化分析能力，主要表现为对用户数据使用情况较为成熟，在数字技术应用得分和销售服务数字化功能得分较高，见表 4 和表 5。

表4　一级指标得分情况

一级指标	1	2	3
经营效益	0.05	0.11	0.10
整体环境	0.04	0.08	0.11

续 表

一级指标	1	2	3
数字化战略	0.28	0.33	0.29
数字化投入	0.30	0.20	0.07
数字化分析能力	0.33	0.27	0.43

表5 二级指标得分情况

一级指标	二级指标	权重1	权重2	权重3
经营效益	营业收入	0.01	0.02	0.05
	员工体量	0.03	0.06	0.02
	运营能力	0.01	0.03	0.03
整体环境	行业数字化程度	0.02	0.04	0.08
	企业转型时长	0.01	0.04	0.03
数字化战略	数字化定位	0.03	0.04	0.04
	数字化倾向	0.02	0.03	0.04
	团队建设	0.04	0.07	0.09
	路线图	0.05	0.03	0.04
	激励机制	0.03	0.04	0.03
	数字化人才规划	0.04	0.10	0.02
	投资计划	0.07	0.02	0.02
数字化投入	研发经费	0.09	0.06	0.02
	咨询费用	0.21	0.14	0.05
数字化分析能力	用户数据获取情况	0.02	0.02	0.03
	数据分析能力	0.03	0.04	0.04
	用户数据使用情况	0.04	0.03	0.09
	用户数据总量	0.05	0.03	0.02
	数字技术	0.07	0.07	0.09
	信息系统	0.03	0.04	0.03
	销售服务数字化功能	0.09	0.05	0.14

3. 各类一级指标对比分析

（1）企业经营效益和整体环境

在数字化转型推进过程中，不同行业、不同规模的企业在数字化转型中的重点具有一定的差异性，3类企业基本情况对比如图4、图5、图6、图7所示，第2

类企业总体评分较高，主要为营业收入较高的大型企业，有93%的企业营业收入超过4亿元以上，且79%的企业规模在1000人以上。第1类企业各指标评分均较低，主要为中小型企业，55%的企业规模为300~1000人，企业的运营能力相较于第2、3类企业较低。第3类企业主要类型为中等规模且营业收入较高型企业，且企业的运营能力得分较高，主要表现在企业组织结构扁平化程度较高。

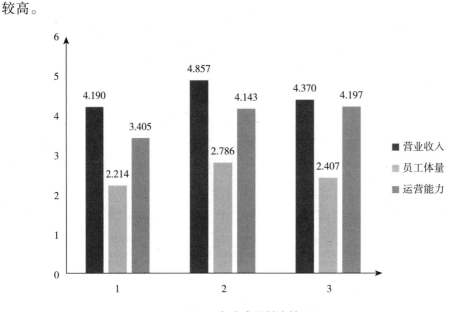

图4　各类企业基本情况

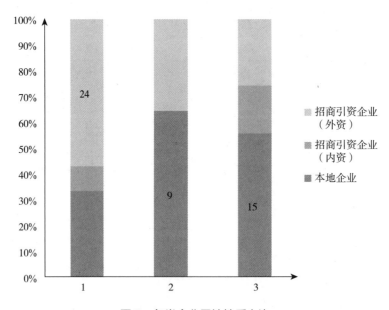

图5　各类企业属地性质占比

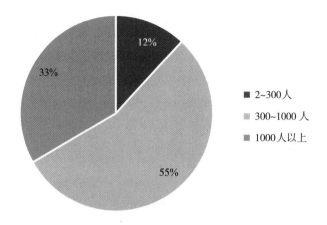

图6 第1类企业规模

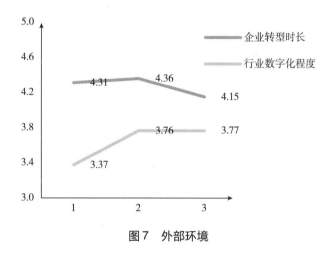

图7 外部环境

（2）企业数字化投入

在数字化投入方面，各企业之间有较大差异，其中，第3类企业数字化投入最高，而第1类企业数字化投入最低。总体分析可知，数字化投入与企业所面临的整体环境较为相关，第3类企业开展数字化转型时间较晚，但在数字化投入方面较高，尤其是在咨询费用方面，所以数字化发展较快，总体数字化得分也较高。第1类企业虽然开展数字化转型时间早，但是企业规模较小，且行业环境对于信息化发展需求不高，企业在数字化转型方面需求不是很强烈，因此在数字化投入水平相对较低。第2类企业介于两者之间，数字化转型过程中咨询费用和研发费用的投入近似持平，如图8所示。

（3）企业数字化战略

企业在开展数字化转型进程中需要不断制定适合企业自身发展的战略，见表6，第2类企业各指标得分均高于其余两类企业，第2类企业中86%的企业将数字化定

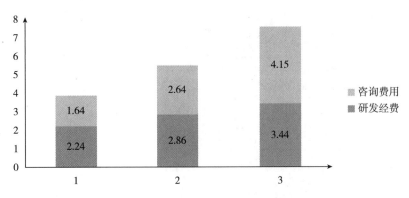

图8　各类企业数字化投入情况

位为企业重要战略，管理层负责调动各部门配合推动执行，且数字化倾向程度得分也较高，93%的企业在数字化转型方面已经形成专门的投资计划，这说明该类企业有完备的发展规划，已将数字化发展纳入企业未来发展的重要部分。第1类企业数字化定位较低，43%的企业认为发展数字化是企业工作任务之一，由相关部门负责执行。45%的企业表示有一定规划，但是尚无专项计划。第3类企业与第2类企业得分接近，区别在于该类企业主要在管理方面进行改革，通过给员工提供一定的激励机制的方式来促进企业数字化创新。

表6　数字化战略

类别	数字化定位	数字化倾向	团队建设	激励机制	数字化人才规划	路线图	投资计划
1	3.38	3.84	2.86	2.55	2.90	2.88	2.24
2	4.71	4.48	4.21	3.41	4.00	4.36	4.86
3	4.56	4.40	4.15	3.88	3.85	4.37	4.15

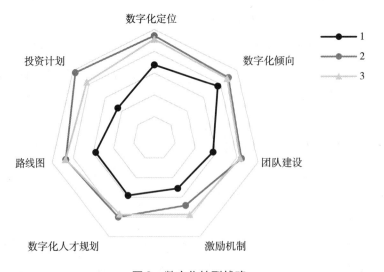

图9　数字化转型战略

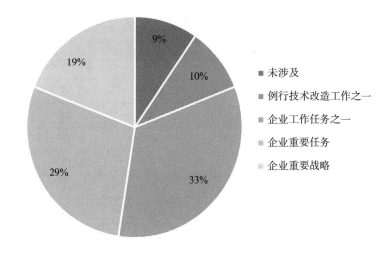

图10　第1类企业数字化定位

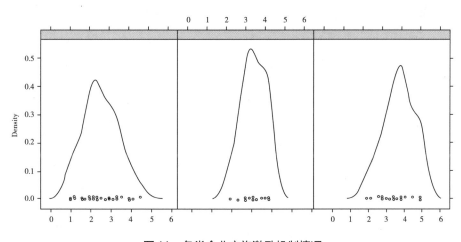

图11　各类企业实施激励机制情况

（4）企业数字化分析能力

在企业数字化转型过程中，数据分析有着极大的发展应用空间，通过对数据的利用可以更好地提升效率和降低成本，实现数据驱动发展。对比三类企业在数据使用以及数据分析方面得分情况，可以看出第2类企业在信息系统引入和数字技术使用方面得分最高，该类企业引入信息化系统的个数至少为6个。其中，OA系统全覆盖，93%的企业已经引入重要的信息化系统如ERP、CRM、MES、SCM、WMS等，应用的数字技术大部分在3~7个之间，主要包含大数据、云计算、机器人等。第3类企业相较于第2类企业，在用户数据总量存储和用户数据获取情况方面得分较高，该类企业数据存储量较大，且较为重视数据的使用，在数字化转型中主要从数据入手，采用数据驱动发展的模式推进数字化转型，如图12所示。

表7　数字化分析能力

类别	1	2	3	平均
用户数据获取情况	2.55	3.09	3.53	2.96
数据分析能力	2.25	3.33	3.56	2.86
销售服务数字化功能	1.00	2.36	2.00	1.55
用户数据使用情况	2.46	3.65	3.82	3.11
信息系统	2.98	7.93	4.22	4.22
数字技术	2.14	5.36	3.41	3.10
用户数据总量	2.38	3.09	3.69	2.93

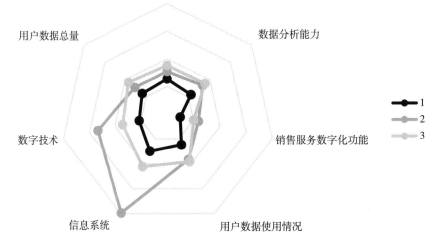

图12　数字化分析能力

4. 各类企业数字化转型模式归纳

不同阶段、不同规模实力、不同技术领域的企业数字化转型可归纳为以下3种模式：

投入先行型（第1类企业）：占比较多的为招商引资（外资）性质的中小型企业，其数字化转型开展时间较早，但所面临的整体环境较平稳，数字化发展较为缓慢。企业中有一定的数字化投入，但是较少有制订相关战略规划和设置专门的团队建设，大多数企业只将数字化转型作为企业工作任务之一。

战略引领型（第2类企业）：占比较多的为营业收入较高的本地大型企业，企业数字化开展较早，并且十分重视数字化转型，将其上升为企业的重要战略。一方面，企业采取系统升级模式，具体表现在引入了多个信息化系统，应用了多种先进的数字化技术；另一方面，企业也采取管理提升模式，表现在构建了专门的职能部门来推进数字化转型，重视数字化人才引进。

分析主导型（第 3 类企业）：占比较多的为营业收入较高的本地大中型企业，企业数字化开展时间较晚，企业整体环境和整个行业数字化程度促使企业加快推进数字化转型。一方面，企业采取数据驱动模式，由于企业在生产经营中存储的数据量较大，且企业对数据的重视程度较高，故在转型中将重点放在提升数据利用率上；另一方面，企业也注重组织管理，设置专门的团队推进数字化转型，并采用一定的激励机制来促进企业数字化创新。

（三）高质量发展驱动路径

在数字化时代，数据作为一种新型生产要素，俨然已经成为推动制造业高质量发展的新动能。因此，推动数字化转型是企业的必然选择。南京 C 有限公司受访者指出："数字化转型必然是由上而下推动的。"要推动企业的数字化转型，首先要制定企业数字化战略。数字化战略是企业数字化转型的核心前提和所有转型活动的顶层设计，为企业抢抓数字化发展先机、加速转型变革，提供方向性、全局性的方略（陈雪频，2021）。以企业数字化战略为指引推进数字化转型，将大大提高转型效率，从而加速企业的高质量发展。据此，本文提出假设 H1：数字化战略能直接促进企业高质量发展。

大数据分析和挖掘有助于提升企业竞争力（王佐，2017）。安徽国星生物化学有限公司在生产过程中，利用数据模型测算出最适宜产业化生产的方式，从而提高效率、增加收益；山鹰国际控股股份公司通过系统的实时取数分析，获得更可信的生产参数并进行调整，从而提高生产效率；圣戈班管道系统有限公司的财务部门利用 Python 和 Qlik 的商务智能分析功能对财务数据进行分析，进而发现财务异常等问题。制造业企业的数字化分析能力可以帮助企业提高生产效率、降低成本、提升创新能力等，从而促进企业的高质量发展。据此，本文提出假设 H2：数字化分析能力可以直接促进企业高质量发展。

大数据能力在战略导向与中小跨境电商企业绩效之间具有部分中介效应（王娇，2021）。在数字化战略的指引下，企业对于数字化人才的培养和引入十分重视。在调研过程中，多家企业提出未来对于数字化人才的需求。习近平总书记强调："发展是第一要务，人才是第一资源，创新是第一动力。"数字化人才会提高企业的数字化分析能力，帮助企业更好地发挥数据要素对高质量发展的放大、叠加、倍增作用。据此，本文提出假设 H3：数字化战略可以指导企业进行数字化转型，从而提高企业的数字化分析能力，间接促进企业高质量发展。

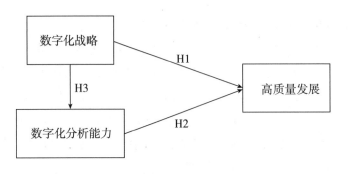

图 13　假设模型

基于假设模型，建立结构方程模型（I），共有五个潜在变量。其中，数字化战略与数字化分析能力的观察指标变量参照本文构建的数字化能力指标体系。高质量发展可分解为企业发展、产业发展和区域一体化，数据来源于规范动作问卷 Q37 ~ Q39，各有五个观测指标变量。如图 14 所示，图中数值为标准化估计值。

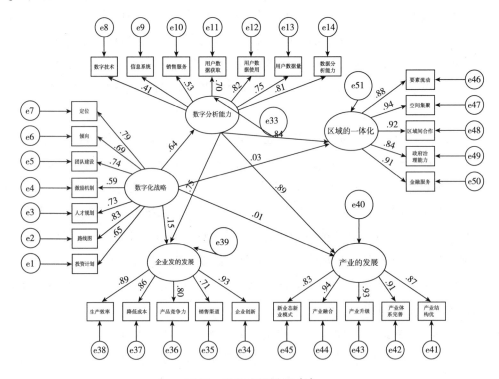

图 14　结构方程模型（I）

对模型进行路径系数分析。见表 8，数字化战略与企业发展、产业发展、区域一体化之间的路径系数都不显著，假设 H1 不成立；数字化分析能力和企业发展、产业发展、区域一体化之间的路径系数都显著，假设 H2 成立；数字化战略与数字化分析能力之间的路径系数也显著，假设 H3 成立。

表8 结构方程模型（Ⅰ）路径分析

变量关系	标准化路径系数	P值	对应假设	检验结果
企业发展←数字化战略	0.153	0.146	H1	不成立
产业发展←数字化战略	0.006	0.951	H1	不成立
区域一体化←数字化战略	0.033	0.752	H1	不成立
企业发展←数字化分析能力	0.755	＊＊＊	H2	成立
产业发展←数字化分析能力	0.894	＊＊＊	H2	成立
区域一体化←数字化分析能力	0.837	＊＊＊	H2	成立
数字化分析能力←数字化战略	0.644	0.002	H3	成立

由以上分析可以看出，数字化战略无法直接促进高质量发展，而数字化分析能力是驱动高质量发展的重要路径。数字化战略也可指导企业提高数字化分析能力，间接促进企业发展、产业发展和区域一体化。

由于结构方程模型（Ⅰ）的整体拟合指标未通过，存在一定的改进空间，本文选择将因素负荷量小于0.7的观测指标变量删去，并将具有类似含义的观测指标变量合并，如用户数据获取情况、用户数据使用情况、用户数据总量等。同时，分别将企业发展、产业发展、区域一体化的五个观测指标取平均作为新的观测指标变量，共同解释高质量发展。据此构建简化的结构方程模型（Ⅱ），结果如图15所示，图中数值同样为标准化估计值。

首先对结构方程模型（Ⅱ）的整体拟合度进行分析，见表9，各拟合指标如卡方自由度比值CMIN/DF、适配度指数GFI、渐进残差均方和平方根RMSEA等均在建议范围内，故认为模型（Ⅱ）与样本数据拟合度较好。

表9 模型整体拟合指标

拟合指标	CMIN/DF	GFI	RMSEA	TLI	CFI	PGFI	PNFI
建议范围	<3	>0.9	<0.05	>0.9	>0.9	>0.5	>0.5
实际结果	0.895	0.947	0.000	1.008	1.000	0.505	0.640

表10 结构方程模型（Ⅱ）路径分析

变量关系	标准化路径系数	P值	对应假设	检验结果
高质量发展←数字化战略	0.172	0.056	H1	不成立
高质量发展←数字化分析能力	0.772	＊＊＊	H2	成立
数字化分析能力←数字化战略	0.488	＊＊＊	H3	成立

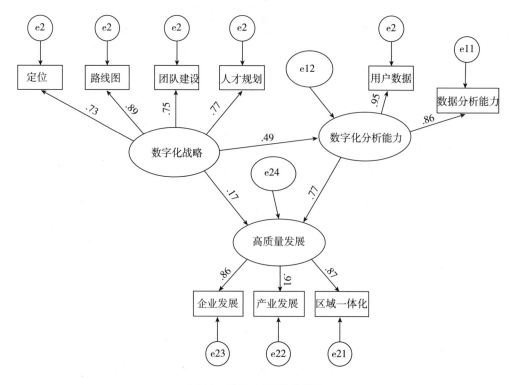

图15 结构方程模型（Ⅱ）

在0.05的显著性水平下，结论与模型（Ⅰ）一致，数字化战略无法直接促进高质量发展，而数字化分析能力是驱动高质量发展的重要路径。数字化战略也可指导企业提高数字化分析能力，间接促进高质量发展，见表10。可能的原因如下：首先，战略是设计用来开发核心竞争力、获取竞争优势的一系列综合的、协调的约定和行动，只有当企业成功地制定和执行价值创造的战略时，才能够获得战略竞争力，才能促进高质量发展。其次，数字化战略是一个企业长期的发展方向，对于高质量发展的促进作用是缓慢而内敛的，而数字化分析能力可以帮助企业实时洞察市场、预测客户行为、对舆情进行预警分析，精准营销等，从而提高企业效益，其影响是显而易见的。因此，数字化对于高质量发展的促进作用更加显著。

五、现存问题分析

1. 数字化人才匮乏

在管理层方面，企业缺乏战略领导者，少有完善的战略规划，对未来的数字化发展方向不够清晰；在技术层方面，企业缺乏既懂生产又懂数字化的复合型人才，难以根据具体的生产经营问题采取数字化举措，导致数字化转型进程缓慢。数字化人才是企业数字化转型的基石，是推动企业发展的动力，具备数字化能力的全面型人才将助推企业数字化转型进程。

2. 数字化认识和意愿的缺乏

部分企业存在数字化战略管理观念落后的问题。制造业企业管理者可能因为传统的制造理念而对数字化认知不足，或因固有观念过深而在企业转型变革中顾虑太多，放不开手脚。此外，部分企业对数字化转型的定位是管理层委任一个或多个部门推动执行，而这些职能部门没有足够的权限进行全公司的整合，从而转型阻碍较大。

3. 新技术的适配性低

企业用于生产办公的软件是从外部引入的，新技术在公司实际应用中契合度不高，同时，也很难和企业现有设备的运行状况完全融合。因此，是否使用新技术、如何使用新技术、如何在创新与稳定发展之间找到平衡点都是企业需要考虑的问题。

4. 信息系统间的互联互通存在障碍

企业虽然已经应用了诸多信息系统，但各个系统之间联系薄弱，"孤岛"纵横，系统内基础数据不准确，系统间编码体系不统一，多信息系统间无法有效实现数字化集成与互联互通。这些都导致企业部分系统不能全面利用，也使推进数字化转型无从下手。

5. 数据的冗余

目前，大部分企业都应用了各种系统，然而对于系统产生的庞大数据，因企业数据处理能力不够高且数字化体系不够完善，这些数据未能及时进行分析，从而丢失了大量潜在信息。而数据分析可以对客观情况进行更为正确和完整的反映，让人们更容易理解、阅读和利用，同时，良好的分析结果可以协助企业进行决策。

6. 数据信息开放与共享水平较低

伴随着数字经济发展，企业对外部数据信息的需求呈现不断上升的趋势，包含产业链上中下游企业信息、政府监管信息、公民基础信息等。将这些数据资源进行合理整合才可以形成应用价值，但前提条件是这一些数据信息能够被获得。现阶段，政府、事业单位等公共行政的数据信息仍处在内部整合阶段，对社会公布有待时日；而上中下游企业往往因产业模式落伍无法及时反馈合理数据信息。因此，各企业间的信息开放共享是未来急需改善的部分。

7. 资金匮乏

我国制造业企业的利润率较低，推进数字化转型往往缺乏足够的资金投入，而是否有切实的回报是企业需要考虑的重要因素。同时，数字化和自动化系统的效果不是立竿见影的，需要大量的尝试与实验。因此，企业可能因为资金和时间成本这两个方面的限制而无法放心大胆地开展数字化转型。

六、结论与建议

（一）研究结论

本文以长三角地区 83 家制造业企业为研究对象，通过构造数字化能力指标体系，聚类归纳数字化模式，并构建结构方程模型探索数字化能力对高质量发展的驱动路径。得出以下结论：

（1）数字化分析能力是当前评价企业数字化能力强有力的指标。从异质性角度来看，在地区层面上，数字化能力综合指数由高到低排序为安徽，浙江，上海，江苏；在行业层面上，数字化能力综合指数由高到低排序为轻纺工业，机械、电子制造业，其余制造业，资源加工工业。

（2）将长三角地区 83 家制造业企业分为 3 类，并计算出各类别数字化能力得分，分别为 2.28（第 1 类）、3.84（第 2 类）、3.65（第 3 类）。进一步归纳为三种企业数字化模式，即投入先行型、战略引领型和分析主导型。其中，第 2 类企业为战略引领型发展模式，注重数字化发展战略规划，引入各类数字技术和信息系统参与生产运营；第 3 类企业为分析主导型企业，使用数据驱动发展模式；第 1 类为投入先行型，投入中较大比例为咨询费用。

（3）数字化战略无法直接促进高质量发展，而数字化分析能力是驱动高质量发展的重要路径，数字化战略也可通过指导企业提高数字化分析能力，间接促进高质量发展。

（二）研究建议

1. 推动企业对于自身数字化转型建设进程

（1）数字化人才的培养。针对人才匮乏这一问题，企业应优先引进数字化能力、数据安全能力与业务能力共存的复合型人才，增加该类人才的比重；同时统筹规划与再就业培训、社会保障体系有机结合。具体来说，对于公司内部的人才培养，可以针对公司内部掌握工艺数据的工程师进行数据分析培训；对于公司外部的人才培养，可以尝试校企合作，招聘一些实习生，负责上手比较快的业务模块，如帆软图表开发、Python 数据处理等。

（2）企业文化的全面升级。针对企业管理者数字化转型观念不强的问题，企业不仅要考虑让接受数字化转型的人去主导企业的发展，也要增加员工对数字化转型的接受程度。只有员工具备转型思维才能在开展数字化的进程中事半功倍。数字化转型是一个从上而下的历程，公司内部不仅要具有转型的强烈愿望、统一行动，更要有统一的认识和信心，内外部共同协力促进。

（3）信息化配套设施的建立。针对企业设施不适配问题，企业应当优先建设与自身业务密切联系的系统，加大对个性化设备的投入。个性化信息化系统的应用可以在极大程度上提升企业经营效率和优化管理模式。

（4）系统间互联互通的实现。首先，企业需要有数据分析以及综合集成的能力，在此基础上才能实现互联互通；其次，由于各企业业务不同，流程也不尽相同，企业应当针对特定的业务制定相应的工作流程，并通过系统管理模块的流程定制将各个模块组合成用户需求的系统。例如，中核华誉工程有限责任公司的以地磅无人值守称重系统为主的"智慧工地系统"，可以实现与企业已有系统的无缝对接，提高了企业工作效率。

（5）龙头骨干企业的打造。制造业各细分行业间的差异较大，行业间无法完全借鉴数字化转型经验。对此，可以树立工业互联网平台标杆，推进典型行业示范应用。通过总结工业制造业领域数字化转型的经验教训，分类分行业遴选出工业互联网的典型应用和解决方案，以专项资金进行支持培育；也可以选择一些应用深入、成效显著的行业进行先行先试，打造一些典型行业的互联网平台，在全国特别是西部等起步较晚的地区进行应用推广。

2. 加大政府对于企业数字化转型的扶持力度

（1）资金方面。某些企业表明缺少足够的资金进行数字化转型，而政府可以通过专项补贴或者提供数字化方面的优惠来帮助企业减少资金成本等方面的负担。此外，政府可以通过贷款贴息、搬迁补助、职工安置补助等方式支持和鼓励企业进行数字化改造。

（2）政策方面。完善支持鼓励政策，促进制造业数字化改造。政府可以推出诸如马鞍山的"四送一服"政策，帮助企业之间沟通学习更好的数字化方案，推进企业数字化转型更高效高质量地完成；可以通过提供政府购买服务等方式鼓励中小企业与服务平台合作，引导中小企业通过"上云"提升数字化水平；也可以通过试点示范，培育工业互联网平台，鼓励、支持优势企业提高工业互联网应用水平，推广网络化协同制造、服务型制造、大规模个性化定制等新模式、新业态。政府对于企业数字化转型的态度和帮助将在很大程度上决定着企业数字化转型的方向与进程。通过政策引导和能力支持，增进企业对于数字化的认识和数字化转型的意愿，推动企业数据分析能力的提升，为企业提供一个良好的数字化转型环境。

参考文献

［1］安筱鹏. 重构：数字化转型的逻辑［M］. 北京：电子工业出版社，2019.

［2］陈畴镛，许敬涵. 制造企业数字化转型能力评价体系及应用［J］. 科技管理研究，2020，40（11），46-51.

［3］陈雪频. 在数字化时代，如何制定数字化战略？［J］. 上海国资，2021，（07），82-85.

［4］邝志鹏，魏振香. 基于熵权法的城市绿色经济发展水平评价及空间差异分析——以山东省17地市为例［J］. 安徽行政学院学报，2017，8（5）：62-68.

［5］任南，鲁丽军，何梦娇. 大数据分析能力对协同效应的影响机理研究［J］. 科技管理研究，2018，38（11）.

［6］王娇. 战略导向对中小跨境电商企业绩效的影响研究——基于大数据能力中介效应的分析［D］. 安徽：安徽财经大学，2021.

［7］王佐. 大数据时代企业竞争力重塑［J］. 中国流通经济，2017，31（12），3-13.

［8］万伦，王顺强，陈希，杜林明. 制造业数字化转型评价指标体系构建与应用研究［J］. 科技管理研究，2020，40（13），142-148.

［9］吴明隆. 结构方程模型——AMOS的操作与应用［M］. 重庆：重庆大学出版社，2009.

［10］王伟臣. 基于熵权法的甘肃省制造业创新能力评价［J］. 内蒙古科技与经济，2021，（5）.

［11］张德平，米红. 中国可持续发展问题特征研究暨中等发达国家可持续发展模式的聚类分析［J］. 数量经济技术经济研究，2003（7）：88-92.

［12］周剑，陈杰. 制造业企业两化融合评估指标体系构建［J］. 计算机集成制造系统，2013，19（9）：2251-2263.

附　录　调研感悟

（一）指导教师调研感悟

1. 杨亚娥

第一次参加学校知识的万企访谈活动，非常感谢李老师、郑老师和各位同学。由于个人身体的原因，很多工作都是由李老师带队去做，特别是线下到南京的访问。李老师带领同学们冒着酷暑到南京实地调研，工作特别认真仔细，也克服了许多困难。利用这次机会，能够了解企业的实际情况，同时也增强了同学、老师和企业之间的联系，自己也有很多方面的提升。特别是向不同专业的老师学到了不同的知识，这是非常好的一次社会实践活动。

2. 郑斌

虽然不是第一次带队开展"万企调查"活动，但是本次新冠肺炎疫情常态化背景下的调研实践活动还是给我留下了比较深刻的印象。调研目的地"南京"新冠肺炎疫情的突发，联系、访谈企业过程中的变数，使我们的调研活动充满挑战。24小时的线下访谈旅程因为新冠肺炎疫情变得惊心动魄，"全体平安返沪""访谈线下到线上的切换"等考验着团队的凝聚力和战斗力。在项目领导组的指导下，团队师生不畏艰难，齐心协力，顺利完成了访谈任务。看到同学们在调研中所付出的不懈努力和取得的丰硕成果，我觉得"万企调查"活动一定会越办越好，也一定会让更多的师生受益。

3. 李佩瑾

第三季"访万企，读中国"活动暑期调查已近尾声，很多难忘的画面还在眼前。数字中国战略依托数据基础设施建设，使经济、社会、生活等维度全面实现数字化，极大地降低了交易成本、提高了资源配置效率、提升了社会生产力。作为经济的最小单元，企业数字化转型已发展到什么程度？离数字中国理想状态还有多远？如何进一步提升数字化能力？这些问题都值得探索。有幸能与杨老师、郑老师搭档，共同带领6位同学一起走进制造业企业，由点及面地见证数字化为企业经营带来的变化，真实感受管理者的思考，一同剖析经营潜在的问题，探索发展可能的路径，是一次非常有意义的活动。通过访谈我们知道，企业正在财务支持范围内努力建设信息系统，已感受到成本缩减、效率提升等转变。"引进管理系统就是引进管理思想"，生活型制造业企业"迫切希望提升数据分析能力、预测用户需求"，引发我们深入思考。我们经常开会、复盘到深夜，我们一起直面疫情，团结一心，我们一同探索企业数字化发展的路径。有幸见证同学们实践能力、沟通组织协调能力的成长，这是非常难得的体验。

（二）小组成员调研感悟

1. 吴菁菁

从前期选题到调研准备，从联系企业到正式访谈，从材料整理到报告撰写，我们第九小组在三位老师的指导和关怀下，圆满结束了为期两个月的调研活动。在这次调研活动中，我们通过多方渠道联系企业完成了访谈十家企业的目标。通过及时调整访谈提纲，我们能够在访谈中挖掘出企业数字化转型的相关信息，通过临时更改行程和访谈形式，我们克服了南京新冠肺炎疫情所带来的困难。我们团结一致，充分发挥团队的力量；我们分工合理，全方位地锻炼每个人与人沟通、统筹协调、材料整理、文字撰写等能力。在访谈中，我们也能非常直观地感受到企业对于数字化转型的迫切需求，这使我们的调研活动更加具有实际意义，也坚定了我们做好"访万企，读中国"调研活动的信心。最后非常感谢受访企业对我们第九小组的支持，相信对每一个参与者而言，这都将是一段收获颇丰的旅程。

2. 吴雪菲

本篇报告完成时，意味着我们为期两个月时间的调研活动圆满结束。在本次调研活动过程中，我们历经困难重重却又收获满满。特别幸运的是，我们团队中有负责的老师和组长，每次都很仔细耐心地分配工作，每位成员也积极配合、分工协作。尽管还有很多不完美之处，但我们竭尽所能。在调研过程中，我们能够近距离地了解企业数字化转型现状和未来规划，了解企业面临数字化转型痛点和需求，有机会学到更多课堂之外的知识，相信这次调研一定会给大家带来不一样的收获和感悟。

3. 谢漾波

"千里之行，始于足下"。经过这段短暂而又充实的时间，我真正体会到了这句话的含义。我深刻了解到与团队保持良好关系的重要性，只有团队成员分工协作，才能高效、圆满地完成任务；我增强了认识问题、分析问题、解决问题的能力，学会了沉着应对突发状况。此外，经过这段时间，我认识了更多的人，明白了高效的沟通能使合作更加融洽，可以事半功倍，也明白了与别人沟通的技巧需要长期的练习。虽然"访万企，读中国"项目已经结束，但当时的场景还在我脑海里回旋。它给我提供了接触社会、了解社会的机会，让我对社会有了进一步的认识。它是我人生中一段重要的经历，对我将来走上工作岗位有着很大帮助。

4. 李欣怡

历时将近一个月的"访万企，读中国"社会调查已经接近尾声，我非常荣幸能与五位同学和三位指导老师合作完成此项调研。在此次调研期间，我收获颇丰。此次暑假调研让我协作、表达等多方面得到了锻炼。我们小组在每次访谈前都有明确的分工，这更有利于我们明确各自的任务，为接下来的访谈做好充足的准备；访谈结束后，老师们也会对我们的报告和推送做出相应的指导，使我们整个小组的办事效率很高，访谈也能顺利地进行。数字化作为当今世界的大趋势，数字化的发展也与我们息息相关。企业提到他们对于数字化人才的需要，这就要求我们提高自身能力，满足社会的需求。

5. 张僖围

这次访谈活动像是一座搭建在学校和社会之间的桥，帮助我走出校园。第一次亲身参与到社会经济运作的系统中，对我而言是一次极好的启蒙。在这期间，无论是前期的企业背景调查，还是访谈中独立主持会议，直至后期的问卷收集和文案分析，所触及的思考问题的角度和解决问题的方式都与以往所学有很大的不同。在这个过程中，更考验对人对事的观察能力、全面的考量能力以及快捷的应对能力。虽然期间我有慌张胆怯的时刻，但更多的是收获了勇于尝试后的欣喜。我接触了很多未知的领域，也发现了自己的潜能。

6. 龚芝华

在此次"访万企，读中国"社会调查中，我有幸被分到了南京小分队。南京小分队有三位经验丰富的指导老师以及六位小组成员，非常感激老师们以及学姐们的指导与帮助。在整个社会调研过程中，我们始终是轮流负责每个岗位，所以每个人都能有多维度的体验和收获。除此以外，我们还线下走访了南京的两家企业，观看了从零部件到变成一辆完整的汽车的全过程，明白了任何一项大工程的完成都离不开每一个小环节的成功。我们此次调研的主题是"制造业数字化能力与高质量发展"。在调研中，我发现数字化程度的提升意味着对数字化人才的需求提升。同时，也告诉我们需要更加努力地提升自我水平才能更好地服务社会。

供应链视角下航运业数字化水平测度及其对长三角交通一体化的辐射带动作用

王俊丹　陈弘扬　聂如微　孙佳园　王丹丹　刘轶琳
指导教师：　刘永辉　蔡会明

摘要

随着大数据、区块链、人工智能等技术的发展，新一轮的数字化转型浪潮正在对中国航运业产生着不可忽视的深远影响。企业积极实行数字化转型，电子提单、无人驾驶、航线可视化等数字化技术被应用到航运业各环节。本次调研聚焦长三角地区，首先，通过线上线下相结合的方式对航运业各环节的企业进行深度访谈，了解航运业各环节企业的数字化转型现状。其次，建立灰色关联分析模型测度长三角地区航运业的平均数字化水平，并与问卷调查结果进行对比，以期了解调研企业的数字化水平在行业内的水准。在相关性分析的基础上，引入多元线性回归模型，进一步探索航运业数字化转型的影响因素，从供应链视角反映长三角地区航运业数字化转型对物流效率的影响，并探究航运业在长三角交通一体化过程中发挥的作用和各环节存在的效率问题。最后，通过文献阅读和资料收集，汇总企业意见，为提高长三角地区航运业物流效率、加快长三角交通一体化进程献策献力。

关键词：航运业；数字化转型；物流效率；交通一体化

一、调研背景

海运即国运，习近平总书记指出："经济强国必定是海洋强国、航运强国。"2020 年，我国已跻身国际航运中心前三名，但与世界航运强国相比仍存在一定的差距。2018 年 11 月，长三角一体化发展上升为国家战略，其中，交通一体化是重中之重。因此，如何提高长三角地区航运业的物流效率，发挥该行业在长三角交通一体化进程中的辐射带动作用是我们急需思考的问题。

　　本次调研旨在通过和各航运企业工作人员的访谈与交流，深入了解其数字化转型的现状、转型过程中遇到的痛点与难点、转型后的成效、经验以及未来的规划。这对航运企业数字化转型以及长三角交通一体化的发展具有理论借鉴意义，且有助于加快现代航运服务体系的建设，对于推动长三角一体化、构建国内外贸易大循环具有实际意义。

二、调研方案与实施

（一）调研方案

1. 线下实地调研

　　选择上海市内具有代表性的航运业龙头企业，由导师带队对企业的中高层人员进行实地访谈和问卷调查，粗略掌握企业的数字化转型现状和在航运业生态圈内存在的困难。接着由企业人员带领参观航运企业各部门运作模式、新型远洋船舶模型，介绍企业数据平台的操作方式。

2. 线上深度访谈

　　受新冠肺炎疫情影响，本小组采取线上线下相结合的调研模式，对上海市的部分航运企业和江苏、宁波等外省市航运企业进行线上深入访谈，了解航运业各环节企业的数字化转型现状，收集其对提高航运业物流效率的意见，以期了解航运企业发展痛点，从微观视角为促进长三角地区交通一体化献力献策。

（二）调研内容

　　（1）了解航运企业对数字化概念的理解。

　　（2）了解航运企业数字化转型的契机。

　　（3）了解航运企业数字化转型采取的具体措施。

　　（4）了解航运企业数字化转型后的成效、仍存在的问题以及下一步的规划。

　　（5）了解航运企业数字化转型的经验与心得。

　　（6）了解航运企业数字化水平自我评价。

　　（7）了解航运企业为促进长三角交通一体化采取的措施。

　　（8）了解航运企业为推进长三角交通一体化与同行企业、政府、海关等上下游有哪些合作。

　　（9）了解航运业各环节企业在推进长三角交通一体化的过程中扮演的角色。

（三）调研任务分配

表1　小组成员分工

小组成员	职务	工作内容
王俊丹	组长	监督调研进度、分配调研任务、参与主持调研访谈、会议记录、与指导老师及活动方进行对接与消息传达、撰写调研成果
陈弘扬	组员	协助组长监督调研进度、分配调研任务、参与主持调研访谈、会议记录、与指导老师及活动方进行对接与消息传达、撰写调研成果
聂如微	组长	协助分配任务、联系企业、参与主持调研访谈、会议记录、撰写调研成果
孙佳园	组员	联系企业、参与主持调研访谈、会议记录、负责公众号推送、撰写调研成果
王丹丹	组员	联系企业、参与主持调研访谈、会议记录、撰写调研成果
刘轶琳	组员	联系企业、参与主持调研访谈、会议记录、撰写调研成果

（四）调研工作时间安排

表2　调研工作时间安排

时间	活动内容
7月7日—7月14日	（1）团队开会确认调研主题和方向； （2）网上查阅文献和资料，小组分工协作，共同完成项目计划书； （3）小组与各企业联系对接，初步确认访谈的企业与时间； （4）准备访谈资料及问卷
7月15日—8月10日	（1）与各企业进行访谈，整理访谈资料； （2）编辑访谈推送； （3）回收问卷
8月11日—8月25日	（1）整理完善调研过程中的音视频、文档等资料； （2）撰写调研报告，总结活动成果

（五）企业调研工作时间安排

表3　企业调研工作时间安排

客户经理	企业名称	访谈时间	访谈地点
陆负责人	上海中远海运集装箱运输有限公司	7月15日 10：30－11：30	公司
谢负责人	以星综合航运（中国）有限公司	7月16日 15：00－16：00	钉钉会议
郁负责人	长荣国际船务（深圳）有限责任公司上海分公司	7月19日 14：30－15：30	公司

客户经理	企业名称	访谈时间	访谈地点
张负责人	韩新海运（上海）有限公司	7 月 20 日 14：00 – 15：00	腾讯会议
陈负责人、关负责人	马士基（中国）航运有限公司	7 月 20 日 10：30 – 11：30 7 月 21 日 14：00 – 15：00	腾讯会议
徐负责人	高丽海运（上海）有限公司	7 月 22 日 17：00 – 18：00	腾讯会议
何负责人	达飞轮船（中国）有限公司	7 月 23 日 9：30 – 10：30	腾讯会议
傅负责人	上海新海丰集装箱运输有限公司	7 月 26 日 9：30 – 10：30	腾讯会议
刘负责人	太平船务（中国）有限公司	7 月 27 日 10：00 – 11：00	腾讯会议
沈负责人	上海华松报关服务有限公司	7 月 27 日 14：00 – 15：00	腾讯会议
卢负责人	江苏恒隆物流太仓有限公司太仓分公司	8 月 2 日 14：00 – 15：00	腾讯会议
顾负责人	江苏众诚国际物流有限公司太仓分公司	8 月 3 日 14：00 – 15：00	腾讯会议

三、航运业背景介绍

（一）航运业的行业特点

1. 智能化、信息化趋势明显，致力于打造港航数字生态

当前，航运业正处于自动化、信息化时代向智能化时代过渡的阶段，智能船舶的技术应用是一项重点任务，要分阶段实施推进。智能航运发展需要良好的基础环境和合理的发展路线图，需要加快构建智能航运保障和治理体系。近年来，我国在航运电商平台、航运金融、航运交易、信息服务等领域均有不少创新的技术并走向智能化。与此同时，全国海事部门发挥科技信息化的引领作用，构建"智慧海事"，大力发展电子巡航系统，实现船舶立体化监管、数据信息共享，有力地服务水上交通安全和经济社会发展。

2. 供应链上下游协同合作，促进产业一体化发展

近些年，在长三角一体化战略的驱动和互联网技术的推动下，航运业的生态圈也在发生着相应的变化。如各个船东之间成立联盟，在联盟内共享信息和舱位；几家大型船公司共同搭建信息共享平台，联合生态内其他企业进行业务模式的创新。

未来，长三角地区港口和港口之间、船公司和船公司之间的竞争，将从单一的货物运输服务、码头装卸服务，升级为供应链上下游协同合作，共同打造港航数字生态。

3. 跨地区联合动力、能力缺乏，与国际一流城市仍存在差距

长三角地区是一个典型的以行政区域为基础形成的经济合作区域，行政隶属关系复杂，这在一定程度上限制了区域航运服务产业的一体化进程。尽管长三角航运业的龙头企业已逐步开展合作，但比例依然较低。大部分区域企业缺乏跨区域合作的能力和动力，缺乏面向市场和自主扩张的能力。

目前，我国自动化码头建设水平处于世界前列、自动化码头已具相当规模、自动化码头的关键技术设施研发已取得重大突破。全自动化码头的标准体系正在形成，并逐步被国外港口所接受。但总体上我国航运业物流运输整体发展比较落后，还未形成一定的规模，专业化服务程度不高。大部分航运企业规模较小，起步较晚，竞争力较为薄弱，即使一些大型航海运输企业已开拓并相应发展了物流服务项目，但其发展还不够成熟，尚处于摸索阶段，经营管理水平相对落后，与发达国家相比相距甚远。

（二）航运业的业务模式

航运业原有的业务模式是干路运输，在整条供应链上，每个环节独立运营，地方属性强。在原有业务模式下，国内出口一批货物至少需经过 10 个供应商，其间就产生了层层加价现象。此外，由于货代提供的服务是间接性的，无法及时满足客户需求的变动，从而降低了客户体验。

面对原有业务模式存在的诸多问题，以马士基为代表的航运业龙头推出了端到端服务。在新的业务模式下，船公司为客户提供的服务是直接成套的，这样就减少了中间的加价行为。为了满足客户的多样化需求，提高客户体验，新模式下对数字化转型的需求也会更加旺盛，如全程的物流可视、可控、可预测，供应链金融等，从而拓展了数字化空间。

四、问卷调研结果统计分析

在参考航运研究内容及业内动向后，小组初步设计了调查航运业数字化现状的问卷。在初次访问航运企业后，根据实际调查内容对问卷进行调整，删掉与实际不符的选项，并增加问卷中尚未涉及，但行业内存在的内容，得到最终调查问卷。调查问卷分别从企业数字化平台、转型困难、促进数字化措施、数字化现状评分四个方面展开，共提供两个五级量表以供企业对自身数字化现状进行打分。对量表打分时，各企业以行业龙头马士基公司数字化水平为参考，结合自身情况进行打分。

（一）样本基本情况

1. 企业构建数字化平台方式对比

有 60% 的航运企业选择与第三方数字平台合作，仅 40% 的企业自主开发数字平台，如图 1 所示。企业在市场占有一定份额，才有胆量与能力尝试开发一个属于自己的平台，不过目前此类技术仍需不断完善，离完全实现数据自主化还有一段路要走。一些中型企业正与第三方平台合资合作，如国内领先的一站式国际物流在线服务平台——"运去哪"，可为中国的外贸企业提供在线查询最新运费、在线预订物流服务、追踪物流进展、管理物流订单等服务。

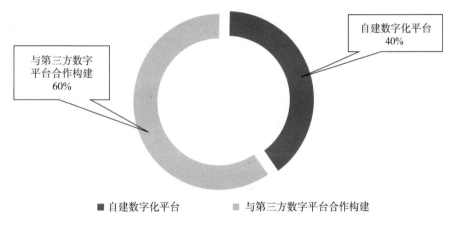

图1 企业选择的数字化路径方式

2. 自建数字化平台原因

选择自主建立数字化平台的企业认为自建平台可以更好地保护数据隐私，且部分企业不愿意与第三方平台合作的原因之一也包括当前航运业内没有统一的标准平台，企业间互相不信任的问题依然存在，如图 2 所示。同时，本小组也了解到，马士基作为拥有着百年航运史的全球龙头企业，自然地接过了推动全球航运标准统一化的接力棒。以马士基为首的国外班轮公司成立了数字化集装箱航运联盟（DCSA）民间行业组织，正不断吸引更多的业内公司加入。

3. 企业数字化转型现存困难

缺乏拥有数字思维的复合型人才、数字化技术的应用等均是航运企业目前在转型中遇到的困难，如图 3 所示。但本小组在访问航运龙头企业时，如马士基、中远海运等，也了解到与中小型企业不同的观点。如马士基表示其并不缺乏既精通数字化技术又了解航运业的复合型人才，也不需要继续对数字化技术进行研发。马士基表示，这些都是现存的技术，其发展的重点在于如何把现有的数字化技术与行业现

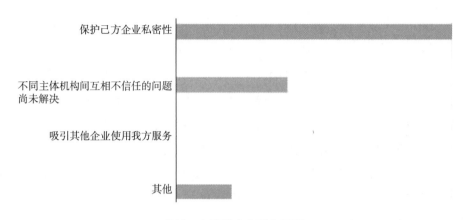

图2 自建数字化平台原因

有的业务及其未来想要的业务模式相结合，从而研发更多新的业务模式。

除此之外，中远海运集团认为，"如何打破行业传统观念"也是当前需要克服的困难之一。我们从访谈过程中得知，航运业在许多层面仍秉承着几十年来的传统观念，国内与国外在数字化上的认知存在差异，而国内各家企业也在用不同的方式推动着数字化转型。因此，中远海运集团认为打破传统观念可以在一定程度上加速航运业数字化转型进程。

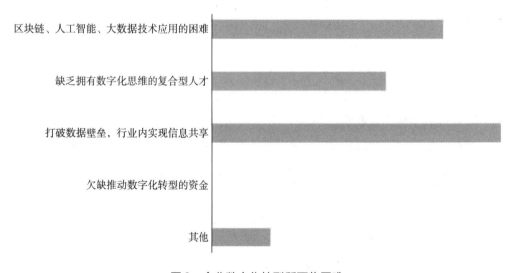

图3 企业数字化转型所面临困难

4. 企业对促进转型的有效措施认知存在差异

在访谈了10余家航运企业后，本小组发现，马士基集团当前的数字化转型程度居于行业领先状态，且在问卷结果中也呈现出其与行业平均水平存在的差异。因此，选择马士基对转型措施的有效性评分作为基础参照，将其与行业平均评分进行对比。对比结果如图4所示：

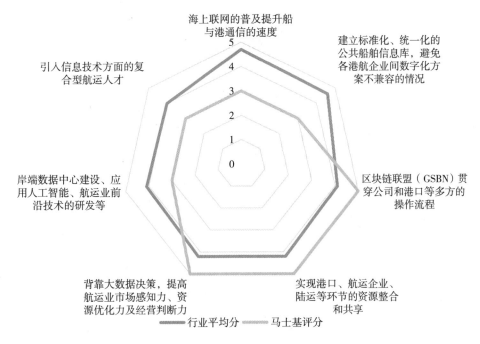

图4   促进航运业数字化转型措施的有效性

本小组将企业认为某项措施促进转型的有效性划分为五个评分，如 1 分代表该项措施非常低效，5 分表示非常有效。通过图 4 对比发现，马士基公司仅在区块链联盟（GSBN）、港航资源共享、依靠大数据提升判断力和感知力这三项措施上评分高于行业平均分，其余均低于平均分。这也与本小组与马士基访谈过程中的核心内容相符合，如马士基在数字化技术研发、信息技术复合型人才这两项因素的评分均低于行业评分，从上文分析可知马士基并不着重于技术研发、引进复合型人才，这是该两项评分低于行业平均值的关键因素。此外，马士基自己带头成立了数字化集装箱航运联盟（DCSA）。因此，其对多家公司联盟、数据资源整合、背靠大数据提升感知力这三项有效措施的评分为 5 分，均远高于行业平均认知。

5. 企业数字化现状评分

在计算行业数字化水平平均分后，发现马士基评分仍明显高于行业平均水平，马士基作为世界级公司在数字化进程上也远超市场。因此，仍选择将马士基数字化水平评分作为基础参照，将其与行业平均评分进行对比。

从行业与马士基公司数字化评分图 5 发现，马士基对自身数字化现状的评分较高，大部分均高于行业平均水平。在与马士基访谈的过程中，马士基向本小组表示其数字化程度位于行业前沿，已大体上实现端到端服务，能够打通整个数据链，包括预测、分析、预警等。仅航运业务一项评分低于行业平均水平，这可能是由于马士基全球业务范围广，上下游过于冗杂，导致其上下游衔接不流畅。此外，马士基

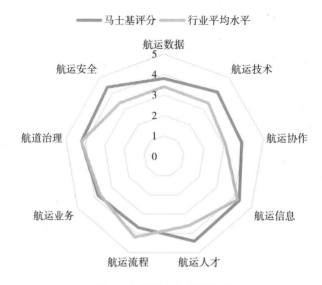

图5　企业数字化现状评分

还表示，为了避免外来危险入侵内部系统，公司制定了十分严格的保护措施，严格要求每一位员工，以减少公司数据被窃取、攻击的可能。这也是航运安全这一项评分远高于行业平均水平的原因。

（二）航运企业数字化转型现状

1. 对"数字化转型"概念的理解

对于绝大多数企业来说，数字化转型并不在于"数字化"这一概念的技术边界的拓展，即不需要进行大量的科研工作对其概念进行定义，而更多涉及数字化技术的应用。调研发现，航运业各企业对于数字化转型的理解更多是停留在技术应用层面，更多是将现有的数字化技术与行业现有的业务模式相结合，在优化现有业务模式的基础上，开拓新的业务模式。比如，达飞就通过引入移动端来规范业务流程；长荣利用数字化技术完善内部系统平台、建立单证中心；中远海运对企业现有数据进行大数据研发，将信息系统朝着信息支持系统的方向延伸，从而为企业运作和决策提供支持。因此，对航运企业来说，其数字化转型的创新更多体现在新的业务模式的延伸和研发上。

2. 企业数字化转型的契机

航运企业是传统的服务行业，这一行业性质决定了其数字化转型的开始时间是落后于其他新兴互联网企业的。航运企业的数字化转型速度是呈阶段式增长的，前期较为缓慢，近五年内快速发展。通过企业访谈和文献查阅，本调研小组总结了航运企业数字化转型的三大动机。

（1）需求引导型

航运业是具有服务性质的行业，客户的需求和满意度是航运企业制定公司决策的标准，企业的一切决策和举措都是出于服务客户的目的。近年来，客户的需求越来越朝着精细化、定制化方向发展，这就要求航运企业不断提高自我效率，在资源有限的情况下，各船公司需要依靠引入数字化技术从各方面提高信息传递效率，数字化转型由此开始。

（2）新冠肺炎疫情的推动

新冠肺炎疫情在航运企业数字化转型过程中起到了催化剂的作用，它不仅加快了航运企业原有的业务操作步伐，更是催生了新的业务模式。调研发现，多项数字化举措早在新冠肺炎疫情暴发之前就已在企业的数字化转型规划里，新冠肺炎疫情的暴发大大缩短了这些举措实现的时间。

（3）大环境的影响

在国家政策和大数据研发的双重驱动下，各行业的数字化转型势在必行。互联网企业掌握数字化技术研发和应用的尖端技术，是数字化大环境催生的产物，也是数字产业化的典型行业。由于互联网企业在掌握先进数字化技术后，想要将自身业务从"2C"向"2B"延伸，这为航运业带来了一定的资本冲击和跨行业竞争，激发了航运企业的风险忧患意识。为了抵御竞争和给客户更为优良的服务，航运业中"龙头"企业，如马士基、中远海运、达飞、长荣等，率先通过自主研发或与拥有前沿技术的初创企业合作共同打造数据共享平台，实现数字化转型。同时，一些货代、物流、报关等中小型企业在与大型企业合作时，借鉴其数字化转型模板，听取其经验，向行业巨头靠拢以完善自身的数字化发展。

3. 企业数字化转型采取的具体措施

在航运业供应链条上，各环节企业所处的地位不同，数字化转型的重点和态度也存在差异。在航运业整个生态圈里，船公司、客户和港口处于主导地位，也是最先开始数字化转型的。物流企业、报关企业多以中小型私营企业为主，资金缺乏，在整个供应链条上数字化水平还处于较低水平。具体来看，航运企业数字化转型采取的措施表现为：

（1）引入数字化工具，实现线下业务线上化

首先，航运企业积极建立电子商务平台。例如，马士基的 SPOT，中远海运的 Syncon Hub 等，实现了线上订舱、网上报价以及全程可视化服务。客户无须通过电话或邮件的方式向货代询问价格，可以直接在线上查询和订舱并进行货物跟踪。其次，航运企业不断推进全流程无纸化。借助互联网技术，传统的纸质提单已经变成电子提单，实现了"扫码提货"，节省了多次人工流转的繁琐程序与成本，保持高

度的安全性与可持续性。

（2）合作研发，升级系统和服务

航运企业与科技公司合作。例如，多家航运企业与 CargoSmart 科技公司推出航运业首个区块链联盟 GSBN。随后马士基与 IBM 合作推出的 Tradelens，把上下游企业都纳入进来，旨在将供应链流程数字化，实现各方之间的信息透明，从而大大降低贸易的成本和复杂程度。

此外，航运企业与物联网企业合作。例如，马士基与腾讯，韩新与韩国公司 KAKAO 的合作，运用人工智能技术推出智能客服，帮助客户实现个性化匹配服务。通过机器学习准确判断客户意图，提供更加智能的问答体验，及时为客户提供自助服务。

（3）数据采集，建立数据库分析市场变化

数据对航运企业意义重大，无论是数据的采集还是数据的传输都是航运企业改革的着力点。航运业环节众多，每一环节都会产生大量数据。因此，如何实现环节间数据的有效传输，并在此基础上积累底层数据建立数据库是航运企业在大数据背景下保持竞争力的关键。长三角地区的物流企业如恒隆物流致力于实现上下游企业之间的数据对接，并在数据录入和核对业务上实现了自动化。作为行业内龙头，马士基成立专业团队研究数字化和航运业的融合，成立了 GSBN 联盟，利用区块链技术制定全球行业数据标准，旨在打通供应链，实现实时的数据传送和信息互通，目前仅实现了船公司间的数据标准化。海关近些年也出台相关政策，建立相关信息公共平台，以求在长三角地区简化航运流程，提高航运效率。

4. 企业数字化转型的成效

航运业各环节数字化转型步调不一致，总的来说已实现三方面的成效。首先，大型船公司在数字化转型后已实现航线可视化，能够实时跟踪船舶航线信息等；其次，航运其他环节如报关、物流等通过操作流程的电子化、无纸化以及信息化，大大提高了信息传递的速率；最后，通过区块链技术，航运企业尽可能地将上下游生态圈中的企业划分进来，促进信息共享与交互，降低了彼此之间的沟通成本。

5. 企业数字化转型遇到的困难

（1）行业传统思维方式

数字化是一个打破现有框架的过程，在转型过程中，从业人员的思维方式、工作方式和流程都会发生翻天覆地的变化。作为一个相对传统的行业，要打破传统思维方式进行全新的数字化改革并不是一件容易的事。由于政策法规的不完善、行业的标准化程度低，客户更愿意采用传统流程进行交易。

（2）信息安全，隐私保护

数字化转型为航运企业带了许多裨益，但同时也存在着一定的风险。众多大型航运企业，像马士基、中远海运、达飞等皆遭遇过黑客袭击，导致系统瘫痪、数据失窃等严重后果，给企业造成了重大损失。因此，保障信息安全，防止客户信息的泄露成为航运企业极为重视的问题之一。

（3）技术人才的缺失

技术人才的短缺是航运企业数字化转型过程中面临的一大短板。数字化时代对人才提出了更高的要求，仅仅掌握信息技术还不够，更需要横跨多领域、学习能力强、既懂数字化技术，又懂业务的"桥梁型"人才。而且技术人才一般收入待遇较高，但是自身利润微薄、实力较弱的传统航运企业在同资金雄厚的互联网、高科技企业的人才竞争中明显处于下风的位置。

（4）标准化程度低

航运业有着缺乏指导性综合信息服务标准体系、同一系统多个标准、现有标准与国际标准不兼容等诸多问题，这在极大程度上阻碍了航运企业、海关、港口之间的信息交互。在物流环节，各地海事局管理模式不一，各港口有自己的数据输入习惯和采集渠道。各个海事局数据不串联，多次重复输入，且格式方法都不相同，区域壁垒明显。

6. 企业数字化转型的特点

（1）各行业数字化水平

在国家政策与行业需求双重因素的影响下，数字技术与产业融合的现象愈发显著。人工智能、大数据、区块链等数字技术与产业深度交融，从而起到效率的"助燃剂"作用。然而，在不同行业中数字化转型的水平不尽相同。数字化转型中名列前茅的有：ICT行业、媒体、金融和保险等；数字化转型位于中间位置的则有：零售贸易、医疗保健、批发贸易、高端制造业等；但相较于其他行业，制造业的基础设施与转型基础均相对薄弱，其中包括：建筑、房地产、农业以及运输。航运运输的数字化水平相较于其他行业较低，这主要原因是：不愿共享数据。这导致船舶与港口之间联系不紧密，船舶技术无法与海岸紧密合作。

（2）航运业供应链各环节数字化水平

航运运输链是一个复杂且冗长的过程，整个运输过程涉及码头、港口、物流、货代、航运等企业，这些企业的数字化转型程度也各不相同。其中，船公司数字化水平发展最为突出。数字化使得航线可视化、航线信息可追踪，从而提高船舶准时到港率；数字化使船公司打造了一整套内部交流系统，降低了企业沟通成本，提升信息传递速率；除此之外，在业务上使用电子提单技术，减少交易成本；打造本公司的App，向客户传递实时消息和运价，为客户带来更好的服务，提升客户体验。

（3）船公司内部数字化水平

在航运业供应链上，船公司是数字化转型程度最高的部分。航运业是一个"寡头垄断"现象和"联盟化"现象较为严重的行业，排名前十的企业已经占据了市场份额的80%，利润对运力供需缺口的弹性非常大。由马士基航运公司和地中海航运公司组成的 2M 联盟、由中远海运、法国达飞、长荣海运组成的 Ocean 联盟、由赫伯罗特、海洋网联（ONE）、阳明海运、现代商船组成的 THE 联盟的三大联盟之间互相帮助以求为客户创造更加便利快捷的运输体验。这使排名靠前的船运公司的数字化发展水平较高，这间接带动了排名靠后的船公司，为他们的数字化转型提供了借鉴模板，也为他们提供了数字化转型的动力和环境，逐步促进整个航运业的数字化转型进程。

7. 企业数字化转型的未来规划和经验分享

航运企业的数字化转型并不是一帆风顺的，本小组总结了各家企业数字化转型过程和经验发现，航运企业要想实现高效的转型：首先，需要完成的便是标准化，有固定化标准后才能有数字化转型；其次，要有坚定的决心，企业内部、企业之间要相互扶持；最后，要保持与时俱进的心态，时刻保持风险忧患意识，主动迎接数字化浪潮。

（三）航运企业在长三角交通一体化进程中发挥的作用

自 21 世纪以来，长三角在协同发展方面如何合理布局与分工一直是长三角港口群规划发展的侧重点。现阶段更加注重港口群一体化发展。因此，长三角地区将建立交通运输全链条协同体制机制，涉及跨区域运输联动管理、跨区域通关协作等多个方面，这些将对促进长三角港口群一体化发展产生显著影响。

1. 航运业各环节在长三角交通一体化进程中的地位

长江被誉为"黄金水道"，具有极高的航运价值。长三角地区要实现交通一体化，必须充分发挥水运的效率。航运业在长三角地区的地位举足轻重，业内企业通过效率的提高助力长三角交通一体化。其中，船公司作为行业内的领头人在提高航运效率方面一直走在行业前端，不断通过自身业务改革、打造信息平台来为生态内其他企业提供借鉴。报关企业的主要业务就是报关、通关，其主要通过提高报关效率、降低报关出错率来提高业务效率。物流企业主要负责内河航线的运营，是推进长三角交通一体化的重要力量。由于长三角区域内的物流企业以私营为主，多数企业在数字化转型方面的资金缺乏，企业更多的是扮演响应政府号召的角色。最后，政府在长三角交通一体化进程中发挥着领导作用，航运企业以政府政策为指导方向，在此基础上发挥主动性。总之，在航运业生态圈内，船公司和港口是核心，是改革的主力军。报关、物流等企业是中坚力量，积极配合一体化改革。政府是领导者，同时也是服务者，帮助推动改革，把握总体大方向。

2. 航运企业采取的具体措施

航运业各环节企业主要以两种方式提高整个行业的航运效率：自身改革和供应链上的合作。在自身改革方面，航运业各环节企业通过数字化转型、升级完善系统、重组人员结构等方式重塑着企业的业务流程。供应链上的合作是企业提高行业效率的主要方式，以马士基为首的大型船公司率先联合生态圈内各企业，突破传统模式。如几家船公司在 GSBN 联盟内引入区块链技术，将信息在区块链中进行加密、校验，加快了上下游之间的沟通。

3. 航运业各环节存在的效率问题

航运业各环节企业在参与长三角交通一体化进程中实现了许多新的突破，但也没有完全发挥效率。调研发现，航运业各环节企业在一体化进程中步伐不一致，实力雄厚的船公司转型步伐较快，而一些车队、报关、物流企业由于受到国内环境和资金方面的限制，还处于转型起步阶段。步伐的不一致会导致各环节的业务衔接不上，造成不必要的时间和成本的浪费。如恒隆物流提出，近些年船公司和央企驳船公司的改革较快，客户的运输需求也越来越旺盛，但本公司还有许多环节需要依靠人力，新系统的价格也比较高昂，因此经常面临供不应求的情况。具体分析航运业各环节企业的效率情况发现，在报关行业还有许多实际操作存在问题，如时差的存在会影响国内外客户的沟通、单据需要多次重复录入等。

五、实证分析

本文旨在研究长三角地区航运企业的数字化转型现状，及探究影响航运业数字化转型的因素。通过相关学者研究内容及对访谈内容整理，总结出 12 个可能对行业数字化产生影响的因素，这些因素将用于建立模型。本次研究采用灰色关联分析法及多元线性回归模型，用于提取与数字化转型高度相关因素，并建立回归模型探究影响数字化转型的因素，根据所计算关联度对影响数字化的因素进行排序。

（一）灰色关联分析法

灰色系统理论是由学者邓聚龙教授首创的一种系统科学理论（Grey Theory），又称灰色关联度分析（Grey Relation Analysis，GRA），是一种多因素统计分析的方法。在复杂且多变量的时间序列系统中，常常有着许多变量因数在同时影响着系统状态的发展。通常情况下，希望能够知道系统中哪个变量起到了更大的影响作用，哪个变量对于系统的影响更小。但是，系统中变量之间的关系往往都是一个灰色系统，即信息是不清晰、不完整、不确定的。灰色关联分析法通过两点之间的距离衡量量级的变化程度，两点间的斜率衡量变量的变化趋势，以灰度关系的量级来描述变量之间的关系，并且确定各变量的重要程度和关联程度的大小。

1. 模型计算步骤

Step1：收集所需指标序列值

确定分析序列中的母序列、子序列，母序列又称为参考序列，子序列又称为比较序列。母序列指能反映系统行为特征的数据序列，类似于因变量 Y；子序列表示影响系统行为的因素组成的数据序列，类似于因变量 X。

Step2：将序列进行无量纲化处理

由于各指标的单位不同，需要对原始数据进行无量纲化处理，数据无量纲化处理的方法有均值化、初值化、零化等。本文采用均值化法，即所有的指标除以平均值。

Step3：计算灰色关联系数

计算公式如下：

$$\xi_i(k) = \frac{\min\limits_{i}\min\limits_{k}|y(k)-x_i(k)| + \rho\max\limits_{i}\max\limits_{i}|y(k)-x_i(k)|}{|y(k)-x_i(k)| + \max\limits_{i}\max\limits_{i}|y(k)-x_i(k)|}$$

其中，y 表示参考序列，x 表示比较序列。$\xi(k)$ 为 x_i 对 $y(k)$ 在 k 点的关联系数；

$\min\limits_{i}\min\limits_{k}|y(k)-x_i(k)|$ 为 y 序列与 x 序列在 k 点的二级最小差的绝对值，$\max\limits_{i}\max\limits_{i}|y(k)-x_i(k)|$ 为二级最大差的绝对值。ρ 为灰色分辨系数，通常取 0.5。

Step4：计算关联度 r_i

$$r_i = \frac{1}{n}\sum_{k=1}^{n}\xi_i(k)$$

得到关联度，从而根据关联度进行排名。

2. 指标选取与数据来源

在梳理航运文献、新闻报道后，梳理出 9 个可以直接或间接体现航运数字化的指标。分别为：上海港口货物吞吐量（万吨）X1、上海港口外贸集装箱吞吐量（万吨）X2、上海港口外贸货物吞吐量（万吨）X3、上海港口泊位数（个）X4、上海（内河）港口生产用泊位数（个）X5、水运货运量（万吨）X6、远洋货运量（万吨）X7、水上运输业就业人员数（人）X8、外贸货物吞吐量累计增长（%）X9。并查阅相关构建数字化指标体系文献，并考虑到数据的实效性和可收集性，选取有代表性的指标用于构建航运业数字化综合指标，如行业从业人数、生产装备数量等指标，并通过主成分分析法确定权重，最后采用加权计算得到代表行业数字化现状的指标 Y。

3. 灰色关联分析结果

经过四个步骤计算得到关联度，排序结果如表 4 所示：

表 4　关联度排序结果

影响因素	关联度	关联度排名
水上运输业就业人员数（人）	0.9874	1
上海（内河）港口生产用泊位数（个）	0.937	2
上海港口货物吞吐量（万吨）	0.9083	3
上海港口外贸集装箱吞吐量（万吨）	0.8628	4
远洋货运量（万吨）	0.8626	5
上海港口外贸货物吞吐量（万吨）	0.8614	6
水运货运量（万吨）	0.8351	7
外贸货物吞吐量累计增长（％）	0.828	8
上海港口泊位数（个）	0.8082	9

由关联分析结果可知，各项指标与衡量数字化的指标关联度均在 80% 以上，表明所选指标能够较好地影响行业数字化进程。关联度排名第一的为运输业就业人数指标，与行业数字化关联度高达 98.74%。在访谈过程中，本小组也了解到行业在与供应链上下游交流、与各地海关接触的过程中会涉及大量工作人员，如此便降低了运行效率。此外，多家企业还表示数字化减少了港航交流、上下游交流的时间成本。因此，说明运输业就业人数确实是促进和影响行业数字化的第一大因素。此外，港口生产用泊位数、货物吞吐量、货运量等八项指标与行业数字化的关联度均高于 80%，这些与航运业息息相关的指标也表现出关联高度密切性。说明船舶、吞吐量、货运量、吞吐量增幅等能反映航运业市场发展程度的指标，也能很好地促进行业数字化转型。如港口泊位数的增长代表着港口船舶停靠所需时间、人力成本的增加，进一步推动了行业实施"智慧船舶""智慧港口"等数字化进程。

（二）建立多元线性回归模型

回归模型可以用一个或多个自变量来预测响应变量，当影响响应变量的因素为多个，此时回归问题称为多元回归。回归模型根据响应变量的类型可划分为普通线性回归和广义线性回归，当响应变量为离散型变量时应建立广义线性回归模型。而本研究中的响应变量为代表行业数字化现状的指标 Y，属于连续型变量。因此，选择构建多元线性回归模型，用于探究影响数字化转型的因素。

1. 多元线性回归模型

多元线性回归模型的方程表示如下：

$$y = \beta_0 + \beta_1 x_1 + \cdots + \beta_p x_p + \epsilon$$

其中，$\epsilon \sim N(0, \sigma^2 I_n)$。通过使残差平方和达到最小来获得模型参数估计，这样的参数被称为 Ordinary Least Square（OLS）普通最小二乘估计。

$$\hat{\beta} = \arg \min_{\beta \in R^p} \| Y - X\beta \|^2$$

2. 指标选取

参考其他研究内容，认为地区的金融、经济等相关指标也会对其航运业发展水平带来一定辐射效应。因此，在灰色关联分析指标的基础上，引入三个新指标用作数字化水平的可能影响因素。分别为上海关区出口总额 X10（单位：亿美元）、上海关区进口总额 X11（单位：亿美元）、人均存款余额 X12（单位：元）。指标数据来源于上海统计年鉴。

3. 模型结果分析

将现有 11 个统计指标 X_i 及表示航运业数字化水平的指标 Y 带入回归模型，显著性水平 $\alpha = 0.01$，得到模型结果如表 5。

表 5　回归结果 P 值展示

变量	系数	P 值	变量	系数	P 值
截距	5.269e－02	0.2606	X7	－1.242e－06	＊＊＊
X1	3.333e－01	＊＊＊	X8	3.333e－01	＊＊＊
X2	－5.138e－05	0.0669	X9	－3.036e－03	0.0624
X3	1.142e－06	0.6918	X10	4.059e－05	0.0639
X4	3.333e－01	＊＊＊	X11	3.056e－06	0.8899
X5	2.179e－05	0.2627	X12	8.106e－07	0.1189
X6	8.740e－09	0.9014			

表中"＊＊＊"代表变量在 99% 置信水平下显著。由回归模型结果可知，对航运业数字化水平存在显著影响的指标有上海港口货物吞吐量（万吨）X1、上海港口泊位数（个）X4、远洋货运量（万吨）X7、水上运输业就业人员数（人）X8。其中，远洋货运量（万吨）X7 的估计系数为负，表示变量远洋货运量 X7 对数字化进程影响为消极影响；而其他三项变量估计系数为正，表示上海港口货物吞吐量（万

吨）X1、上海港口泊位数（个）X4、水上运输业就业人员数（人）X8 对数字化进程为积极影响。

从回归结果分析可知，港口货物吞吐量、泊位数、就业人数均会对航运业的数字化进程产生促进作用，这可能是由于航运业在发展过程中形成一定规模后，巨量的对接内容和大量的业内人员使工作量变得繁琐。因此，在一定程度上推动了数字化的发展。如访谈企业向本小组提到，"跑单"这一业务就是从人工转变为线上进行。

六、结论和建议

（一）加大数字化转型力度，发展供应链金融

通过与航运企业的访谈我们了解到，如今整个航运企业供应链数字化转型的步调不太一致。其中，很多中小型企业跟不上核心企业转型的步伐，在很多业务、操作上都会受到一定的阻碍。为解决这样的难题，一是中小企业要坚持转型的决心，提高转型意识，充实数字化人才储备。二是要构建数字化生态体系，强化数字化公共服务。例如构建数字化转型发展协会以及研究机构，从而对中小型企业的转型进行指导。三是要加强政策扶持，整合财税、金融、人才、土地等方面的政策力量，进一步推动中小型企业进行数字化转型。

与此同时，航运企业应积极发展供应链金融。航运业核心企业需将上下游联系在一起，帮助其获得更加灵活的金融产品和服务，通过这样的方式在降低自身风险的同时，促使中小型企业更加便捷快速地融资，加快其数字化转型的步伐，从而提高整个供应链的效率，降低成本，实现利润最大化。

（二）引进高科技人才，加强技术运用

航运企业是比较传统的行业，在访谈过程中，多家企业谈到难以挖掘到复合型高科技技术人才的问题。首先，航运企业应加强内部培训，对员工进行相应的技术指导，鼓励员工进行相应的学习；其次，航运企业可以通过与政府的合作，出台相应的补贴激励制度，从而吸引更多的技术人才进入行业；最后，航运企业还应加强和当地高校、职校之间的合作，对学校的课程培训提出建议，鼓励高校向航运业输送更多的技术人才。

同时，航运企业需通过自身的技术能力或与科技公司合作的方式积极开发并优化企业的信息系统，为客户提供更加便捷高效的服务。同时，运用物联网技术来实

现货物与船舶的智能化识别、定位、跟踪、监管等功能，降低货物的管理成本，进一步提高运营效率。

（三）加强航运链上下游企业之间的合作，促进信息交互

航运是长三角地区的主要运输方式，也是打造物流集散中心的关键环节。航运链是一个冗长而复杂的运输过程，其中，涉及航运、报关、货代、物流、码头等一系列企业之间相互配合，才可以将货物圆满送到目的地。这势必导致企业与企业之间存在信息差和时间差的问题，所以为了解决这一问题，长三角各港口集团之间应加强合作，由政府牵头或者由龙头企业构建联盟，共同研发一个适用于各个企业的各个环节的信息共享平台，运用区块链技术从货品离开外贸企业的仓库时，就为其建立自生的数据名片。积累底层数据建立数据库是航运企业在大数据背景下保持竞争力的关键。除此之外，由于历史、利益等因素，异地港口流程存在一些差异需要人工进行逐项修改，这导致耗时耗力，也容易出现不必要的人工失误。目前，各地港务局也在进行多方面尝试。面对各港口存在的流程差异，可以先从数据的标准化入手，保证系统的顺利高效对接。海关近些年也出台了相关政策，建立了相关信息公共平台，以求在长三角地区简化航运流程，提高航运效率。

（四）继续开发数字应用场景，实现港口、航运等航运业务链的数字化协同

近些年，航运业数字化转型的步伐快、投资大，多家世界龙头企业正带头尝试向多个方向探索发展。区块链、人工智能、大数据等技术在航运数字化中反复被人提起，并成为热点。头部企业带领其他企业成立航运联盟，如数字化集装箱航运联盟（DCSA）民间行业组织；全球航运业务区块链网络（GSBN）等，旨在探索数字技术在航运业新的应用场景。未来航运业的业务需求仍在不断扩大，如何结合数字手段更好地应对和消化大量需求，提升用户体验，提供高效、便利、安全的服务方式，简化供应链上下端交流成本等是航运业在数字化道路上的新挑战。

参考文献

［1］蓝春海．数字化转型助力航运企业高质量发展（上）［J］．中国远洋海运，2019（10）：60－62＋64．

［2］徐凯．航运数字化转型，怎么走？［J］．珠江水运，2021（02）：60－63．

［3］蒋元涛，余思勤．航运业不景气背景下马士基航运的战略及其对上海国际航运中心建设的启示［J］．水运管理，2016，38（11）：6－9＋12．

［4］李琳．加速推进航运企业数字化转型［J］．中国远洋海运，2019（12）：72－73．

［5］孙志龙．上海国际航运中心与长江航运业的联动发展［J］．水运管理，2018，40（07）：10－12＋31．

［6］航运业数字化行至"十字路口"［J］．珠江水运，2018（07）：23－24．

［7］李佳峰，周清源，吴斯．中小企业如何把握数字化转型机遇［N］．经济日报，2020－10－09（011）．

［8］范合君，吴婷．中国数字化程度测度与指标体系构建［J］．首都经济贸易大学学报，2020，22（04）：3－12．

［9］吴红岩，甘爱平．上海国际金融中心与国际航运中心协调发展测度——基于耦合协调模型的研究［J］．当代经济，2021（05）：21－27．

附　录　调研感悟

（一）指导教师调研感悟

1. 刘永辉

参加 2021 年的"访万企，读中国"社会调查活动，感受良多。第十七调研组由我和工商管理学院的蔡会明老师、王俊丹、陈弘扬两位研究生、金融专业的刘轶琳、王丹丹、聂如微、孙佳园组成，聚焦长三角航运业数字化发展。这是一个黄金组合，师生八人来自三个学院，来自四个不同的学科，共同组成一个团结友爱的团队，实地访谈和在线调研了 12 家企业。我参加了对长荣海运的现场调研，参加了世界排名第一的马士基公司的两场在线调研，也参加了高丽海运、韩新海运等外资公司的在线访谈，亲自了解到国内外航运业数字化发展的现状，感受到丹麦、韩国、中国台湾以及国内不同类型航运公司的差异，感受到长三角一体化给内资和外资企业带来的不同变化，也征寻到了这些航运企业对商务部、海关总署和上海市政府提出的希望解决的一些问题，我感到收获巨大，成果丰硕。师生一同走出校门，用外贸企业的现状来检验自己在学校的所思所学，是一次真正的理论到实际的社会实践。

2. 蔡会明

感谢同学们的信任，邀请我作为指导老师参加了 2021 年"访万企，读中国"航运组的暑假社会调查活动。从调研团队构成看，我们所在的第十七调研组是一个优势互补、高效协作的具有战斗力的团队；从调研过程来看，同学们分工明确，准备充分，调研成果丰硕；从调研的实效来看，同学们通过调研了解了企业的运作实践，积累了社会经验；从调研指导来看，我们组刘永辉院长展现了敬业、专业和严谨的学者风范。在前、中、后期都对学生进行了悉心指导。本次调研同学态度积极，团结协作，在老师们指导下，顺利完成任务，实现了预期的调研目标。

（二）小组成员调研感悟

1. 王俊丹

今年暑假，我有幸参加了学院组织的"访万企"活动，获益匪浅。首先，我们团队的指导老师认真负责，在实地访谈前、访谈时以及访谈后给予我们大力支持。我们团队成员来自两个不同学科，大家专业互补，从多个视角解读研究内容；其次，此次活动我担任团队的组长，这是一种全新的体验，明白了组织协调的不易，也提升了我的沟通能力；最后，在实地访谈时，我们了解到了基层企业的想法，这是我们在学校、在课堂上无法接触到的，我想这也是实践活动的意义。总之，此次活动有压力也有成就，有熬夜奋战也有互相鼓励，是一种特别的体验。

2. 陈弘扬

非常荣幸能够参与 2021 年"访万企，读中国"社会实践调查活动，与往日学生生活不同，此次调查让参与者们走出校园，与企业高层人员近距离接触，为学生提供新的视角看世界。在与 10 余家企业深度交流的时间里，我了解到许多从新闻、文献中不能得到的一手消息，也第一次从经营者的角度看待一个问题。此外，本小组此次调研让我了解到当前海运是如何运转、航运业数字化水平达到什么程度，以及中国航运业在世界排名如何等情况。因此，要感谢此次调研让我学会从实践角度思考问题、快速了解一个新行业；也衷心感谢本次调研项目的两位带队老师及全体组员，是大家一起成就了本次调研的圆满完成。

3. 聂如微

万企活动已接近尾声，我们经历了前期组队、选题、联系企业、访谈、撰写报告，每一个环节大家都齐心协力。很幸运能有机会得到刘院长的指导，很感谢所有成员特别是两位研究生学姐的付出。通过对航运企业的调研，我深入了解了一个新的行业，开阔了我的眼界，也让我更加明白上海国际航运中心建设的意义。在本次调研中，我们不仅形成了自己的选题报告，也汇总了各个公司对于海关总署和上海市政府的建议，并形成了报告，希望它能对社会各方有所帮助。

4. 孙佳园

很高兴也很荣幸能够参与此次"访万企"暑期实践。我们此次访问的基本都是航运业的企业，另外，还有几家报关和物流企业作为补充。这次活动给了我十分难得的机会去接触航运业及其数字化、一体化相关内容。社会实践拉近了我与社会的距离，也让自己在社会实践中开阔了视野，增长了才干，为将来面对更加激烈的竞争打下了更为坚实的基础。希望以后还有这样的机会，可以让我从实践中得到锻炼。

5. 王丹丹

两个月的时间转眼即逝，在此期间我们访问了 10 余家位于长三角地区航运链的航运、报关、货运企业，了解了当前数字化转型情况和长三角一体化进程对于企业的影响以及对于相关政策的建议。通过本次社会实践，我收获颇丰。在联系企业的过程中，让我学会了如何有效沟通以达到效率最大化；对企业进行采访时，应先做好充足的背景调查，结合各家企业的特点进行针对性访问，再根据企业的回答和我们想要获取的信息来进行采访。最后，很感谢刘永辉老师和蔡会明老师的帮助。

6. 刘轶琳

非常荣幸能够参加此次活动，在两位指导老师以及两位学姐的带领下，我们出色地完成了此次调研任务。首先，在此次调研中，通过一系列的访谈、问卷和实地调研，让我对航运业的运作模式以及其数字化转型的具体情况有了深入了解；其次，我们小组每位组员都非常积极主动，高质量完成自己的任务，提高了整个小组的调研效率，这让我体会到了团队合作的力量；最后，在与企业负责人访谈的过程中，大大锻炼了我与人沟通交往的能力。总之，此次调研活动对我来说是一次非常宝贵的经历，感谢两位老师以及所有组员的努力付出！

数字化引领长三角机电制造业高质量发展研究

王 京　王子萌　孙天堃　顾祎央　孙世豪　乐錞维

指导教师：刘永辉　李瑞囡

摘 要

　　随着"十四五"开局，我国进入新的发展阶段，机电行业需要在数字化研发、智能制造等方面实现新突破，以实现行业高质量"走出去"战略。本文聚焦长三角机电制造业的数字化发展水平，探究其对企业高质量发展的影响。通过与机电制造企业的管理者访谈、辅助以问卷调查的调研方式，调研团队掌握了关于机电制造企业数字化现状的第一手数据。通过整合调研所得的企业资料、问卷数据和访谈信息，我们基于的数字化人才、数字化研发、数字化运营三大角度评估企业的数字化水平，并且构建五个维度的效应水平——成本节约、规模经济、精准配置、效率提升、创新赋能来评估企业高质量发展状况，经过统计分析得出相关结论，为企业推进数字化发展指明方向，为政府制定政策提供参考。

　　关键词：数字化；机电制造业；高质量发展；长三角地区

一、调研背景和意义

　　党的十九届五中全会提出，要加快数字化发展，建设数字中国。会议审议通过的"十四五"规划将数字经济发展和数字化转型目标与作用提升到国民经济的高度。作为我国经济发展最活跃、开放程度最高、创新能力最强的区域之一，长江三角洲（长三角）地区是全国创新发展的先行者、排头兵。自首届中国进口博览会将长三角一体化发展提升为国家战略以来，长三角更是按下了发展的"加速键"，始终紧扣"高质量"和"一体化"两个方面，创新一体化发展机制，形成高质量区域集群。2020年，长三角一市三省经济总量占全国经济的比重高达1/4，经济发展水平位居全国前列，具备更高起点推进高质量一体化发展的卓越条件。

改革开放后，机电行业在"引进来"的同时开始"走出去"。据海关统计，目前，我国 62% 的出口产品都以机电制造类为主，现已发展成为高新技术产品贸易的支柱产业，并且世界前 20 所以机电制造专业为核心的大学，有 14 所在中国。机电制造是结合机械制造与电子技术的行业，代表着制造业的高端技术水平，是我国制造业参与国际竞争的先导力量。2021 年 4 月 1 日，国家发展改革委员会等 6 部门联合发布的《长三角 G60 科创走廊建设方案》中指出，要"夯实先进制造业基础，培育以科技创新为核心的产业竞争新优势"。

随着"十四五"开局，我国进入了新的发展阶段。与此同时，机电行业也面临产品智能化、流程数字化等方面的新突破。由于中国机电制造的起步较晚，且受其他国家技术封锁的影响，与德国、日本等制造强国差距悬殊，而经济运行的规律和国家产业的发展，又必然要求机电制造业更快更好地实现高质量发展。

我国经济发展速度经历了从"缓慢"到"高速"的变化，如今已来到了转变发展方式的崭新阶段，即"高质量发展"。高质量发展的核心在于创新、高效、节能、环保，而数字化正是辅助实现高质量发展的重要基础和手段。数字化是信息时代下企业发展的大势所趋。一方面，通过合理地运用数字化手段，企业可以大幅降低重复性作业对于人力的依赖，使各个流程简单化、规范化，进而提高工作效率及精确度以达到降本增效的目的；另一方面，高效的数字化手段能够使各类繁杂的数据显性化、透明化，方便企业对各环节进行管控，也为企业进一步分析数据、充分挖掘数据背后的价值提供基础。

本次调研以长三角机电制造业为例，从数字化水平视角探究其高质量发展状况，通过细化高质量发展维度，分析数字化发展程度对机电制造业高质量发展的作用机制，进而探索企业在数字化转型过程中降本增效的较优方案、有利于机电制造业高质量发展的路径模式，以期为长三角机电制造业高质量发展提供可行的建议。从行业角度而言，探究机电制造业的数字化转型举措，有助于充分发挥其在制造业中的先导示范作用；从区域角度而言，探索长三角一体化，旨在充分发挥长三角地区对于全国的引领作用。

二、调研方案与实施

（一）调研方案

1. 调研目的

目前，企业大多都意识到数字化对于企业发展的重要助推作用，正以不同方式推进着数字化进程。然而在具体实施上仍存在经济效益的权衡。本次调研，旨在探究数字化对于企业高质量发展的具体作用与联系，以高质量发展为出发点，就数字化与企业高质量发展的联系对企业数字化实践提供建设性意见。

2. 调研内容

本文基于数字化人才、数字化研发、数字化运营三个角度评估企业数字化水平，通过构建五个维度的效应水平——成本节约、规模经济、精准配置、效率提升、创新赋能评估企业高质量发展状况。通过整合访谈所得企业资料、问卷数据和访谈信息，分析不同角度、不同程度的数字化水平对于机电制造企业高质量发展的影响。以访谈、问卷等收集的第一手数据为依据，辅助统计分析得出相关结论，为企业推进数字化发展指明方向，为政府制定政策提供参考。

3. 调研方法

调研以问卷和访谈并行的形式进行。问卷旨在全面、清晰地了解企业的概况；访谈旨在通过与企业相关负责人面对面交流，获得企业高管对数字化问题的核心感受与看法。基于选题和研究目标，小组对问题作了针对化设计。在查阅文献、确定选题、优化问卷后，小组成员通过线下实地访谈（后续受新冠肺炎疫情影响转为线上）和线上问卷发放，获取了有关企业数字化状况和高质量发展水平的第一手数据。通过对问卷和数据的描述分析、企业访谈内容的文本整合，梳理出企业数字化程度对高质量发展影响的概况，形成调研报告。

针对数字化转型水平，调查员分别从数字化人才、数字化研发与生产、数字化运营管理三个角度与受访企业管理者交谈。我们对于调研资料的分析分为两步，先从受访企业管理者处初步了解某个企业的数字化现状，提取概念化的标签；再从其调查问卷中提取各企业纵向可比性的数字化程度指标，进而了解整个机电制造业的数字化发展，为进一步了解数字化对其高质量发展的影响奠定基础。本文的调研流程如图1所示。

（二）调研对象

基于小组对长三角机电制造业高质量发展的选题特点及规定动作调研所需，选取了G60科创走廊中位于上海市松江区的多家企业进行调研。调研企业主要以机电制造业为主，以下为参与调研的企业名录：

柯尼卡美能达光学仪器（上海）有限公司、东陶（上海）有限公司、松下住宅电器（上海）有限公司、上海保隆汽车科技股份有限公司、上海旭福电子有限公司、上海比亚迪有限公司、德谦（上海）化学有限公司、库卡机器人制造（上海）有限公司等。

（三）调研项目

（1）企业数字化转型的背景。

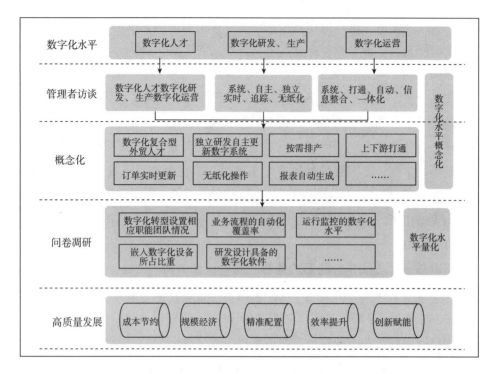

图1　数字化发展调研流程

（2）企业数字化现状。

（3）企业数字化转型措施。

（4）企业数字化转型对研发环节的改变与影响。

（5）企业数字化转型对人力资本结构的改变及其影响。

（6）企业数字化转型对生产、采购、销售、办公等环节运营管理的影响。

（7）企业数字化转型与机电企业在人才、研发与运营方面的适配度。

（8）企业不同程度的数字化水平对高质量发展的效应。

（9）企业转型过程中的经典案例与业态。

（10）企业新业态实施的困难和挑战。

（11）企业新业态未来的发展方向。

（四）调研任务分配

前期准备：联络员确定访谈对象及时间；通讯员制订访谈计划，集体审定访谈内容。

访谈过程：联络员主持访谈并提问，指导老师作深入提问与探讨，其他成员补充；记录员完成会议记录，提纲挈领；宣传员完成相关推送，及时提交审核并发布；财务管理员保管行程发票，做好记录。

报告撰写：小组成员协作完成初稿，指导老师审定、完善后形成终稿。

表1　调研任务分配

姓名	职务	工作内容
王京	联络员、主持人	联系企业，访谈主持
王子萌	财务管理员	财务、发票统一管理
孙天堃	通讯员	通知转发，访谈计划成文，会议录制
孙世豪	记录员	访谈记录、校对，文字编辑
乐錞维	记录员	访谈记录、校对，文字编辑
顾祎央	宣传员	照片拍摄，公众号运营

（五）调研工作时间安排

表2　调研工作时间安排

日期	工作内容安排	备注
7月1日至7月9日	查阅资料，确定选题方向及受访企业名单	
7月10日至7月11日	查阅受访企业基本资料，设计自选动作问卷及访谈内容	
7月12日至7月15日	联系企业，协调走访时间，并完善访谈提纲	
7月16日14：00	访谈东陶（上海）有限公司	线下
7月28日13：00	访谈柯尼卡美能达光学仪器（上海）有限公司	线下
7月29日14：00	访谈上海保隆汽车科技股份有限公司	线下
7月30日10：00	访谈松下住宅电器（上海）有限公司	线上
7月30日14：00	访谈上海旭福电子有限公司	线上
8月6日14：00	访谈库卡机器人制造（上海）有限公司	线上
8月9日13：30	访谈上海比亚迪有限公司	线上
8月10日9：30	访谈德谦（上海）化学有限公司	线上
8月16日至8月25日	数据处理分析，撰写调研报告	

三、问卷调研结果统计分析

（一）样本基本情况

截至2021年8月23日，调研收集到有效规范问卷124份（含本组调研的8家企业填写的规范问卷）、有效自选动作问卷8份。其中，制造业企业70家，占受访企业的 56.5%；机电类企业 47 家，占受访制造业企业总数的比例高达 67.1%。纵向来看，按资本结构可将受访企业划分为三类。其中，本地企业占比 29.8%，内资企业占 12.8%，外资企业占 57.4%；横向划分下，按地区分类可得，企业分布以长三角地区为主，涉及上海、安徽、江苏、浙江、海南、江西六个省市。其中，多数企业为上海本地企业，海南、江西也各有一家代表性企业受访。

通过梳理有效自选动作问卷，见表 3，我们发现企业的数字化水平处于中等水平。受访企业在基础设施—设备数字资源装配率上差异性较大，而对于数字化战略和规划基本都表现出积极的愿景，企业间的差异性较小。

表 3　数字化程度的描述性统计分析

		最小值	最大值	均值	标准差
数字化人才	管理层数字化素质	2.67	4.33	3.25	0.56
	数字化人才队伍建设	3.67	5.00	4.33	0.53
数字化研发	基础设施—数字化投入比	1.00	2.00	1.25	0.46
	基础设施—设备数字资源装配率	1.00	5.00	2.63	1.30
	基础设施—数控设备联网率	3.00	5.00	3.75	0.89
	研发设计的数字化	1.25	4.75	3.13	1.13
	生产制造的数字化	3.75	5.75	4.78	0.73
数字化运营	运行维护的数字化	1.00	3.00	2.00	0.65
	经营管理的数字化	3.00	4.50	4.00	0.55
	数字化战略与规划	1.50	3.00	2.31	0.53

（二）数字化转型现状分析

1. 数字化人才

调查员与受访企业就管理层数字化素养及数字化人才队伍建设问题进行了深入探讨，见表 4。企业普遍表示，对于数字化、专业化的复合型人才需求在与日俱增，除了将学历作为录用门槛，也更希望招收多样化的技术性人才。此外，企业内部也有相关奖补措施，吸引高学历高技术专业人才进入公司就职。对于已经吸纳入职的员工，企业也积极组织相关培训，协助员工熟悉公司业务流程。

表 4　人才招收与培养问题访谈

管理者访谈记录	标签	概念化
对半导体技术背景方面的人才有较大需求；对数字化管理方面的人才有一定要求。此外，对英语也有要求	懂技术、数字化管理、英语	数字化复合型外贸人才

续　表

管理者访谈记录	标签	概念化
学历、对社会的认知、对办公自动化的熟悉程度要高。在设备技术方面需要高学历的人才。希望以后的人才是多样化的	熟悉自动化、高学历	技术型多样化人才
开发人员从大学毕业开始自主培养。我司认为不仅需要 IT 技术，还要熟悉公司生产制造以及管理的流程，以控制软件开发的成本	懂技术、熟流程	技术复合型人才
目前的管理层是从基层提拔的，对流程等业务比较熟悉。日后会招高端人才，带来新理念。集团内部也有政策鼓励高学历人才进入公司	熟业务、高学历	业务型高学历人才

（1）管理层数字化素质。我们就管理层数字化转型的建设意愿进行了深入调研，如图 2 所示。结果显示，90% 的企业都在不同程度上对数字化转型工作进行职能团队的构建，45% 的企业设置了跨部门中央统筹协调的专职、兼职工作部门应对数字化转型带来的部门协作的问题。

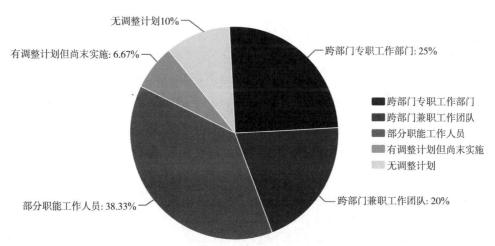

图 2　对数字化转型设置相应职能团队情况

（2）数字化人才队伍建设。对企业数字化人才队伍建设的调研结果，如图 3 所示。技术更新较快、数字化转型带来大量的新技术新应用对于公司内的老员工是一种挑战，但是老员工对业务的熟悉程度也是新员工短期难以媲美的。因此，内部开展数字化技术的学习尤为重要，对于已经开展了数字化建设的企业而言，为保持企业与时俱进的先进性，都要开展持续的数字化学习。

在与受访企业的交流中，我们发现当前劳动力市场中数字技能类人才短缺的三个主要表现：一是高精尖人才流失率较大，供不应求；二是复合型人才供不应求；

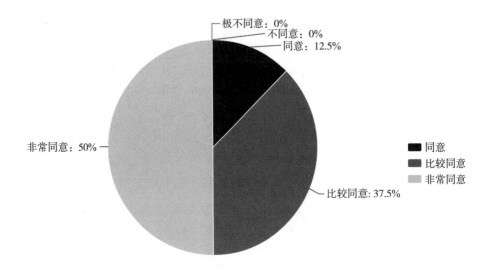

图3　数字化技术的持续性学习

三是人才培养体系跟不上需求增长。这些问题成为现阶段企业数字化转型的最大困扰。数字化人才的短缺在一定程度上限制了企业的发展。对正在积极进行数字化建设的企业而言，比较认同需要适当从外部招聘数字化人才，如图4所示，才能更好地落实数字化转型这一观点。

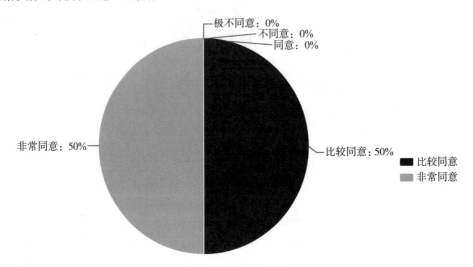

图4　从外部招聘数字化人才

此外，企业普遍对应当组建合理的数字化专业团队表示认同（如图5所示）。但对于企业而言，团队的组建应该更贴合于企业业务。从数字化人才培养计划来看，如图6所示，绝大部分企业都已经开展了人才培养计划，只有15.83%的企业在短期内没有对数字化人才进行特别培养的计划。

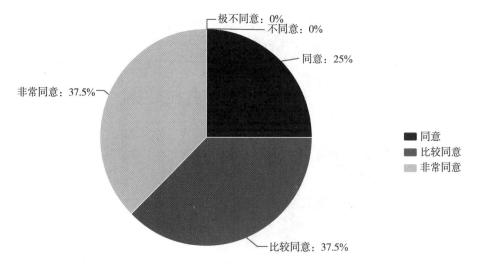

图 5　为数字化项目组建专业团队

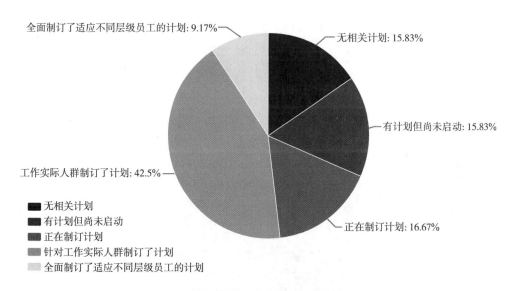

图 6　数字化人才培养情况图

2. 数字化研发

调查员就受访企业数字化研发的情况展开深入调研，基于基础设施数字化程度、研发设计的数字化程度以及生产制造的数字化水平三个角度进行深入分析。

（1）基础设施数字化程度。走访调研的结果显示，受新冠肺炎疫情冲击的影响，数字化转型更是大势所趋。已有 1/4 的企业在数字化基础设施建设领域投入高达 10% 以上的研发费用，越来越多的机电制造企业在逐年增加研发投入的比重，机电制造企业对于数字化的自主研发重视程度可见一斑，如图 7 所示。

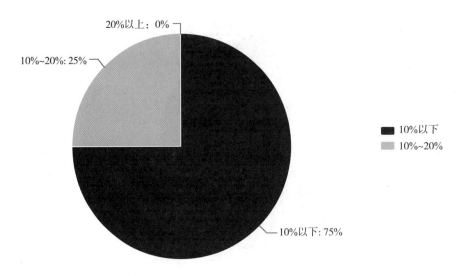

图7　近三年数字技术投入费用占比

　　企业的数字化技术嵌入也几乎都达到10%以上（如图8所示），少量机电制造企业高达70%，绝大部分企业都在10%～20%之间。可以看出，目前机电制造业的数字化技术的应用已经融入了机电制造企业的各方面之中。在过去，企业计划与生产控制之间的信息"断层"问题在机电制造业十分严重。

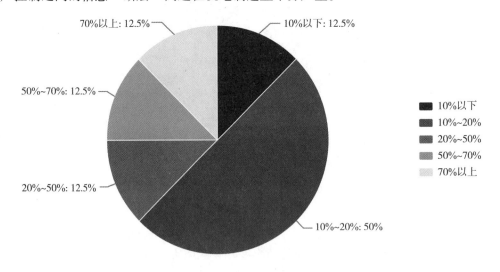

图8　嵌入数字化设备占比

　　随着企业信息化建设的不断深入，在MES系统的辅助下，很好地解决了"断层"问题。在本次的问卷结果中，如图9所示，数控设备的联网情况都在20%以上，过半的企业在50%以上。从企业反馈中，证实了MES系统有效提高了各环节的反馈和生产计划的实施。

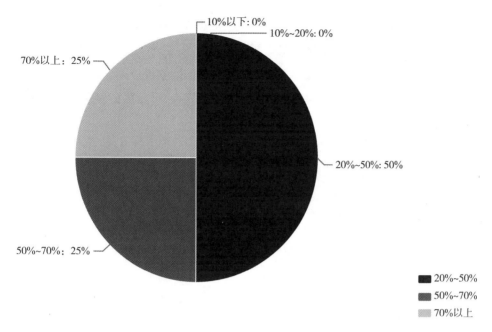

图9　企业 EMS 系统数控设备联网

（2）研发设计的数字化。现如今，我国正在从制造大国向高端制造业转型，自主研发能力的高低决定了机电制造企业发展的潜力。在走访交流中，见表5，许多企业表示，目前市面上现有的设备并不能满足产品的开发，需要与供应商一起联合研发相应的设备。而常规数字化系统的开发、模块的升级，也逐渐由公司内部自行完成。

表5　研发设计的数字化问题访谈

管理者访谈记录	标签	概念化
在 2017 年的时候，我们公司去申请上海市松江区科委的一个两化融合项目，这个题目是叫 Oracle 系统与机器人的一个集成应用，当时我们那台机器人在全国范围内来讲，那个封装机器人是第一台，所以，当时我们的设备研发部跟供应商是联合研发，这套设备市面上根本就不可能买到现成的	第一台、联合开发、无现成	独立研发数字系统
在数字化系统的研发上，系统的模块升级都是我们自己公司内部开发的，我们在北京有松下集团的内部 IT 部门专门负责每家工厂的一年计划与系统研发	内部开发、模块升级	自主升级数字系统
在信息化方面，从客户需求到我们的设计方案的转化过程，会用到很多工具，如 2D、3D 软件的建模设计。通过软件边设计边作仿真，可以提前预知问题，从而节省资金和时间。但仿真软件基本都由国外垄断，成本非常高，也有受外国压迫和要挟的问题存在。所以，我们也呼吁相关软件的国产自主化和对国产软件的学习	仿真软件国外垄断、国产自主化	应自主研发打破国外垄断

就数字化软件使用情况来看,如图 10 所示,机电制造企业更多地使用 CAD 这种国外开发的建模软件,在工程研制过程、工艺设计以及方案设计阶段,对于此类软件的依赖也较大。在交谈中,见表 5,企业也表示在国产软件方面,仍存在诸多不足。对于国外软件的使用,企业不但需要支付高昂的成本,而且存在着现阶段国产软件难以满足需求的问题。

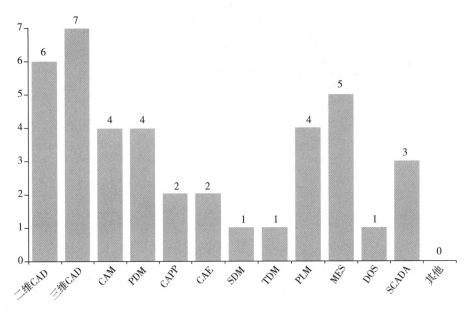

图10 企业进行研发设计具备的数字化软件情况

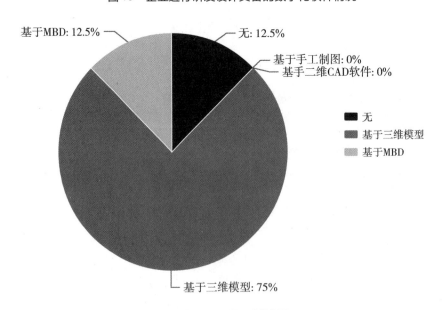

图11 工程研制过程

就受访的机电制造企业的工程研制过程而论，如图 11 所示，高达 75% 的企业都有借助三维模型进行研发设计，也有小部分企业选择基于 MBD 进行研发活动。

在企业的工艺设计环节，调研结果与工程研制过程类似，如图 12 所示，企业较多采取基于三维模型的工艺设计，也有少部分企业选择基于二维 CAPP 软件和工艺卡片进行设计。在方案设计方面，如图 13 所示，已没有用手工方案设计的机电制造企业，普遍都采用了数字化信息化等技术手段，数字化正给多方案优化和评估带来着各种便利。

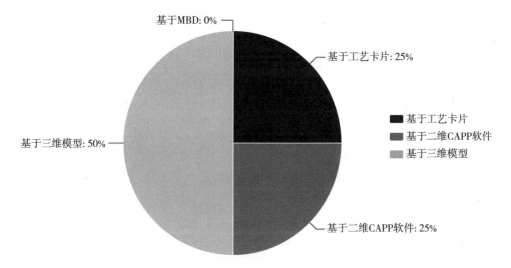

图 12　工艺设计环节

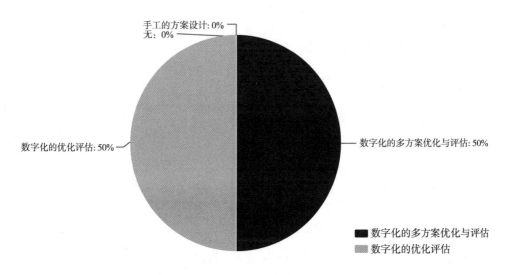

图 13　方案设计阶段

（3）生产制造的数字化。生产环节是决定企业经营成效优良的关键环节，它反映着企业现在的产能水平、未来的上升空间。通过梳理访谈获得的不同企业的文本数据，我们发现近乎所有受访企业都对数字化转型给生产制造带来冲击表示认同，见表6。其中，数字化冲击表现最为直观的是形式上的变更，由以往传统人工纸质记录转变为如今便捷高效的数字化、无纸化记录，大大减少了劳动力以及一些操作失误，不仅提高了生产管理效率，反馈也更加及时。与此同时，数字化的生产流程使得对生产环节的实时跟踪成为可能，已经进行了数字化转型的企业，都在不同程度享受着这种实时掌控生产环节带来的便利。

表6 生产制造的数字化问题访谈

管理者访谈记录	标签	概念化
我们通过数字化技术进行采购和物流可视化平台的搭建。在原有的 ERP 系统上增加了采购管理平台，直接放在 web 上。供应商也可以采用这个系统，而不必去下载软件。我们在平台上共享 ERP 里面开放的数据，同时对订单进行实时数据更新，以便于供应商拿到订单后通过系统管理生产、出货、库存。这样把供应商的供应链跟我们的生产链合并起来，原来可能通过邮件、电话等联系，现在在生产现场通过信息看板系统就能及时掌握到零件的当前位置及状况	数字化技术、可视化、共享、互利共赢、效率高、实时掌控	生产实时反馈
有供应链系统打通上下游，也有通过 EDI 接入我们的 ERP 系统，从需求排生产，有些客户是要求使用 EDI 系统的	需求排生产	按需排产
进行采购和物流可视化平台的搭建。在原有的 ERP 系统上增加了采购管理平台。对订单进行实时数据更新	可视化平台、实时数据更新	订单实时更新
进行采购和物流可视化平台的搭建。在原有的 ERP 系统上增加了采购管理平台。通过信息看板系统就能及时追踪到零件的当前位置及状况（待检/入库）	管理系统追踪	追踪产品状态
用 MES 系统通过二维码对货物进行追踪。通过与各大航运公司对接端口，可以追踪集装箱货物的运送情况	货物追踪	货物追踪
基本上接近无纸化作业，我们每一个工单安排下去后，通过数字化的系统进行扫描进入 Promise 系统以后，每个过程或者每个信息都会输入系统，从而得到及时的反馈	无纸化、数字化系统、及时反馈	无纸化操作

关键工序数控化率代表着智能制造的重要指标。一般来说，关键工序数控化率超过50%，可大幅降低运营成本、产品研制周期和产品不良率。2020年6月，在中国信通院的调研中，企业数控化率达51.1%，但从此次调研结果来看，如图14所

示，调研的绝大部分企业都低于50%，由此可见，数控设备的部署还有进一步的提升空间。对于自动化控制不仅可以减少人力、提高效率，在精准度上也得到改善。

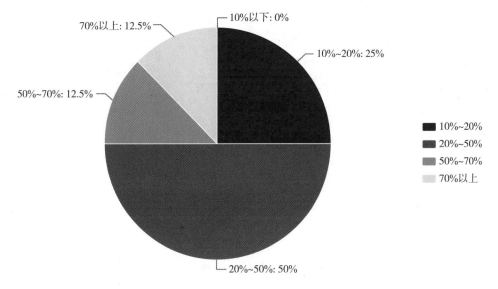

图14 关键工序数控化占比率

自动化控制不仅可以减少人力，提高效率，纯机器操作在精准度上也有较高的成效。从调研结果中可以看出，所有企业都在不同程度地进行自动化部署，如图15所示。而在生产管理的数字化应用中，机电制造业企业的生产计划与排程、库房管理、生产制造流程监控都部署了数字化应用；而工业污染与环保检测有数字化应用的企业最少，如图16所示。

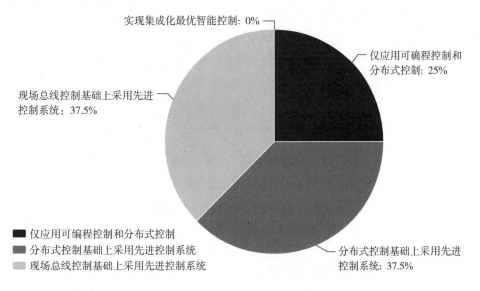

图15 企业实现自动控制的环节

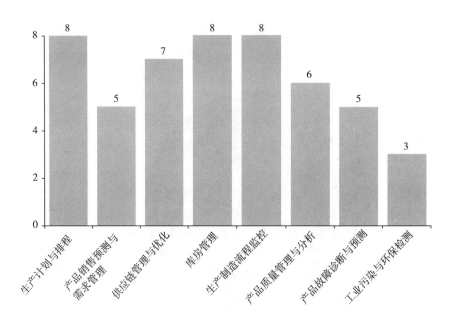

图16 生产管理的数字化应用

在协同环节，几乎所有机电制造企业都应用了数字化技术，不难看出数字化应用对于协同、管理有着巨大帮助，如图17所示。

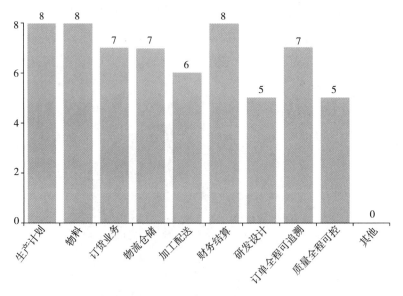

图17 数字化技术实现协同环节

3. 数字化运营

数字化运营是实施机电制造企业数字化的关键。根据创新价值链的思想，本文将数字化运营细分为运行维护的数字化、经营管理的数字化以及数字化战略规划。企业运行监控的数字化程度、企业外部关系管理的应用水平、数字化相关技术方面的软件或应用等都是调研主要聚焦的问题。

（1）运行维护的数字化。数字化应用对机电制造企业在远程监控和维护维修方面有较大的帮助，如图18所示，75%的企业都配备了相关设施。

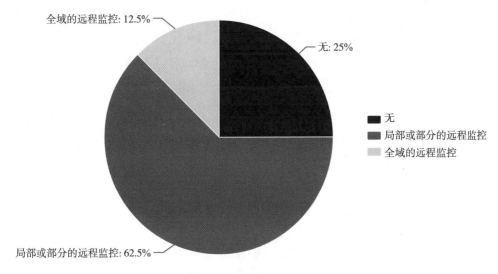

图18　运行监控的数字化

维修、维护的数字化水平，反映机电制造企业对产品售后进行运行维护的数字化程度。主要指能否进行远程的诊断与修复工作。通过调查可知，过半数以上的企业都采取远程诊断的方式进行产品维护、维修的工作，如图19所示。

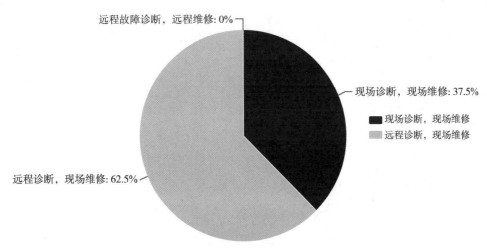

图19　维护、维修的数字化

（2）经营管理的数字化。机电制造业作为制造业的一类，上下游产业链尤为重要，如果不能很好地对接上下游，则会导致出现产能过剩与不足问题。在与企业交谈过程中，我们发现在数字化与信息化的帮助下，企业通过各式各样的系统打通了上下游，实现了上下游一体化。采购作为保证企业生产正常开展的经营活动，它是企业供应链管理过程中的主导力量。与企业交流采购系统数字化的问题时发现，采购系统数字化最大的便利在于计算便利，数据更新及时，便于生成可视化图表以供分析。但也需要供应商与企业具有相同的系统。其中，财务数字化水平是所有数字化应用中发展最完善的，几乎所有的机电制造企业都有自己的数字化财务系统用于财务管理与预算，系统每月、每季、每年都会自动抓取相关数据生成相关的财务报表，并且依据历史财务数据进行财务预算。同时，数字化员工管理正在突破岗位职责的边界，通过数字化手段重塑企业、团队和个人，通过 OA 系统、一卡通管理，省时、省力、省人工，免去了复杂的纸面申请，见表 7 所示。

表7　经营管理的数字化问题访谈

管理者访谈记录	标签	概念化
我们现在有供应商平台了，供应商平台现在已经是有顾客的供应商平台开始导入。目前，还没有 100% 对所有的供应商平台进行导入，但是一些主要的，我们已经都导入供应商平台，网页上有我们所有的需求，从存货状况或者交货的计划都有在平台上面的展示	供应商平台、未完全导入、网页显示	库存在线展示
采购与供应商用了相同的系统以对接，供应商供货的质量与生产过程中的计划需求及调整，都能拉出来直接看到	相同系统、对接、可视	采购可视化
希望有可以连接仓库、客户、供应商，使其一体化的系统，可以整合信息，自动安排商家出货，同时，可以实时追踪货物的走向，现在国外已开始使用，但国内还没有这样的一个系统	一体化、自动分配、追踪货物	希望有一体化系统
我们有供应链系统打通上下游，也有通过 EDI 接入我们的 ERP 系统，从需求排生产，有些客户是要求使用 EDI 系统的	打通上下游、EDI 系统	上下游打通
KPI 的考核、人员的调整、奖金的分配都是通过软件来执行的	软件执行、KPI 考核	人力考核便捷
整个集团用的统一系统，数据都是共享的。衣、食、住、行都能用一卡通进行消费。同时，从入职开始的考评以及个人信息都是通过系统统一管理的	一卡通、系统统一管理	职工管理便捷
通过集团的 converse 系统，每个月会从我们的系统中抓取数据，包括我们的管理报告和基础的一些会计分录，可以自动抓取数据，特别是在月结结束之后的，每个月的一号开始，这个系统会自动从我们的 Outlook 系统抓取财务数据，形成报表	Converse 系统、自动抓取数据、财务系统	报表自动生成

续 表

管理者访谈记录	标签	概念化
我们使用的是用友的软件推进财务工作，那么如果说财务风险的话呢，对我们来说我们可能是通过总公司，包括日本本社，包括涉外的一些会计师事务所对我们进行财务监察，来进行财务管控	财务系统、财务管控、录入与记账	推进财务风险监控
由供应商安排订仓，用连接仓库、客户、供应商的系统整合信息，自动安排商家出货，同时可以实时追踪货物的走向	信息整合、追踪	实时追踪
公司建立的时候应该就有 ERP 系统，但是这个 ERP 系统是慢慢经过逐年业务的增加，进行改善或者模块的追加更新，到现在为止已经二十多年了。我觉得它已经是非常成熟的一个系统	模块更新、成熟系统	系统不断成熟

除了上下游产业链，在数字化应用的发展中，机电制造企业的其他外部关系管理有了更加高效的管理方式。从此次调研结果中可以看出针对传媒公众、政府公众、业务伙伴等，都建立了各式各样的平台或信息化系统，如图 20 所示。

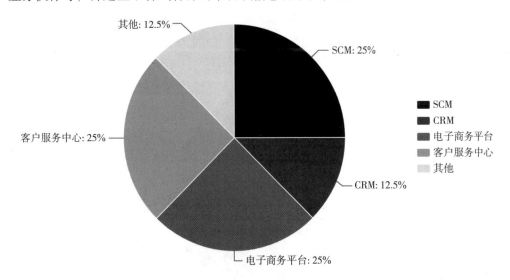

图 20　企业外部关系管理的数字化应用

机电制造企业业务流程自动化的覆盖率大多数达到了 20%～50%，部分企业达到了 70% 以上，这为上下游产业链一体化打下了很好的基础，节省了重复流程所产生的时间成本和人力成本，如图 21 所示。同时，问卷受访企业也都非常认可数字化对交易流程精简的帮助。

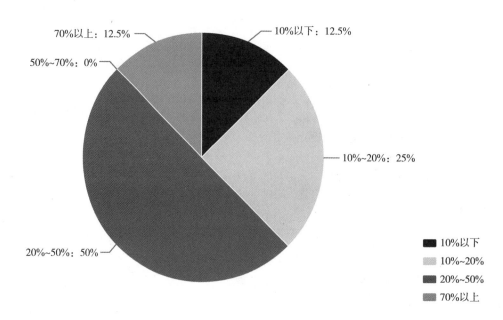

图 21　业务流程的自动化覆盖率

（3）数字化战略与规划。随着数字化大潮的推进，越来越多的企业也逐渐将数字化提上日程，但企业对数字化规划的制定与预算也表现各异。有半数的企业将数字化规划设为专项规划，全面系统地推进数字化进程，也有半数企业将其分散到业务规划之中，根据业务需求，推动数字化发展，如图 22 所示。

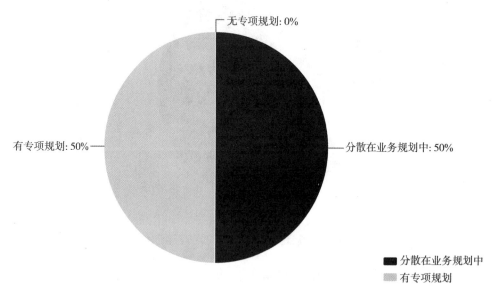

图 22　企业数字化规划的制定情况

从预算方面可以看出，更多的企业还是将数字化分散于业务之中，根据实际产能，逐渐推进数字化部署，如图 23 所示。

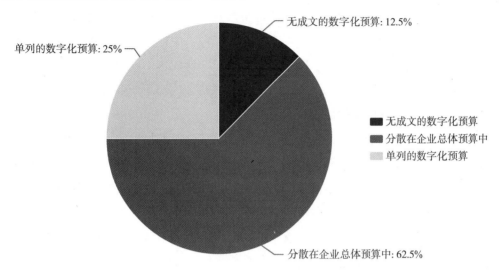

图 23　企业数字化预算的制定情况

四、数字化引领机电制造业高质量发展的影响分析

本部分从数字化的成本节约效应、规模经济效应、精准配置效应、效率提升效应和创新赋能效应五个方面探讨数字化引领机电制造行业高质量发展的内在机理，如图 24 所示。

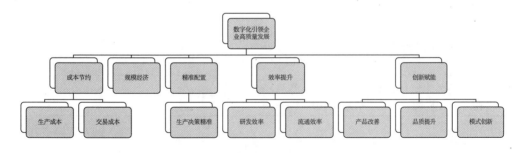

图 24　数字化引领高质量发展路径图

（一）成本节约效应

数字化的成本节约效应主要体现在企业生产成本和交易成本降低两大方面。生产成本的影响主要体现在数字化软件的应用大大降低了人工的成本，原来处理一件事情的员工现在能同时肩负多项工作。同时，数字化软件也降低了采购成本。尽管

数字化软件开发会带来短期内成本的提高，但经过一定周期，成本能够快速回收，形成边际成本递减的形式。交易成本降低效应体现在数字一体化时代，通过现代通信手段和互联网平台，企业能高效地获得生产资料的价格、型号等信息，降低信息搜寻成本。数字化运用在制造业的生产、管理等环节中，最直观的冲击就是以信息技术的优势改造了低效的传统工序，显著降低了交易成本。同时，越来越多的企业将 ERP 系统与其他企业对接，实现系统的直接贯通，实时了解供应商所需数量，也大大节约了沟通交流的时间成本和人力成本。

虽然数字化是大趋势，但对于企业而言，数字化转型仍然需要考虑成本与收益问题。在访谈中，我们围绕着成本回收时间、投入产出比等话题进行深入交流，不仅了解到企业对于数字化成本回收的时间预期，也发现了数字化开放度不同的企业，数字化成本回收的时间也会有所不同。数字化的初期高投入会是企业权衡数字化建设的关键因素，但是就实际实施成效来看，企业普遍表示数字化能够有效降低企业生产、流通环节的成本，进而促进企业的高质量发展，见表 8 所示。

表8　数字化成本问题访谈

管理者访谈记录	标签	概念化
成本回收的时间一般在 5~6 年，最长的 8 年	5~6 年	回收期长
省时、省力与省人工	省时省力、省人工	节约成本
研发人员从大学毕业生中自主培养以熟悉流程，同时节约开发成本，成本控制在市场价的一半	自主培养、流程熟悉度、节约开发成本	控制成本
其中，有许多隐性成本，所以考虑不多，而如果没有数字化系统客户就会流失	隐性成本	降低隐性成本
各类系统前期投入比较大。会针对生产现场的需求进行分析，考量投入产出比或者投入的迫切程度。	前期投入、投入产出比、迫切度	前期投入高
程度不高，因为信息系统是有门槛的，如果和企业发展水平不匹配，对整体物流成本不一定降低	信息系统、物流成本	成本不确定

为了能更进一步地剖析数字化的引入对企业成本费用产生的影响，归纳分析机电制造企业近年来在人力成本、生产成本中的投入变化。结果显示，在数字化嵌入后，有过半数的企业人力成本的比重下降明显（约 4%~6%），如图 25 所示。

就制造业而言，人力成本一般占总成本的 20% 左右，在制造业企业总体成本小幅降低的情况下，人力成本受数字化水平的波动程度可见一斑。不难看出数字化转型的投入回报还是十分显著的，如图 26 所示。

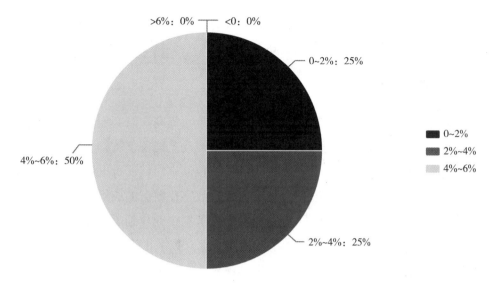

图25　数字化所降低的人力成本占总成本的比重

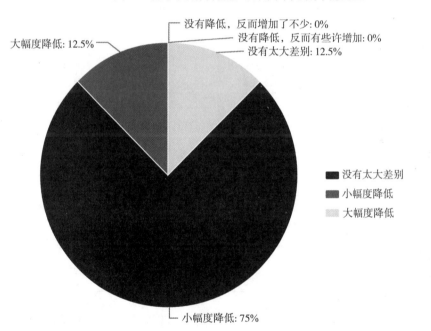

图26　近年来的生产成本是否有所降低

（二）规模经济效应

数字一体化的背景下，数字化系统的广泛推进使供应商和企业的距离大大缩短，产品也基于数字信息的反馈得到改善，显著提高了企业产品的满意度，有助于消费频度和总量的增长，从而产生规模经济效应。数字化的推进，提高了产品营销的效能，企业通过网络将商品数字化的信息以相对低廉甚至免费的成本通过动态可视的方式传达给其供应商，明显改善了订单量。同时，通过数字化系统，企业可以更便捷地筛选供应商，扩大自己产品的销路。

（三）精准配置效应

企业的数字化发展以精准营销、预测协助决策、提高产品匹配性等渠道优化资源的配置。一方面，数字化通过促进企业信息的流动，能够使货物、资金快速流通到最高效的地方；另一方面，通过数控化的设备控制，能够使机电制造企业的生产过程更为精细，避免一些不必要的差错。此外，数字化数据的应用也给企业粗犷的投放营销带来便利。大数据背景下的精准营销，帮助企业找到了更适合自己发展的独特道路。通过与受访企业的交流，我们发现企业对数字化转型带来的决策精准度、订单成交率的提升都给予了积极的肯定，见表9。

表9　精准配置的数字化问题访谈

管理者访谈记录	标签	概念化
对接客户的数字化系统的使用，令销售与采购环节更加便捷清晰，从而使得订单的成交率明显提升	对接系统、成交率	成交率提升
在财务风险上面的数字化，更多的是资金走向这方面的管控管理，相当于做一个统计工作与事先的预测工作	监管管理、预测工作	预测协助决策
现在只要在系统上划一下，然后像我们的货号、我们的产品镜片、镜头出了多少就会很清楚的	清晰明了	产品匹配性高
我们在人事考勤方面，通过PowerBI以及我们的企业微信和电商科设计开发的一套小程序，将我们的人事考勤制度很好地融合起来，从员工提出请假到最后审批以及最后整个考勤的汇总，这样大大提升了管理的精度	管理精度	决策精准化

从受访者的问卷结果来看，数字化有利于车间各部门之间的协调，但在是否有利于车间各部门职责的问题上，有1/4的企业仅打了3分，可见当前数字化并未充分发挥各部门的职责，如图27所示。

通过数字化的车间建设，能够实现对车间进行全面的科学的管控，进而使车间计划性得到大幅度提高，生产上的协同性、生产设备与系统的对接与融合都得到了更进一步的提升，并且在数据分析的支撑下，可以通过透明实时的管控，使企业在生产效率等方面得到明显改善。这与我们的调研结论类似，企业对数字化在车间部门的协调作用上给予了较高的肯定，如图28所示。

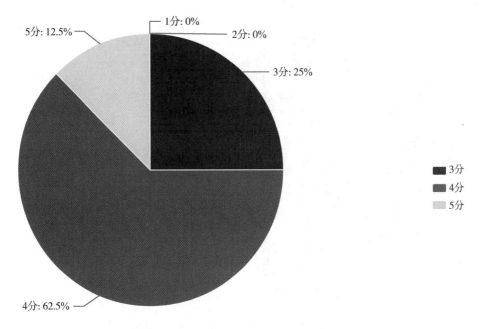

图27   数字化是否有利于车间各部门职责

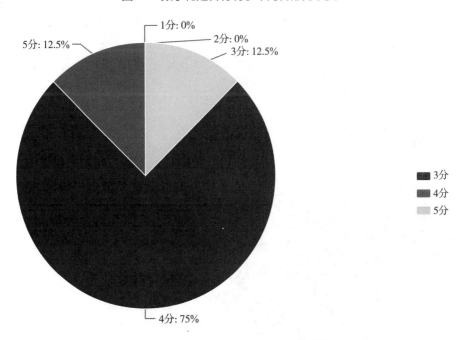

图28   数字化对车间各部门之间相互协调

精益生产理论体系中包含了准时生产、自动化、可视化管理等部分，智能制造的实现也参考了其中的自动化、快速换模、可视化管理等模块。其中，数字化对于生产决策的精度有较大的提升作用，有12.5%的企业给予最高评价，且没有企业认为数字化发展不能协助企业开展精准决策，如图29所示。

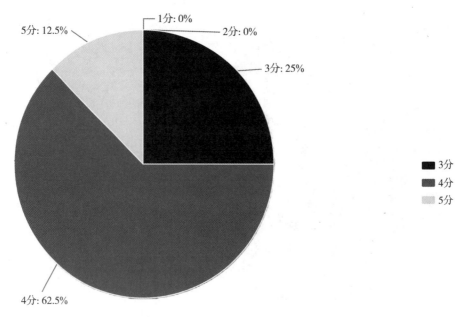

图29　数字化对生产决策帮助打分

对于数字化及时发掘生产环节的要素短缺问题，企业同样做出了较为积极的肯定回答，如图30所示。

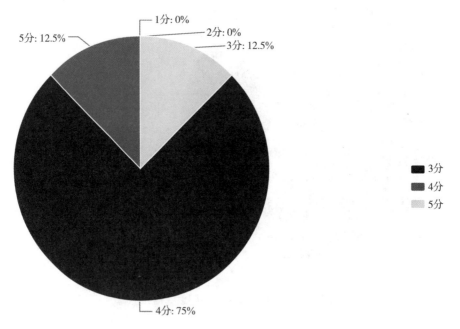

图30　数字化预测产品、原材料短缺的现象

（四）效率提升效应

数字化不同程度地影响着企业的研发、生产、运营管理等环节，能够全方位地

提升企业的运营效率。对研发环节而言，缩短研发周期，提高研发效率成为数字化投入的目标所在；对生产环节而言，数控设备协助高效生产，能够实现实时监控和实时改进；对交易环节而言，数字化平台能加强与海关之间的交流和反馈，实现快速审批反馈，见表10所示。

表10　效率提升的数字化问题访谈

管理者访谈记录	标签	概念化
跨国际配送中，我们用一套系统实时解决送样与改进的问题，同时数据共享，打通了国际线路	跨国配送、数据共享	实时改进问题
现在海关出现了无纸化报关，所以以前单证报关三天，现在有可能只要一个小时，甚至海关有检测过的，可能几十分钟、五分钟就好了	单证报关、无纸化、加速	加速报关
包括供应商供货的质量与生产过程中的计划需求与调整，都能拉出来直接看到	及时调整	及时调整计划

对于机电制造业来说，排在第一位的是生产制造。以此为基点考量数字化转型的重要意义，理清数字化技术在企业中扮演的角色，这就要求企业的数字化转型一定要在业务上落地。通过调研结果，我们发现多数企业的数字化转型已经实现业务落地，企业普遍较认可其对产品质量提升带来的正向影响，如图31所示。

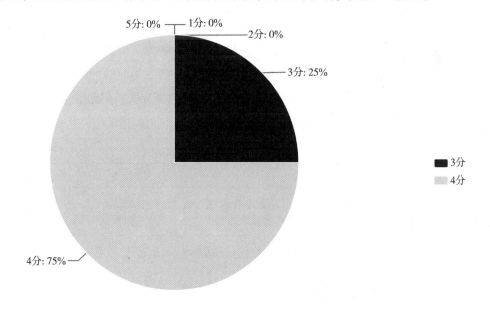

图31　数字化对产品质量提升的影响

数字化的蓬勃发展使得流通链条缩短，节约了很多不必要的中间交易环节，实现了效率的提升。同时，依靠数据化实现了供需两端快速高效的匹配，引导生产企业实现了定制化的生产制造，引发了流通企业更优化的组织营销管理，企业普遍对数字化作用于交易流程的效率提升给予较高的肯定，如图32所示。

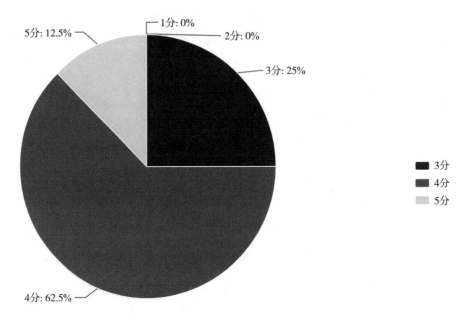

图32　数字化对简化交易流程的影响

（五）创新赋能效应

数字化通过产品、模式创新等路径，为机电制造行业创造价值增值的空间。一是产品创新，基于数字化运营，企业收集了大量的数据资源，为后续的产品衍生、改进提供方向。二是模式创新，利用数字平台、工具创新销售新模式、借助数字化途径的易传播性和低成本，利用社交媒体等新兴商业模式，不断为机电制造赋能，见表11所示。

表11　创新赋能的数字化问题访谈

管理者访谈记录	标签	概念化
与供应商用相同的系统来对接，销售方面数字化给我们带来更多的是模式上的创新与丰富，以及广告投放的减少	模式创新、广告投放	系统对接创新模式
因为我们生产的是高精密的产品，它对温湿度方面有管理要求。以往我们需要通过人力进行记录管控，如今我们通过网络管控，实时掌握各个不同的区域。而且，通过对温湿度的长期掌控和数据的常态化管理，便于节能环保和及时发现并处理异常，稳定的工艺温湿度环境也对产品品质有很大提高	温度管控、及时处理异常	数字监控提升产品品质
其实我们一直在改善，只不过以前是改善的手段方面，现在有更好的制作，比如，现在的数字化技术在改善方面提供了很大的帮助	产品改善、数字技术	数字技术赋能产品改善

五、现存问题分析

调研团队对长三角地区的机电制造业企业进行了走访调研，围绕着"数字化、高质量"两个方面进行了深入分析，既了解了企业的主观感受，也了解了企业客观的发展状况。但是数字化转型也并非一朝一夕就能完成的，如何达到企业高质量发展的目标仍存在很多问题，见表12。在与企业交谈过程中，企业就提到了设备交汇、时间周期、人才、思维转型、规模、需求等多方面存在的一些问题。

表 12　数字化困难问题访谈

管理者访谈记录	标签	概念化
其一是设备的交汇连接方面；其二，数字化过程中摸索时间较长。有些市面上没有成熟的设备供选择，需要与供应商联合研发，故而周期是较长的	联合研发	不能自主研发
在与时俱进这一方面，有时不是不接受新事物，而是不知道有这样的东西，对新事物、新信息的理解也有可能有另一方面	与时俱进、信息理解	数字化信息闭塞
管理方面的困难在思维上转型的难度大；业务方面的困难不仅需要业务本身数字化，而且需要更深层次数字化转型；人才方面的困难是数量稀缺，培养困难，保留困难	思维转型、深层次数字化人才	人才的流失率高
成本是首要的，企业到了一定规模体量才会有这方面的需求，数字化需求也需要基于企业在供应链中地位的考量	企业规模、实际情况	成本规模权衡

随着5G、物联网、区块链等高技术的发展，机电制造业制造设备也在发生改变，无论是新设备的引入还是旧设备的置换，都将面临巨大的挑战。同时，新设备的引入所产生的新的流水线，对于原岗位上的工人仍然是一个巨大挑战，不仅要掌握新设备的使用，也要尽快适应新流水线所带来的不同。

对于数字化投入的时间，不同的企业都处在不同的阶段，有些企业数字化投入较早，很多方面数字化进程相对成熟，有些企业才刚刚部署，仍属于初级阶段。首先，数字化转型周期较长，所导致的同行业数字化进程参差不齐；其次，专业型数字化人才不足。数字化概念是近几年的新概念，实践应用方面没有太多现成理论的借鉴，导致很多企业对数字化的印象仅停留在信息化的概念之中，难以精准地完成数字化，大量的数据价值并不能被很好地挖掘出来。

除了设备上的数字化转型，主观意识上的转型观念是达到企业高质量发展的一大阻碍。从垂直式单一中心思维到分布式多中心思维，从非对称性单一聚焦压强思维到对称性多项动态选择思维，是数字化思维的典型特征。但由于漫长的思维方式固化，要在思维上进行突破便显得尤为困难。

聚焦企业本身，要真正实现数字化引领高质量发展，仍需切合企业本身实际情况。规模较大的机电制造业企业有更多的营业收入，可以有更多的资金进行尝试，但规模较小的企业的试错成本就相对较大，就更不容易推进其数字化转型。

六、结论与建议

机电制造业数字化既是压力也是破解行业高质量发展的动力。机电产业模块化数字共创、共享，以技术突破为导向，共性技术先行，围绕机电制造业大数据平台建设，分享数字化技术，促进高质量发展，如联合攻关国产化的工业软件等；放宽准入门槛，扩大市场主体平等参与，联合攻关，提高关键技术的自主创新能力，形成一点突破、共享技术、全面带动。推动企业数字化创新，加强规划引导与政策扶持，创造条件，调动实体企业数字化变革积极性，推动移动互联网、大数据、云计算、人工智能与实体经济深度交融。

1. 打破数据垄断，加强公共数据公开，数字技术标准供给

围绕数据所有权、数据使用权、数据流转权等内容，制定法律法规或部门规章，形成权属清晰、灵活反应、兼容与可持续的法律法规体系。打破"数据孤岛"和数据界限，实现数据互联互通和开放共享是数字经济发展的前提。深化数字经济领域"放管服"改革，整合部门专网、联通异构系统，形成物理分散、逻辑集中、资源共享、安全可信的大数据体系。按照需求导向、共性先立、急用先行的原则，制定数据确权、采集共享、交易流通、跨境传输等关键共性标准。鼓励领军型企业在数字经济新领域的国际标准制定中发挥先行者作用，加快数字化、网络化、智能化制造技术、标准、产业化的全球化布局。

2. 强化创新驱动，着力降低创新成本，由被动向主动创新转变

企业要积极利用和参与数字化、网络化、智能化制造技术，改造机电制造业，产业参与全球化布局，充分利用广阔的国内市场。利用数字技术和跨界融合培育新产品、新业态、新动能，探索要素驱动向创新驱动转变之路，增强数据价值创造，通过改革创新，走在高质量发展前列。一方面，企业要充分利用数字化新技术对传统业务链条进行全方位升级，重视生产性服务要素在企业生产经营中的重要作用，努力拓展增值服务；另一方面，企业应尝试运用互联网思维进行组织创新和制度创新，努力调动各主体的创新积极性，持续激发公司内部的创新活力。

每个企业均懂得创新的重要性，但创新的高投入、高风险仍然是创新路上的绊

脚石。在实体企业尚未全面转型之前，有必要持续推进"三去一降一补"，化解实体企业数字化转型压力，为降本减负提供良好的外部环境。

3. 抓住我国自主研发芯片的机遇，摆脱纯"工匠精神"式的生产

企业应加快数字技术的创新与应用，持续释放数字技术的转型升级潜力。抓住中国当前举国研制芯片制造的机遇，结合企业自身，走智能化、生态化的发展道路，跨越德国、日本所谓的纯"工匠精神"式的生产。加快企业的智能工厂和数字工厂建设，在高端芯片、基础软硬件、智能传感器、开发平台、基础元器件等领域加大研发投入，提高关键技术的自主创新能力。利用互联网思维对传统生产方式进行改造，拉近企业与消费者之间的距离，围绕客户需求进行研发创新、管理创新和商业模式创新，提高企业的劳动生产效率。

4. 打造"机电华为"，构建外贸企业数字化生态体系

长三角企业多倾心于配套生产，缺少独创品牌、做大做强的魄力，少有在全世界、全国有名气的机电企业，部分较有名的企业，基本为国企。缺少类似于珠三角区域内的格力、美的、TCL 等可以运用国际、国内资源，参与世界范围内的竞争。培育机电行业中的"华为"，成长为长三角地区的"三一重工"，只有有了龙头企业，才能在区域内形成高、中、低不同层级的企业群，从而相互补充、相互配合，参与国际竞争。

企业数字化转型的一个重要特征就是生态化，包括货物流、资金流和信息流的交互协作。一方面要利用现有财政政策，对符合条件的外贸企业数字化转型的重点项目给予必要的资金支持；另一方面需要支持有能力的外贸企业深化产业垂直整合力度，在数字化转型的过程中进行投资并购，将相关业务一体化，同时在全球范围内推进本土化战略，提升企业影响力。

5. 培育具有数字化运营能力的复合型人才

人才在数字化管理中有重要作用，除了建立完善的组织制度之外，还需要多角度拓展人才来源渠道，制定合适的人才引进战略，提高人才保障水平，建设人才高地，充分发挥上海对国内、国外人才的吸引，以项目为导向，面向世界引才、引智；以项目核心人物为中心，采用不同所有制、多产权结构、多股权结构等组织架构形式。构建合理的培训体系，让专业人才与智能化生产、工业互联网、网络化品牌传播等环节结合起来，实现生产要素有效组合。

6. 发挥政府在创新发展中的调节作用

无论是美国的"阿波罗"计划，还是德日韩的发展之路，政府在创新发展中起到了主要作用，甚至于决定性的作用，这是由创新的"高投入、高风险"的特点决定的。政府应通过一系列体制机制改革，撬动经济社会数字化和提高全要素生产率，

最大程度释放政府数据红利。发挥政府性投资基金引导和撬动作用,建立对数字经济发展重点领域、重大项目、重大工程、重大技术、重大应用等引投和跟投机制,创新股权投资、贷款贴息、事前审核事后补助等多元化投入机制。优化数据资源全生命周期管理机制,加强对各类数据平台潜在风险的研究和预判,调整和完善融合创新领域行业管理规范和监管措施,倒逼传统线下监管向数字化、网络化、平台化监管方向转变。

7. 组建"专业团队",为机电制造业高质量发展做保障

建立专业的评估机制和机构,由大学教授、专家等专业人士组建,为政府选、投项目提供科学的决策依据,发挥引投作用,降低投资风险,提高投资收益,形成良性的投资循环。改革区域内大学学科的设立,根据世界机电产业发展前沿和趋势,在大学内设立前沿学科,为企业培养具有超前意识的人才,为企业的发展提供源源不断的生力军。建造办公区域,让风投公司免费入驻,让全世界的风投公司在区域内设立项目对接窗口和投资窗口。风投公司不仅输送来资金,更重要的是能够筛选出好的项目,使之发展壮大;同时,设立长三角区域内的股权转让机构,为风险投资的退出提供通道,以便吸引更多风投公司的参与。

参考文献

[1] 张钰,梁四安."云广交"视角下中国外贸企业数字化转型研究 [J].北方经贸,2021 (08):137-139.

[2] 赵宸宇,王文春,李雪松.数字化转型如何影响企业全要素生产率 [J].财贸经济,2021,42 (07):114-129.

[3] 党琳,李雪松,申烁.制造业行业数字化转型与其出口技术复杂度提升 [J].国际贸易问题,2021 (06):32-47.

[4] 罗序斌,黄亮.中国制造业高质量转型升级水平测度与省际比较——基于"四化"并进视角 [J].经济问题,2020 (12):43-52.

[5] 刘政,姚雨秀,张国胜,匡慧姝.企业数字化、专用知识与组织授权 [J].中国工业经济,2020 (09):156-174.

附　录　调研感悟

（一）指导教师调研感悟

1. 刘永辉

这是我第三次参加"访万企，读中国"社会调查活动，并与李瑞囡老师一起担任第四组的指导教师。第四组由我们两位老师、王京、王子萌两位研究生以及国际经济与贸易专业的顾祎央、孙天堃、孙世豪、乐錞维四位同学组成。应该说，师生八人共同度过了一个难忘的暑假。曾记得 7 月 29 日，我与六位同学现场调研保隆汽车科技股份有限公司的场景，我们现场参观了自动化程度很高的汽车传感器生产车间，听取了公司信息部主管介绍的 SAP 系统，听取了公司主管介绍的客户、研发、采购、生产、流通、财务等业务流程中的数字化操作方式，现场感受到了企业数字化的转型发展，大家都看到了学校内学不到的东西。除了现场调研外，我还参加了柯尼卡美能达公司、旭福电子有限公司等日资和台资企业的在线访谈，感受到日资企业和台资企业在数字化转型中的差异，通过这个过程我也感受到了六位同学通过"万企调查"活动所取得的收获。这是扎根中国大地的真实教育，是把论文写在中国大地上的真实研究，是一种将课堂所学应用于企业的真正的实践教学。

2. 李瑞囡

今年是我参加"访万企，读中国"社会实践活动的第三年，我们的主题从 2019 年的"优化营商环境，助推外贸企业转型升级"、2020 年的"新冠肺炎疫情下外贸企业的数字化转型"到今年的"长三角一体化战略下的贸易数字化发展"。越来越精准明确的调研主题，使我们的调研精力更加集中，调研问题更有深度，政策建议更有针对性和有效性。与去年相比，今年受访企业的数字化进程都有不同程度的提高，为企业实现高质量发展提供了新动力和新引擎，但是不同企业间的数字化水平差异进一步拉大。在这一个多月的调研过程中，小组的各位同学都非常努力认真。调研前期他们认真参加培训、查阅文献资料、学习往届同学的调研经验；调研中积极联系企业、认真参加访谈、及时制作推送报道；后期认真整理资料、撰写调研报告。给我印象深刻的是，他们在一天的军训结束之后，为了确定调研主题，开会讨论到晚上 12 点；七月的中午炎炎烈日，他们提前在受访企业门外集合，做好访问前的一切准备。我被他们的认真努力感动着、激励着，在这段时间里，大家一起收获一起成长，这个夏天所有的努力都会被我们铭刻在记忆里。

（二）小组成员调研感悟

1. 王京

今年的"万企调查"活动以线上线下相结合的方式开展，让我们拥有了别样的经历和感悟。在整个调研活动中，我们联络过诸多企业高管，吃过闭门羹，听过企业故事，深刻感受到了企业面临的各种困境。我们看到了企业数字化水平的参差不齐，这也成为它们发展的契机，有的在权衡成本后，谨小慎微地向数字化转型；也有部分台资企业快马加鞭，在数字化道路上飞快驰骋。无论过程怎样，都成就了现在数字化引领发展的样貌。从宏观来看，大大小小的企业都是经济社会的重要支柱，都是维持上海市松江区和谐发展的重要参与者；从微观而论，我们和企业管理者的每次有效沟通都是为搜集建议、商榷政策提供不可或缺的数据支撑。整个制造业企业，乃至整个外贸企业都在不断迭代重组，我们有幸与企业高管交流，也有幸拥有这番别样的经历。作为组长，我组织成员们在访谈后不断复盘，时刻保持和指导老师的沟通，及时调整调研提纲；在资料整理和文稿撰写中，我们发挥所长一起共事，协调解决问题。如果以后有机会，希望能多一些线下访谈的机会，让我们可以更加深刻地去体悟企业背后的故事。

2. 王子萌

和很多小伙伴一样，我的调研热情曾被上海市松江区40℃的大太阳浇灭，又被企业那份真诚的配合和接待的热情重新点燃。从某种意义上说，万企调研是在收集外贸企业微观数据，但对我们学生而言，却又有其独特含义。我们沿着企业探索发展的轨迹，去直观地感受企业的发展现状，了解中国智能制造的发展实录，从而对社会产生更深刻和独特的认识，这大概是我们每个人最不可多得的宝贵体验了。最后，"访万企，读中国"社会调查让我有机会穿梭在松江地区的街头巷尾，真切地体会"上海之根"承载的制造业底蕴。这次调研让我在书本学习的理论之外能感受到现实世界中更为直观和感性的一面。也让我明白身处最好的时代，我们需要不断充实自己、发展自己，去积极适应新时代对复合型人才的需求。

3. 孙天堃

转眼间为期一个月的"访万企，读中国"社会调查专项实践迎来了尾声。回顾这一月的所作所为我感触良多。从一开始的培训大会，浩瀚的新知识和复杂的内容都让我应接不暇，心中不免想着，一个大一的新生，什么专业的系统的知识都没有，该如何完成如此困难的暑期社会实践活动呢？后来，随着访谈活动的展开，在学长和指导老师的带领下，不知不觉间已经完成了前期的准备，中期的企业调研，连报告撰写也到了最后一步。军训时晚上还要深夜讨论，抽取空余时间写方案计划的辛苦；从一开始不敢发声到最后逐渐能与企业人员对话的努力；从对 python 一知半解到如今能够简单地做出几个可视图，这些都是我在这次调研活动中学到的东西。感谢同组的学长学姐，指导老师一直以来的帮助，希望本次调研圆满成功。

4. 顾祎央

很荣幸能作为第 4 小队的一员参与 2021 年第三届"访万企，读中国"实践项目。还记得起初对数字化的模糊概念，到如今已经可以把握数字化的实质；还记得初临企业访谈时的紧张局促，到如今应对自如的从容不迫；还记得初接手公众号运营时的茫然无措，到如今信手拈来的熟稔于心……这是一段历练成长的经历。感谢刘院长、李老师及小组各位成员一路以来的帮助、包容与支持。除此以外，我也从此次调研中了解到许多来自企业一线实际的知识，这使我对专业知识的学习得以立体化。本次调研令我感触颇深的一点是，数字化是"手段"而非"最终目的"。无论是从研究主题"聚焦贸易数字化"以"助力高质量发展"来看，还是从企业对数字化成本的考量、对数字化需要立足企业需求实际的观点等，都表明数字化带来的实际效益才是核心所在——没有绝对的好与坏，关键在于合适与否。"学之之博，未若知之之要；知之之要，未若行之之实"。此次实践既是对我走出校园、走向社会的经验积累，也是对我学术素养的培养。相信我们最终能够圆满完成调研！

5. 孙世豪

2021 年暑假，我参加了学校组织的暑期社会实践活动——"访万企，读中国"活动。通过实地访谈和线上调研，逐渐了解企业的数字化情况，从公司的生产、财务、人力到物流、研发等方面进行了深入了解，也知道了受新冠肺炎疫情的影响，各个公司有着自己的应对方式，使自己的知识层面都得到了一个质的飞跃。社会是个大课堂，对涉世不深的大学生来讲，只有我们提前了解它，主动地接触它，才能更好地去适应它，而不会充满迷茫不知所措。未来的社会充满激烈的竞争，我们在紧张的学习之余要多多参加社会实践，只有亲身体验才能让自己更进一步了解社会，在实践中增长见识、锻炼才华、培养韧性，才能知道自己所学的东西能否被社会所用。

6. 乐錞维

本次调研在刘院长以及老师的带领下，我与三名同级同学以及两位学长学姐一同调查了目前机电制造业企业中的数字化发展情况，充分了解到了目前数字化在企业发展中的重要地位。在前期准备的过程中，学习到了学长学姐对课题方向的清晰思路与整个过程的规划，而在实地走访的过程中，第一次真正走进企业，了解到了除课题以外其他方面的信息，如现今企业所需要的人才等，而后在线上访谈与后期整理报告的过程中，更多学到的是对信息的整合与筛选。总体来说，此次调研在刘院长、老师以及学长学姐的带领下使我受益匪浅，让我在今后的调研中有一个参考方向，以及在今后的大学生活中有一个努力的目标以及规划。

长三角地区制造业企业数字化转型升级研究

裴旭春　裴　楠　王亚楠　王　迪　潘钱逸辰

指导教师：李　莉　周大鹏

摘 要

近年来，数字化转型成为国家关注的重点，以数字化、智能化为核心的新一轮工业革命也正处于发展的关键阶段，数字化转型成功与否成为决定企业未来市场竞争力的重要因素之一。本次调研以制造业为例，将访谈与问卷相结合进行分析，根据各企业数字化转型现状，为企业进一步实施数字化转型升级提供思路。由于采购是制造业企业的核心一环，因此，本调研在研究企业整体数字化的基础上进一步深入探讨采购数字化，助力企业采购业务数字化转型，对政府支持数字化转型及解决企业转型困难提供参考和政策建议。

关键词：制造业；数字化转型；采购

一、调研背景与意义

当前，数字化浪潮席卷全球，新一代技术层出不穷。对国内部分传统企业来说，数字化转型已从一个"可选项"转变为"必选项"。中国企业数字化程度整体趋于成熟，而对实施数字化转型的资金、人才等资源投入仍在不断增加。作为制造业大国，中国制造业的全社会固定资产投资水平占全国的 40% 左右，也是数字化转型的主力战场。在工业 4.0 的时代背景下，制造企业顺应数字化变革趋势，积极利用互联网、大数据、人工智能等新一代信息通信技术，从解决企业实际问题出发，从内部改造到外部协同、从单个环节应用数字化技术到全局数字化战略布局，持续推动企业数字化、服务化升级。数字化转型也为中国制造业带来巨大的发展空间，数字技术帮助企业提升生产效率，创造新的收入来源，带来新的用户体验，不断优化着商业流程和模式。

采购作为企业物流活动的起点，也是企业数字化转型的重点，涵盖了从供应商到需求之间的货物、信息或服务流动的全过程。因传统采购形式常以线下人力采购为主、时间集中，故当企业进行采购业务时，在风险预警和灵活运用等方面存在不少短板，使企业生产活动受到一定负面影响，因此，采购数字化的作用愈加凸显。近年来，随着新技术的普及，数字化采购技术和平台趋于完善，为采购协同提供了基础。在管理、技术和资本的三方推动下，采购数字化成为大势所趋。

本次调研以制造业为例，通过与企业领导层面对面交流以及问卷调研，探索企业如何在工业互联网高速发展、经济全球化的背景下实现数字化转型，挖掘企业在数字化转型过程中遇到的困难，了解企业对于数字化转型的愿景。由于采购是制造业企业的核心环节，为探讨企业对于采购环节的数字化情况，本次调研进行了更加深入和针对性的调查。探究企业采购数字化转型进程，对企业采购数字化转型过程中遇到的痛点、难点进行分析。本次调研旨在为企业进一步实施数字化转型升级提供思路，通过措施建议助力企业采购业务数字化转型，对政府支持企业数字化转型扶持政策提供参考和建议。

二、调研方案与实施

（一）调研方案

本次调研就制造业企业的基本运营情况、数字化现状、数字化人才、政策需求和愿景等与企业进行深入探讨，并进一步聚焦企业数字化采购，拟定调研问卷及专项访谈提纲，以问卷和访谈相互补充配合的形式开展调研。

（二）调研对象

调研问卷采用统一问卷与自选问卷相结合，共有 14 家企业填写了问卷，本报告采用 12 份统一问卷及 14 份自选问卷调查结果。企业名录如下：

（1）碧彩（上海）衡器技术有限公司

（2）富士迈半导体精密工业（上海）有限公司

（3）上海贝印刃具有限公司

（4）大福（中国）物流设备有限公司

（5）庄信万丰（上海）催化剂有限公司

（6）亚萨合莱保安系统（上海）有限公司

（7）塞拉尼斯（上海）聚合物有限公司

（8）上海建伍电子有限公司

（9）正泰电气股份有限公司

（10）复盛实业（上海）有限公司

（11）上海东洋油墨制造有限公司

（12）诺信塑料工程系统（上海）有限公司

（13）中饮巴比食品股份有限公司

（14）上海依视路光学有限公司

（三）调研人员安排

在整个调研过程中，组长主要负责组内调研活动的统筹推进，安排调研计划，分配调研任务以及其他分配的调研子任务，接洽员主要负责与企业对接人的接洽工作，材料整理员主要负责访谈材料的整理，宣传员主要负责公众号推送与新闻稿撰写的宣传工作。企业访谈会议中，主持人主要负责主持整场会议顺利进行，采访员向企业领导提出问题，记录员负责对会议关键内容做记录。对于人员安排，遵循轮流体验原则，每位成员分别负责联络 2～4 家企业，在企业访谈中主持人、采访员、记录员、宣传员均由调研组成员轮流担任，并于访谈后分工整理访谈材料。最终形成的调研报告在李莉老师、周大鹏老师的指导下，由所有的调研组成员共同撰写。

三、调研结果分析

（一）调研基本情况

1. 调研成果

本次调研共收集到 26 份有效问卷（包含统一问卷 12 份，自选问卷 14 份），形成 9 篇访谈日志、6 篇公众号推文。

通过访谈、问卷调查及查阅相关资料，能够比较全面地了解制造业企业的数字化发展进程以及采购业务的数字化发展情况，将收集所得数据进行整理分析，最后形成全面客观的调研报告。

通过分析整理问卷数据与会议记录，实现调研目的，结合实际情况客观且多角度为企业提出相关建议。

2. 调研对象基本情况概述

本调研小组以制造业为研究对象，共对 14 家企业进行调研。其中，超过 42%（6 家）的企业为机电制造业、14.3%（2 家）为化工制造业、7.1%（1 家）为食品制造业，其余为其他制造业。根据统一问卷调研结果可知，2020 年营收范围在 2 亿元以下的企业占比为 16.7%（2 家），2 亿~4 亿元的占 25%（3 家），4 亿元以上的占 58.3%（7 家）。本次调研以中小型企业为主，在企业规模方面，67%（8 家）的企业有 20~300 名员工，有 25%（3 家）的企业员工人数在 300 人以上，仅有 8%（1 家）的企业员工人数超过 1000 人。由自选问卷结果可知，企业受访者中超过 92%（13 家）为企业的管理层（一般管理人员、中层管理人员、高层管理人员），因管理层对企业整体战略发展较明晰，故此次调研问卷所得数据可信度较高。本报告试图通过对样本信息进行多维度定性和定量分析，探寻企业用户对数字化平台的应用情况与未来期待，深入探究企业采购业务的数字化转型发展程度，为企业实现"降本增效"提出建议。

（二）调研分析

本部分将从所调研企业的整体数字化和采购数字化两方面进行分析。一方面基于统一问卷对调研对象整体层面的数字化情况加以描述，另一方面本组在分析制造业企业结构后确定细化和深入挖掘的方向，对企业供应链首要的也是重要的一环——采购环节进行调研，设计本组自选题调研问卷，并将自选问卷结果进行分析。上述两方面的分析结果如下：

1. 整体数字化

（1）整体数字化基本情况

为提高生产效率而进行数字化转型的企业超过 83%（10 家），从总体来看，企业进行数字化转型的初衷大多为提高生产效率、满足市场需求以及大幅降低成本，即"降本增效"，如图 1 所示。随着互联网科技的迅速发展，近年来呈现出持续增快数字化转型的趋势，据访谈得知，超 70%（8 家）的企业在 2015 年前就已开始实施数字化转型。有 8.33%（1 家）的企业数字化转型与创新已经成为常态，如图 2 所示。此外，大部分企业运用了"云计算"数字技术，机器人、物联网、电子商务、人工智能等数字技术也被各企业广泛使用。对于企业所使用的信息系统，几乎所有调研企业均已部署 OA 办公系统，有一半以上的企业还同时使用 ERP、SCM 等信息系统。

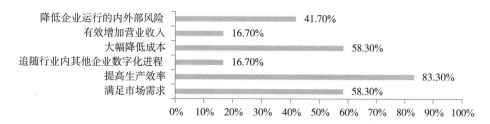

图1 企业开展数字化转型的初衷

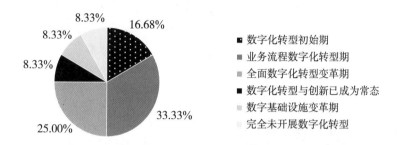

图2 企业当前数字化转型程度的总体评价

研发经费的投入强度在一定程度上反映了企业自主创新的能力。目前，大多数企业的数字化平台主要是以外部购进为主，也有部分外资企业旗下的国内分公司承接使用国外总部的专业技术团队进行研发的系统，一些较成熟的企业也会通过设立技术部门自主开发供内部使用的系统。另外，对引入系统进行二次开发也是部分企业较为常用的方式，如对市场上一些主流的管理系统按企业自身需求对其部分功能进行定制化开发使用。对制造业来说，研发费用占比的核定是研发经费支出占主营业务收入的比重。有66.67%（8家）的企业对研发经费的投入不到主营业务收入的1.5%，如图3所示。

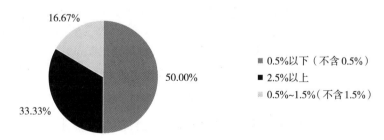

图3 企业2020年研发经费占主营业务收入的比重

（2）数字化人才

数字化转型体现在公司的方方面面，尤其是人才队伍上。超过63%（7家）的企业针对不同业务需求制定了相应的数字化人才培养方案，如图4所示。对于数字化人才的需求，超83%（10家）的企业认为数字化落地推动者是企业最为缺乏的数字化人才。部分企业受访者也提到其公司缺少数字化专家对公司的数字化转型提供专业性的指导，他们期望培养出大量复合型人才，即其不仅有技术背景，能结合业务使用、改进或升级系统，还需具备一定法律、法规背景、能胜任策划咨询等业务技能。培养此类人才可能会使其更有大局观、跨部门意识，企业才会有更多的上升空间。此外，数字化人才还需要与各部门业务团队通力合作，如业务团队帮助IT团队明确业务需求，IT团队为业务团队提供技术支持，使企业运作和部门对接更加快速高效，为企业带来更大的效益，如图5所示。

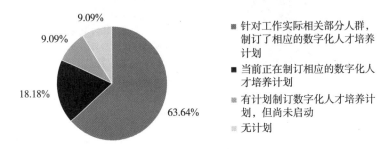

图4　企业在数字化人才培养方面的情况

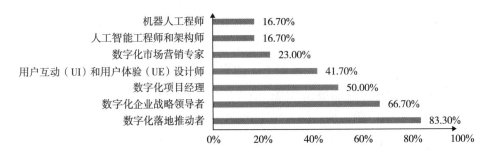

图5　公司最缺乏的数字化人才类型

但对企业进行相关问题访谈后发现，仍有部分企业的员工并不了解"数字化"的概念。其中，一些企业将数字化简单看作是一种互联网新技术的应用，停留在生产与营销过程的信息化上；一些企业则把数字化等同于无纸化办公，建立线上渠道、电子商务，网上营销等；另一些企业认为，数字化转型就是在业务运营体系上搭载一个大数据平台。公司员工仍缺乏对数字化的深刻认知，此类现象的普遍存在可能会导致企业数字化转型难以发生真正变革。

（3）数字化转型对企业的效用

超过90%（11家）的企业能够在一定程度上通过数字化转型解决经营中的困难，如图6所示。例如，一些企业谈到应用数字化有助于打破部门之间的信息壁垒，以便统一数据并进行分析，简化原来极其冗余的业务流程，利用工具、技术、数据和分析等，使业务运营更具适应性和协作性，从而最大限度地提高效率。另外，数字化平台可有效收集客户数据，通过分析数据，使企业及时制定方案，改善客户体验。如定制化产品服务能方便企业了解客户偏好，还可以帮助企业打造更有吸引力的产品和服务，让企业在市场中更具竞争力。依托数据分析和有价值的产品，有针对性地吸引更多目标客户，以此循环，企业的客户也会随之不断增长。

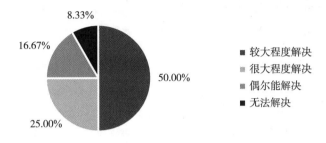

图6　数字化转型对解决企业经营困难的效用

如图7所示，在企业实施数字化转型后，36%（4家）以上的企业净利润率有所上升，其中，18%（2家）左右的企业净利润率持续上升，但仍有部分企业在数字化转型后几乎无变化。部分企业受访者表示，尽管在进行数字化转型初期，看似投入大量资金招聘人才、研发、引进系统等，这些都是成本的增长，但实际上是良性循环。当数字化运用较成熟时会大幅提高生产、办公、营销等效率，为企业真正带来效益，更好实现"降本增效"。

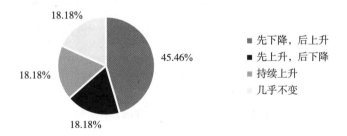

图7　企业实施数字化转型后的净利率变动情况

（4）数字化转型过程中的瓶颈

企业缺乏专业的数字化人才、组织架构与职能设置无法匹配数字化工作，以及缺乏信任与开放协同的互联网思维和文化，是大部分受访企业在推动数字化转型过程中遇到的主要瓶颈。对于数字化转型尚处于摸索阶段的企业来说，虽然对于数字化转型仍有需求，但并没有配套的、定制的方案适合公司的改革，也没有专业化的平台来帮助大中小企业进行数字化转型改革，如图8所示。

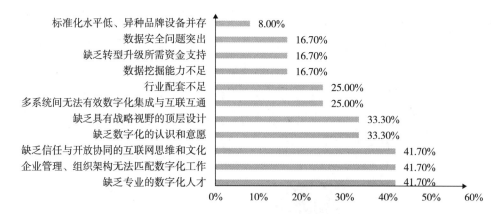

图8　企业推动数字化转型过程中遇到的主要瓶颈

（5）政府扶持政策

对于企业的政府服务需求，从总体上看，有83.33%（10家）的企业希望政府部门出台出口贸易便利化相关政策，如图9所示。从访谈中了解到，减少程序性的贸易壁垒，消除货物、人员、技术流动中的障碍，建立一个有效的贸易便利化系统以降低交易成本，是各企业的普遍共识和迫切需要。在推进产业数字化方面，希望

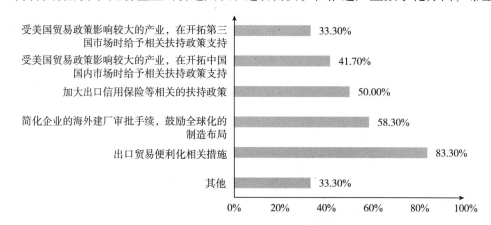

图9　企业希望政府出台扶持政策类型

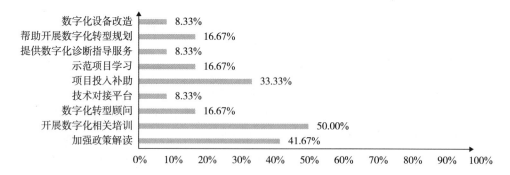

图10　希望政府在推进产业数字化上提供服务类型

开展数字化相关培训与加强政策解读的企业分别占了 50%（6 家）与 41.67%（5家）。中小型特别是处于数字化摸索阶段的企业需要一个专业的平台来引导企业进行数字化升级，如图 10 所示。

（6）数字化未来规划及愿景

对于企业下阶段数字化建设重点方向，从总体上看，希望下阶段建设自动化生产线的企业占比最多，约占 67%（8 家）。建设智能工厂、研发智能化产品、建设数字化车间也是企业将来的重点建设方向，如图 11 所示。

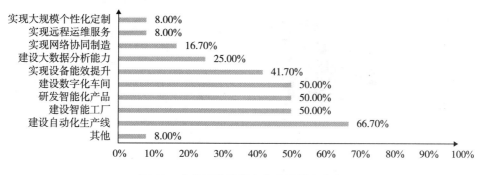

图 11　企业下阶段数字化建设重点方向

对于数字化发展尚处初级阶段的公司而言，"适应"就是最大的挑战。一些传统企业受访者表示，如今市场环境变化很快，对于数字化转型，国家有专门的部门和团队来推进，很多企业也都成立了研发团队，这些专业的人才开发、市场上主流的数字化系统平台大部分已经考虑得非常周到且十分先进，对传统企业的员工来说，未来需要尽快适应环境变化和数字化技术。

对于数字化已相对成熟的企业，受访者表示，未来企业内自主搭建的各种数字化平台、系统、数据平台需要进一步推进。如正泰集团未来几年将完成集团财务共享服务平台建设以及集团端到端采购云平台搭建等，力求打通财务、人资、采购等各类共享中心的统一认证，构建集团统一门户信息平台。

2. 采购数字化

（1）采购基本现状

有超 35%（5 家）的企业，采购部门支出在总费用的占比已经超过 50%，如图 12 所示，其年度采购金额大多超过 1 亿元。

企业的物料采购可分为"生产性物料"采购及"非生产性物料"采购。其中，生产性物料支出规模庞大，约有 79%（11 家）的企业，年均生产性物料支出在 1000 万元及以上，如图 13 所示。

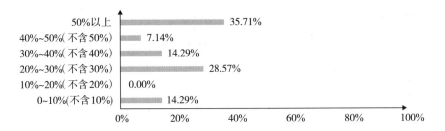

图12 2020年上半年采购部门支出占总费用比重

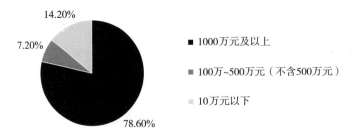

图13 企业生产性物料采购支出比重

（2）采购关注焦点

当前，采购成本高是企业采购环节中面对的主要痛点，有超过60%（9家）的受访者认为采购成本是影响公司采购效果的主要因素。集中采购是压缩采购成本的有效方式，但非标物资采购往往具有单次采购数量少、重复购买率低等特点，难以发挥规模优势降低采购成本。企业生产所需的非标物资所占比例太大，不但无法发挥集中采购的优势，反而会加长采购流程，降低采购效率，如图14所示。

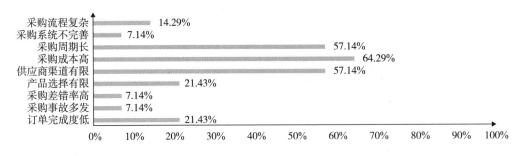

图14 企业采购的主要痛点

采购周期以及供应商渠道也是企业采购中面临的主要问题。非标件产品通常根据客户的需求即时下单，即时完成，不存在存货现象。业务是定量的，需要考虑一些订单在外量是否合适以及一些其他的物料是否能够尽快到位。有超过80%的受访者认为企业应该在维护供应商的稳定上花费了更多的精力。另外，透明、科学、安全的采购也是企业采购的主要需求，如图15所示。

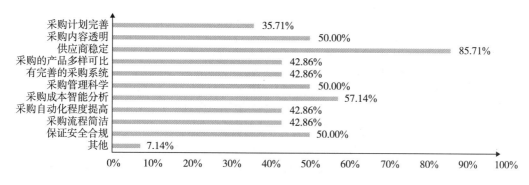

图 15　企业采购的主要需求

采购流程复杂也是企业不可忽视的痛点之一。传统采购部门在进行非标物资采购时，由于缺乏统一的采购标准，直接影响采购非标物资的效率。而且非标项目采购涉及很多不同的部门，一方面流程复杂耗费时间，另一方面部门间的不同认知也使得"标准"一词更加模糊，从而造成采购效率低下。

当前，企业采购周期随机性强，采购频率高。有超 57%（8 家）的企业，采用不定期采购的方式，约有 43%（6 家）的企业采用每月定期采购的方式，如图 16 所示。此外，从访谈中得知多数企业的采购渠道仍然依赖采购经理独立挖掘。

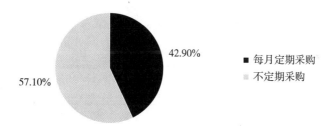

图 16　企业采购的平均周期

企业采购的管理重点，仍是与生产紧密相连的原材料管理。图中显示有接近 72%（10 家）的企业将原料采购管理作为企业重点，如图 17 所示。而供应商寻源和招投标是企业采购业务流程中的主要挑战，约有 57%（8 家）的企业受此困扰，如图 18 所示。

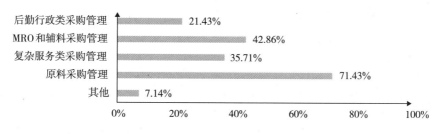

图 17　企业采购物资种类中管理重点

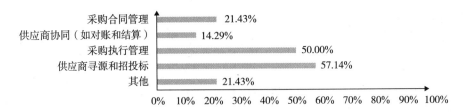

图18　企业采购业务流程中主要挑战

有超过90%（13家）的企业在采购产品时首先关注产品价格，此外对产品安全性的关注也超过了80%（12家），如图19所示。以上数据反映出，当前企业在选择数字化采购产品时对价格和产品品质十分敏感，即性价比仍是采购业务重要的考量因素。企业采购部门受访者也在访谈时表示，对于非标件物资的采购，品质和成本是其关注的重点。由于产品定制化，因此需在把握客户需求特性的前提下，追求采购材料高品质及与品质相符的价格；企业更青睐价格适中、功能丰富、应用场景广泛的数字化采购产品。此外，引入外部产品后，相关数据的安全性能否得到有效保证，企业采购信息能否得到妥善管理，也不容忽视，如图19所示。

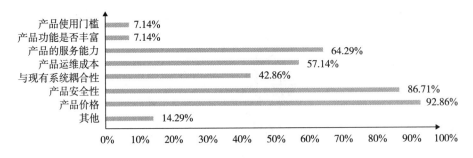

图19　企业选择采购产品时的关注重点

（3）采购数字化

在所调查的企业中，有超过10家的企业运用了采购数字化平台，也即数字化采购平台在企业渗透率较高。由于考虑到企业采购规模、采购种类、采购内容管理等多方面，数字化采购平台能很好地契合企业的痛点及需要。未来，随着更多传统企业以及大中型企业数字化转型深化，数字化采购平台市场空间有望进一步提升。在

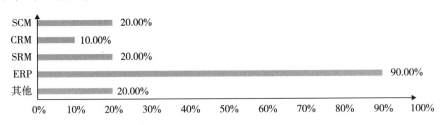

图20　企业使用数字化采购平台情况

使用采购管理系统的企业中，有90%（9家）的企业采用ERP模块作为主要的采购管理系统。对于采购技术的运用，大部分企业运用了采购目录的产品主数据模型以及引导式采购数字技术，如图20所示。但由于企业采购周期随机性强、采购次数频繁，90%的企业年均使用数字化采购产品超过50次。

超过78%（11家）的企业认为进行数字化采购改善效果最明显的领域为生产性物料的采购，也就是将数字化采购管理产品应用在生产性物料采购领域能够取得良好的成效，如图21所示。期望未来将采购数字化产品运用到供应商管理及合同管理上的企业占大多数。其中，超过85%（12家）的企业希望未来采购数字化能更有效地应用到供应商管理上，如图22所示。

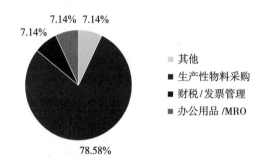

图21　数字化采购产品对业务改善最明显区域

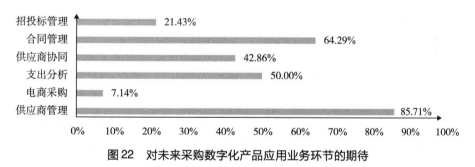

图22　对未来采购数字化产品应用业务环节的期待

大部分企业想要通过采购数字化进行降本增效以及智慧运营。有90%（9家）

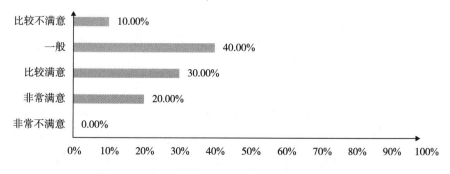

图23　对企业数字化采购产品降本增效能力认可度

的企业认可采购数字化的降本增效能力，其中，20%（2 家）的企业非常满意。超过 50% 的企业对目前使用的数字化采购产品的满意度超过 3 分，其中，10%（1 家）的企业表示对其十分满意。同时，50%（5 家）的企业，对选择的数字化产品有较强的续费意愿，其中，10%（1 家）的企业表示一定会续费，如图 23 所示。

四、现存问题分析

（一）企业整体数字化

1. 投入成本高仍是企业顾虑

数字化是一个全方位的工程，需要人、机、物等多方面配合改变。投入大量研发经费或更新系统，招聘、培训更多的企业数字化人才，升级、对接已有的数字化设备等均会造成企业短期内成本大幅上涨，且转型升级举措带来的效益未知，这些顾虑使许多企业在数字化深度转型上"浅尝辄止"。

2. 自主创新能力较薄弱

工业软件是智能制造的核心，也是工业互联网的驱动力。由于我国工业软件起步发展较晚，基础较弱，核心技术能力与发达国家相比还有差距，存在自主化严重不足，工业关键标准、技术仍需突破的问题。在受访企业中，大多数企业的数字化平台主要是外部购进，除部分企业有能力自主研发，其他企业多以对引入系统进行二次适应性开发为主，自主创新能力普遍偏弱。

本次调研的企业多为外资子公司，总部设在国外，核心技术主要由国外总部进行研发，国内的数字化技术则与总部同步。部分企业虽有自己的研发部门，但在研发创新上不可避免地落后于国际先进水平。就行业而言，目前，大部分制造业企业的重心主要放在生产制造上，对企业数字化转型相关措施缺少全局性把握，且对数字化进一步转型升级的期待主要寄托于互联网科技公司或其他服务商。

3. 复合型人才缺乏

人才是企业数字化转型升级的推动者。然而大部分调研企业受访者均表示企业缺乏既有业务背景又会数字化技术的复合型人才。

目前，对传统制造业的数字化转型主要由互联网企业辅助推动，但技术性人才对传统制造业的行业特点了解不透彻，难以基于行业背景及业务需求有针对性地设计研发从而推动制造业转型升级。对于传统制造业企业内部而言，由于人员结构相对稳定，大部分员工较难在短期内适应技术和业务的变化，导致企业数字化转型升级进程放缓。

4. 数据集成、共享不规范，数据流通存在阻碍

企业与企业之间的信息流通越来越趋于数字化，企业内部各个业务流程同样如此。但调研发现在企业内部，企业管理、组织架构与职能设置无法匹配数字化工作，各环节之间存在一定程度上的脱节，企业整体亦缺乏信任与开放协同的互联网思维和文化。

产业链包含若干企业，企业内又包含多道工序，而数字化信息在工序流动过程中往往会形成"信息孤岛"，使数据互联不规范、共享不及时。从行业角度看，每家企业的数字化进展不尽相同，导致行业内数据难以共通共享，亦缺乏统一标准。尤其对于多品种、小批量化生产的企业来说，行业数据标准显得尤为重要，但目前仅靠个别企业尚无法做到数据的高效流通。

5. 数字化集成平台——工业互联网有待完善

在数字化转型过程中，制造业企业除了自身的探索外，期待通过"集成平台"指导、帮助企业进行数字化转型。不同规模、不同行业的企业数字化转型期望虽不同，但数字化已经是大势所趋，各行各业都在积极地向数字化靠拢，然而目前各产业信息平台分散、独立，系统种类繁多、"信息孤岛"现象严重、数据不统一、流程段到段、计划未打通，无法支撑业务的高效协同、快速响应客户需求。

工业互联网能够用相对统一的数字化标准连接人、机、物等多个子系统，为新型制造技术与制造模式的培育提供"创新母机"。然而制造业尚缺乏此类开放、互联的集成平台，集结各路社会信息资源来完成规模组织协助，为自己的数字化转型提供方向和指导。

6. 对制造业的数字化转型政策支持力度小

对于高新技术企业，政府的政策支持力度大，但对于传统制造业，政府政策支持力度涉及面较小。传统制造业逐渐开始适应数字经济时代的发展，转型升级是必经之路，也是推动中国经济高质量发展的强大动能。在受访企业中，部分制造业企业因性质不符等原因并没有过多享受到由于数字化转型升级的政策优惠。

（二）企业采购数字化

1. 企业的各个供应商系统难以集成

供应商管理是企业供应链管理的重要组成部分，智慧管理供应商对于企业的运营意义重大。然而企业受访者表示各个供应商的系统不一致，难以通过统一的标准平台与企业做好对接。因此，企业迫切需要与供应商资源高效连接协作以联合开发。企业迫切需要供应链采购数字化，与供应商建立紧密高效的联合协作，却止步于系统不一致，难以建立连接。同时，在供应商管理时，部分企业由于提供定制化非标

件产品服务，面临着因订单需求量少而难以与供应商合作的难题。

2. 物件管理缺乏标准化

对于非标准、定制化的产品，采购周期随机性强、次数频繁、采购产品种类多、流程复杂，并且在采购流程过程中，物件分类复杂，管理困难。但目前行业内以及企业内缺乏统一的标准，使得业务流程难以数字化，也无法实现管理数字化。

五、结论与建议

（一）企业整体数字化方面

1. 充分利用数字化技术改进生产模式，实现降本增效

近年来，尤其在新冠肺炎疫情的影响下，原材料价格、人工成本等均有大幅上涨。对于传统制造业而言，大多企业的运营管理模式仍然较落后，企业内部主要由人工传递信息，致使企业信息流转效率低下，产生了更多人工成本。因此，企业应利用数字化技术对生产数据进行有效整合，实现生产自动化。例如，利用数字化设备采集监控生产工序的全流程数据，及时获取生产装配、产量效率等数据，提高企业生产运营效率，使资源得到充分利用，降低人工成本。此外，应借鉴一些数字化较成熟的制造企业所采取的转型措施。例如，使用看板系统将生产现场的设备情况、生产情况等信息准确、及时地反映给相应管理者，亦可以通过对不同种类、不同班次以及不同机器设备的运行情况横向对比，更利于企业对生产状况进行分析总结，进一步提高生产效率，降低人工操作、记录及检测的成本。

2. 加大研发经费投入力度，鼓励企业自主创新

面对国际环境的复杂以及日益激烈的贸易竞争，我国制造业的智能升级、扩大内需迫在眉睫。因此，进一步发展企业自主科技创新成为提高企业竞争优势的重要举措。

企业研发经费投入力度是衡量企业创新能力的核心指标，在很大程度上反映了企业的转型发展。然而本次调研发现，大部分企业尤其对传统制造业而言，其研发经费投入力度不大、创新性不强。此外，由于外部引进的系统缺乏对本企业的针对性，导致一些企业为适应外部引进系统消耗过多成本及精力。对传统制造业来说，应适当加大数字化系统研发的投入力度，以自主研发为主，外包给第三方研发公司为辅，针对企业自身业务及发展模式，进行系统、平台等的开发，提高企业自主创新能力，增强企业内部数据安全性，加强对核心业务的监测和维护。对于非核心、不复杂的业务则直接使用市场主流成熟系统，以保证企业基本运营需求，节省研发

人力成本。

政府则应建立健全人才、产业、财税等多方面优惠扶持政策，鼓励创新，健全创新机制，完善市场经济环境，进而加大企业研发投入力度，增强创新能力，使企业在自主研发中获得切实利益。

3. 强化员工数字化转型意识，推动企业数字化思想变革

数字化不仅是一种技术变革，更是一场认知与思维革命。以管理思想、文化的变革带动实施技术变革，才能真正实现数字化。然而本次调研发现，部分企业仍对数字化缺乏深刻认识，导致数字化战略与技术落地存在一定距离。因此，企业应积极引进数字化落地推动者，引导企业战略管理及发展，在深入了解数字化转型相应业务的基础上，以数字化思想指导转型技术落地，对员工进行数字化思想、文化培训，加强员工知识储备，拓宽知识结构，将数字化意识与技术相结合，提高自身洞察力和执行力。

4. 健全多元化培训机制，培养综合型人才

技术、产业的快速发展变革，使各个行业的岗位职责发生了变化，对企业的用工方式亦提出了新的需求，人才培养亦面临新的挑战。大部分企业在提及数字化人才需求时，均表示企业目前缺乏业务与技术兼备的综合型人才。因此，对企业来说，需建立完善的多元化人才培训机制，构建数字化贸易人才培训中心，对员工进行高效高质量培训，从多维度培养交叉复合人才，使其尽快适应企业所需平台及业务操作流程；对高校来说，应将专业课程体系与产业实际业务接轨，紧跟市场变化及企业的发展节奏，培养学生实践能力、创新能力、跨界整合能力和自主学习能力，将理论与实践经验结合，加深学生对未来工作岗位的理解，做到精准输送人才；对政府来说，应充分搭建高校和产业之间的桥梁，通过落户、居住证积分等政策积极引进人才，避免出现数字化人才短缺制约经济数字化发展的现象。

5. 推进行业数据共享平台建设，促进数据跨行业流通共享

中小型制造业因资金匮乏，人员较少、创新能力不足，导致供给端和需求端之间存在信息错位。调研发现，企业目前缺乏能够联通各个企业间、企业与供应商、客户间的行业信息平台。为满足中小型企业此类需求，政府需完善基础设施建设，建立整个行业内的信息数据共享平台，鼓励大型成熟企业作为引领者，发挥示范带头作用，将各规模企业引入数字化平台，以推进产业链的信息共享，破除信息壁垒。构建行业数据库，深化数据应用分析，做到产业数据互联互通，在平台上提供更有效的解决方案。

此外，将5G技术与工业互联网相融合，如运用5G三维扫描技术截取物体表面三维数据，生成模型并将测量数据上传云端，不仅能通过服务器进行校核模型数据，

缩短人工检测时间，还能得到信息数据库，通过工业互联网集成行业标准，互通信息资源。

6. 加大政府扶持力度，助力企业实施数字化转型升级

通过调研发现，政府虽已颁布一些税收减免等相关的扶持政策，但仍有企业因企业性质不符，或规模、业务等未达到扶持条件，所以未能享受到与其数字化相关扶持政策。就目前特定税收优惠政策而言，数字化相关的税收优惠政策仅建立在相关领域基础上，例如互联网、软件、高新技术等行业，然而对农业、化工、制造业等领域却极少涉及。为更大范围、更深层次支持企业数字化转型升级，政府需打破行业限制，建立健全税收优惠政策，深入调研企业，知悉企业数字化转型痛点和难点，加大政府扶持力度，扩展扶持深度和广度，制定及完善相关财税政策。对于数字化转型困难的中小型企业，可由政府携手大型企业，鼓励大企业投身公益，适当增加大企业税收，协助扶持带动中小企业更好进行数字化转型，激发其数字化转型需求，引导有效供给。此外，还可以通过加大进出口信用保险，精简化、便利化贸易程序等对企业数字化转型进行扶持，并将颁布后的政策进行深度解读，便于企业了解申报条件并及时申请。为鼓励传统制造业积极实施数字化转型，可以通过设立专项资金扶持项目对符合申报条件的企业进行资助。

（二）采购方面

1. 建立供应商信息集成平台，加强供应商管理

对企业来说，良好的采购平台不仅能买到质量好、价格优的产品，还能通过建议反馈优化供需关系。但调研发现部分企业缺乏采购渠道，导致企业获取原材料及产品信息不完整，且与供应商之间的信息不对称也致使企业失去一定优势。针对这一问题，可以通过构建行业供应商信息集成平台，反映某一时期采购需求，便于各个企业进行供应商寻源及招投标，对采购市场及供应商进行资讯收集，进而使采购部门能够对产品价格和质量有更为充分全面的了解，比较各个供应商的优劣以择优合作。此外，供应商亦可以通过平台与企业及时沟通，了解企业需求，接收建议反馈以提供更好的产品。

2. 利用采购信息化管理系统，规范采购流程

本次调研发现大部分企业由于产品需满足客户定制化需求导致采购周期随机性强、次数频繁、种类多、流程复杂等一系列问题，在很大程度上会影响采购效率，延长采购时间。因此，为防止采购订单重复或错漏，可在每月特定日期按需采购，此外，依据客户需求，市场变化及自身发展，适时调整企业采购流程管理策略，设置目标成本，控制库存量。合理、高效利用数字化技术，使物件标准化，通过数字

化平台管理数据、客户订单，以便能通过平台数据同步更新，适时、适量进行采购，提高采购效率，降低采购成本。

参考文献

［1］中国数字化新采购发展白皮书2020年［A］.上海艾瑞市场咨询有限公司.艾瑞咨询系列研究报告（2020年第10期）［C］.上海艾瑞市场咨询有限公司，2020：33.

［2］2021数字化采购发展报告［R］.

［3］马中原.数字化：一场认知与思维革命［EB/OL］.

［4］苏州快维科技股份有限公司.采购供应链管理数字化［J/OL］.采购供应链论坛.

［5］智思云平台.麦肯锡：企业数字化转型失败率高达80%［Z/OL］.

［6］孔伟杰.制造业企业转型升级影响因素研究——基于浙江省制造业企业大样本问卷调查的实证研究［J］.管理世界，2012（09）：120－131.

［7］李春发，李冬冬，周驰.数字经济驱动制造业转型升级的作用机理——基于产业链视角的分析［J］.商业研究，2020（02）：73－82.

［8］蔡鸿亮.采购数字化转型价值与方法的研究［J］.供应链管理，2020，1（04）：117－128.

［9］唐隆基，潘永刚，张婷.工业互联网赋能供应链数字化转型研究［J］.供应链管理，2020，1（07）：53－77.

［10］葛陈鹏，季承，糜娜，潘如如，高卫东.基于制造执行系统的纺纱企业智能化转型探讨［J/OL］.棉纺织技术：1－6［2021－08－28］.

［11］黄光红.如何破解制造业数字化转型痛点［N］.重庆日报，2021－08－25（007）.

［12］赵永刚.数字化采购助力公司转型［J］.中国金融，2021（08）：57－58.

附 录 调研感悟

（一）指导教师调研感悟

1. 李莉

民企抓住时代红利。调研中的民营企业，处于成长期，创始人和管理团队朝气蓬勃，与政府、客户、资本市场等保持着良好的互动和关系。数字化技术的使用具有超前性和务实性，能主动应用技术促进企业和行业的变革。

外企期待再次腾飞。国际知名品牌在中国大陆的生产工厂，以不同的方式实现精益生产，员工素质好，忠诚度高，数字化技术的使用既得益于跨国集团的支持，又有机会融入国内的数字化大潮。

教育需要面向真实。大学既要引导学生到最先进、最前沿的地方，也要从一线的实践中去吸收营养，原创的有价值的成果往往是面向人们的实践活动的，企业运营中有人才需求、有这样那样的问题需要解决，和教育相互哺育，大学要培养适应并能推动时代进步的爱国、利他、共生、精进和品德高尚的新一代人才。

同学主动提升能力。所有被访者都一致认为目前最紧缺的是既懂技术又懂业务的人才，无论经历怎样的教育过程，同学们要增强提出问题、分析问题和解决问题的能力，能够驾驭跨领域的沟通、交流。这些能力在严谨、负责、开放和创造中得以提升。

企业有意愿和政府相关部门、数字化企业服务商之间加强联系，我们团队愿意提供一些平台，帮助建立联系，促进各方之间更好地了解、互动和提高。

寄语同学：坦荡胸怀，敬畏实践，精心雕琢，放大格局。

2. 周大鹏

作为 2021 年新入职上海对外经贸大学的教师，我非常荣幸能够参与"访万企，读中国"的社会调查活动。这次活动是我的宝贵经历。我结识了一群朝气蓬勃、努力进取的同学们。李莉老师的悉心指导使我受益匪浅。在与企业的访谈中，我了解到我们的数字化进程还存在着一些亟待解决的突出问题，也感受到企业对数字化人才的渴求。在今后的工作中，我将深入学习、勇于探索、努力工作，为培养出一批思想进步、基础扎实、实践能力强、精通数字化技术的上经贸学子，贡献自己的一份力量。

（二）小组成员调研感悟

1. 裴旭春

在海关、环球慧思、学院和老师的组织下，将近两个月的调研终于接近尾声。

此次实践活动让我们有机会与各个企业的领导面对面交流，感受各位领导清晰的思维和富有逻辑的语言表达，也让我们从多方面了解到企业关于数字化转型的知识、企业目前的数字化现状。

作为本次调研小组组长，虽然在统筹规划整个调研工作的过程中感受到不少压力，但和小组成员们一起努力，分工协作的宝贵经历是难忘的。反思此次调研过程，深知自己做得还不够好，但很感谢李莉老师、周大鹏老师和小组成员的包容和理解，从开始准备工作到最后形成调研成果，整个过程完成得顺利、高效，都离不开两位老师的悉心指导和小组成员的积极协作配合。从紧张到从容，从不知所措到井井有条，相信我们都在此次调研中得到了一定的成长和锻炼，也祝愿我们在未来能不负自己！

2. 裴楠

历时两个月的访万企活动终于落下了帷幕，我在这次活动中体验过联络员、主持人、采访员和宣传员的角色，在调研报告成果中主要负责调研结果分析和政策建议部分。第一次联络企业、第一次主持、第一次推送……那些紧张的时刻都还历历在目。在这两个月的采访中，我碰到过很多困难，也有很多次想放弃，但坚持让我收获了无形的财富。和各个企业家交谈的过程让人受益无穷，这是学校里很少能接触到的。企业家的风范也时常让我钦佩不已，他们身上完全没有我想象中的傲慢，相反越成功的人是越谦卑和温良的。不仅如此，他们和我们一样一刻也不曾停下追逐时代的脚步，一直学习，一直保持一颗向上的心。这次"旅程"也让我自己反思，是不是太浮躁了，没有能够沉下心来在这个行业里探究，没有自己所学结合行业背景发挥作用。我将带着这些疑问和收获继续剩下的两年校园时光，希望自己日后能成为踏实务实的人，少一些浮躁多一些沉稳。

3. 王亚楠

调研从最初开始组队到项目报告落成，历经两个多月，在松江海关、学院和老师们的帮助下，我们"访万企"第五小分队顺利完成了此次调研。在做调研前，我们尽管做了很多的功课，初次面对企业的询问仍有些不知所措，但是随着调研计划的进行，在李莉老师和周大鹏老师的指导和帮助下，我们一步一步地积累经验，我们小组已经可以从容地面对调研过程中出现的各种问题。回顾整个调研，我们小组在队长的带领下，有条不紊地开展调研活动，并在一家家企业调研结束后及时完成推送相关工作，这段时间里我不仅收获了知识，也收获了快乐。

最后，感谢学校给了我这次暑假实践机会，感谢指导老师们的帮助，感谢队长和队友的鼓励和陪伴，在这个酷热偶尔夹杂暴风雨的夏天，我的人生又多了几抹亮丽的色彩。

4. 王迪

经历了两个月的时间，第五小队访谈任务圆满结束了。"访万企，读中国"活动让我收获了许多新知识，通过采访企业让我对未来企业发展趋势也有了一些认识，更清晰地了解了"数字化"这个概念，并且让我意识到了合作的重要性，个人的能力毕竟有限，难以收到团队配合的事半功倍的效果。我们这次活动是以团队形式开展，每次访谈调查中都分工明确，有主持人、采访员、记录员以及宣传员。大家密切合作，使调查活动能成功地完成并趋于完善。使我们亲身感受到团队精神和魅力所在，使我们提高了自己适应团队的能力。认识到了团队协作精神的巨大潜力和作用。

5. 潘钱逸辰

"访万企，读中国"项目接近尾声。在这个暑假里，我跟随着我的小组或线上与企业管理层畅谈，或线下拜访企业参观学习。在这不到两个月的时间里，我不断向企业家学习、向老师学习、向队友学习，可谓是收获颇丰。

在这次活动中，我不仅接触到一些最前沿的数字化技术，还了解到一家优秀的企业是如何运用这些先进的技术进行管理和运营的；也在与企业管理者交谈的过程中看到了企业对于复合型人才的渴求；同时，也确确实实了解了一些困扰企业的难题。这些所见所闻无疑是对我的专业知识的拓展、对我阅历的丰富、对我眼界的开阔，这些知识对我今后的学习和职业规划帮助颇多。

调研期间，我们的指导老师为我们推荐文章、提醒我们调研过程中的注意事项，替我们答疑解惑，我们小组的调研得以顺利展开离不开老师的鼓励和帮助。

这次调研我最珍视的收获是队友和组长，在这个暑假我们一起开会，一起做推送，整理录音稿，一起写报告……我们互相帮助、互相学习，一起度过了一个充实的暑假。感谢队友给我的帮助和支持，很高兴与你们相遇相识。

后 记

　　"万企调查"已经完整地实施了三季。上海对外经贸大学基于"创业导向型实践教学流程再造"理论的全球运营仿真实验、外贸企业调研实践、国际商业创业实战"三阶段递进式"实践教学体系的实践创新也渐入佳境。

　　"万企调查"调研实践选题与国家重大发展战略相对接，与经济社会发展实践相对接，与国际前沿研究领域相对接，反映新情况、满足新需求、适应新时代，在服务宏观决策、促进经济社会健康发展、促进经济学和社会学发展方面发挥了重要的作用。通过对社会实际问题的关注，学生自己探索中国进入新阶段后行业的发展变化，帮助自身增强对党的创新理论的政治认同、思想认同、情感认同。"万企调查"让学生走到社会中做真调研，在整个调研过程中，学生分步骤分阶段接受教师指导，使调研过程有意义，对解决实际问题有帮助。"万企调查"将"读万卷书"与"行万里路"相结合，扎根中国大地了解国情民情，使学生在实践中增长智慧才干，在艰苦奋斗中锤炼意志品质。学生在这个项目过程中，积极开展调查设计、实施和总结，真切地感受社会实践活动的快乐。本书的各篇报告都是各组学生在带队老师的指导下，几易其稿才得以完成，其中倾注了他们的热忱和心血，记录了他们的探索和思考，见证了他们的经历和成长。

　　"万企调查"得到了三家主办单位，即上海对外经贸大学、中国对外经济贸易统计学会、环球慧思（北京）信息技术有限公司，相关部门的倾力支持。不仅如此，我们还会将该项目打造成全社会共同参与的全员育人、全程育人、全方位育人的"三全教育"平台。

　　首先是学校高度重视。上海对外经贸大学汪荣明校长不仅大力支持"万企调查"，而且亲自为调查报告写序。在校领导的大力支持帮助下，从各个主管党政部门抽调领导干部担任筹备委员会、执行委员会和学术委员会的成员，安排专门经费、设置专门机制进行组织和激励。指导教师由教学科研能力突出、品德高尚的专业教师和辅导员组成，调研过程中的专业知识教育、身份识别证明、联络协调、学分管理、科研成果认定得到了学校团委、学生处、校友办公室、教务处和科研处等部门的通力支持和配合。

其次是三家主办单位以及海关系统的积极参与和全员支持，中国对外经济贸易统计学会名誉会长王亚平、会长刘贻南、秘书长姚卫东、环球慧思（北京）信息技术有限公司董事长邵宏华参与了"万企调查"的规划、历届主题设计和出征、总结仪式以及调查问卷等调研过程细节的指导，中国对外经济贸易统计学会夏明等同志积极为"万企调查"开展宣传和报道，长三角地区海关系统的多位工作人员为我们确定调研主题、拟订调研计划、联系企业和实际调研过程指导等提供了很多帮助。环球慧思（北京）信息技术有限公司创始人、董事长邵宏华和环球慧思政府与公共关系副总裁刘大伟等企业领导也在组织协调沟通、调研企业联系、专著出版等方面提供了大力支持。

再次是广大调研企业、当地商务委、商会等主管部门以及大量媒体的关心、支持和配合。2021 年"万企调查"线上线下采访企业近两百家，包括海关系统推荐企业、环球慧思的客户企业、上海对外经贸大学校友企业以及部分前两年采访过的企业。在企业及其负责人的大力支持下，我们取得了 183 份完整的调研问卷和大量的数字化事实资料。2021 年"万企调查"得到了新华社、人民网、新民网、《解放日报》等几十家媒体的跟踪报道，社会影响越来越大。

最后是中国商务出版社的周密安排，特别是刘玉洁编辑全程负责与本书主编、校队人员的具体对接，保证了本书的出版质量。

回顾几年来的努力，我们逐渐形成了一条融国情教育、科研训练、创新实践于一体的人才培养路径，但是离"科研、教学和社会服务"三位一体的愿景尚存在不小差距。在 2022 年，我们将进一步振奋精神，迎接挑战，开创未来，再创佳绩！

本书得以出版，离不开社会各界的关心、支持和帮助，不能一一具名，我们在此一并表达深深的谢意！

由于时间和水平的限制，本书存在很多的纰漏和不足，请大家予以批评指正。